Evangelische Hochschulperspektiven

Band 3

FEL

Evangelische Hochschulperspektiven

Eine Fachbuchreihe, herausgegeben von den vier Evangelischen Fachhochschulen in Südwestdeutschland: Darmstadt, Freiburg, Ludwigshafen, Reutlingen-Ludwigsburg.

Redaktion im Auftrag der Hochschulen:
Prof. Dr. Arnd Götzelmann, Evangelische Fachhochschule Ludwigshafen
Richard Edtbauer, Evangelische Fachhochschule Reutlingen-Ludwigsburg
Prof. Dr. Alexa Köhler-Offierski, Evangelische Fachhochschule Darmstadt
Prof. Dr. Wilhelm Schwendemann, Evangelische Fachhochschule Freiburg

Die Reihe Evangelische Hochschulperspektiven will die fachliche Arbeit der vier beteiligten Hochschulen in den Bereichen Bildung, Wissenschaft und Forschung exemplarisch einer interessierten Öffentlichkeit darstellen. Die Reihe versteht sich als wissenschaftliche Fachpublikation, die jährlich einen Band mit einem interdisziplinären Fokus hervorbringt, der sich an einem aktuellen Thema gesellschaftlicher Entwicklung im Bereich des Bildungs-, Gesundheits-, Sozialwesens orientiert. Dabei soll das kirchliche Profil der Hochschulen inhaltlich ebenso zum Tragen kommen wie die verschiedenen Fachbereiche bzw. Studiendisziplinen der beteiligten Hochschulen. Am Ende enthält jeder Band der Reihe in fortlaufender Aktualisierung eine Publikationsliste der Lehrenden der vier beteiligten Evangelischen Fachhochschulen.

Band 1 (2005): Bildung

Der erste Band der Reihe befasste sich mit dem Thema Bildung. Aus der Perspektive eines christlichen Menschenverständnisses werden darin unter Bildung alle Facetten der Persönlichkeitsbildung in Auseinandersetzung mit und Beziehung zur Umwelt berücksichtigt. Bildung wird verstanden als Prozess, in dem der Mensch seine seelisch-geistig-kulturelle Identität in Kritik und Urteil erfährt.

ISBN 3-932650-17-4 208 Seiten 12,- €

Band 2 (2006): Interkulturalität

Die Aufsätze des zweiten Bandes drehen sich um verschiedene Themenkreise des weiten Themas der Interkulturalität. Das „Inter“ oder „Zwischen“ den Kulturen kann zum garstigen Graben des Konfliktes und Krieges, der Intoleranz und Befeindung, des Missverständnisses und der Fehlinformationen werden. In dem Band wird das „Inter“ vor der „Kulturalität“ hingegen verstanden als eine Bewegung des Friedens und der Verständigung, die auf Gerechtigkeit, Toleranz und Verständnis basiert.

ISBN 3-932650-20-4 252 Seiten 12,- €

Bestelladresse:

FEL

Verlag Forschung - Entwicklung - Lehre Freiburg i. Brsg.
Bugginger Str. 38, 79114 Freiburg
Telefon: 07 61 / 4 78 12 - 57, Fax: 0761 / 4 78 12 - 22
E-Mail: fel-kontaktstelle@efh-freiburg.de
Internet: www.efh-freiburg.de/fel/start.html

Soziale Gesundheit

herausgegeben von

Wilhelm Schwendemann und Arnd Götzelmann

in Zusammenarbeit mit Alexa Köhler-Offierski und Richard Edtbauer

Evangelische Hochschulperspektiven Band 3 / 2007

Die Evangelischen Fachhochschulen Darmstadt, Freiburg, Ludwigshafen, Reutlingen-Ludwigsburg sind zusammengeschlossen in der Arbeitsgemeinschaft der Träger und Rektoren Evangelischer Fachhochschulen Südwestdeutschland und sind Herausgeber dieser Reihe.

Kontaktstelle für praxisorientierte Forschung
an der Evangelischen Fachhochschule Freiburg,

Druckvorlage, Satz, Layout, Cover und Druckbegleitung:
Agentur Heike & Georg Kammerer, Waldkirch

Druck: fgb freiburger graphische betriebe

Bestelladresse: Verlag Forschung - Entwicklung - Lehre Freiburg i. Brsg.
Bugginger Str. 38, 79114 Freiburg
Telefon: 07 61 / 4 78 12 - 57, Fax: 0761 / 4 78 12 - 22
E-Mail: fel-kontaktstelle@efh-freiburg.de
Internet: www.efh-freiburg.de/fel/start.html

ISBN-10 3-932650-23-9
ISBN-13 978-3-932650-23-9 **320 Seiten** **15,- €**

Inhalt

Soziale Gesundheit – zur Einführung

In ihrer Reihe „Evangelische Hochschulperspektiven" legen die vier Evangelischen Fachhochschulen in Südwestdeutschland Darmstadt, Freiburg i.Br., Ludwigshafen a.Rh. und Reutlingen-Ludwigsburg hier den dritten Jahresband vor. Er befasst sich mit dem Thema Gesundheit. Durch das Attribut „Soziale" zu Gesundheit soll zum Ausdruck gebracht werden, dass es hier nicht um die traditionellen medizinischen Fragen einer kurativen Behandlung des erkrankten Individuums geht, sondern um soziale Fragen der Gesundheit, die zu tun haben mit dem Verständnis von Gesundheit und Krankheit, mit Prävention und Gesundheitsförderung als gesellschaftlicher Aufgabe, mit sozialpolitischen und gesundheitsrechtlichen Strukturen, mit dem System der Gesundheitsversorgung und den stärkenden Faktoren der Gesundheitserhaltung, Krankheits- und Krisenbewältigung. Gegen einen rein individualisierenden Zugang zum Thema Gesundheit gehen wir von gesellschaftlichen bzw. sozialen Konstruktionen von Gesundheit und Krankheit aus. Hier sind Spannungen zwischen den verschiedenen medizinischen, human- und gesundheitswissenschaftlichen sowie alltagsbezogen-subjektiven Definitionen von Gesundheit und Krankheit festzustellen. Wir haben uns für Sichtweisen und Zugänge der Gesundheitswissenschaften und Sozialmedizin entschieden, was sich in dem Kunstbegriff „Soziale Gesundheit" spiegelt, der diesen Band als Titel schmückt. Unter Sozialmedizin verstehen wir eine komplexe Sozialwissenschaft, die die Häufigkeiten und Verteilung von Volkskrankheiten im Zusammenhang mit der sozialen und natürlichen Umwelt und die Organisation eines Gesundheitswesens einschließlich der Einrichtung der sozialen Sicherung (Bundesärztekammer 1992) zum Gegenstand hat.[1] Gleichwohl spielen zentrale Überlegungen der Gesundheitswissenschaften (Public Health) eine zentrale Rolle, nämlich die Theorie und Praxis mittels strukturierter gesellschaftlicher Anstrengungen Krankheiten zu verhindern, Leben zu verlängern und Gesundheit zu fördern (Acheson Report 1999; von Troschke 2001).[2] Die neue Public-Health-Bewegung knüpft im Sinn der Ottawa Erklärung[3] an die Gesundheitsförderung an: *„Gesundheitsförderung setzt an den Lebensbedingungen der Menschen an. Ihr geht es darum, biologische, seelische und soziale Widerstandskräfte und Schutzfaktoren zu mobilisieren und Lebensbedingungen herzustellen, die positives Denken, positive Gefühle und ein optimales Maß an körperlicher Be- und Entlastung erlauben"* (Badura 1996, 64).

Die mehr oder weniger traditionelle Sichtweise von Krankheit und Gesundheit findet sich im sogenannten biomedizinischen Krankheitsmodell, in dem jede Erkrankung eine bestimmte Ursache hat und deswegen einher geht mit einer Beschädigung von Zellen, Geweben, Organen oder einer mechanischen oder biochemischen Fehlsteuerung bestimmter Vorgänge im menschlichen Körper. Erkrankungen haben deswegen typische

1 Siehe hierzu Bundesärztekammer: Weiterbildungsordnung, unter: *www.bundesaerztekammer.de/downloads/11MWBO1.pdf* [Zugriff am 14.9.2007]

2 Vgl. dazu: *www.lho.org.uk/Download/Public/7969/1/acheson4_3.pdf* [Zugriff am 14.9.2007]

3 *www.who.int/hpr/NPH/docs/ottawa_charter_hp.pdf* [Zugriff am 14.9.2007]

Symptome und typische Verläufe, sodass jede Erkrankung daran erkannt und zugeordnet werden kann. Die Erfolge dieses Modells sind unbestreitbar; hilft es doch, Krankheiten zu erkennen, zu erforschen und zu behandeln, zu lindern oder sogar zu heilen. Die Defizite dieses Modells werden jedoch im Verlust der Zusammenhänge von Leib und Seele, der mangelnden Einbeziehung der subjektiven Krankheitsdeutung und der Ressourcen für die Krankheitsbewältigung, des unvernetzten Neben-, ja Gegeneinanders der medizinischen Fachdisziplinen u.v.m. ebenso deutlich. Das komplementäre psychosoziale Krankheitsmodell entzieht sich den klaren Kriterien des medizinischen Modells, so können nur bei sehr wenigen psychischen Erkrankungen organische Defekte als alleinige Ursache identifiziert werden. Hinzu treten psychosoziale und kulturelle, intrapsychische und interpersonelle Faktoren. Was dann unter Gesundheit und Krankheit zu verstehen ist, hängt grundsätzlich vom jeweils präferierten Krankheitsmodell und vom subjektiven Krankheitsverständnis bzw. -erleben ab. Deutlich wird jedoch, dass Gesundheit und Krankheit nicht nur unter somatischen, sondern auch unter psychischen, sozialen, kulturellen, politischen, ethischen u.a. Gesichtspunkten einer systemischen Betrachtungsweise zugeführt werden müssen.

Neuerdings wird sinnvollerweise wieder mehr gefragt, geforscht und gesucht nach den Kräften in Subjekt und System, in Person und Gesellschaft, die ein gesundes Leben ermöglich, erhalten und wieder erlangen lassen. Dabei spielen Bindungs- und Sozialisationsfaktoren, religiöse Sinnfragen und Krisenbewältigungsfaktoren, gesellschaftliche und politische Rahmenbedingungen eine ebenso wichtige Rolle wie die Einsicht, dass der Mensch nicht zum bloßen Objekt einer medizinischen Behandlung werden darf, sondern stets als selbst bestimmtes Subjekt einzubeziehen ist und als Experte für seine Heilungskräfte ernst zu nehmen und zu aktivieren ist. Eine Entwicklung ist in Gang gekommen, die weg führt von einer bloß nachträglichen Krankheitsbehandlung und auf dem Weg ist zu einer präventiven Gesundheitsförderung.
Mit einer ähnlichen Betrachtungsweise hat Antonovsky (1987) das salutogenetische Modell von Gesundheit und Krankheit entwickelt (vgl. dazu auch Bengel / Strittmatter / Willmann 1998). Warum bleiben Menschen – trotz vieler potenziell gesundheitsgefährdender Einflüsse – gesund? Wie schaffen sie es, sich von Erkrankungen wieder zu erholen? Was ist das Besondere an Menschen, die trotz extremster Belastungen nicht krank werden? So und ähnlich lauten die Themenstellungen der Salutogenese. Antonovsky betonte, dass eine allgemeine Grundhaltung des Menschen gegenüber der Welt und dem eigenen Leben, das so genannte Kohärenzgefühl, für den Gesundheits- und Krankheitszustand ausschlaggebend sei. Auf die Phase der Kindheit bezogen beschäftigt sich die Resilienzforschung mit den Faktoren der seelischen und körperlichen Widerstandsfähigkeit. Sie untersucht die kindlichen Fähigkeiten mit Belastungen und Krisen umzugehen. Hier wie dort hat sich ein Paradigmenwechsel vollzogen von der Fixierung auf die Defizite und Abnormalitäten, hin zu den Ressourcen und Schutzfaktoren menschlichen Lebens und „sozialer“ Gesundheit.

Der Band gliedert sich in vier inhaltliche Teile zum Thema „Soziale Gesundheit“:

- Gesundheit in historischer, ethischer und theologischer Perspektive,
- Gesundheitsrecht und Gesundheitsreform,
- Gesundheitsversorgung und Krankheitsbehandlung/Pflege,
- Gesundheitsförderung und -gefährdung.

Am Ende findet sich eine Liste der Autorinnen und Autoren dieses Bandes und davor ein Verzeichnis der von den hauptamtlich Lehrenden an den vier evangelischen Fachhochschulen im Zeitraum seit dem Erscheinen des vorangehenden Bandes der Evangelischen Hochschulperspektiven publizierten Bücher, Aufsätze und Artikel.

Zur besseren Übersicht und für einen gezielteren Zugriff skizzieren wir nachfolgend die Inhalte der vier Teile des Bandes und ihrer einzelnen Aufsätze.

1 Gesundheit in historischer, ethischer und theologischer Perspektive

Zur Grundlegung eines erweiterten Gesundheitsbegriffes erscheint es bedeutsam, geschichtliche, moralische und religiöse Zugänge zu eröffnen. Denn was unter Gesundheit verstanden wird, zumal wenn man ihre sozialen Seiten mit in den Blick nehmen will, das konstruiert jede Person subjektiv im Kontext ihres sozialen, kulturellen und weltanschaulichen Hintergrundes. Auch ethische Werte und gesetzliche Normen sind ganz wesentlich an den Ausprägungen des Gesundheitsverständnisses beteiligt. Deshalb werden in diesem ersten Teil historische, ethische und theologische Perspektiven auf das Thema Gesundheit eröffnet. In der biblischen Reflexion muss man sich gewärtigen, dass Abstraktbegriffe wie Gesundheit oder Krankheit in der biblischen Literatur so nicht genannt werden, sondern eingebunden sind in die Grundlinien biblischer Anthropologie, die ein holistisches Verständnis voraussetzt. Gesundheit und Krankheit sind immer in größere Kontexte eingeordnet, die man allgemeiner mit Wohlergehen in allen Dimensionen oder Nichtwohlergehen konnotieren kann. Nichtsdestotrotz kann die biblische Anthropologie zum Nachdenken in der Postmoderne anregen. Biblische Texte bieten oft überraschende Perspektiven und geben einen Blick auf tiefgründige Spiritualität frei.

Maria Otterbach und *Wilhelm Schwendemann* thematisieren am Beispiel der biblischen Geschwisterkonfliktgeschichte Jakob und Esau die Bedingungen für einen gelingenden Individuierungsprozess, der immer mit Risiken behaftet bleibt. Wenn Geschwister ihre Konflikte nicht austragen und sich gleichzeitig Nischen der je eigenen Entfaltung suchen, können Geschwisterbeziehungen nicht nur scheitern, sondern in psychosoziale Katastrophen führen. Der Geschwisterkonflikt (Gen 27+28), der vordergründig als Betrugs- und Führungsgeschichte erzählt wird, bricht zu dem Zeitpunkt auf, als der alt gewordene Isaak sein „Erbe“ ordnen will. Für alle Beteiligten führt das zu einer Lebens- bzw. Zukunftskrise. Sie dokumentiert sich vordergründig im Zusammenbruch des Familiengefüges, der Flucht von Jakob und dadurch der Trennung der Zwillinge. Die

Geschwisterkonstellationen innerhalb eines Familiensystems sind insofern von Bedeutung, als sie *spezifische Rollenmuster* initiieren. Die Positionen werden in *Auseinandersetzungen* und *Streit* verteidigt, Neid, Hass und Eifersuchtsempfindungen können entstehen, Letztere insbesondere im Hinblick auf elterliche Zuwendungen. Gleichzeitig sind auch positive Effekte zu beobachten wie z.B. das Erlernen von Konfrontations- und Konflikttechniken. Durchsetzungsvermögen und Diskussionsfähigkeiten werden eingeübt und Koalitionen gebildet.

Traugott Schächtele untersucht in seinem Beitrag die theologische Verbindung zwischen sozialer Praxis des Christentums und dem trinitarischen Gottesverständnis, was nach Schächtele ein Alleinstellungsmerkmal des Christentums in Relation zu den anderen Weltreligionen sei. Dabei kommen den im Aufsatz en detail beschriebenen Aktivitäten eines sich trinitarisch entfaltenden Gottesbildes die Aspekte der Verankerung und Rück-Bindung (im Sinne von religio), der Recht-Fertigung (und Wertschätzung des Menschen) und der Re-Sozialisierung (über die Grenzen der Geschichte und der Ökumene hinweg) zu. Jeder der drei trinitarisch verankerten „Überführungs-Funktionen“ ließe sich als Strukturmerkmal im Prozess einer trinitarisch begründeten sozialen Gesundwerdung beschreiben. Gott öffnet sein Gott-Sein auf das Mit-Sein des Menschen zum Mit-den-Menschen-Gott-sein, was eine enorme soziale Dynamik im Sinn tragfähiger sozialer Beziehungen entwickelt.

Sozialphilosophische und methodologische Überlegungen zur Konstruktion von Gesundheit stellt *Willehad Lanwer* an. Auf dem Hintergrund heilpädagogischer Zugänge stellt er die Thesen auf, dass Krankheit und Behinderung keine ‚naturgegebenen' Phänomene des Seins, sondern Resultat der Entwicklung von Menschen sind unter denen ihnen gegebenen Bedingungen ihrer äußeren, sozialen Wirklichkeit. Gegen eine Individualisierung der Krankheits- und Gesundheitsverständnisse geht Lanwer von deren sozialer Konstruktion unter den vorherrschenden gesellschaftlichen, ökonomischen, kulturellen und sozialen Daseinsbedingungen aus.

Marion Großklaus-Seidel geht davon aus, dass die Einsichten in das Wesen des Menschen eng zusammen hängen mit der ethischen Forderung der Lebensgestaltung und des Gesundheitsverhaltens. Kritisch fragt sie nach, wer denn eigentlich die Normen dazu, wie man gesund zu leben habe, festsetzt. Sie nimmt die Aspekte der menschlichen Autonomie und der Fragmenthaftigkeit in den Fokus. Gesundheit sei zu einem gesellschaftlichen Wert geworden, aus dem sich normhafte, d.h. generalisierte Handlungsanweisungen ergeben. Diese Normen auf den Ebenen der Bertoffenen, des Arztes und der Gesellschaft können jedoch voneinander abweichen. Für die ethischen Konflikte zwischen Betroffenen und Gesellschaft im Blick auf das normative Gesundheitsverständnis fordert und skizziert die Autorin eine neu zu entwickelnde „Public-Health-Ethik“, die für Konzept und Praxis der Gesundheitsförderung und -beratung relevant ist.

Für die Integration von natur-, geistes- und sozialwissenschaftlichen Perspektiven in ein ganzheitliches Gesundheitsverständnis plädiert *Arnd Götzelmann*. Der Anspruch christlicher Seelsorge in Theorie und Praxis stehe im Spannungsfeld von Gesundheit, gutem Leben und Heil. Die Konzepte, Haltungen und Methoden der systemischen Therapie und Familientherapie bieten nach Götzelmanns Meinung gute Möglichkeiten, einen ganzheitlichen Entwurf und eine professionelle Praxis von Seelsorge zu realisieren. Denn wenn Gesundheit „Kraft zum Menschsein" (Karl Barth) ist, dann kann Seelsorge nicht individualistisch und nur auf das religiöse „Innenleben" bezogen agieren, sondern muss das Subjekt zugleich in seinem familialen, sozialen, kulturellen und politischen Kontext sehen. Von daher bietet der systemische Zugang der Seelsorge eine Perspektiverweiterung. Weg vom Defizitmodell wird der Mensch von einer so verstandenen Seelsorge mit seinen Selbstheilungskräften und Gesunderhaltungsressourcen zur Verantwortung für seinen eigenen Lebens- und Glaubensweg befreit.

2 Gesundheitsrecht und Gesundheitsreform

Dass eine Individualisierung und Medizinisierung von Gesundheit zu kurz greifen, wird schnell deutlich, wenn man sich mit den rechtlichen Prinzipien und Reformen des Gesundheitswesens befasst. Dauerthema der Politik und der Gesetzgebungsverfahren in den Industriestaaten sind angesichts des demographischen Wandels, der Fortschritte der Medizin und der finanziellen Aufwendungen die gesetzliche Gestaltung des Gesundheitssystems und die kontinuierlichen Aufgaben der Gesundheitsreform. Die Beiträge in diesem zweiten Teil befassen sich mit dem deutschen Gesundheitsrecht und insbesondere der letzten Gesundheitsreform.

Alexa Köhler-Offierski und Gisela Kubon-Gilke geben Einsicht in die ökonomischen Zusammenhänge des Gesundheitsbereiches und kritisieren die Eignung des verbreiteten mikroökonomischen Analyserahmens für die Gesundheitsökonomie. Sie sehen den tauschtheoretischen Reduktionismus einer wettbewerblichen Koordination bzw. Steuerung des Gesundheitswesens an seine Grenze gekommen und postulieren eine Gestaltung des weiteren Gesundheitsreformprozesses nach Gerechtigkeits- und Solidaritätsprinzipien.

Für den Stellenwert von Prävention, Gesundheits- und Selbsthilfeförderung in den neueren Prozessen der Gesundheitsreform interessiert sich *Klaus Priester*. Zwar hätten sich die Präventionsausgaben seit Beginn der 1990er Jahre deutlich erhöht, jedoch sei ihr Anteil an den gesamten Gesundheitsausgaben stabil niedrig, d.h. ihr Wachstum unterdurchschnittlich gewesen. Im Mittelpunkt stehe nach wie vor die kurative Behandlung. Auch die Ausgaben für die Selbsthilfeförderung müssten als stark defizitär angesehen werden. Kritisch setzt sich Priester mit der Gesundheitsreform 2007 auseinander und mit dem Scheitern des Präventionsgesetzes.

3 Gesundheitsversorgung und Krankheitsbehandlung/Pflege

Will man eine optimale Gesundheitsversorgung erzielen, so kann es nicht bei einer individualisierten, kurativen Medizin bleiben, sondern sind soziale Aspekte im Sinne einer Public-Health-Verantwortung mit zu berücksichtigen. Im dritten Teil geht es um die Gesundheitsversorgung von legalen und illegalen Migrantinnen und Migranten, von psychisch kranken und traumatisierten Menschen sowie um die neuen, sozialen Aufgaben der Pflege.

Mit der gesundheitlichen Versorgung illegaler Migranten im Lichte von Inklusions- und Exklusionsprozessen setzen sich *Hans-Ulrich Dallmann und Thomas Wagner* auseinander. Auf der Basis der Luhmannschen Systemtheorie zeigen sie das Paradox der Beobachtung von Illegalität auf, denn, was nicht sichtbar werde, könne man auch nicht beobachten. Bleiben illegal sich im Lande aufhaltende Personen für das politische System unbestimmt und exkludiert, und wollen diese Illegalen auch selbst unerkannt bleiben, so wird es schwierig, gesicherte Daten über die Gesundheitsversorgung dieser Gruppe in Deutschland zu erhalten. Jedoch vollziehe sich keine gesellschaftliche Totalexklusion Illegaler, denn wirtschaftlich seien sie durchaus inkludiert, wenn man die illegale Ausländerbeschäftigung im Baugewerbe, in der Gastronomie, Landwirtschaft oder Prostitution in Betracht ziehe. Sie sei gerade deshalb so erfolgreich, weil Illegalität hier bedeutet, arbeitsrechtliche und wohlfahrtsstaatliche Regulierungen zu umgehen. Für die Gesundheitsversorgung in Deutschland sei die ärztliche Diagnose der Behandlungsbedürftigkeit die Pforte für den Eintritt. Allerdings komme das Kriterium der Kostenübernahme hinzu. Illegale Migranten würden durch dieses zweite Kriterium vom Gesundheitssystem ausgeschlossen. Obschon das Leben in der Illegalität Krankheiten begünstige, fänden sich jedoch in Akutsituationen durchaus (meist illegale) Wege sich Zugang zu einer ärztlichen Behandlung zu verschaffen. Die Autoren fordern eine Entkoppelung des Gesundheitssystems von staatlichen Stellen und geben der Sozialen Arbeit zu bedenken, ob sie bei Illegalen nicht gerade dadurch besonders hilfreich sein kann, indem sie nicht als staatliche Behörde hilft, sondern private Initiativen und Netzwerke stärkt.

Jutta Lindert beschäftigt sich in ihrem Beitrag mit der psychosozialen Versorgung von MigrantInnen; hier hat sich die generelle Situation in den letzten Jahren sehr verändert; insbesondere wurde die „interkulturelle Öffnung“ von sozialen und gesundheitlichen Diensten gefordert. Eine derartige Öffnung setzt in den entsprechenden Institutionen einen interkulturellen Kompetenzzuwachs und Kompetenzerwerb voraus, um speziellen psychischen Problemen und Besonderheiten in den Krankheitsverläufen bei manchen Migrantengruppen gerecht zu werden. Die Autorin plädiert auf dem Hintergrund der sogenannten *Sonnenberger Leitlinien* für eine adäquate migrationsspezifische psychosoziale Versorgung. Vorbilder hierfür existieren seit 1989 in den USA. Die geforderte interkulturelle bzw. kulturelle Kompetenz schließt in den amerikanischen Modellen

Wissen, Verhalten und Einstellungen, Neugier auf Fremdes, Empathiefähigkeit und Beziehungsbereitschaft mit ein.

Ulrich Pfeifer-Schaupp charakterisiert Mitgefühl als eine generelle Grundhaltung in der Sozialen Arbeit; in Menschlichkeit, Respekt oder Achtung vor dem anderen wird dieses Mitgefühl konkret und weist auf die Grundbedingung Sozialer Arbeit hin. Der Machbarkeitswahn erfasse, so Pfeifer-Schaupp, zunehmend auch die Praxis des Helfens: man könne und müsse alles (technisch) machen, man könne das Leid beseitigen, mit qualitätsgeprüften und zertifizierten „Interventionen" könnten soziale Probleme gelöst, das Soziale gesteuert, Krankheit beseitigt und Gesundheit „hergestellt" werden. Pfeifer-Schaupps politisches Plädoyer ist, Leiden wahrzunehmen und auszuhalten und sich nicht in heldenhafte Haltungen eines Retters oder einer Retterin zu begeben, schlicht in der Sozialen Arbeit authentisch mit sich selbst und dem Anderen umzugehen.

Im Beitrag von *Elisabeth Nicolai* wird das SYMPA-Projekt („Systemtherapeutische Methoden psychiatrischer Akutbehandlung") vorgestellt. In der familienorientierten Behandlung schwerer psychiatrischer Störungen haben besonders systemtherapeutische Vorgehensweisen Verbreitung gefunden. Sie gründen sich auf ein system- und kommunikationstheoretisches Verständnis psychiatrischer Symptome. Der theoretische Projektansatz setzt voraus, dass Krisen nicht ausschließlich auf innere Prozesse zurückzuführen seien, sondern auch auf der Kommunikations- und Interaktionsebene im Zusammenwirken mit der Umwelt eine Bedeutung haben und somit als sinnvolle Lösungsversuche zu sehen seien. Systemische Behandlungselemente, wie sie im SYMPA Projekt entwickelt wurden, dienen diesem Verständnis über das Eingebundensein und die Sinnhaftigkeit von Krisen, wollen die Autonomie der Patienten stärken und damit für die Beteiligten zukünftig möglichst viele alternative Optionen für die Bewältigung von Krisen eröffnen.

Sabine Allwinn untersucht in ihrem Beitrag die Entwicklung von psychosozialen und seelsorgerlichen Konzepten der Notfallversorgung einmal für Opfer, Angehörige, Augenzeugen und für die Einsatzkräfte wie Feuerwehr, Polizei, Rettungsdienste. Bislang ist es gängige Praxis, dass Betroffene mit finanziellen, familiären oder anderen sozialen Folgen alleine gelassen werden und dass vielerorts Perspektiven für eine systematische, mittelfristige Versorgung fehlen. Existierende Konzepte legen ihren Schwerpunkt z.B. bei Arbeitsunfällen auf psychotraumatologische Versorgung, ohne aber hinreichend den Prozesscharakter eines Traumas im Blick zu haben. Auftretende Komplikationen, auch nach längerer Zeit, können dann nur unzureichend behandelt werden und führen dann möglicherweise zu ernsthaften Krisen und dauerhaften Störungen.

Defizite der pflegebezogenen Versorgung besonders alter Menschen diagnostiziert *Margret Flieder* angesichts ausgedünnter sozialer Netze, fehlendem Gesundheitswissens und Lücken im gesellschaftlichen Informations- und Hilfesystem. Pflege von Menschen, die von Armut und Ausgrenzung bedroht sind, stelle für die Pflegewissenschaft wie für die deutsche Pflegepraxis ein bislang eher unbekanntes Problem dar. Auf die Pflegenden kommen angesichts des demographischen Wandels und einer neuen Altersarmut neue soziale Professionalisierungs- und Steuerungsaufgaben zu. Nötig würden mehr präventive Pflegeberatung, aufsuchende Beratung, Netzwerkarbeit und Case Management. Dazu seien auch die Selbsthilfekompetenzen der von Pflegebedürftigkeit und Armut Betroffenen wahr und als Ressource an zu nehmen.

Marianne Brieskorn-Zinke stellt als neues Tätigkeitsfeld der Pflege in Deutschland das „Public Health Nursing“ dar. Als Mitglied einer europäischen Arbeitsgruppe untersuchte die Autorin an der Bevölkerungsgesundheit orientierte pflegerische Arbeitsfelder in zehn europäischen Ländern. In ihrem Beitrag werden vier unterschiedliche Konzepte systematisiert: der traditionelle Ansatz des Public Health Nursing, der administrative Ansatz der Public Health Nurse, der Empowerment-Ansatz der Gesundheitsförderung und der integrative Ansatz eines Public Health in Nursing. Die Autorin arbeitet heraus, dass der Begriff des Public Health Nursing in Deutschland keine Tradition habe, auch wenn es einmal die Gemeinde(kranken)schwester gegeben habe. Prävention und Pflege erschienen hierzulande eher als Gegensatz. Dagegen sei gerade eine bevölkerungsorientierte Prävention und Gesundheitsförderung, in der die Pflege auf der Basis von System-, Gemeinde-, Patienten- und Bevölkerungsorientierung eine maßgebliche Rolle spielen müsse, nötig.

4 Gesundheitsförderung und -gefährdung

Dass Gesundheitsversorgung heute stärker denn je mit den Mitteln der Prävention und Gesundheitsförderung arbeiten muss, scheint unbestritten, wenn auch gesundheits- und sozialpolitisch noch nicht realisiert. Wer sich mit der Förderung von Gesundheit beschäftigt, muss einerseits die stärkenden und förderlichen Faktoren für Salutogenese und Resilienz in den Blick nehmen und andererseits auch den Ursachen für die Gefährdung von Gesundheit nachgehen. Beides geschieht in diesem Teil.

Der Werbeslogan „Geiz ist geil“ ist für *Marianne Baier-Hartmann* Anlass, über krankmachende Momente des Zeitgeistes nachzudenken. Der Geiz gehört im römisch-katholischen Verständnis des Mittelalters zu den Hauptsünden, die wir Menschen begehen können und diese wiederum werden als die Wurzeln der Todsünden betrachtet. Geiz im Sinne übertriebener Sparsamkeit kann Zeichen einer krankhaften Persönlichkeitsstörung sein. Geiz und Geilheit sind mit zwei menschlichen Grundbedürfnissen verknüpft: Geiz mit dem Bedürfnis nach Kontrolle, Geilheit mit dem Lustprinzip. Beide jedoch stellen in ihren Extremen krankhafte oder verformte Arten der Bedürfnisbefriedigung dar, insofern machen sie nicht krank, sondern „sind krank“. Bedürfnisbefriedigung und Gesundheit sind miteinander verknüpft – auf negative Weise, da starke Verletzungen der

Grundbedürfnisse Krankheit hervorrufen können, und auf positive Weise, da gelingende Bedürfnisbefriedigung Gesundheit stärkt.

Baldo Blinkert und *Thomas Klie* thematisieren am Beispiel des Modellprojektes PFLEGEBUDGET, das vom Arbeitsschwerpunkt Gerontologie und Pflege an der Evangelischen Fachhochschule Freiburg durchgeführt wird, Fragen der Lebens- und Versorgungsqualität pflegebedürftiger Menschen. Bedeutung haben soziale Integration, soziale Netzwerkqualität und quantitative Versorgungsqualität, die in einem so genannten Welfare Mix miteinander verschränkt sind. In der Untersuchung zu Pflegearrangements wird deutlich, dass Care bzw. „Fürsorge" eine gesellschaftlich immer knapper werdende Ressource darstellt, die Pflege von Angehörigen zu einem Risikofaktor für die eigene Lebensplanung und Chancenverwertung machen kann. *Thomas Klie* und *Baldo Blinkert* plädieren für eine Überprüfung der sozialen Grundbedingungen der Pflegeversicherung und für eine qualitativ hochwertige und humane Versorgung von Pflegebedürftigen in Form z.B. eines persönlichen, passgenauen Pflegebudgets. Das bedeutet u.a. sich an spezifischen Bedarfskonstellationen und Ressourcen zu orientieren.

Zu den gesundheitsförderlichen Faktoren gehören auch Systeme der Nachbarschaftshilfe, wie sie *Wolfgang Krieger und Patrick Schupp* thematisieren. Ihr Aufsatz stellt ausgewählte Ergebnisse einer Evaluationsstudie zu einem Modellprojekt aus dem Bereich der Betreuung demenzkranker Seniorinnen und Senioren dar und diskutiert das Projekt als eine innovative Form der Selbsthilfe im Gesundheitswesen. Dabei werden die Spannungen zwischen der Form der Selbst- und der Fremdorganisation von Nachbarschaftshilfe aufgezeigt, das mögliche Leistungsspektrum dargestellt und ein Ablaufschema vorgeschlagen. Die Evaluation des Nachbarschaftshilfeprojektes an einer Ökumenischen Sozialstation in Rheinland-Pfalz ergab, dass die Hilfsangebote flexibel einsetzbar sein müssen, dass aktivierende Leistungen im Vordergrund standen und eine Abwechslung in der Tagesgestaltung und die Bewahrung der Eigenständigkeit zu gewährleisten war. Nur wenige Ansatzpunkte ergaben sich für die Krisenbewältigung oder Stärkung des emotionalen Rückhalts. Als problematisch erwiesen sich Unklarheiten bei der Differenzierung von nachbarschaftshelferischen und pflegerischen Leistung sowie das Konkurrenzverhältnis zu professionellen Pflegekräften.

Für *Dorothea Greiling* gewinnen Gesundheitsnetze an Bedeutung, um die Schwachstellen am Übergang zwischen stationärer und ambulanter Versorgung zu reduzieren. Sie beschäftigt sich mit der Frage der Ausgestaltung interorganisationaler Lernprozesse, insofern Gesundheitsnetze als lerntheoretischer Anwendungsfall von Expertennetzwerken zu verstehen sind, in denen Spezialisten verschiedener Professionen arbeitsteilig und abgestimmt im Interesse einer optimalen Patientenbehandlung zusammenarbeiten. Anknüpfend an Sydow beschreibt sie Charakteristika und Verhaltensannahmen in Bezug auf die Netzwerkakteure in Gesundheitsnetzen. Sie gibt Gestaltungsempfehlungen für das interorganisationale Lernen in Gesundheitsnetzen, die die Annahme relativieren, es bestehe eine uneingeschränkte Bereitschaft der einzelnen Experten ihr Wissen einzubringen. Vielmehr seien die Aspekte der Absicherung der Expertenmacht und des persönlichen Wettbewerbsvorteils zu berücksichtigen.

Klaus Fröhlich-Gildhoff, Maike Rönnau, Tina Dörner und Gabriele Kraus-Gruner beschreiben in ihrem Beitrag ein Projekt aus dem Bereich der Elementarpädagogik: „Kinder Stärken! – Resilienzförderung in der Kindertageseinrichtung" (Zentrum für Kinder- und Jugendforschung an der EFH Freiburg). Ziel des Projektes ist, Kinder zu befähigen, erfolgreich mit belastenden Lebensereignissen umzugehen, was als Resilienz beschrieben wird. Resilienz meint hier eine psychische Widerstandsfähigkeit von Kindern gegenüber biologischen, psychologischen und psychosozialen Entwicklungsrisiken. Erfolgreicher Aufbau von Resilienz stellt einen wesentlichen Aspekt (psycho) sozialer Gesundheit dar – die Entwicklung dieser Fähigkeit ist für Kinder (und Eltern) in spezifischen Problemlagen und benachteiligten Lebenszusammenhängen von besonderer Bedeutung. Die bisherige defizitorientierte Betrachtung wurde durch die gezielte Analyse von Schutzfaktoren und Variablen ergänzt, die zur Ausbildung und Erhaltung seelischer Gesundheit bei Kindern in Kindertagesstätten wesentlich beitragen. Nachweislich lassen sich durch eine Kombination von Präventionstraining mit Eltern und Kindern in Kindertagesstätten Entwicklungsstörungen und Verhaltensauffälligkeiten bei den Kindern signifikant reduzieren.

Hans-Joachim Lenz diskutiert in seinem Aufsatz die Pilotstudie Gewalt gegen Männer in Deutschland. Personale Gewaltwiderfahrnisse von Männern in Deutschland. Darin wird Gewalt in allen Formen (körperliche, sexuelle und psychische Übergriffe gegen Männer) gegen Männer als Gesundheitsrisiko wahrgenommen. Eine in dieser Weise in Deutschland betriebene Männergesundheitsforschung existierte bislang nicht und die Studie geht neue Wege, damit die „andere", verletzliche Seite von Männern in den Blick genommen werden kann. So fordert Hans-Joachim Lenz einen geschlechtsdifferenzierenden Perspektivenwechsel im Gesundheitswesen und in den Gesundheitsberufen, zu dem auch eine spezifische Sensibilisierung für Gewaltübergriffe gehört, die gegen Jungen und Männer gerichtet sind.

Reiner Marquards Predigt zu Mt 25, 35-36 (*Denn ich bin hungrig gewesen, und ihr habt mir zu essen gegeben. Ich bin durstig gewesen, und ihr habt mir zu trinken gegeben. Ich bin ein Fremder gewesen, und ihr habt mich aufgenommen. Ich bin nackt gewesen, und ihr habt mich gekleidet. Ich bin krank gewesen, und ihr habt mich besucht. Ich bin im Gefängnis gewesen, und ihr seid zu mir gekommen*) beschließt mit dem Blick auf die Heilige Elisabeth von Thüringen als leibhafte Auslegung der Verse aus der großen Gleichnisrede zum Weltgericht den diesjährigen Aufsatzband zum Thema Soziale Gesundheit. In Elisabeth erfahren die Menschen durch ihre diakonische Zuwendung etwas von der Glaubwürdigkeit des barmherzigen Gottes. Elisabeth repräsentiere, so Reiner Marquard, in aller Radikalität Selbst-Bedürftigkeit in ihrer Person. Die Legenden der

Elisabeth berichten von Berührungsgeschichten. Nicht nur dass sie leidende Menschen berührte, sondern dass sie selbst sich in diesen Berührungen als Berührte erfuhr, sei die Pointe christlicher Diakonie. Die Gegenwart Christi im Leiden verhelfe ihr dazu, nicht beim Erlebnis des Leidens zu erstarren, sondern dem Erleben des Leidens einen Sinn abzuschauen, der sie auf das Leiden bezieht. Das Erleben von leidenden Menschen führe sie zu einer Erfahrung des barmherzigen Gottes.

Im Namen der Redaktion der Reihe „Evangelische Hochschulperspektiven" wünschen wir den Leserinnen und Lesern eine anregende Lektüre.

Ludwigshafen a.Rh. / Freiburg i.Brsg. im September 2007

Arnd Götzelmann und Wilhelm Schwendemann

Literatur

Antonovsky, Aaron (1987): Unraveling the mystery of health: how people manage stress and stay well, San Francisco: Jossey-Bass.

Badura, Bernhard (1996): Gesundheitswesen in sozialer Verantwortung. Gesundheitswesen 58, 1996, S. 64-68.

Bengel, Jürgen; Strittmatter, Regine; Willmann, Hildegard (1998): Was erhält Menschen gesund?: Antonovskys Modell der Salutogenese - Diskussionsstand und Stellenwert; eine Expertise im Auftrag der Bundeszentrale für Gesundheitliche Aufklärung (Forschung und Praxis der Gesundheitsförderung; 6) Köln: BZgA.

Troschke, Jürgen von/Deutsche Gesellschaft für Public Health[Hg.] (2001): Public Health - Entwicklungen und Potentiale: [vom 6. bis 8. Oktober 1999 wurde in Freiburg der erste internationale Kongress der 1996 gegründeten Gesellschaft für Public Health (DGPH) durchgeführt], Weinheim: Juventa.

I Gesundheit in historischer, ethischer und theologischer Perspektive

Jakob und Esau – eine biblische Beziehungs- und Krisengeschichte

Maria Otterbach und Wilhelm Schwendemann

„Was anders heißt Geschwister sein
Als Abels Furcht und Zorn des Kain,
Als Streit um Liebe, Ding und Raum,
Als Knöchlein am Machandelbaum,
Und dennoch, Bruder, heißt es auch
Die kleine Bank im Haselstrauch,
Den Klageton vom Schaukelbrett,
Das Flüstern nachts von Bett zu Bett,

Den Trost –
Geschwister werden später fremd,

vom eigenen Schicksal eingedämmt,
Doch niemals stirbt die wilde Kraft
Der alten Nebenbuhlerschaft,
Und keine andere vermag
So bittres Wort, so harten Schlag.
Und doch, so oft man sie erkennt
Und bei den alten Namen nennt,
Auf wächst der Heckenrosenkreis.
Du warst von je dabei. Du weißt."

Marie Luise Kaschnitz, entnommen:

Jung, Mathias: Geschwister. Liebe – Hass- Annäherung (2001), Vorwort

1 Der Geschwisterkonflikt zwischen Esau und Jakob

Wenige biblische Geschichten über Geschwisterkonflikte weisen eine so große Dramatik auf wie die Geschichte von Jakob und Esau. Jakob und Esau ist für uns aber nicht nur eine konfliktreiche, biblische Erzählung, die theologisch vielschichtig ist, sondern auch unter tiefenpsychologischen Gesichtspunkten eine Geschichte, die auch anders hätte ausgehen können. Die beiden Brüder, ja Zwillinge, hätten scheitern und der je eigene

Individuierungsprozess hätte tödlich in einer Katastrophe enden und die Beziehung der Geschwister hätte krank machen können. So gesehen, liefert die biblische Geschichte genügend Stoff zum Nachdenken darüber, was zu einer gelingenden und möglicherweise gesundheitsfördernden Konfliktregelung nötig ist. Dass das Erwachsenwerden nicht ohne Brüche, persönliche Niederlagen, Aushalten von Schmerz, Trennung usw. gehen kann, zeigt die Geschichte. Gelingende soziale Beziehungen am Ende des Bruderkonflikts, aber auch ein Neuanfachen des Geschwisterkonflikts in der nächsten Generation, konfrontieren die RezipientInnen der Geschichte mit ihrer eigenen Biografie und geben Anlass, die biblische Erzählung im eigenen Lebenskontext aufzunehmen und weiterzuerzählen und für sich heilende Aspekte in den eigenen Geschwisterbeziehungen zu entdecken.

Jakob, der spätere Stammvater Israels, macht der Etymologie seines Namens alle Ehre, denn zwei Bedeutungen scheinen möglich und werden vom biblischen Erzähler auch verwendet: die hebräische Wortwurzel geht auf eine nominale Bedeutung Ferse (Gen 25, 26) und als Verb auf betrügen (Gen 27, 36; Hos 12, 4) zurück, also entweder: Er hält die Ferse fest oder/und Er betrügt (ThWAT, Bd. 5). Obwohl Jakobs Handlungen am Anfang seiner Geschichte unter moralischer Perspektive fragwürdig erscheinen, ist Jakob in der biblischen Erzählung derjenige, auf dem der Segen Gottes liegt bzw. derjenige, der von Gott durch alle möglichen Gefährdungen und Lebensenttäuschungen hindurch geschützt ist bzw. dem Gott nah ist (ugaritische Sprachwurzel; vgl. Aistleitner 1974). In dieser Bedeutung ist der Name Jakobs im Südarabischen belegt und kommt z.B. auch als Ortsname in einer ägyptischen Liste der von Thutmosis III. im 15. Jahrhundert v. Chr. eroberten Städte Palästinas vor. Wann der „historische“ Jakob gelebt hat, ist nicht direkt rekonstruierbar, auch wenn in der gegenwärtigen Forschung angenommen wird, dass mit seiner Person oder der Gruppe, die seinen Namen trug, historische Ereignisse verknüpft sind (Namensetymologie, Lebensweise als Wanderhirte, außerpalästinische Heimat, Offenbarungsempfänger und Kultstifter). Bei der zeitlichen Ansetzung wird man aber allenfalls auf einen Zeitraum vom 18. bis 15. Jahrhundert v. Chr. kommen, was mit der Hyksosherrschaft in Ägypten zusammenfiele. Die Hyksos (van Seters, 1966) waren fremde Herrscher in Ägypten. Sie stammten ursprünglich aus Asien und waren die Pharaonen der 15. und 16. ägyptischen Dynastie. Sie führten in Ägypten pferdebespannte Kampfwagen und zusammengesetzte Bogen ein.

Jakobs Lebensgeschichte ist zwischen Gen 25 und Gen 36 erzählt. Jakob war der Sohn Isaaks und Rebekkas und der jüngere Zwillingsbruder Esaus (Gen 25, 23; Rezeption in Röm 9, 10-13). Jakob hält bei seiner Geburt die Ferse Esaus fest (Gen 25, 26) und bleibt im Unterschied zu Esau, der gern auf die Jagd geht und der Lieblingssohn Isaaks ist, eher zu Hause und wird dort von seiner Mutter Rebekka besonders geliebt. Jakob überredet Esau – gegen ein Linsengericht – das Erstgeburtsrecht abzugeben und weiß sich von der Mutter Rebekka unterstützt, die ihn auch beim Betrug um den Segen bei Isaak unterstützt (Gen 27, 1-40). Auf ihren Rat hin, flieht Jakob nach Mesopotamien zu seinem Onkel Laban in Haran (Gen 27, 41-28,5). Auf dem Weg von Beerscheba nach Haran übernachtet Jakob in Bet-El und Gott erscheint ihm im Traum und verspricht ihm das

Land Kanaan und sichert ihm seinen Schutz und sein Geleit bis zu seiner Rückkehr zu. In den alten Jakob-Erzählungen lässt sich noch die Tendenz erkennen, die El-Gottheit durch JHWH zu ersetzen. Die Kultätiologien um Bet-El (Gen 28), Sichem (Gen 33), Pnuel (Gen 32), Mahanajim (Gen 32) lassen als Inhalte der Offenbarungen an Jakob Segenszusagen und Verheißungen erkennen. In Bet-El errichtet Jakob eine Kultstätte. In Mesopotamien wird der Betrüger zum Betrogenen, denn er muss zuerst Lea, die ältere Tochter Labans, heiraten, obwohl ihm die jüngere Tochter Rahel versprochen war, die er liebt. Um Rahel dient Jakob weitere sieben Jahre bei Laban. In Mesopotamien wird Jakob reich an Kindern und Vieh; nach der Flucht vor Laban, der neidisch auf seinen Neffen zu reagieren beginnt, treffen sich Laban und Jakob an der Grenze von Aram und Gilead. Dort schließen Jakob und Laban einen Vertrag miteinander (Gen 29-31). Noch mehr als vor Laban fürchtet sich Jakob im Ostjordanland vor der Wiederbegegnung mit seinem Bruder Esau, der ihn einst mit Mordgedanken im Herzen verfolgt hatte. In der Nacht vor dieser Begegnung zwischen den Brüdern ringt Jakob mit einem Engel auf Leben und Tod und geht aus diesem Kampf geschwächt, mit einer ausgerenkten Hüfte, aber von Gott gesegnet hervor. Da Jakob mit Gott gerungen hatte, erhielt er den Namen Israel. Die Begegnung mit dem Bruder am nächsten Morgen verläuft wider Erwarten versöhnlich. Wieder in Bethel kommt Rahel nieder mit Benjamin, bei dessen Geburt sie dann aber stirbt. Jakob begräbt Rahel bei Ephrata und im Jakobssegen wird an sie noch einmal erinnert. In Gen 49 kommt es theologisch zu einer Verschmelzung der vorliterarischen El-Religion (Oldenburg 1966) mit der Vätergottreligion (Parallelsetzung von „Starker Jakobs“ und „Hüter des Israel-Steins“ mit El deines Vaters und El Schaddaj); die theologischen Gehalte der Vätergottheit Jakobs setzen sich gegen kanaanäische Vorstellungen durch und besetzen zentrale Heiligtümer.

In der nachbiblischen Tradition des Judentums wird Jakob als Gerechter gesehen und die sittliche und geistige Vollkommenheit Jakobs hervorgehoben. Philo sieht in Jakob sogar den Typ des tugendhaften Menschen. Das rabbinische Judentum betont die charakterlichen Unterschiede zwischen Jakob und Esau: Esau wird als Götzendiener gesehen, während Jakob zeitlebens Tora studierte. Die ethischen Fragwürdigkeiten im Verhalten Jakobs werden als scheinbare interpretiert. Jakobs Weg führe nach rabbinischer Überzeugung zum Segen und Heil, dem deswegen auch eine Sonderstellung unter den Patriarchen gebühre. In Esau sieht das rabbinische Judentum ein Symbol (Eber aus dem Wald Psalm 80, 14) für die Israel bedrohende Weltmacht (Rom), später für das Christentum. Esau (Übersetzung für „behaart“) ist der ältere Zwillingsbruder Jakobs und der Sohn Isaaks und Rebekkas. Während Jakob der Liebling seiner Mutter Rebekka ist (Gen 25,21-28), so ist Esau der Liebling seines Vaters Isaak. Das hängt auch damit zusammen, dass Esau sich als Jäger betätigte. Rebekka erhielt vor der Geburt der Zwillinge eine Gottesoffenbarung, dass der ältere Sohn dem Jüngeren dienen werde. Nachdem Esau sowohl um sein Erstgeburtsrecht als auch um den Segen gebracht war, schwor er Jakob Rache.

Durch die Segenszusage Isaaks an Jakob wird Esau von der Verheißung, die auf Jakob ruht, ausgeschlossen (Gen 27, 41-28, 5), ohne dass ihm materieller Schaden entstanden wäre. Zum Ärger der Eltern heiratete Esau zudem noch hethitisch-kanaanäische Frauen (Ada, Basemat, Jehudit, Mahalat, Oholibama). Als Jakob nach dem Kampf am Jabbok seinem Bruder wieder begegnet, hat der ihm auf Dauer vergeben (Gen 32, 33). Nach dem Tod Isaaks begraben die Zwillinge zusammen ihren Vater (Gen 35, 29). Esau wird auch als Stammvater der Edomiter gesehen, die in Edom, dem Hochland östlich des Wadi al-Araba, seit dem 13. Jahrhundert v. Chr. lebten. Unter den Königen David und Salomo wurden die Edomiter zu Vasallen und im 5. Jahrhundert v. Chr. von den aufstrebenden Nabatäern verdrängt.

Zunächst einmal ist festzustellen, dass diese biblischen Geschwisterkonflikte so oder ähnlich fast von jedem Bibellesenden erlebt und erlitten werden können. Auch sie erfahren Bevorzugung bzw. Benachteiligung, sei sie eingebildet oder wirklich vorhanden, auch sie merken, dass häufig der im Leben vorankommt, der sich nicht an die Spielregeln hält.

Sie erfahren oft, dass der, der sich vor Verantwortung drückt, schummelt und betrügt, schneller und besser ans Ziel kommt als der, der ehrlich bleibt.

So gesehen untermauert z.B. die Geschichte vom Betrüger Jakob genau diese möglicherweise krankmachende Weltsicht. Die Geschichte von Jakob und Esau hinterlässt bei den Hörenden vielleicht genau diesen Eindruck, identifizieren sie sich möglicherweise mit diesem „Antihelden“ und kommen zu dem Schluss, dass man es also genauso wie Jakob machen muss, wenn man es im Leben zu etwas bringen will.

Tatsächlich ergeht es aber diesem Jakob im Laufe der Geschichte alles andere als gut. Aus dem verhätschelten Liebling der Mutter wird ein vor der Wut des rasenden Bruders verfolgter Flüchtling, der auf dem Weg zur mesopotamischen Verwandtschaft, die ihm Asyl gewähren soll, im wahrsten Sinn des Wortes durch die Wüste gehen muss, bedroht durch wilde Tiere, Hunger und Durst, ständig in der Angst, dass der Zwillingsbruder plötzlich auftaucht und krank vor Sorge um die Mutter, die Beihilfe zum Betrug geleistet hat und von der er nicht weiß, ob der Vater sie dafür bestrafen wird.

Gott lässt Jakob seine Erfahrungen machen. Z.B., indem er selber zum Betrogenen wird, als Laban ihm in der Hochzeitsnacht nach sieben Jahren Arbeit die ungeliebte Lea unterschiebt, obwohl Jakob doch die viel hübschere Rahel will. Jakob muss also für seinen Betrug an Vater und Bruder schließlich selbst bezahlen.

Auch in seinem Verhalten als Vater zeigt sich, wie stark Jakob in seiner Rolle als „Liebling der Mutter“ verhaftet ist, denn er selber bevorzugt die Kinder, die er mit der geliebteren Rahel hat – Josef und Benjamin – und überträgt so den Konflikt, den er mit Lea hat, auf seine älteren Kinder.

Am Ende kommt es zum entscheidenden Ereignis in Jakobs Entwicklung: Am Jabbok kämpft er in der Dunkelheit bis zur Morgenröte mit einem Mann. Verzweifelt bittet er ihn um den Segen. Er wird gesegnet, wie sich herausstellt von Gott, und so kann Jakob seinem Bruder Esau gestärkt entgegen ziehen. Er weiß nicht, was ihn erwartet, aber seine Entwicklung, sein Reifeprozess ist abgeschlossen. Endlich ist Jakob bereit, Verantwortung für sein Handeln zu übernehmen. Gott zeigt hier seinen langen Atem.

Ist Jakob also doch eine Identifikationsfigur für Zuhörende? Interessanterweise dreht der biblische Erzähler die Verhaltensbewertung Jakobs um und macht deutlich, dass Gott Jakob auf seiner Flucht nicht im Stich lässt, dass sein Segen ihn trotz aller Verfehlungen begleitet, so wie der Erzähler dies bereits in der Episode von der Himmelsleiter dem Leser erzählt.

Über die Jakob-Esau-Geschichte können Kinder, Jugendliche aber natürlich auch Erwachsene also lernen, dass Gott im Verborgenen wirkt, dass er über Schuld nicht hinweg sieht, dass er aber jeder/m die Chance gibt, zu reifen und sich zu entwickeln und über begangene Fehler zu reflektieren. So wird die Jakob-Esau-Geschichte zum Beispiel einer Führungsgeschichte, obwohl Gott für Jakob nur im Traum in Bet-El wahrnehmbar ist. Was sich auf den ersten Blick aber als Benachteiligung Esaus zeigt, entpuppt sich auf den zweiten Blick als geschickter Schachzug Gottes. Esau nämlich ist nur scheinbar der Verlierer. Tatsächlich segnet Gott ihn materiell ebenso wie Jakob. Allerdings verläuft sein Weg geradliniger. Ihm bleiben die schmerzlichen Erfahrungen, die Jakob während seines Entwicklungsprozesses macht, erspart. Am Ende der Geschichte kann es sich deshalb dem Bruder gegenüber versöhnlich zeigen und ihm den Betrug um den väterlichen Segen vergeben.

Unter dem Aspekt des sozialen Lernens und der Krisen- und Konfliktbewältigung bietet deshalb vor allem die Jakob-Esau-Geschichte vielseitige Möglichkeiten, um ins Gespräch zu kommen:

- Gott sorgt im Leben für ausgleichende Gerechtigkeit und verhilft Benachteiligten zu ihrem Recht.
- Gott vergisst nicht, wenn sich jemand schuldig macht, sondern er lässt ihn/sie oft über schmerzliche Erfahrungen selbst zur Einsicht über eigene Schuld kommen.
- Im Verhältnis zwischen Kindern und Eltern kommt es immer wieder zu Störungen, weil sich innerhalb der Geschwistergruppe einzelne benachteiligt fühlen. Nicht immer kann diese Ungleichbehandlung aufgehoben werden, aber man kann versuchen, sie sich bewusst zu machen und daran arbeiten, sie auszugleichen.
- Lernen können Kinder und Jugendliche und Erwachsene am Beispiel dieses „Antihelden" auch, dass soziales Lernen ein lebenslanger Prozess ist, der auch in der Kerngruppe Familie nicht ohne Konflikte abläuft.

So wie in der Familie Verhaltensweisen ständig hinterfragt, überprüft und korrigiert werden müssen, sollen auch die Verhaltensmuster der Hauptpersonen in diesen Geschwistergeschichten hinterfragt werden.

Hinter den Kulissen ist Gott am Werk und so können „Antihelden" zum Vorbild, können ihre Geschichten zum Gegenstand des Nachdenkens über die eigene Lebensführung werden.

2 Kurzauslegung von Gen 27

Das Kapitel 27 ist entscheidend für den Sagen-Legendenkranz um Jakob und Esau; die Erzählweise ist straff, nur wenige Redeteile kommen vor (Westermann 1981, 529ff.):

Gliederung V 1-17 Vorbereitung der Segenshandlung
V 18-29 Ausführung
V 30-40 Segnung Esaus
V 41-45 Mordabsicht Esaus und deren Abwendung durch Rebekka

Das inhaltliche Zentrum der Erzählung ist die Tat bestimmter Menschen und nicht durch ein elementares Geschehen wie z.B. Hungersnot in den Abrahamserzählungen bestimmt. Rebekka greift in eine Segenstradition ein, die sie als Mutter von Zwillingen ungerecht empfindet, in der von ihr kritisierten Tradition bekommt der Erstgeborene alles; aus diesem Empfinden Rebekkas heraus entwickelt sich das erzählte Drama. Das Grundgerüst der Segenshandlung findet sich ähnlich noch einmal in Gen 48, 8-16.

- Aufforderung des Vaters und / oder Bitte des Sohnes
- Identifizierung bzw. Nennung des zu Segnenden
- Hereinbringen von Speise und Trank, Stärkung des Segnenden
- Herantreten und Berühren / Küssen
- Aussprechen des Segenswortes über den zu Segnenden

Die Eigenart des Schemas liegt darin begründet, dass nur einer gesegnet wird. Dem Geschehen selbst liegt ein ritueller Vorgang zugrunde, der sich aber verselbstständigt, weil der Ritus am Sterbebett des Vaters schon brüchig geworden zu sein scheint. Der Jahwist (Levin 1993) gestaltet das Motiv des Bruderzwistes in einem größeren Zusammenhang, sodass die Rezeption sich dem gesamten Erzählzyklus zuwenden muss, um die Zusammenhänge zu begreifen, denn Gen 27, 41-45 ist der Schluss der einen Geschichte, aber auch gleichzeitig Exposition der nachfolgenden Geschichten. Ursprünglich war die Erzählung wohl selbst eigenständig und ist durch Gestaltung des Schlusses in den Gesamtzusammenhang eingesetzt worden. Das Olriksche Gesetz der Einsträngigkeit ist hier besonders zu betonen, denn es treten immer nur zwei handelnde Personen auf (Olrik 1992). In der Art des Erzählens sind Dialog und Gespräch noch identisch, das Gespräch wird gerade nicht ausgetragen, sondern bestimmt das weitere Geschehen. Nach Meinung vieler Exegeten setzt in Gen 27 die Quellenschrift des Elohisten an, wobei die Quellenscheidung bis heute sehr komplex und umstritten ist. Auffällig sind jedoch die literarischen Doppelungen VV 33-34 /35-38; die Gottesbezeichnungen sind im Text nicht auffällig, sodass man heute mehr zur These der Einheitlichkeit des Textes zurückkehrt (Seebass 1999). Die Segenssprüche sind nicht zusammen mit der Erzählung entstanden, sondern später, weil sie die Stammes- und Volksgeschichte voraussetzen. Die Erzählung selbst ist wohl gestaltet, sodass man auch hier von späteren Überarbeitungen ausgehen muss.

Die Exposition in V 1 ist verbunden mit Gen 25, 27-28. Der Vers 28 in Kap. 25 verbindet die Kapitel 25 mit 27. Der Vater bereitet sich auf das Sterben vor (Gen 48, 10;

Dtn 34, 7); man spricht von einem Kontaktschluss zwischen Vater und Sohn; Pfeil und Bogen sind Gerätschaften des Jägers aus Edom, das für die Jagd bekannt war.
V 4 Subjekt des Segnens ist Näphäsch, was eine ganzheitliche Umschreibung (Schroer / Staubli 2005) des Menschen in Leib und Seele und Geist meint: das Leben Isaaks will ganz und gar den Sohn segnen.
Rebekka belauscht das Gespräch zwischen Isaak und Esau und fädelt im Folgenden den Betrug ein.
Die Absicht Rebekkas wird erst in Vers 10 deutlich: *… damit er dich vor seinem Tod segne.* Jakob spricht zwar dagegen, hat aber grundsätzlich nichts gegen den Plan der Mutter. Die wichtigen Vorbereitungen bei der Ausführung trifft die Mutter, die zielbewusste Initiative wird vom Erzählenden ganz und gar Rebekka zugeschoben. Das Motiv der Handlung liegt bei Rebekka und nicht bei Jakob. V14 ist charakterisiert durch feinen Humor: Rebekka bereitet aus den Herdentieren ein schmackhaftes Festessen zu, der Ersatz tut es auch.
In der eigentlichen rituellen Handlung bleibt bei Isaak ein Rest Zweifel, er kann jedoch den Betrug nicht erkennen, fühlen, riechen, (V23).
In V 24 setzt dann die eigentliche Segenshandlung ein: Wort und Handlung.
Der Erzähler deutet mit dieser Erzählung an, wie brüchig ein solcher Sterbebett-Segen ist und von wie vielen Faktoren abhängig.
Die Mahlzeit gehört ebenfalls zur Segenshandlung unmittelbar dazu und hier taucht ein magisches Verständnis von Segen auf. Es wird hier Lebenskraft weitergegeben, für die sich der zu Segnende erst mal stärken muss: aus dieser Segensmahlzeit entwickelt sich später dann das Kultmahl; auch die körperliche Berührung gehört in diesen Sinnzusammenhang.
V27-29 ist dreiteilig: Überleitung – Fruchtbarkeitssegen / Kulturlandsegen – Herrschaftssegen (vgl. Gen 49, 25). Himmel und Erde gehört in den Sprachraum des Segens und nicht in erster Linie zur Schöpfung. Die fette Erde ist die fruchtbare Erde. Der Zusammenhang zwischen Fruchtbarkeits- und Herrschaftssegen wird erst zur Zeit der Sesshaftwerdung deutlich, d.h. in unserem Text begegnet uns eine sehr viel jüngere Schicht aus der Zeit der Clanrivalitäten um das Kulturland.
Auf den Segen folgt die Entdeckung des Betrugs und Esau bekommt nur noch einen Nachsegen: Esau wird ein hartes Leben führen müssen, aber er wird leben! Und gegen den Hass auf den Bruder hilft auch kein Segen; der Segen kann nur in einer heilen Gemeinschaft gedeihen, was beide Brüder im Folgenden der Erzählung zu spüren bekommen.
Der Erzähler schildert das Zerbrechen einer alten Ordnung durch eine Wandlung der Gemeinschaftsformen (Westermann, 541), aber der Segen bleibt in den Wandlungen der Gemeinschaftsform weiter bestehen.

3 Charakterisierung der Legende

Die Esau-Jakob-Geschichte ist eine prototypische; sie weist in dramatischer Form auf Elemente in der Geschwisterbeziehung hin, die bei beiden Brüdern zu Reifungsprozessen, resp. zur Individuierung führen. Jakob und Esau wären als Zwillingspaar in ihrer Entwicklung in besonderem Maße Verschmelzungs- und Spiegelungsmechanismen ausgesetzt; Zwillingschaft bedeutet ja häufig eine besondere Art geschwisterlicher Intimität und Empathie: So denken wir an Kastor und Pollux, die als Modellvorlage (Schmidbauer 1999) für archetypische Verbundenheit dienen. Und Tessa de Loo (1997) beschreibt in ihrem Roman „Die Zwillinge" eine Situation, in welcher die erstgeborene (?) Anna „sich bei einer Balgerei auf der Marmortreppe den Ellbogen [bricht]. Sie schreit Zeter und Mordio… und auch Lotte stimmt in das Gejammer ein, denn ihre Fähigkeit, Panik und Schmerz zu empfinden, erstreckt sich symbiotisch auch auf den Körper der Schwester. Anna bekommt einen Gipsverband und muß den Arm in der Schlinge tragen. Als sie mit dem Schmuck aus dem Krankenhaus kommt, bricht Lotte erneut in Tränen aus – ob aus Solidarität oder aus Neid, ist nicht ganz ersichtlich. Sie beruhigt sich erst wieder, als sie ebenfalls einen improvisierten Verband und ein Geschirrtuch als Schlinge um den linken Arm bekommt." (ebda, S. 18) Die enge Beziehung der beiden wird auch in ihren Schlafgewohnheiten („ineinander verschlungen wie 2 Oktopusse bei der Paarung", S. 22) oder durch ihre gegenseitige Gefolgschaft unterstrichen. Von dergleichen Verschmelzung und Spiegelung ist bei den Brüdern Esau und Jakob nichts überliefert, im Gegenteil: In Gen 22 wird berichtet, dass sie sich schon im Mutterleib „stießen" und in Gen 25, 26, dass sich der Zweitgeborene an der Ferse des Bruders festhielt, somit die kleinstmögliche zeitliche Distanz bei der Geburt gewährleistet war. Die folgenden Informationen in der biblischen Erzählung beziehen sich weniger auf die weitere Beziehungsgestaltung als auf die Herausbildung von Koalitionen im Familiensystem: Rebekka bevorzugt Jakob, den Sanfteren, Häusigen (Ackerbau) (Schwendemann/Bock/Otterbach 2004) , Isaak den Erstgeborenen, Rauen, den Jäger, Mithin haben Unterscheidungs- und Abgrenzungsvorgänge (De-Identifikation) schon früh eingesetzt und sind von den jeweils gewählten Identifikationsfiguren – Lieblingselternteil und Vorbild – kräftig unterstützt worden. Während der „Verkauf" des Erstgeburtsrechts für ein Linsengericht an Jakob wie ein ohne Spannungen ablaufendes Aushandlungsergebnis wirkt – Esau hat Hunger und der Vorteil des Erstgeburtsrechts ist ihm nicht unmittelbar greifbar – , ist die Erlangung des väterlichen Segens, wie oben ausgeführt, eine klare Betrügerei gegenüber der Vater/Esau-Koalition, initiiert von der Mutter. Ihren Bedürfnissen, ihrer Dominanz ordnet sich Jakob unter. Somit ergeben sich Spannungsbögen innerhalb des Familiengebildes sowohl zwischen den Eltern als auch zwischen den Zwillingen, die von Anbeginn ihres Lebens als Konkurrenten gelten können.

In Familiengeschichten wird vielfach von unterschiedlich besetzten Handlungsterritorien berichtet, die Geschwister suchen sich freie „Nischen" zu ihrer eigenen Entfaltung, so auch in diesem Fall: Esau und Jakob gehen unterschiedlichen Tätigkeiten nach, erhalten qualitativ klar unterscheidbare Beziehungsangebote von den Eltern – vielleicht schon aufgrund ihres Aussehens – und heiraten später in kulturell stark voneinander abweichenden Ethnien. Dennoch bestechen aus entwicklungsdynamischer Perspektive Gemeinsamkeiten: Zu dem Zeitpunkt, als der Vater Isaak sein „Erbe“ ordnen will, bricht ein Konflikt und mit ihm eine Lebenskrise auf. Sie dokumentiert sich vordergründig im Zusammenbruch des Familiengefüges, der Flucht von Jakob und dadurch der Trennung der Zwillinge. Verfolgt man die Lebensgeschichte der Geschwister weiter, könnten bei beiden, bei Jakob besonders gut nachweisbar, Initiationsriten i.S. van Genneps (1999) aufgezeigt werden: Séparation vom Elternhaus, marge (Fremde, Alleinsein) und agrégation (Wiederbegegnung, Versöhnung und Konsolidierung des Sozialstatus). Wenn auch die Trennung der Mutter/Sohn-Beziehung bei Jakob besonders ins Auge fällt, ist die Entwicklung von Esau nicht weniger interessant und bewegend: Er kann Jakob vergeben, verzichtet auf materielle „Wiedergutmachung“ und erfüllt die Zukunftsansagen.

4 Geschwisterbeziehungen aus psychologischer Sicht

Erst seit ca. 25 Jahren existieren Forschungen, die den Kriterien streng wissenschaftlichen Arbeitens genügen (Cicirelli 1989; Dunn und Kendrick 1981; Lamb und Sutton-Smith 1982). In diesen werden – im Gegensatz zu den ‚darwinistischen' Interpretationen von Sulloway – Entwicklungsprozesse bei den Geschwisterbeziehungen herausgearbeitet, die sich in verschiedenen Konstellationen verändern. Auch altersbedingte Faktoren und Familienmerkmale (wie Familiengröße und Familienzusammensetzung) finden vermehrt Berücksichtigung. Als unbestreitbar gilt u.E. heutzutage das Faktum, dass Eltern ihre Kinder je nach ihrer persönlichen Situation (Einstellung, psycho-physiologischer Verfassung, Erwartung) unterschiedlich‚erziehen' und auf deren Individualitäten spezifisch reagieren. Wechselseitig nehmen Kinder ihre Eltern auch unterschiedlich wahr, interpretieren Verhaltenssequenzen und emotionale Befindlichkeiten subjektiv.
Dass Konfliktlösungsstrategien unter den Geschwistern sowie zwischen Eltern und zwischen Eltern/Erwachsenen und Kindern beobachtet, interpretiert und internalisiert werden, liegt auf der Hand. Beispiel: Anlässlich einer Befragung von zwei Kindern (Mädchen 7, Junge 8/9) zum Thema, wie sie denn bei Konflikten miteinander umgehen, kam es zu folgendem Gespräch:
Antonia: „Wir streiten uns manchmal um ein Spielzeug, ich will z.B. mit einem Roboter (Lego) spielen, Florian auch. Das geht eine Weile, ich ärgere mich, Florian auch, dann sagt einer ‚klipp' und jeder muss mit streiten aufhören.“
„Woher habt Ihr das?“
Florian: „Ich weiß nicht.“
„Macht Ihr das auch bei anderen Kindern so?“
Antonia: „Ja, manchmal.“
Florian: „Auch mit Papa und Mama.“
Klipp ist ein Zauberwort, seine Kraft verhindert ein weiteres Aufschaukeln von Emotionen. Seine Herkunft ist nicht mehr festzustellen. Doch wirkt es sozusagen als letztes

Mittel, um weitere Eskalationen zu verhindern. Dabei ist den Beteiligten klar, dass eine Nichteinhaltung „schreckliche“ Folgen hat.
Geschwisterbeziehungen bestimmen somit – auch für spätere Zeiten – Sozialverhalten, Kognitionen, Persönlichkeitseigenschaften. Die Geschwisterposition als Universalfaktor für die Unterschiedlichkeit zwischen Geschwistern zu definieren, ist angesichts anderer Topoi wie Verarbeitungsmuster elterlichen Verhaltens, innerfamiliärer Aspekte etc. nicht mehr haltbar, jedoch auch nicht gänzlich zu vernachlässigen.
Zusammenfassend kann man sagen, dass es zurzeit keine einheitliche Theorie bezüglich der Geschwisterbeziehungen gibt, die verlässliche pädagogische und psychologische Vorhersagen im Hinblick auf spätere Entwicklungen erlaubt. Dies ist eher zu begrüßen als zu bedauern; stellen sich die Gegebenheiten doch komplex und vielschichtig dar und vereiteln verallgemeinernde, vorschnelle und bequeme Typisierungen. Andererseits könnten Untersuchungen von Teilaspekten wie Solidarität, Wärme/Nähe, Rivalität, Macht/Status (Furman und Buhrmester, 1985) oder deskriptive Analysen der Formenvielfalt von Geschwisterbeziehungen (Adams, 1982) eher alltagsbedeutsamen Bedürfnissen entsprechen.
Vergleichbar den von Horst E. Richter dargestellten Rollenzuweisungen (Kind als Gattenersatz, Kind als Ersatz der negativen Identität, Kind als Aspekt der eigenen Selbst etc.) diskutiert Parens (1988) die Funktionen: Geschwister als Babyersatz, Geschwister als Rivalen, Geschwister als unverzichtbare instrumentalisierte Hilfe (Älteren gegenüber Jüngeren, wie es auch bei Nichtbehinderten gegenüber Kleineren öfter der Fall ist.
Schließlich drängt sich – bei der Vielfalt von Bedeutungsinhalten die Frage auf, ob und wie bei Einzelkindern die ihnen fehlenden, familiären Sozialisationsbedingungen ausgeglichen werden können; der Trend zur Ein-Kind-Familie wird für die BRD durch epidemiologischen Erhebungen belegt und in China z.B. seit Jahren proklamiert. Birgt der Verlust geschwisterlicher Bindungen Voraussetzungen für Entfremdungen individuellen und gesellschaftlichen Charakters und somit einen zunehmenden Verfall unmittelbar gelebter Solidarität? Derartige Zukunftsperspektiven scheinen auf dem Hintergrund des bisher Gesagten im Zusammenspiel mit wirtschafts- und bildungspolitischen Entwicklungen nicht gänzlich abwegig.
In weit stärkerem Maß sind spezifische Fragestellungen zum Forschungsdesign geworden wie „Geschwister bei Trennung und Scheidung der Eltern“, „Geschwister und Behinderung“, „Beziehungen in Patchwork-Familien“, „Geschwisterschicksale bei Sorgerechtsverfahren“.
Von besonderem Interesse sind auch zunehmend ethnologische und volkskundliche Erhebungen.

5 Geschwisterbeziehungen im Licht volkskundlicher Überlieferung

„Eltern und Kinder leben nur ein halbes Leben miteinander, Geschwister ein ganzes. Der Sohn hat seines Vaters Kindheit und Jugend nie gesehen, der Vater nicht mehr seinen Sohn als reifen Mann und Greis erlebt. Eltern und Kinder sind sich also nicht volle Zeitgenossen, das Leben der Eltern sinkt vornen in die Vergangenheit und das der Kinder steht hinten in die Zukunft; aber Geschwister, wenn ihr Lebensfaden nicht zu früh abgeschnitten wurde, haben zusammen als Kind gespielt, gehandelt als Männer und nebeneinander gesessen bis ins Alter…" aus der Gedenkrede Jacob Grimms auf seinen Bruder, 1860 zitiert nach Jung, 2001, S.36

Die Geschwisterthematik wird in Mythen, Sagen und Märchen häufig aufgegriffen.

Über die „Kinder- und Hausmärchen"-Sammlung der Brüder Grimm haben Märchen wie „Schneeweißchen und Rosenrot", „Die sieben Raben", „Brüderchen und Schwesterchen", „Aschenputtel", „Die sechs Schwäne", „Die drei Federn" u.a. eine weite Verbreitung gefunden. Und es ist nicht zu übersehen, dass Märchen sich gegenwärtig auch großer Popularität erfreuen, nachdem sie in der Nachkriegszeit und in den 70-er Jahren heftige Ablehnung erfuhren.

In ihnen sind zwei Formen von Geschwisterbeziehungen zu finden (in Anlehnung an Bausinger 2000):

- Geschwister als gefühlsmäßige Einheit (Koalition gegen Eltern etc.)
- Geschwister im Spannungsfeld unterschiedlicher Interessen.

„Hänsel und Gretel", aber auch „Schneeweißchen und Rosenrot", sind prototypische Beispiele für gelebte, verinnerlichte Nähe mit gleichem Schicksal und tiefer Verbundenheit „bis in alle Ewigkeit".

Die Gefahren, Anforderungen und Aufgaben werden gemeinsam bewältigt und stärken das Zusammengehörigkeitsempfinden; selbst die wichtigsten Individuationsabschnitte wie Heirat oder Lösung vom Elternhaus werden gleichzeitig durchlebt.

Demgegenüber behandeln auffallend viele Märchen und Geschichten thematisch Feindschaften, Konkurrenz, Eifersucht und Neid. Vielfach ist es die Erbfolge, die Aufteilung der Güter oder die Nachfolge, die zu Auseinandersetzungen führen, welche meist unter Brüdern ausgetragen werden und in denen letztendlich der Tüchtigste gewinnt. Teilweise haarsträubende Prüfungen sind zu bestehen oder Jahre des Dienens und der Wanderschaft zu überwinden, bis die Heimkehr angetreten werden darf. Es kristallisieren sich typische Konstellationen heraus im Hinblick auf:

- die Position in der Geschwisterreihe (der Held ist der Kleinste, Dümmste, Verträumteste, Hilfloseste),
- das Sozialverhalten (Egoismus, Hilfsbereitschaft) und
- die Beliebtheit bei den Eltern.

Der „glückliche" Ausgang solcher Dramen liegt im Sieg des Schwächeren, Jüngeren, der Identifikationsfigur, dem „Helden" und die Leser/Hörer vergessen darüber meist, dass die Rivalität, die zugrunde liegenden Hass-, Neid- und Eifersuchtsaffekte keineswegs beseitigt sind!

Ein besonders krasses Beispiel für die elterliche Ungleichbehandlung ist im Märchen von den zwölf Brüdern zu finden:

„Es war einmal ein König und eine Königin, die lebten in Frieden miteinander und hatten zwölf Kinder, das waren aber lauter Buben. Nun sprach der König zu seiner Frau:

„Wenn das dreizehnte Kind, das du zur Welt bringst, ein Mädchen ist, so sollen die zwölf Buben sterben, damit sein Reichtum groß wird und das Königreich ihm allein zufällt". Er ließ auch zwölf Särge machen, die waren schon mit Hobelspänen gefüllt, und in jedem lag ein Totenkisschen, und ließ sie in eine verschlossene Stube bringen, dann gab er der Königin den Schlüssel und gebot ihr, niemand etwas davon zu sagen." (Brüder Grimm o.J., S. 29ff.)

Hierin werden von väterlicher Seite die Tochter aus Güterabwägungen deutlich bevorzugt und nur durch die Klugheit der Mutter kann das Schreckliche etwas abgemildert werden; die zwölf Söhne fliehen in den Wald und leben dort viele Jahre. Elterliche Vorlieben bezüglich des Geschlechts (Vater-Tochter-Beziehung, Mutter-Sohn-Achse) sind tiefenpsychologisch vielfach erörtert und interpretiert worden, andererseits auch von Boll, Ferring und Sigrun-Heide Filipp in den Mittelpunkt ihrer soziologischen und entwicklungspsychologischen Forschungen gestellt worden (Boll/Ferring/Fillip 2001). Benachteiligungen bis zu Vernachlässigungen finden ebenfalls ihren Ausdruck in literarischer, mythischer oder bildnerischer Gestalt.
Das Märchen „Einäuglein, Zweiäuglein und Dreiäuglein handelt von drei leiblichen Töchtern einer Mutter. In ihm leuchtet schon einleitend der Grundkonflikt auf:
„Es war einmal eine Frau, die hatte drei Töchter, davon hieß die älteste Einäuglein, weil sie nur ein einziges Auge mitten auf der Stirn hatte, und die mittlere Zweiäuglein, weil sie zwei Augen hatte wie andere Menschen, und die jüngste Dreiäuglein, weil sie drei Augen hatte, und das dritte stand bei ihr gleichfalls mitten auf der Stirne. Darum aber, dass Zweiäuglein nicht anders aussah als andere Menschenkinder, konnten es die Schwestern und die Mutter nicht leiden. Sie sprachen zu ihm: „Du mit deinen zwei Augen bist nicht besser als das gemeine Volk, du gehörst nicht zu uns". Sie stießen es herum und warfen ihm schlechte Kleider hin und gaben ihm nicht mehr zu essen, als was sie übrig ließen, und taten ihm Herzeleid an, wo sie nur konnten." (Brüder Grimm o.J., S. 364ff.)
Durch eine weise Frau erfährt Zweiäuglein nach vielen Qualen Hilfe und Unterstützung, wird schließlich durch einen Prinzen erlöst und nimmt auch ihre Schwestern auf, „die in Armut geraten waren und umherziehen ... mussten. Zweiäuglein aber hieß sie willkommen und tat ihnen Gutes und pflegte sie, also dass die beiden von Herzen bereuten, was sie ihrer Schwester in der Jugend Böses angetan hatten." (ebda, S. 369)
Auch hier - wie in dem mehrdimensionalen Märchen von den zwölf Brüdern – wird ein weiter Handlungsbogen „in abstrakter Komposition" (Lüthi 1992) gespannt, werden verschiedene Etappen durchlaufen und Zuspitzungen dramatisiert. Die Andersartigkeit in der Besonderheit, das ‚normale' Merkmal wird zur Berechtigung für einen Separierungsvorgang aus dem Familiengebilde. Die Benachteiligungen (Hunger, Lumpen, Kränkungen) bleiben bis zum Zeitpunkt des Wegzuges in verschiedenen Phasen sich zuspitzend bestehen. Andererseits liegt in der Endsequenz dieses Märchens eine Versöhnung der Schwestern vor; ein humaner, an christlichen Werten orientierter Ausgang, wie er im typischen Märchenschluss relativ selten formuliert wird. Es wäre möglich, dass

sich hierin eine redaktionelle Änderung des ursprünglichen Textes widerspiegelt, wie sie in anderen Märchen wie z.B. in „Schneeweißchen und Rosenrot“ oder „Rapunzel“ von den Brüdern Grimm selbst vorgenommen wurden (zwischen 1815 bzw. 1822 und 1858[1]) im Sinne des Unterlegens biedermeierlicher Einstellungen und pädagogischer Erziehungsmaximen und damit u.a. zur Beliebtheit der Märchen bis heute beiträgt. Das Auftreten „magischer Helfer“ wie Feen, Zwerge oder weisen Tieren oder auch böser Gestalten wie Hexen, Drachen oder fressender Riesen markiert meistens einen Wendepunkt und einen Anfang zur Veränderung, der dem Wunschdenken von Kindern – wie auch von Erwachsenen! – entgegenkommt. Bei aller Erleichterung über den „guten“ Ausgang der allermeisten Märchen (was nichts anderes bedeutet als der Sieg des Schwachen, aber ethisch Wertvollen, Humanen über das verschlingende Böse) bleibt bei der Personifizierung das interessante Phänomen oft unbeachtet, dass die Geschwisterrivalitäten durch solche Siege nicht überwunden oder verarbeitet wurden, sondern im Gegenteil sogar Racheempfindungen und Triumphgefühle befriedigt werden.

6 Zusammenfassung

Die wichtigsten Grundaussagen können folgendermaßen gebündelt werden:

- Die Geschwisterkonstellationen innerhalb eines Familiensystems sind insofern von Bedeutung, als sie spezifische Rollenmuster initiieren;
- die Position des Älteren als Vorbild oder Vermittler zwischen Eltern und Geschwistern), die des Jüngeren als Lernenden etc.
- Die Positionen werden in Auseinandersetzungen und Streit verteidigt, Neid, Hass und Eifersuchtsempfindungen können entstehen, letztere insbesondere im Hinblick auf elterliche Zuwendungen. Gleichzeitig sind auch positive Effekte zu beobachten wie z.B. das Erlernen von Konfrontations- und Konflikttechniken. Durchsetzungsvermögen und Diskussionsfähigkeiten werden eingeübt und Koalitionen gebildet (vgl. Schmidt-Denter 1988). [2]
- Die Entwicklung und das Schicksal eines Geschwisters ist immer im Kontext mit dem elterlichen Erziehungsverhalten und ihren Bindungsqualitäten zu sehen, mit einer mehr oder weniger bewussten Parteilichkeit, dem Streitpotential sowie den eigenen, lebensgeschichtlich begründbaren Erfahrungen.

Selbst früh verstorbene Kinder oder Fehlgeburten können unter Umständen in hohem Maße die Entwicklung später Geborener beeinflussen, wie es die eingangs zitierte Erzählung „Der Verlorene“ von Treichel thematisiert.

1 siehe die Streichung der Schwangerschaft von Rapunzel oder den Veränderungen des Mutterbildes: Aus bösen Müttern wurden Stiefmütter etc.

2 Vgl. auch das Kap. über Geschwisterbeziehungen als Teil eines sozialen Netzwerkes bei Schmidt-Denter 1988.

Literatur

Adams, Vanessa (1982): Geschwister: Die lebenslange Bindung, in: Psychologie heute, 9 (3), S. 23-29.

Aistleitner, Joseph (1974): Wörterbuch der ugaritischen Sprache, hrsg. von Otto Eißfeldt. - 4. Aufl., ‚Berlin: Akademie-Verlag; Reihe: (Berichte über die Verhandlungen der Sächsischen Akademie der Wissenschaften, Philologisch-Historische Klasse; 106,3).

Bausinger, Hermann (2000): Perspektiven der Volkstradition, in: Klosinski, G. [Hg.], 2000: Verschwistert mit Leib und Seele, S. 21-30, Tübingen: Attempto.

Boll, Thomas / Ferring, Dieter / Fillip, Sigrun-Heide (2001): Struktur und Folgen elterlicher Ungleichbehandlung von Geschwistern, in: Zeitschrift für Entwicklungspsychologie, 33 (2001), Heft 4, S. 195-203.

Botterweck, Gerhard Johannes [Begr.]; Fabry, Heinz-Josef [Hrsg.] (1986):
Theologisches Wörterbuch zum Alten Testament, - Stuttgart [u.a.]: Kohlhammer; Band 5

Brüder Grimm (o.J.): Die zwölf Brüder, in: Kinder- und Hausmärchen, Weltbild Bücherdienst, o. Jahresangabe.

Cicirelli, Victor G. (1989): Freelings of attachment to siblings and well-being in later life. Psychology and Aging 4, p. 211-216

Dunn, Judy / Kendrick, Carol (1982): Siblings: love, envy and understanding, Cambridge, MA: Harvard Univ. Press.

Furman, Wyndol / Buhrmester,Duane (1985): Children's perceptions of the quality of sibling relationships. Child development 56, p. 448-461.

Jung, Mathias (2001): Geschwister. Liebe – Hass- Annäherung, Lahnstein: emu.

Levin, Christoph (1993): Der Jahwist, Göttingen: Vandenhoeck & Ruprecht.
Reihe: (Forschungen zur Religion und Literatur des Alten und Neuen Testaments; 157).

Loo, Tessa de (1997): Die Zwillinge: Roman. Deutsch von Waltraud Hüsmert. - Genehmigte Taschenbuchausg., 3. Aufl., München: Goldmann.

Lüthi, Max (1992):Das europäische Volksmärchen. Form und Wesen, Tübingen: Francke.

Oldenburg, Ulf (1969): The conflict between El and Ba'al in Canaanite religion, Leiden: Brill. Reihe: (Dissertationes ad historiam religionum pertinentes; 3).

Olrik, Axel (1992): Principles for oral narrative research, Bloomington: Indiana Univ. Press.

Parens, Henri (1988), Siblings in early childhood: Some direct observational findings, Psychoanalytic Inquiry 8; 31-50

Petri, Horst (1997): Geschwisterbeziehungen, Sendung in SDR v.30.11.1997, S2-Kultur.

Richter, Horst Eberhard (1976): Eltern, Kind und Neurose, Reinbek bei Hamburg: rororo.

Schmidbauer, Wolfgang (1999): Mythos und Psychologie, 2., aktualisierte und erw. Aufl., Sonderausg., München / Basel: Reinhardt.

Schmidt-Denter, Ulrich (1988): Soziale Entwicklung, München/Weinheim: Psychologie-Verlags-Union.

Schroer, Silvia / Staubli, Thomas (2005): Die Körpersymbolik der Bibel, 2., überarb. Aufl., Gütersloh: Gütersloher Verlagshaus.

Schwendemann, Wilhelm / Bock, Ulrike / Otterbach, Maria (2004): Geschwistergeschichten - Geschwisterkonflikte: lernen an Stationen zu Jakob und Esau, Maria und Marta, Neuenkirchen: Persen; Lahr: Kaufmann.

Seebass, Horst (1999): Genesis, Band: 2, Vätergeschichte; 2
(23,1 - 36,43), Neukirchen-Vluyn: Neukirchener Verlag.

Van Gennep, Arnold (1999): Übergangsriten, aus d. Franz. von Klaus Schomburg u. Sylvia M. Schomburg-Scherff. Mit e. Nachw. von Sylvia M. Schomburg-Scherff. – Studienausg, Frankfurt am Main: Campus-Verlag; Paris: Edition de la Maison des Sciences.

Van Seters, John (1966): The Hyksos: a new investigation, New Haven [u.a.]: Yale Univ. Press.

Westermann, Claus (1981): Genesis, Band: 2, Genesis 12 – 36, Neukirchen-Vluyn: Neukirchener-Verlag; Reihe: (Biblischer Kommentar / begr. von Martin Noth. Hrsg. von Siegfried Herrmann ...; 1,2).

Lamb, Michael E. / Sutton-Smith, Brian [Hrsg.] (1982): Sibling relationships: their nature and significance across the lifespan, Hillsdale, NJ [u.a.]: Erlbaum.

Für die Zukunft sieht Gott „links“
Zur sozialen Relevanz trinitätstheologischer Überlegungen

Traugott Schächtele

1 Innergöttliche Differenzen

Krisenstimmung und heftiger theologischer Disput inmitten der Trinität! Alter, fest gefügter und tief in der Tradition verwurzelter Glaube sieht sich in Frage gestellt durch den Reformeifer und den Veränderungswillen der Jungen: Gottvater die Galionsfigur der Gruppe der Bewahrer des Überkommenen - Gottsohn der Repräsentant der Neuerer! Dazwischen ein weiter Raum für wahrhaft himmelsbewegende Entwicklungen. Und über allem schwebt wie die alles zusammenhaltende Klammer der Heilige Geist.
Diese „himmelspolitisch“ pikante und theologisch in hohem Maße brisante Konstellation finden wir überraschenderweise dargestellt auf dem Hochaltar des Freiburger Münsters, den wir dem Künstler Hans Baldung Grien zu verdanken haben. Baldung führt seine Botschaft der innertrinitarischen Spannungen den Betrachtenden künstlerisch in der Weise vor Augen, dass er dem Hauptbild des Altars, der Krönung Mariens durch Gottvater und Gottsohn, rechts und links die Apostel Petrus und Paulus zur Seite stellt, die - was den Bibelkundigen auch damals bekannt war – im Blick auf die Öffnung der neuen christlichen Bewegung über den jüdischen Bereich hinaus eine entgegengesetzte Sichtweise vertreten hatten. Interessanterweise trägt nun der sich intellektuell gebende Paulus die Gesichtszüge des Sohnes, während der bodenständige Petrus dem Vater nachgebildet erscheint.
Umso spannender, was mit den Augen der an der Darstellung der Lichteffekte interessierten Kunstliebhabenden im Blick auf die – linke – Paulusseite wahrzunehmen ist: *„Das technisch unterschiedlich erzeugte Leuchten lässt dabei vermuten, dass das Wehen des Geistes in der linken Gruppe um ein vielfaches stärker ausgeprägt ist.“* (Aronica 2006, S.56). Dass dieses Bekenntnis zum innertrinitarisch „linken“ Sohn sich auf einem Altar wiederfindet, den einer der unbestritten großen Künstler seiner Zeit zwischen 1512 und 1516 hat entstehen lassen, rückt dessen Botschaft ganz nah an das Geschehen der Reformation heran, die bekanntlich nur ein Jahr später, nämlich 1517, ihren historisch datierbaren Anfang genommen hat. Dieses Altarbild ist Zeuge einer politisch und theologisch hoch aufgeladenen Epoche im „Herbst des Mittelalters“ (Huizinga 2006)[1], vor deren Diskursbedarf und –fähigkeit nicht einmal die heilige Trinität verschont bleibt. Mit der Anschlussfähigkeit und der Anschlussnotwendigkeit trinitätstheologischer Überlegungen an die jeweils prägenden zeitgeschichtlichen Rahmenbedingungen befasst sich darum der nachfolgende Beitrag. Das Thema der sozialen Gesundheit un-

1 So der bekannte Titel des 1919 erstmalig erschienenen „Klassikers“ des Kulturhistorikers Huizinga.

serer konkreten Lebenswelt erweist sich derart als eines, im den Zusammenhang mit der innertrinitarischen Beziehungsstruktur in ganz besonderer und überraschender Weise Rechnung getragen wird. Gottesbild und Weltsicht bedingen einander geradezu, auch in ihrer jeweiligen Entwicklung. Die Wahrnehmung der Welt beeinflusst in hohem Maße die „Konstruktion" unseres Gottesbildes. Und umgekehrt wirkt sich unser Verständnis der Trinität entscheidend auf unsere Bereitschaft aus, an säkularen Veränderungsprozessen mitzuwirken.

2 Die Dogmatik als Annäherungswissenschaft

Die Trinität ist der Schlüssel zum Verständnis der Besonderheit des Christentums im Kanon der Weltreligionen. Sie ist gewissermaßen das zentrale Alleinstellungsmerkmal einer reflexiv arbeitenden christlichen Theologie. Der Versuch, nach Entsprechungen zu dieser Einsicht in der Praxis des gelebten Christentums zu suchen, führt zu einem paradoxen Ergebnis. Zwar gehört das Wissen um eine in trinitarisch anklingender Terminologie zur Sprache gebrachten Gottesrede zweifellos zu den unveränderlichen Kennzeichen insbesondere der liturgischen Praxis der Kirchen. Die häufig gebrauchte Rede vom Sein Gottes *in drei Personen*, die liturgischen Eröffnungs- und Taufformeln, die von Gott als *Vater, Sohn und Heiligem Geist* sprechen, aber auch die Tatsache, dass sich im evangelischen Kirchenjahr bis zu 24 Sonntage als Sonntage *nach Trinitatis* definieren und derart auf das Fest der Dreieinigkeit Bezug nehmen, das eine Woche nach Pfingsten gefeiert wird, scheinen die Eingangsthese gerade inflationär zu bestätigen. Dem entgegen steht die Beobachtung, dass sich – von allerdings bedeutenden Ausnahmen abgesehen![2] – systematisch-theologische Beiträge zunehmend eher nur noch in minimalistischer Weise trinitätstheologischer Begründungen bedienen. Eine ausführliche Auswertung theologischer Denkmodelle in den unterschiedlichen gemeindlichen Milieus würde mit größter Wahrscheinlichkeit ein Verständnis der Trinität ergeben, das in den Kategorien der klassischen Dogmatik als Häresie einzustufen wäre (vgl. Jörns/Großeholz 1998, S. 245f.).[3] Immerhin ist im Jahre 1553 der spanische Arzt und Humanist Michael Servetus mit ausdrücklicher Billigung des Reformators Johannes Calvin aufgrund der Carolina verbrannt worden, weil er die herrschenden Trinitätsvorstellungen bestritt. Insofern bewahren uns heute womöglich nur der kulturelle Fortschritt und die

2 Als herausragendes Beispiel einer in hohem Maße von trinitarischem Denken durchdrungenen Theologie muss an dieser Stelle die Kirchliche Dogmatik von Karl Barth genannt werden, aber auch, in dessen Tradition stehend, die dogmatische Trilogie von Jürgen Moltmann.

3 Klaus-Peter Jörns hat dies bereits in den 90er-Jahren des letzten Jahrhunderts teilweise nachgewiesen. Für keine der traditionellen Glaubensvorstellungen lag die Zustimmung damals über 22 %; unter evangelischen und katholischen Pfarrerinnen und Pfarrern lag die Zustimmung zur Trinität bei 54 % im Westbereich und bei 71 % im Ostbereich von Berlin-Brandenburg, bei Theologiestudierenden sogar nur bei 36 %.

Relativierung der Bedeutung der Gefährlichkeit theologischer Einsichten vor weiteren Scheiterhaufen.

Ich möchte mit diesem Beitrag ausdrücklich dafür werben, die Bedeutung trinitätstheologischer Einsichten für die Theologie zurückzugewinnen, insbesondere aber deren nicht hoch genug einzuschätzende Bedeutsamkeit für eine gerechtere Gestaltung von Strukturen und damit – im Sinne der Zielrichtung dieser Publikation - für die soziale Gesundheit tragender Systeme unserer Lebenszusammenhänge in den Blick zu rücken. Die Thematik der sozialen Gesundheit eignet sich dabei in hervorragender Weise, um am Beispiel des theologischen Nachdenkens über die Trinität die Relevanz theologischer Reflexion in den Blick zu rücken. Physische bzw. psychische Gesundheit beschreibt zunächst eine Verfasstheit des einzelnen Individuums, selbst wenn die Ursachen dafür zumindest zum Teil immer auch in gesellschaftlichen Strukturen liegen. Der Ausdruck der sozialen Gesundheit dagegen schillert. Man kann ihn in Entsprechung zu Überlegungen zur physischen und psychischen Gesundheit ebenfalls individuell verstehen und so den Fokus auf eine gelingende soziale Vernetztheit des Einzelnen richten. Ebenso könnte man aber mit dem Terminus der sozialen Gesundheit auch das System selber zu beschreiben suchen, insofern es von sozialen Strukturen geprägt ist, die in ihrer Auswirkung auf den Einzelnen eben als gesund bzw. gesundheitsförderlich beschrieben werden können.
Gerade weil Theologie mit Hilfe der Vorstellung der Trinität die Sozialität Gottes sowohl nach innen wie nach außen zu beschreiben sucht, sollen nachfolgend Erkenntnisse zur „sozialen Verfasstheit“ Gottes, die – insofern wir mit Gott entsprechend der theologischen Tradition allerhöchste „Güte“ im Sinne eines Qualitätsbegriffs verbinden - für einen rein säkularen und fachbezogenen Begriff der sozialen Gesundheit fruchtbar gemacht werden.
Bei dem Versuch, nachvollziehbare Aussagen über das Sein und insbesondere die Sozialität Gottes zu treffen, ist eine Grundschwierigkeit schon allein dadurch gegeben, dass jegliche begriffliche Fixierung in diesem Zusammenhang einen Widerspruch an sich darstellt, dem sich die Systematische Theologie insbesondere in ihrer dogmatischen Akzentuierung aber seit mehr als eineinhalb Jahrtausenden nicht entziehen kann. Insofern ist jeder Versuch, ein theologisches Lehrsystem zu formulieren, zwangsläufig von Unschärfen und Verkürzungen gekennzeichnet. Die Dogmatik erweist sich dabei notwendigerweise immer nur als Annäherungs-Wissenschaft. Um hier zu einer Freiheit theologischen Denkens zu kommen, die der Tradition ebenso Rechnung trägt wie der Notwendigkeit, in zeitgemäßer Sprache und Begrifflichkeit am Diskurs zu den Fragestellungen und Herausforderungen der Gegenwart teilzunehmen, ist es wichtig, dass wir uns klarmachen, dass sich der Grundkanon kirchlichen Dogmenbildung, insbesondere auch die Dogmatisierung der Trinität, unter den Vorzeichen des Hellenismus entwickelt hat. Man muss die radikalen Konsequenzen des liberalen Theologen Adolf von Harnack nicht teilen, der diesen Prozess der Dogmatisierung auf's Ganze gesehen eher negativ bewertet und „als Werk des griechischen Geistes auf dem Boden des Evangeliums“

charakterisiert (Beyschlag 1988, S. 37). Dabei zeigt sich eine von den neueren dogmengeschichtlichen Einsichten erstaunlich unbeeindruckte und ökumenisch nur schwer anschlussfähige Sicht der Entwicklung der christlichen Theologie, wenn Papst Benedikt XVI. in seiner Regensburger Vorlesung vom 12. September 2006 nach wie vor vom *„tiefen Einklang zwischen dem, was im besten Sinn griechisch ist, und dem auf der Bibel beruhenden Gottesglauben"* spricht (Deutsche Bischofskonferenz 2006, S. 75).[4] Unbestrittenermaßen kommen auch aktuelle Versuche, den Kerngehalt der Lehre des Christentums in systematisierender Absicht festzuhalten, ganz gewiss nicht ohne den Rekurs auf die Lehrformulierungen der ersten, vom griechischen Denken geprägten Konzilsentscheidungen aus. Dies gilt in besonderer Weise für die Entscheidungen zur Christologie und zur Trinität in den beiden großen Konzilien des vierten Jahrhunderts, nämlich dem von Nicaea im Jahre 325 und dem von Konstantinopel im Jahre 381. Wenn wir jedoch der Tatsache Rechnung tragen, dass wir es mit sprachlichen Annäherungen an dynamische Beziehungswahrheiten zu tun haben, können wir der Gefahr, die Theologie in terminologischen Systemen gewissermaßen zu fixieren und ihre Adaption und Fruchtbarmachung bei Herausforderungen der Gegenwart zu erschweren oder sogar zu verunmöglichen, am ehesten entgehen. Was Matthias Wolfes zur Aktualisierung der kirchlicher Tradition im Blick auf die Predigtpraxis formuliert, lässt sich verallgemeinernd auch auf den Umgang mit der dogmatisierten Lehrtradition der Kirche anwenden: „Religion ist kein erinnerungstechnisches Innehaben geprägter Wahrheitsformeln, kein geistloses Aufsagen, aber auch kein kodifiziertes Verhalten. Sie ist vielmehr als ein Akt freier Zustimmung zu denken, der sich aus der immanenten Kraft der Überzeugungen ergibt." (vgl. Wolfes 2007, S. 377)

3 Die Trinität als Meta- bzw. Deute-Dogma

Worum geht es genau, wenn wir von der Trinität bzw. der Dreifaltigkeit Gottes sprechen? Und woher wissen wir denn überhaupt, dass Gott sich als Einheit in drei Personen zu erkennen geben will? Die dogmengeschichtliche wirksamste Monographie, die auf diese Frage eine Antwort versucht, ist bereits mehr als 1600 Jahre alt. Sie stammt von jenem Kirchenvater, der als einziger *„bis heute eine geistige Macht geblieben ist"* (von Campenhausen 1978, S.151) nämlich von Aurelius Augustinus. Von 399 bis 419, also über einen Zeitraum von 20 Jahren hat Augustinus an seinem Hauptwerk „De trinitate"

4 Es ist höchsterstaunlich, dass die auf den Islam abzielenden Äußerungen des Papstes die öffentliche Debatte so sehr dominierten, dass der im Land der Reformation doch hochbrisante Vorwurf, die vom Papst beklagte „Enthellenisierung" des Glaubens habe ihren Ursprung in der Reformation und sei von der (protestantischen – auch wenn er das nicht sagt, aber Adolf von Harnack explizit nennt) liberalen Theologie im 19. und 20. Jahrhundert weiter vorangetrieben worden, in den evangelischen Kirchen kaum wahrgenommen, geschweige denn zurückgewiesen wurde. Den dritten – und aktuellen – Enthellenisierungsschub sieht der Papst in der gegenwärtigen Multikulturalität gegeben.

gearbeitet – und ist dabei als „trinitarischer Trendsetter“ den bis dato prägenden Positionen weit vorausgeeilt (vgl. Flasch 1980, besonders S. 326-368.).

Im Sinne des oben über die Entstehung und die Bedeutung von Dogmen angedeuteten, wäre die Entfaltung der Einsichten zur Dreieinigkeit Gottes im Grunde als Meta- bzw. Deute-Dogma zu bewerten. Mit diesen Formulierungen nehme ich auf die Tatsache Bezug, dass sich die Trinität nicht in direkter Weise biblisch begründen lässt.[5] Sie ist vielmehr das Ergebnis eines hochkomplexen – und im Grunde bis heute unabgeschlossenen – Prozesses mit dem Ziel, der Besonderheit des christlichen Gottesbildes denkerisch nachzuspüren und diese theologisch-rational zu entfalten. Dabei baut sie auf biblisch abgeleiteten Einsichten ebenso auf wie auf dem bis dato herausgebildeten Bekenntnisstand, weitet aber durch die Zusammenführung auf einer theologisch reflektierenden Ebene den Horizont und verleiht der sich ausbildenden Dogmenstruktur eine elastische und zukunftsoffene Tragfähigkeit.
Grundsätzlich antwortet die Ausbildung trinitätstheologischer Dogmenstrukturen auf eine dreifache Fragestellung:

1. Nachösterlich hat sich der Auferstehungsglaube als Bekenntnis zum Auferstandenen etabliert, dessen kürzeste Formulierung wir in den zwei Wörtern *Kyrios Jesus* vor uns haben. Damit war der Verkünder des anbrechenden Reiches Gottes selber dem inhaltlichen Pool frühchristlicher Verkündigung zugeführt worden. Der Verkündiger wurde zum Verkündigten.
2. Nach dem Ausbleiben weiterer Erscheinungen des Auferstandenen[6] bedurfte die Frage der Klärung, wie der in seiner irdisch-menschlichen Existenzform nicht mehr verfügbare, jedoch in der Wirklichkeit Gottes präsente Jesus Christus nach wie vor wirksam und gestaltend an unserer Lebenspraxis teilhat.
3. Beide Problemstellungen kulminierten in der Frage, wie sich aus der Transparenz des Christusereignisses auf die Wirklichkeit Gottes hin die Beziehung zwischen dem Gott der Verkündigung Jesu und der am Christus des Bekenntnisses sichtbaren Wirklichkeit Gottes theologisch denken und nachvollziehbar zur Sprache bringen lässt.

In der Idee bzw. der daraus abgeleiteten Lehre von der Dreifaltigkeit Gottes haben wir die kreative, innovative und für die weitere Geschichte der christlichen Lehrentwicklung absolut wegweisende Lösung dieser Fragestellungen vor uns. Eberhard Jüngel bringt

5 Es muss an dieser Stelle exegetisch offen bleiben, ob die Taufformel Matthäus 28,19 eine ursprüngliche Lesart darstellt. Sofern man diese Position einnimmt, wäre es immer noch ein weiter Weg, hieraus bereits die Grundzüge einer Trinitätslehre abzuleiten. Ich selber gehe eher von einer komplizierten Geschichte der Entwicklung bis zur heutigen Textgestalt mit der dreigliedrigen trinitarischen Taufformel aus.

6 Meinem Basler Lehrer im Fach Neues Testament Heinrich Baltensweiler verdanke ich die Deutung von Christi Himmelfahrt als „Materialisierung der Tatsache des Aufhörens der Erscheinungen des Auferstandenen.“

diesen Sachverhalt in der für ihn typischen Prägnanz mit den Worten zum Ausdruck: *„Die Trinitätslehre ist der unerlässliche, aber auch unerlässlich schwierige Ausdruck der einfachen Wahrheit, dass Gott lebt.“* (Jüngel 1978, S. 11).

Dogmengeschichtlich findet sich der Reflex auf diese Fragestellungen in folgenden Entscheidungen:

a. Im Konzil von Nicaea wird 325 n.Chr. das Verhältnis zwischen Gott und Jesus Christus in der Weise bestimmt, dass man – entgegen der Position des Arius, der in Jesus Christus das höchste Geschöpf sehen wollte – die Gottheit Christi derart dogmatisiert, dass dessen Geschöpflichkeit verworfen wird (Ritter 1982, S. 136 u. S.179f.)[7] Dies zieht allerdings eine weitere notwendige Klärung nach sich, weil man in Konsequenz des ontologisch-substantiell geprägten Denkens nun auch das Verhältnis der göttlichen und menschlichen Natur in Christus zu klären hatte.[8]
b. Im Konzil von Konstantinopel wird die Gottheit des Heiligen Geistes als Garant der Vergegenwärtigung des in Jesus Christus präsenten Gottes über alle Grenzen des Ortes und der Zeit hinweg dogmatisch und bekenntnismäßig festgelegt.[9]
c. In der weiteren theologischen Reflexion des Bekenntnisses zur Wirklichkeit Gottes in den drei „Personen“[10], nämlich im Vater, im Sohn und im Heiligen Geist, wird der Gottesbegriff und das Gottesbild der Juden Jesus von Nazareth und Paulus von Tarsus in spezifischer und aus heutiger religionssoziologischer Sicht auch identitäts- und gruppenbildender Weise weiterentwickelt.

Dabei wurde der Kern des trinitarischen Gottesverständnisses nicht selten zuerst negativ, d.h. vor allem in Gestalt der Abwehr von zwei bis heute nachweisbaren Missverständnissen umschrieben. In der Tat kann man trinitätstheologisch nach zwei Seiten hin „abstürzen“. Zum einen, indem man den Zusammenhang der drei Personen denkerisch nicht nachvollziehbar darzustellen vermag und letztlich bei einem Tritheismus, d.h. einer Drei-Götter-Lehre landet;[11] zum anderen, indem man die dreifache Entfaltung Gottes

7 „Gott von Gott, Licht von Licht, wahrhaftiger Gott aus wahrhaftigem Gott, gezeugt, nicht geschaffen, eines Wesens mit dem Vater“ - all diese Formulierungen finden sich auch in der Entscheidung von Konstantinopel wieder.

8 Dies geschah im Jahre 451 im Konzil von Chalcedon, dass sich mit seiner Formel des „unvermischten und ungetrennten“ Verhältnisses der beiden Naturen - kompromissbedacht und weise zugleich - letztlich einer begrifflich fixierten Klärung entzog; vgl. dazu Adolf Martin Ritter, a.a.O., S. 221

9 In Form des Nicaeno-Konstantinopolitanum, in den Liturgien als „Nizänisches Glaubensbekenntnis“ verwendet, ist diese Entscheidung als bis heute verwendetes Glaubensbekenntnis nachhaltig rezipiert.

10 Die Vielfalt und teilweise auch Uneindeutigkeit der in diesem Zusammenhang zur Anwendung gelangten Begrifflichkeit (substantia, persona, Hypostase etc.) muss an dieser Stelle nicht weiter dargestellt werden. Insbesondere unterscheidet sich der im dogmengeschichtlichen Sinn verwendete Personbegriff von dem heute üblichen, stark vom Subjektdenken her bestimmten Verständnis.

11 Dieser Anfrage haben sich Vertreterinnen und Vertreter des Christentums im Dialog mit anderen monotheistischen Religionen immer wieder zu stellen.

gewissermaßen als drei Erscheindungweisen (modi), Masken vergleichbar, deutet. Hier spricht man darum auch vom Modalismus.[12]

4 Zur Theo-Logik des trinitarischen Gottesbildes

Vermeidbar sind diese Fehldeutungen nur dadurch, dass sich ein an trinitarischen Fragestellungen ausgerichtetes Denken davon verabschiedet, das Hauptaugenmerk auf das Wesen der drei Personen zu richten, und stattdessen die jeweiligen Beziehungen, die opera ad intra, sowie die den einzelnen Personen zugewiesenen Funktionen, nämlich die opera ad extra, in den Blick rückt. Dabei möchte ich die unterschiedliche Bedeutung der drei Personen zunächst in der Weise vornehmen, dass ich von der traditionellen Zuweisung der Aufgaben von Schöpfung, Erlösung und Heiligung Gebrauch mache, um dann zu zeigen, dass die trinitarische Struktur des Meta-Dogmas nicht einfach einem Zufall spekulativ operierender Theologie entspringt, sondern durchaus eigener Theo-Logik:
Das trinitarische, d.h. in zu unterscheidende „Personen“ ausdifferenzierte Gottesbild lässt sich in der Weise darstellen, dass man Gott als sich in dreifacher Hinsicht „entfaltend“ und zugleich Realitäten verändernd wahrnimmt:

- als transzendent, jenseitig; als Anfang vor allem Anfang; als die Zufälligkeit meiner Existenz in Sinnhaftigkeit überführend: *„Ich bin - als kontingentes Geschöpf - gewollt“!*
- als fassbar und mir in Augenhöhe zugewandt und zugleich als eine Ahnung des mir Möglichen und des mir Zugedachten; als das ganz auf mich selbst Geworfen-Sein in Bedeutsamkeit für andere überführend: *Ich bin – als Mensch unter vielen – von vorbehaltlos unendlichem Wert!“*
- als das über die Grenzen der Zeit und unseres Denkens Verbindende; als unsere fragmentarische Existenz im Vorgriff auf die volle Verwirklichung in eine erfüllte, ergänzte, überführend; als die gemeinschaftszersetzenden Kräfte des Bösen abwehrend und in die Erfüllung der Sehnsucht nach der Vergegenwärtigung der ganz anderen, in unser Leben einbrechenden, Wirklichkeit Gottes überführend: *„Ich bin – in meiner Vorfindlichkeit und Beschränktheit – ganz und von Gottes heilmachendem Geist beflügelt!“*

Den derart beschriebenen Aktivitäten eines sich trinitarisch entfaltenden Gottesbildes lassen sich die Aspekte der Verankerung und *Rück-Bindung* (im Sinne von *religio*), der *Recht-Fertigung* (und Wertschätzung des Menschen) und der *Re-Sozialisierung* (über die Grenzen der Geschichte und der Ökumene hinweg) zuschreiben (vgl. Deuser 2005,

12 Im Grundsatz lassen sich bei einer Erhebung des Verständnisses der Trinität in der heutigen Gemeindefrömmigkeit auch heute diese beiden Grundmuster trinitarischer Missverständnisse nachweisen.

S. 47ff.).[13] Jede dieser drei trinitarisch verankerten „Überführungs-Funktionen“ ließe sich als Strukturmerkmal im Prozess einer trinitarisch begründeten sozialen Gesundwerdung beschreiben. Insofern liegt es nahe, die innertrinitarischen Dynamiken überhaupt als Modell-Vorlage sozialer Gesundheit zu verstehen, wobei den Werken der drei Personen dann Aspekte der mit einem System sozialer Gesundheit verbundenen Strukturmerkmale in Verbindung zu bringen wären. Der trinitarischen Struktur Gottes käme dann die Bedeutung einer Modell-Vorlage in einem Analogieschluss zu.

5 Strukturmerkmale trinitarisch begründeter sozialer Gesundheit

Mindestens in fünffacher Hinsicht möchte ich Strukturmerkmale sozialer Gesundheit für einen Analogieschluss, ausgehend von einem trinitarisch entfalteten Gottesbild, für die Anwendung im Blick auf säkulare Formen sozialer Gesundheit fruchtbar machen.

1. *Verzicht auf Hierarchien*: Es ist dem großen Theologen der Trinität. Augustinus, zu verdanken, dass wir uns die innergöttlichen Relationen strikt hierarchiefrei vorzustellen haben.[14] Die drei Personen der Trinität sind nicht im Sinne von Über- und Unterordnung, sondern auf Augenhöhe kommunizierend zu denken.
2. *Eine möglichst umfassende gegenseitige Kommunikationsstruktur und Vernetzung:* Was bei drei Kommunikationszentren noch einfach uns selbstverständlich erscheint, ließe sich im Grunde aber fortschreiben: Alle stehen (möglichst) mit allen in Kontakt. Dies ist die kommunikationstheoretische und zugleich soziale Konsequenz aus dem Verzicht auf eine hierarchische Struktur.
3. *Gleichwertig, aber nicht gleichartig*: Die Zuweisung besonderer Werke an die unterschiedlichen Personen der Trinität will nicht einen heimlichen Tritheismus begründen. Sie will vielmehr die innergöttliche Dynamik in einer Weise reflektieren, die die Einheit Gottes nicht aufhebt[15], aber zu Unterscheidungen der jeweiligen Besonderheiten führt.
4. *Produktive Konfliktorientierung nach innen*: Aus den unterschiedlichen Funktionen folgt ein Spannungspotenzial, das in Balance gehalten werden muss, um im Sinne der oben genannten trinitarischen Missverständnisse weder im Modalismus noch im Tritheismus zu enden.

---

13 Herman Deuser nennt in Aufnahme der freilich ganz anders ausgerichteten semiotisch geprägten Begrifflichkeit von Sanders Peirce im Blick auf Funktionen der trinitarischen Personen Icon, Index und Symbol.

14 Diese Anschauung hat sich im Denken der abendländischen Kirche bis heute durchgehalten, während die östliche Kirche gewissermaßen von einer Vorrangstellung Gottvaters ausgeht, was seinen Niederschlag darin findet, dass die Kirchen des Ostens die Einfügung des filioque, d.h. das hierarchiekritische Hervorgehen des Geistes aus dem Vater und dem Sohn nie nachvollzogen haben.

15 Dies meint der traditionelle Satz der altkirchlichen Trinitätslehre: „Opera ad extra sunt indivisa.“

5. *Solidarische Außenorientierung*: Die der durchgehaltenen Balance zu verdankende Stabilität führt dazu, dass trotz des zugrunde liegenden trinitarisch entfalteten Denkens die Einheit des Gottesbegriffes durchgehalten werden kann. [16]

Was als Grundstruktur eines innertrinitarischen Begriffes sozialer Gesundheit herausgearbeitet wurde, lässt sich m.E. durchaus auf ein Verständnis sozialer Gesundheit im Bereich säkularer Sozialität anwenden und in Form eines Analogieschlusses auf die Gestaltung entsprechender Beziehungsstrukturen übertragen. Den inneren Grund der Möglichkeit eines derartigen Analogieschlusses sehe ich in der grundsätzlichen Offenheit der innertrinitarischen Beziehungsstruktur als Konsequenz des Inkarnationsgeschehens gegeben; den äußeren Grund in der Tatsache der ohnedies spekulativ-konstuktivistisch gewonnenen Anteile unserer Reflexion über die trinitarisch gedachte Binnenstruktur Gottes. Wenn wir uns der grundsätzlichen Unanschaulichkeit Gottes wegen bei unserer reflektierenden Gottesrede ohnedies säkularer Analogien und Vorstellungen bedienen, können wir doch auch in umgekehrter Weise in Sprach- und Denkbildern der Analogie gewonnene Einsichten über das Sein Gottes für unser soziales Sein fruchtbar machen.

6 Der trinitarisch begründete Glaubensakt als Grund säkularer sozialer Gesundheit

Um den Vollzug eines derartigen Analogieschlusses mit dem Ziel der Beschreibung von Strukturen sozialer Gesundheit im Portfolio der persönliche Identität stiftenden und stabilisierenden Überzeugungen als authentischen Subjekt-Akt zu verorten, ist dieser Analogieschluss in einer theologischen Transferleistung zu begründen, die in klassischer Terminologie als Glaubensakt zu beschreiben wäre. Der Mensch kann sich - als mit anderen verbundenes Individuum - insofern als an der Trinität Anteil habend verstehen, als er menschliches Geschick und menschliche Geschichte als in die innertrinitarische Dynamik hineinverwoben versteht und bekennt. Gott öffnet sein Gott-Sein auf das Mit-Sein des Menschen zum Mit-den-Menschen-Gott-sein.[17] Im denkerischen Nachvollzug dieser Öffnung hat die Trinitätslehre ihren Sitz im Leben der Theologie.

16 Genau an diesem Punkt unterscheiden sich die trinitätstheologischen Vorstellungen der abendländisch-westlichen Kirche fundamental von denen der Orthodoxie, die wegen der nie vollzogene Einfügung des „filioque“ (vgl auch Anmerkung 14) den Verdacht einer ihrer trinitarischen Vorstellungen zugrunde liegenden innertrinitarischen Hierarchie nicht wirksam außer Kraft setzen kann. Diese Schwierigkeit ist letztlich auch der tiefere Grund der ökumenischen Spannungen zwischen den protestantischen und den orthodoxen Kirchen.

17 Insofern haben wir in der durch das Inkarnationsgeschehen bestimmten zweiten, den Menschen in die Trinität einbeziehenden Person des Sohnes im Grunde – entsprechend der Botschaft des Altarbildes von Hans Baldung Grien - tatsächlich den „Neuerer“ vor uns.

Mit anderen Worten: In seiner trinitarisch gedachten Existenz gelangt Gott zu seiner den Menschen einschließenden Sozialität. Deren „Gesundheit“[18] ist ohne die des Menschen nicht mehr zu denken.

7 Fazit

Am Beispiel des am Beginn des 16. Jahrhunderts geschaffenen Hochaltars im Freiburger Münster habe ich zunächst die Konsequenzen der jeweiligen historischen, geistes- und theologiegeschichtlichen Rahmenbedingungen auf die Ausbildung des trinitarisch gedachtet Gottesbegriffs aufgezeigt. Indem ich weiter das Verständnis der Trinität als Meta- oder Deute-Dogma beschrieben habe, wollte ich den deutenden und interpretierenden Charakter trinitarischen Denkens herausarbeiten. *Gott ist, indem er zugleich mit den Menschen ist.* Das ist der systematisch zu reflektierende Glaubenssatz und zugleich die innere Begründung der Trinität.

Dass wir uns dem Sein Gottes im Modell der Trinität denkerisch annähern können, ist gewissermaßen ein uns eröffneter Reflexionszugang, kein dokumentarischer Einblick in das Sein Gottes an sich. Theologische Reflexion im christlichen Kontext kennt hier nur den Weg der in der Kategorie des Glaubens vollzogenen Deutung des gelebten und in der Erfahrung der Auferstehung in der Wirklichkeit Gottes auf Dauer gestellten Lebens Jesu Christi als Präzedenzfall eines in Gott gründenden Lebenszusammenhangs. Hier liegen die Möglichkeiten und die Grenzen einer Ökumene (zumindest der monotheistischen) Religionen ganz nahe beieinander.

Indem das Denkmodell der Trinität den Horizont des je gelebten eigenen Glaubens gewissermaßen offen hält, ist dieses als Analogiemodell und als Verstehensgrundlage eines trinitarisch begründeten Glaubens hilfreich und relevant für ein angemessenes Verständnis sozialer Gesundheit. Indem es aber zugleich sowohl das Besondere christlichen Glaubens und theologischen Reflektierens beschreibt und begründet, als auch den Horizont des die eigenen Grenzen überschreitenden Nach-Denkens Gottes offen hält, dient es darüber hinaus der Entgrenzung des je eigenen religiösen Verstehens und wehrt derart ganz grundsätzlich einem exklusiven, im Extremfall abgrenzend-fundamentalistischen

18 Mir ist die begrenzte, vielleicht aber auch nur ungewohnte Verwendbarkeit des Wortes Gesundheit in diesem Zusammenhang durchaus bewusst. Ein angemessenerer Terminus wäre im Bedeutungsfeld des Wortes Schalom zu finden, mit dem Bedeutungsaspekte des Heil- und Unversehrtseins verbunden sind. Aber womöglich liegt im Unverbrauchen und Ungewohnten ja gerade der Charme der Rede von der sozialen Gesundheit.

Denken[19]. Der Verunmöglichung sozialer Gesundheit - nach welcher Vorstellung auch immer - ist so ganz fundamental und grundsätzlich ein Riegel vorgeschoben. Als „linker Neuerer" kommt Gott uns womöglich am hilfreichsten entgegen.[20]

Literatur

Aronica, Markus u.a. (Hg.) (2006): Göttlich gekrönt. Eine geistliche Einführung in die Tafelbilder des Hochaltars im Freiburger Münster, Freiburg: Promo Verlag.

Campenhausen, Hans von (1978): Lateinische Kirchenväter, 4.Auflage, Stuttgart, Berlin, Köln, Mainz: Verlag W. Kohlhammer.

Deuser, Hermann (2005): Kleine Einführung in die Systematische Theologie, Stuttgart: Verlag Philipp Reclam jun.

Sekretariat der Deutschen Bischofskonferenz (Hg.) (2006): Verlautbarungen des Apostolischen Stuhls Nr. 174: Apostolische Reise Seiner Heiligkeit Papst Benedikt XVI. nach München, Altötting und Regensburg - 9. bis 14. September 2006 – Predigten, Ansprachen und Grußworte, Bonn.

Flasch, Kurt (1980): Augustin. Eine Einführung in sein Denken, Stuttgart: Verlag Philipp Reclam jun.

Harnack, Adolf von (1988): Lehrbuch der Dogmengeschichte; zitiert nach Karlmann Beyschlag, Grundriß der Dogmengeschichte, Band 1, 2. Auflage, Darmstadt: Wissenschaftliche Buchgesellschaft.

Huizinga, Johan (2006): Herbst des Mittelalters, 11. Auflage, Stuttgart: Alfred Kröner Verlag

Jörns, Klaus-Peter / Großeholz, Carsten (Hg.) (1998), Was die Menschen wirklich glauben. Die soziale Gestalt des Glaubens – Analysen einer Umfrage, Gütersloh: Gütersloher Verlagshaus

Jüngel, Eberhard (1978): Gott als Geheimnis der Welt, 3. Auflage, Tübingen: Verlag Mohr Siebeck.

Ritter, Adolf Martin, in: **Obermann, Heiko A**. u.a. (Hg.) (1982): Kirchen- und Theologiegeschichte in Quellen, Band 1, Alte Kirche, 2. Auflage, Neukirchen-Vluyn: Neukirchener Verlag.

Wolfes, Matthias (2007): Hüter der Überlieferung. Zur Situationsgerechtigkeit und Erneuerungskraft homiletischer Praxis, in: Deutsches Pfarrerblatt 7/2007, S. 375-379.

19 Das Wissen um diese entgrenzende Wirkung bringt – Gott sei Dank! – bis heute immer wieder scheinbar unüberwindbare Mauern zum Einsturz, wie etwa die zwischen Kirchen der evangelischen Tradition, wenn man etwa an die Erfolgsgeschichte des mit der Leuenberger Konkordie initiierten Prozesses der Verbindung von mittlerweile 105 Kirchen denkt. Es sollte aber auch in den gegenwärtigen Reformprozessen innerhalb der evangelischen Landeskirchen die notwendige Gelassenheit ermöglichen, Veränderungen zuzulassen, ohne immer sofort den Bekenntnisstand in Frage gestellt zu sehen. Auch über die Gestalt unseres Kircheseins reden wir immer nur in – veränderbaren! – Annäherungen.

20 Ein schöner liturgischer Bezug vitaler volkskirchlicher Frömmigkeit, die sich solchen Neuerungen gegenüber als offen erweist, findet sich in dem als Lied vertonten Gedicht von Klaus Peter Hertzsch: Vertraut den neuen Wegen, auf die uns Gott gesandt. Er selbst kommt und entgegen. Die Zukunft ist sein Land." (EG 395,3)

„Menschen, die anders sind“ Methodologische Aspekte zur sozialen Konstruktion von Krankheit und Behinderung

„Wir werden jedoch nur dann einen richtigen Sinn für die Entwicklung unserer Ideen bekommen, wenn wir bereit sind, sie in Gedanken zurückzunehmen“
(Stephen Toulmin 1968, S. 121)

„Die Möglichkeit wird nicht ausgeschlossen, daß wir die Entmenschlichung in uns selbst zur Spitze treiben müssen, um sie endgültig los zu werden“
(Heinz J. Heydorn 1979, S. 166)

Willehad Lanwer

1 Einleitende Orientierung

Die Auseinandersetzung mit der Thematik von „Menschen die anders sind“ benötigt vorausgehende methodologische Überlegungen zur sozialen Konstruktion von Krankheit und Behinderung. Sie basieren auf folgenden Thesen: Krankheit und Behinderung sind keine „naturgegebenen“ Phänomene des menschlichen Seins. Sie sind nicht der Ausgangspunkt, sondern das Resultat der Entwicklung eines Menschen unter den ihm gegebenen Bedingungen seiner äußeren Wirklichkeit. Sie erklären und begründen sich nicht aus sich selbst heraus, sondern aus den Wechselwirkungsverhältnissen der Menschen untereinander. Sie sind einmalig in ihrer Gesellschaftlichkeit und gesellschaftlich in ihrer Einmaligkeit (vgl. Séve 1986) und insofern „soziale Tatsachen“ (vgl. Jantzen 2002), die nicht abgespalten von den realen Lebensverhältnissen zu betrachten sind. Diese Überlegungen beinhalten nicht nur die gesellschaftliche Verflochtenheit dieser spezifischen menschlichen Seinsmöglichkeiten, sondern verweisen auf den relationalen Charakter dieser Erscheinungsformen. Indem Krankheit und Behinderung zugleich einmalig in ihrer Gesellschaftlichkeit und gesellschaftlich in ihrer Einmaligkeit bestimmt werden, offenbart sich ein widersprüchliches Verhältnis, innerhalb dessen sich die „doppelte Realität“ (Basaglia 1974, S. 15ff) dieser Phänomene zeigt. Die Entschlüsselung ihrer „doppelten Realität“ mündet in die Erkenntnis der „sozialen Konstruktion“ dieser Phänomene, indem sie in einen gesellschaftlichen Zusammenhang gestellt werden, so dass ihre Begründung als „soziale Tatsache“ sich aus ihrer Vermitteltheit mit dem gesellschaftlichen Ganzen entwickelt.

Die „soziale Konstruktion“ des Phänomens Behinderung ist Ausdruck jener gesellschaftlichen, ökonomischen und kulturellen Prozesse, die auf einen Menschen hin wirken, der durch soziale und/oder biologisch-organische Beeinträchtigungen gesellschaftlichen Minimalvorstellungen und Erwartungen hinsichtlich seiner individuellen

Entwicklung, Leistungsfähigkeit und Verwertbarkeit in Produktions- und Konsumtionsprozessen nicht einlöst. Davon zu unterscheiden ist die humanbiologisch-organisch, neurophysiologisch und neuropsychologisch erklärbare Beeinträchtigung eines Menschen, die als Bedingung die „soziale Konstruktion“ der Behinderung seiner Persönlichkeitsentwicklung im gesellschaftlichen Kontext auslöst und modifiziert (vgl. Feuser 1997, S. 60). Ferner ist das, was sich im sozialen Kontext eines Menschen als Folge von Beeinträchtigungen und Erkrankungen als „Anderssein“ physisch, psychisch und sozial sichtbar zeigt, das Ergebnis seiner Entwicklung unter den für ihn gegebenen Bedingungen, die Jantzen (1987, S. 260ff) mit dem Begriff der „Isolation“ beschreibt.
Krankheit und Behinderung absolut als „natürliche“ und „selbstverständliche“ Zustände des menschlichen Seins zu bestimmen, ist gleichbedeutend damit sie zu individualisieren und damit auf eine personalisierende Sichtweise, die von den realen Lebens- und Existenzbedingungen abstrahierend festgelegt zu sein. Dies hat zur Folge, dass nicht die Probleme eines kranken oder beeinträchtigten Menschen, der behindert wird, zum Gegenstand gemacht werden, sondern der Betroffene selbst wird zum Problem. Ob und inwieweit ein Mensch als krank oder behindert bezeichnet wird, hängt stets von der Perspektive der Betrachtung ab, d.h. von den Bezugsgrößen, mit denen diese Beschreibung vorgenommen wird.
Krankheit und Behinderung werden in diesem Beitrag als das Resultat der sozialen Beantwortung des „Anderseins“, d.h. als „soziale Konstruktionen“ unter den gegebenen gesellschaftlichen ökonomischen, kulturellen und sozialen Daseinsbedingungen bestimmt. In den nun folgenden Ausführungen werden die absoluten Größen der Beurteilung der Phänomene Krankheit und Behinderung zugunsten einer relationalen Betrachtung aufgegeben. Ausgehend von der These, dass Krankheit und Behinderung soziale Tatsachen der menschlichen Wirklichkeit darstellen, geht es zunächst um die Art und Weise, wie diese Tatsachen gedacht werden. Das Wort, so Wygotski (1985a), *„das eine Tatsache bezeichnet, liefert gleichzeitig eine Philosophie der Tatsache“* (S. 158) und das Wort ist „die Theorie der mit ihm bezeichneten Tatsache“ (S. 159). Damit wird zum Ausdruck gebracht, dass der Gebrauch von Wörtern die Konstanz ihrer Bedeutungen beinhaltet, d.h. die Identität des mit ihnen gemeinten. Dies mag trivial erscheinen, aber es ist für die Verständigung der Menschen untereinander nicht gleichgültig, denn Begriffe als gedankliche Abbildung existieren im Wort, d.h. in der Sprache und die Sprache ist die Existenzform des Gedankens (vgl. Wygotski 2002). Wortbedeutungen in dem Weg vom Konkreten zum Abstrakten repräsentieren die Kategorien- und Begriffbildung und jede Begriffbildung ist ein Denkakt (vgl. S. 189). Die Sprache, so Wygotski (1985a), „insbesondere die wissenschaftliche, ist ein Werkzeug des Denkens, ein Instrument der Analyse“ (S. 154) vor deren Hintergrund sich entscheidet, wie konkret in den interindividuellen und überindividuellen Verhältnissen der Menschen untereinander mit dem „Anderssein“ des Anderen umgegangen wird.
Lévinas (1995) folgend ist die Grundlage der Existenz des Menschen und damit auch die Identität des Subjekts der Andere, d.h. der Andere ist der Grund meiner selbst, der Andere ist aber stets in bestimmten historischen und sozialen Verhältnissen und diese

bestimmen zunächst und unmittelbar, wie der Andere wahrgenommen und wie mit ihm umgegangen wird. Innerhalb des Erkennens und Anerkennens der Differenziertheit der menschlichen Normalität als „Anderssein" im Sinne von Krankheit und Behinderung in den Verhältnissen der Menschen untereinander entscheidet sich, wer sozial teilhaben oder ausgeschlossen wird.

Die Problem- und Fragestellung des sozialen Ausschlusses und der Teilhabe kennzeichnen die Phänomene Behinderung und Krankheit als „pädagogische Dimension" (vgl. Jantzen 2002, S. 412ff). Aufgrund dessen, dass „Menschen, die anders sind" den Kern des Gegenstandsbereiches der „Integration" (vgl. Feuser 1989; 1995) im Feld der Pädagogik bilden, dienen diese Zusammenhänge als Bezugsrahmen für diese Ausführungen. Das Erkennen und Anerkennen der Phänomene Krankheit und Behinderung als Möglichkeiten in der Vielfalt des menschlichen Seins verlangt ein entwicklungsbezogenes, psychodynamisches und sozialwissenschaftliches Erklärungswissen für die Felder der Pädagogik im Hinblick auf die „Wiederherstellung der Einheit des Menschen in der Menschheit" (vgl. Seguin 1912). Seine Erarbeitung ist die Basis für die Entfaltung von Handlungswissen, so dass z.B. die Bedingungen und Umstände des pädagogischen Handelns zu reflektieren sind und zur Handlungsfähigkeit ermächtigen. Theorie- und Reflektionswissen sind grundlegender Bestandteil einer pädagogischen Handlungskompetenz, die darauf gerichtet ist „Teilhabe" zu ermöglichen und „sozialen Ausschluss" zu verhindern. Die Erziehungswissenschaft allgemein ist, so Klafki (1974), da sie sich auf die pädagogische Praxis bezogen weiß und weil ihre Ergebnisse von der Praxis als Hilfen erwartet werden, *„in besonderem Maße zu sauberer methodologischer Rechenschaftsablage verpflichtet, um über die Art und den Grad der Gültigkeit ihrer Aussagen keinen Zweifel aufkommen zu lassen und möglichem Missbrauch zu wehren"* (S. 79).

Vor diesem Hintergrund wird ein inhaltlicher methodologischer Bezugsrahmen herangezogen, der Krankheit und Behinderung nicht isoliert und individualisiert betrachtet, sondern in dem Verhältnis des Einzelnen zum Allgemeinen, d.h. sein Anderssein zu entschlüsseln ist. Das Entschlüsseln des Besonderen eines Menschen in dem Verhältnis der Menschen untereinander erfordert ein Denken in Relationen, das sich an den biologischen, psychischen und sozialen Wirklichkeiten der menschlichen Existenz orientiert, die in vielfältigen Wechselbeziehungen zueinander stehen. Die methodologischen Aspekte werden zunächst in einer ontologischen Perspektive erläutert, auf deren Grundlage anschließend die soziale Konstruktion von Krankheit und Behinderung thematisiert wird.

2 Die ontologische Betrachtung des „Andersseins"

Krankheit und Behinderung als Möglichkeiten des menschlichen Seins zu erkennen und anzuerkennen besagt, dass die Methoden der Bearbeitung dieser Thematik zwar subjektiv sein müssen, aber nicht individualistisch sein können (vgl. Cassirer 1990,

S. 104f). *„Denn das Subjekt, das wir erkennen möchten ist nicht das individuelle Bewußtsein, sondern das universale Subjekt. Wenn wir dieses Subjekt als „Menschheit“ bezeichnen, dann gilt, daß die Menschheit nicht durch den Einzelnen zu erklären ist, sondern der Einzelne durch die Menschheit“* (S. 105).
Cassirer verweist hier auf das Verhältnis zwischen dem Allgemeinen und dem Einzelnen, aus dessen Wechselbeziehungen sich das Besondere herleitet und begründet. Dies entspricht einer deduktiven Ableitung des Besonderen, d.h. der gedanklichen Ableitung des Besonderen vom Allgemeinen. Das Allgemeine, das Einzelne und das Besondere stehen in einem nicht voneinander zu trennenden Zusammenhang, der als ein „System“ zu denken ist (vgl. Nuzzo 2003). Der Systembegriff benennt eine formale Struktur, „die für die Sinn- und Bedeutungsänderung ihrer Elemente verantwortlich ist“ (S. 8) und er wird in diesem Zusammenhang als Denkfigur genutzt, *„weil die relationale Form des System erst die Möglichkeit eröffnet, Identität und Unterschied, Wechselwirkung und Selbstbeziehung“* (S. 8) im Hinblick auf die Phänomene von Krankheit und Behinderung in einem Zusammenhang mit den Möglichkeiten des menschlichen Seins darzustellen. Ein System ist demgemäß eine theoretische und methodologische Struktur, „innerhalb der erst reale Entgegensetzungen und Widersprüche sinnvoll gedacht und aufgelöst werden können“ (S. 9). Entsprechend wird im Folgenden der Systembegriff in einem doppelten Sinne gebraucht, nämlich als methodologische Grundtätigkeit des Denkens und als ontologische Bestimmung in Bezug auf die soziale Konstruktion der Phänomene Krankheit und Behinderung.
Ein System stellt eine relationale Struktur dar. Der verwendete Strukturbegriff betrifft stets ein Verhältnis, indem die Struktur aus einer geronnenen Austauschbeziehung entwickelt wird. Sie ist als geronnene Entwicklung (Vergangenheit) und prozessierende Struktur (Gegenwart) zu verstehen, die nicht nur die relationale Form des Systems kennzeichnen, sondern auch die Handlungsoptionen in Hinblick auf die Zukunft (vgl. Hörz 1989, S. 95f). Damit handelt es sich stets um „offene Systeme“ (vgl. S. 147f). Die relationale Struktur des Systems, d.h. die Form des Ganzen als die Bedingung der Möglichkeit seiner Teile umfasst eine doppelte Funktion: „Einerseits bestimmt sie dadurch die als Glieder des Ganzen sich konstituierenden mannigfaltigen Elemente, indem die Form die notwendigen Beziehungen der Teile zum Ganzen selbst und zueinander bestimmt“ (Nuzzo 2003, S. 29). Demgemäß sind die Teile in ihrem Sein und ihrer Form nach nur durch ihre Beziehung auf das Ganze möglich und diese Beziehungen sind für die Struktur des Systems konstituierend. „Andererseits bestimmt die Form des Ganzen, also des Systems, sich selbst mittels der Teile zum System, also zu einer inneren Organisation“ (S. 29).
Das System als Ganzes zu betrachten beinhaltet, das Verhältnis des Allgemeinen zum Einzelnen, innerhalb dessen das Besondere in diesem Verhältnis aufgehoben ist, als eine „Prozessualität von Prozessen“ (S. 9) zu erkennen und zu erklären, denen „Wechselwirkungen“ zugrunde liegen. Das Allgemeine, das Einzelne und das Besondere existieren nicht abgelöst und unabhängig voneinander, sondern bedingen sich gegenseitig, wirken aufeinander ein und stellen so eine Einheit im Widerspruch dar. Die Prozesse

des Werdens und des Gewordenseins innerhalb dieser „relationalen Struktur“ begründen sich aus der Einheit ihrer Gegensätze. Das ist im Sinne von Hegel (1969) zu verstehen, dass jedes Seiende unmittelbar als solches ist, durch die Bestimmtheit, die es zu dem macht, was es ist und aus diesem Grunde von anderen unterschieden wird, d.h. jedes Seiende ist ein Zusammengesetztes, ein Bestimmtes seiner Eigenschaften, Beschaffenheiten und Merkmale (vgl. S. 95ff, 101, 285). Identität ist in dieser Denkfigur stets eine „Identität im Unterschied“ (vgl. Holz 2005, S. 186). Der dieser Annahme zugrunde liegende Widerspruch wird von Hegel (2003) wie folgt erläutert: *„Als dieses Ganze ist jedes vermittelt durch sein Anderes mit sich und enthält dasselbe. Aber es ist ferner durch das Nichtsein seines Andern mit sich selbst vermittelt; so ist es für sich seiende Einheit und schließt das Andere aus sich aus“* (S. 64f). Der reale Widerspruch ist letztlich ein Strukturmoment des Ganzen, in dem einander „logisch ausschließende Faktoren koexistent sind“ (Holz 2005, S. 4).

Der Widerspruch im Verständnis von Hegel (2003) kennzeichnet eine Beziehung bzw. ein Verhältnis gegensätzlicher Momente, die in ihrer Dynamik zu erfassen sind, so dass Hegel im dialektischen Widerspruch „das Prinzip aller Selbstbewegung“ erkennt und für ihn „die Bewegung der daseiende Widerspruch selbst ist“ (S. 76). Die dialektische widersprüchliche Einheit kennzeichnet als „Prinzip aller Selbstbewegung“ zugleich ihre Entwicklung, d.h. Entwicklung in der dialektischen Einheit von Struktur und Prozess sowie Strukturen als prozessierende Strukturen. Mit anderen Worten, die die Entwicklung begründenden dialektischen Widersprüche sind Widersprüche der sich entwickelnden Subjekte und Beziehungen. In dieser Denkfigur der dynamischen Einheit im Widerspruch werden ontologisch die wechselseitigen Bestimmungen erkennbar. In einem Zusammenhang zu sein ist gleichbedeutend damit in Wechselwirkungsprozessen zu sein, die sich auf der Ebene der Beziehungen zwischen Subjekten als Dialoge zeigen. Der Dialog ist ein „eminent dialektisches Phänomen, die Dialogik ein nur dialektisch zu begreifendes Prinzip. In zugespitzter Formel: *„Die Logik des Dialogischen ist eine dialektische Logik“* (Klafki 1974, S. 77). Der Dialog als spezifische Tätigkeitsform umfasst das, was Hegel „Im – Andern – zu – sich – selber – Kommen“ zum Ausdruck bringt (vgl. Hegel 1966, S. 318). Das „Andere“ repräsentiert die dialektische Voraussetzung des Subjekts, indem das Subjekt in der wechselseitigen Tätigkeit über die dialogische Vermittlung mit dem „Anderem“ zu sich selber kommt. Der Kern des dialogischen Verhältnisses umfasst, *„dass ich mich im Anderem selbst erkenne und doch es als ein Anderes anerkenne“* (Holz 2003, S. 19).

Philosophiegeschichtlich basieren diese ontologischen Annahmen unter anderem auf Feuerbach (1983): *„Der einzelne Mensch für sich hat das Wesen des Menschen weder in sich als moralischem, noch in sich als denkendem Wesen. Das Wesen des Menschen ist nur in der Gemeinschaft, in der Einheit des Menschen mit dem Menschen enthalten – eine Einheit, die sich aber nur auf die Realität des Unterschiedes von Ich – Du stützt“* (S. 110). Mit anderen Worten: *„Die wahre Dialektik ist kein Monolog des einsamen Denkers mit sich selbst, sie ist ein Dialog zwischen Ich und Du“* (S. 111). Diese Denk-

figur findet sich sowohl in dem „Dialogischen Prinzip" von Buber (1984) als auch in den „Herausforderungen angesichts des Anderen" bei Lévinas (1995) wieder.
Vor diesem Hintergrund ist die allgemeinste ontologische Verfassung eines Seienden, „stets „in Beziehung zu sein", und das heißt, erst durch gegenständliche Beziehung überhaupt zu sein" (Holz 2005, S. 390 – 391). In Beziehung zu sein ist gleichbedeutend damit, in Wechselwirkung zu treten, d.h. tätig zu sein. Das Verhältnis des Einzelnen zum Allgemeinen und das Besondere eines Menschen als Resultat des Verhältnisses zwischen dem Einzelnem und dem Allgemeinen, begründet und erklärt sich aus der Wechselwirkung, aus der Tätigkeit, aus der dialogischen Seinsbestimmung. Die resultierende dialektische Einheit des Vielfältigen spiegelt sich in jedem Einzelnem wider und der darin immanente reale Widerspruch zwischen dem Einzelnem und dem Allgemeinen bildet das Strukturmoment des Ganzen, in dem einander logisch ausschließende Faktoren koexistent sind" (vgl. S. 4). Ausgehend von dem ontologischen „Gesamtzusammenhang", den Holz (2003) als ein dialektisches Weltmodell kennzeichnet, in dem die Heterogenität der Substanzen, d.h. die Vielfalt der Möglichkeiten des menschlichen Seins, mit der Einheit der Welt so verbunden sein muss, „dass das Ganze als Grund der Singularität jedes seiner Teile und jeder Teil als Bedingung des Ganzen erscheint" (S. 44f), zeigt sich die Dialektik zwischen dem Allgemeinen, dem Einzelnem und dem Besonderem.
Die Wirksamkeit, d.h. die Bedeutsamkeit des Allgemeinen, des Einzelnen und des Besonderen ist aber nicht durch ihr bloßes „Dasein" bestimmt, sondern entfaltet sich erst durch die tätige Auseinandersetzung, d.h. durch die Wechselwirkung. Diese Annahmen münden in die Erkenntnis, dass *„nichts so wäre wie es ist, würde es nicht vermittelt durch anderes, außer ihm Seiendes, zu sich selbst gebracht werden"* (Holz 2005, S. 390). Mit anderen Worten, „jedes Seiende „setzt sich" dadurch, dass es ein anderes „setzt", d.h. es erfährt sein „Eigensein" am Entgegenstehen vom anderem Seienden; seine Eigenschaften treten am Widerstand des anderen Seienden zu Tage, kommen vom anderen als äußere Reflexion auf es zurück und bestimmen es so als gerade dieses Seiende" (Holz 2003, S. 60).
Das Erleben und Erkennen meiner Selbst erfolgt über die Wechselwirkung, d.h. indem ich zu einem anderen in Beziehung trete, hat der andere eine Beziehung zu mir und unser Verhältnis untereinander ist nicht gleichgültig, sondern das eines wechselseitigen Bestimmens. „Jede Selbsterfahrung ist die Erfahrung von Welt an mir, und jede Ich-Erfahrung, im empathischen Sinne des Ich-Subjekts, ist die Erfahrung der Anerkennung durch ein anders Ich-Subjekt" (S. 69). Dieser wechselseitige Prozess des Erkennens und Anerkennens verdeutlicht, dass die Identität meiner selbst stets eine Identität im Unterschied ist, innerhalb dessen der Mensch am Du zum Ich wird (vgl. Buber 1984).
Die Wechselseitigkeit, die sich aus dem Kontext des Gesamtzusammenhanges herleitet und begründet, ist als eine „Reflexionsbeziehung" (Holz 2003, S. 60) zu denken, indem „jedes Verhalten zum Verhältnis gerinnt" (S. 59). Dies kennzeichnet die „Formbestimmtheit jedes Verhältnisses, in dem ein Seiendes auf ein anderes Seiendes, auf einen „Gegenstand" einwirkt. Wir sagen, dass es die ontologische Verfassung des Seienden

als Seiendes […] ist, eine „gegenständliche" Tätigkeit auszuüben, und wechselseitig, sodass jedes jedes […] reflektiert und in dieser Reflexion seine Wesensbestimmung hat" (S. 60). Die „Reflexionsbeziehung" als „Formbestimmtheit jedes Verhältnisses" spiegelt sich in der folgender Aussage von Wygotski (1985b) wider: *„Wir erkennen uns selbst, weil wir andere erkennen, und auch in derselben Art und Weise, wie wir andere erkennen, weil wir in Beziehung zu uns selbst eben das darstellen, was die anderen in Beziehung zu uns sind"* (S. 305).

Diese Erkenntnis, dass wir nur durch die anderen wir selbst werden, veranschaulicht die „Reflexionsbeziehung" als „Formbestimmtheit jedes Verhältnisses", das sich aber stets unter bestimmten materiellen und ideellen Bedingungen der äußeren Wirklichkeit vollzieht. Der Bedeutungsraum der äußeren Wirklichkeit ist nicht naturgegeben, sondern sein Werden und Gewordensein ist immer sozial und historisch bedingt. Die Bedeutungen des materiellen Verhältnis bestimmt sich aus der „dinglichen Wirklichkeit", die mit dem Begriff der „Substanz bzw. Materialität" zu beschreiben ist, und den nicht „dinglichen Beziehungseigenschaften" in ihrer Strukturalität und Funktionalität, die mit dem Begriff des „Ideellen" bzw. der „Idealität" zu bezeichnen sind (vgl. Holz 2003, S. 58f).

Die „Substanzen" bzw. die „Materialität" der äußeren Wirklichkeit ist für uns Menschen sinnlich wahrnehmbar, hingegen entziehen sich die nicht „dinglichen Beziehungseigenschaften", d.h. „das Ideelle", unserer sinnlichen Wahrnehmung. Sie sind für uns nicht sinnlich greif- und fassbar, aber gleichzeitig sind sie objektiv und damit außerhalb des Subjektiven ein Teil der Wirklichkeit und in dieser Wirklichkeit wirken sie. Ideelle Verhältnisse sind „ein realer Bestandteil des gesellschaftlichen Seins" (Holz 2003, S. 60). Ihre Wirksamkeit als gesellschaftliche und damit auch als soziale Lebensbedingung zeigt sich z.B. in Abhängigkeitsverhältnissen. Das Verhältnis der Abhängigkeit ist ideell und nicht materiell. Dennoch haben ideelle Verhältnisse einen Bestand, indem sie wirken und dadurch real sind. Damit ist das Ideelle selbst ein Moment der materiellen Verhältnisse (vgl. S. 59f).

Die materiellen Verhältnisse der Wirklichkeit stellen demzufolge einen Bedingungskomplex in dem System der vielfältigen Wechselbeziehungen dar. Sie wirken und beeinflussen die aus den Wechselwirkungen resultierende Einheit der Vielfältigkeit der menschlichen Seinmöglichkeiten, die sich in jedem Einzelnen ausdrücken. Die materiellen Verhältnisse sind insofern historisch konkrete Bedingungen, die die gesellschaftliche Wirklichkeit bestimmen. Sie sind keine starren und unveränderlichen Erscheinungsformen der äußeren dinglichen Realität bzw. der nichtdinglichen Beziehungseigenschaften, sondern ein Komplex von Prozessen, der eine objektiv existierende Einheit wechselwirkender Gegensätze darstellt. Materialität und Idealität sind also objektiv existierende, sich gegenseitig bedingende und bestimmende Gegensätze der äußeren Wirklichkeit.

„Anderssein" ist vor dem Hintergrund dieser ontologischen Annahmen im eigentlichen Sinne das, was den einzelnen Menschen von dem Anderen unterscheidet und zugleich mit ihm verbindet. In der Begegnung zwischen Ich und Du liegt der Kern der Beziehung darin, dass ich mich im Anderen erkenne und mein Gegenüber als Anderes anerkenne. Nicht nur meine Existenz, sondern auch meine Erfahrungen als Subjekt sind in dieser ontologischen Betrachtung stets gebunden an der Existenz anderer Subjekte. Indem wir durch die Anderen wir selbst werden, stellt sich die Frage nach dem Anderen und damit nach den Bedingungen der dem Begegnungsprozess zugrunde liegenden sozialen Lebensformen, d.h. nach den materiellen Verhältnissen der Wirklichkeit. Ich und Du unterscheiden sich, sie bilden eine Einheit im Widerspruch, der aber nicht isoliert existiert, sondern immer in das komplex strukturierte Gefüge der materiellen Verhältnisse integriert ist, innerhalb dessen die Interessenlagen und Interessenkollisionen über die „soziale Konstruktion“ von Krankheit und Behinderung entscheiden.

3 Zur sozialen Konstruktion von Gesundheit, Krankheit und Behinderung

In einer relationalen Betrachtung sind die sozialen Konstruktionen von Krankheit und Behinderung stets bezogen auf einen gesellschaftlichen Kontext, d.h. auf das System der gesellschaftlichen Beziehungen. Durch die ontologischen Überlegungen wird der Begriff des Gesellschaftlichen im folgenden Sinne genutzt: *„Die Gesellschaft besteht nicht aus Individuen, sondern drückt die Summe der Beziehungen, Verhältnisse aus, worin diese Individuen zueinander stehen“* (Marx 1953, S. 176). In dieser relationalen Bestimmung stellt die Gesellschaft für das Individuum die äußere Wirklichkeit dar, innerhalb deren seine Beziehungen und Verbindungen mit den anderen Menschen und in ihren Gemeinschaften zu unerlässlichen, notwendigen Bedingungen seiner Existenz und Entwicklung werden. Innerhalb dieses Systems der gesellschaftlichen Beziehungen und Verhältnisse ist der Grund nicht nur des Seins und Werdens des Einzelnen, sondern gleichermaßen der Gesellschaft insgesamt gelegt. Entsprechend sind die Beziehungen der Menschen untereinander und die daraus resultierenden Verhältnisse keine belanglosen, episodischen oder zufälligen Austauschprozesse, sondern haben im oben angeführten ontologischen Sinne den Charakter eines wechselseitigen Bestimmens. Diese systematische Betrachtung beinhaltet das Prinzip der „Selbstbeziehung als Selbstbestimmung“ (vgl. Nuzzo 2003, S. 29f), d.h. dass wir nur in und durch die Beziehungen zu anderen wir selbst werden. Demzufolge ist von Selbstbestimmung dann auszugehen, wenn das Individuum die Verhältnisse mitbestimmt, durch die es bestimmt wird.
Ferner ist für die Herleitung und Begründung der sozialen Konstruktion der Phänomene Krankheit und Behinderung von dem Widerspruch auszugehen, dass der Mensch gesell-schaftlich in seiner Einmaligkeit und einmalig in seiner Gesellschaftlichkeit ist (vgl. Séve 1986). In dieser Widersprüchlichkeit der doppelten Bestimmtheit der menschlichen Existenz erscheinen die Phänomene sowohl auf der Ebene des individuellen Seins als auch als Formen des gesellschaftlichen Seins. Damit haben Krankheit und Behinderung sowohl individuelle als auch überindividuelle Dimensionen, die miteinander verflochten sind und in ihrer Widersprüchlichkeit eine Einheit in dem Ge-

samt des gesellschaftlichen Seins bilden. Zur Verdeutlichung dieser Zusammenhänge ist zunächst noch einmal auf die Widersprüchlichkeit der „Prozessualität von Prozessen" zu verweisen. Widersprüche treten tatsächlich auf, „wenn Einzelnes, das einem Allgemeinbereich zugeordnet wird, das heißt dessen Begriff einem Gattungsbegriff subsumiert wird, in seinem Sachgehalt mit anderen Einzelnen des selben Allgemeinbereichs inkompatibel ist oder auch an sich selbst widersprüchliche Eigenschaften hat" (Holz 2005, S. 3). Der „logische Widerspruch", d.h. dass in ein und demselben Begriff sein ihn „aufhebendes" Gegenteil immanent mitgedacht wird, ergibt sich aus einem realen Gegensatz zweier Elemente, wie z.B. Ich und Du, ein und desselben einheitlichen Wirklichkeitskomplexes (vgl. S. 3ff).

Zur Geltung kommen die Widersprüchlichkeiten erst in einem Wechselwirkungsverhältnis. Die Einmaligkeit des Gesellschaftlichen und die Gesellschaftlichkeit in der Einmaligkeit der Phänomene Krankheit und Behinderung sind bereits die Resultate der Wechselwirkungen sowohl bezogen auf die Ebene des interindividuellen als auch des überindividuellen Austausches. In den Wechselwirkungsprozessen der Menschen untereinander wird der prozessuale Aspekt der gesellschaftlichen Beziehungen zum Ausdruck gebracht. Die Austauschprozesse, d.h. die Wechselwirkungen zwischen den Menschen realisieren sich stets unter historisch gewordenen konkreten Bedingungen und Beziehungen, ohne dass sie etwas Äußeres sind. Das heißt die Bedingungen und Beziehungen spiegeln das „Ideelle" der äußeren Wirklichkeit wider. Das „Ideelle", d.h. die nicht dinglichen Beziehungseigenschaften, „übergreifen" die wechselseitigen Austauschprozesse und vermitteln sie. In ihrer Vermittlungsfunktion verbindet das „Ideelle" die Wechselwirkungen und Austauschprozesse der Subjekte mit dem Gesamt des gesellschaftlichen Ganzen.

Über die Vermittlung der „Ideellen" der äußeren Wirklichkeit wird in den inter- und überindividuellen Wechselwirkungsprozessen zwischen dem Subjekt (Einzelnes) mit den anderen Subjekten (Allgemeines) die soziale Konstruktion der Phänomene Gesundheit, Krankheit und Behinderung (als das Besondere) erkenn- und erklärbar. Die soziale Konstruktion korreliert also aufs Engste mit den Wechselwirkungsverhältnissen unter den gegeben ideellen und materiellen Bedingungen der gesellschaftlichen Wirklichkeit. Das bedeutet, dass diese Phänomene nicht als „absolut" zu betrachten sind, sondern in ihren Relationen, d.h. in einem Strukturmoment eines komplexen Ganzen, in dem sie als das „Besondere" des Möglichen des menschlichen Seins in dem Verhältnis des „Allgemeinen" zum „Einzelnen" als reale Gegensätze koexistent sind. Mit anderen Worten, sie stellen eine „Prozessualität von Prozessen" in dem „übergreifenden Allgemeinen" der „materiellen Verhältnisse" dar, die „systematisch" als Teile des „relationalen Ganzen" im Sinne widersprüchlicher, koexistenter Möglichkeiten zu denken sind (vgl. Nuzzo 2003, S. 8).

Diese bisher skizzierte soziale Konstruktion meint nun keineswegs die gesellschaftlichen Verhältnisse zu psychologisieren sowie die psychischen und biologischen Tatsachen der menschlichen Existenz zu soziologisieren. Methodologisch ist auf der Basis der bereits skizzierten dialektischen Verhältnisse zwischen dem Allgemeinen, Einzel-

nem und dem Besonderem diesem Problem so zu begegnen, indem Bezug genommen wird auf die von Leontjew (vgl. 1982, S. 219ff; siehe auch Feuser 1995, S. 86ff; Jantzen 1987, S. 80ff; Jantzen 1991, S. 143ff) entwickelten Ebenen des Sozialen, Biologischen und des Psychischen, die nicht nur die menschliche Existenz absichern, sondern auch die Ganzheitlichkeit des Menschen kennzeichnen. Um also den Widerspruch, dass der Mensch gesellschaftlich in seiner Einmaligkeit und einmalig in seiner Gesellschaftlichkeit ist, zu bearbeiten ohne dabei in einen Reduktionismus abzugleiten, wird diese Konzeption der Ganzheitlichkeit als methodologische Orientierung herangezogen. Hervorzuheben ist dabei der widersprüchliche Charakter zwischen den verschiedenen Ebenen, die in ihrer Gegensätzlichkeit zugleich ein dynamisches prozessuales Geschehen darstellen, d.h. eine Einheit dialektischer Widersprüche von Gegensätzen. Zum anderen verweisen die Widersprüche zwischen den Ebenen auf ihre Wechselwirkungen, die ihre dialektischen Beziehungen zum Ausdruck bringen.
Mit dem von Leontjew (1982) entwickelten Begriff der Ganzheitlichkeit kann entsprechend differenziert werden zwischen der biologischen, psychischen und sozialen Ebene. Auf der biologischen Ebene erscheint der Mensch als körperliches, natürliches Wesen; die Ebene des Psychischen ermöglicht es, „als Subjekt psychisch regulierter Tätigkeit“ aufzutreten und auf der sozialen Ebene entäußert sich der Mensch, indem er *„die objektiven gesellschaftlichen Beziehungen, den gesellschaftlichen Prozeß realisiert“* (S. 219). Diese Art der Untersuchung bedeutet darauf zu verzichten, die Ebenen als über einander liegend zu erörtern bzw. die eine Ebene auf die andere zu reduzieren. Sie stehen ebenso nicht einfach nebeneinander und befinden sich nicht bloß in einfacher Wechselwirkung zueinander. Vielmehr wird mit der Abfolge der biologischen, psychischen und sozialen Ebenen eine dialektische Wechselwirkung zum Ausdruck gebracht, die Leontjew wie folgt beschreibt: *„Das allgemeine Prinzip, dem die Beziehungen zwischen den Ebenen folgen, besteht darin, daß die jeweilige höhere Ebene stets die führende bleibt, sie sich aber nur mit Hilfe der tiefer liegenden Ebenen realisieren kann und darin von ihnen abhängt. Somit besteht die Untersuchung der Übergänge zwischen den Ebenen in der Erforschung der mannigfaltigen Formen dieser Realisierungen, wodurch die Prozesse der höheren Ebene nicht nur konkretisiert, sondern auch individualisiert werden“* (S. 221).
Wie gestaltet sich aber die Wechselwirkung zwischen den Ebenen und wie sind die Übergänge zwischen den Ebenen so zu unterscheiden, dass die Ganzheitlichkeit des Menschen erkenn-, erklär- und verstehbar wird? *„Der ganzheitliche Mensch“*, so Leontjew, kann jedoch nur *„auf Grund einer speziellen Untersuchung der gegenseitigen Übergänge der einen Ebene auf die andere, die im Laufe der Entwicklung entstehen, verwirklicht werden“* (S. 220). Innerhalb der Analyse der Ebenen ist zu beachten, dass es sich bei der differenzierten Betrachtung der Übergänge zwischen den Ebenen nicht um Bewegungen handelt, die in eine Richtung verlaufen, sondern in zwei (vgl. S. 221). Die zwei Richtungen der Bewegungen verdeutlichen die dialektischen Wechselwirkungen zwischen den Ebenen: Die je höhere Ebene hängt in ihrer Existenz von der niederen Ebene ab, aber die je höhere Ebene determiniert die niedere Ebene. Zudem

ist neben diesen zwei Richtungen noch eine spiralförmige Bewegung zu berücksichtigen, die die Dimension der Entwicklung der Ebenen erfasst, d.h. mit der Entfaltung der höheren Ebene und dem Umgestalten im Sinne des Aufhebens der niederen Ebene – aufheben in dem dreifachem Verständnis von auflösen, bewahren und emporheben – wird die Möglichkeit der Weiterentwicklung der Ebenen insgesamt erklärt. Die „niedere Ebene" geht also als deren Grundbedingung in die „höhere, führende Ebene" ein, sie wird gleichzeitig negiert und bejaht und kann als Modell wie ein spiralförmiger Entwicklungsprozess veranschaulicht werden. Das heißt, die biologische Ebene kann sich nur aufgrund der sozialen Ebene herausbilden. Die psychische Ebene ist abhängig von der biologischen und die soziale von der psychischen. Methodologisch, so Leontjew, ist die Analyse der Übergänge zwischen den Ebenen interdisziplinär angelegt und „schließt zugleich aus, die Untersuchung so zu interpretieren, als würde die eine Ebene auf die andere reduziert oder als strebe die Forschung danach, korrelative Beziehungen und Koordinationen zu ermitteln" (S. 221).
Mit Hilfe dieser methodologischen Erklärungen sind Krankheit und Behinderung als Transformationen im Sinne von sozialen Konstruktionen erkenn- und erklärbar. Diese Überlegungen zeigen auf, dass bei Beachtung der Wechselverhältnisse der biologischen, psychischen und sozialen Ebene des ganzheitlichen Menschen, dieser nicht auf seine Biologie und Psyche zu reduzieren ist. Die niederen Ebenen sind die Voraussetzung der höheren, aber diese wirken auf die niederen zurück und gestalten sie um. Gleichermaßen ist diese Denkfigur auf die überindividuellen, gesellschaftlichen Verhältnisse anzuwenden: Das Gesamt der gesellschaftlichen Verhältnisse ist in seiner Existenz zwar abhängig von der biologischen und psychischen Existenz einzelner Menschen in Form der Menschheit, wirkt aber auf diese zurück und bestimmt deren Entwicklung.

4 Ausblick

Krankheit und Behinderung sind prinzipiell als spezifische Möglichkeitsformen des menschlichen Seins zu bestimmen. Bereits ihre Beschreibung als Krankheit und Behinderung beinhaltet eine Klassifikation vor dem Hintergrund einer Bezugsgröße, die auf ihre Berechtigung bzw. die da hinter liegenden Interessen zu hinterfragen ist. Eine personalisierende und damit auch eine individualisierende Sichtweise dieser Phänomene, die von den historisch konkreten gesellschaftlichen Voraussetzungen dieser Erscheinungsformen des menschlichen Seins weitgehend absieht, löst die Krankheit und die Behinderung eines Menschen aus der Konstellation, aus der sie hervorgegangen sind. Damit wird der Verursachungszusammenhang dieser Erscheinungsformen zum Verschwinden gebracht. Pädagogisches Denken und Handeln, das auf einer solchen „Pseudonatürlichkeit der menschlichen Lebensbedingungen" (Franca Ongaro Basaglia 1985, S. 11) basiert, ignoriert die Bedingungen der Setzung von Krankheit und Behinderung sowie deren interaktiondynamischen Aspekte, d.h. den Wirklichkeits- und Gesellschaftsbezug innerhalb dessen sich die Phänomene entäußern.

Um Teilhabe zu ermöglichen und Ausschluss für das Feld der Pädagogik zu verhindern, sind stattdessen die individuellen Daseinsbedingungen eines Menschen, der „anders“ ist im Zusammenhang mit seinen objektiven Lebensbedingungen zu fassen. Der Bezug auf die objektiven Lebensbedingungen bedeutet nun keineswegs die Vernachlässigung der Subjektivität des Anderen, sondern ist eine wesentliche Bedingung dafür, dass nicht Ursache und Wirkung verkehrt werden. Mit anderen Worten, dass die objektiven Beschränkungen menschlicher Möglichkeiten bedingt durch die ideellen und materiellen Lebensverhältnisse der äußeren Wirklichkeit in subjektive Beschränkungen uminterpretiert werden, die es in der Folge pädagogisch zu „behandeln“ gilt.

Pädagogisches Handeln hat das Erkennen und Erklären des Spannungsfeldes zwischen subjektiven Entwicklungsnotwendigkeiten und objektiven Entwicklungsmöglichkeiten als umfassendste menschliche Lebensaufgabe zur Voraussetzung. Die erste Frage die wir als pädagogisch Handelnde zu beantworten haben, wenn wir die Dynamik der Beeinträchtigung und/oder Erkrankung eines Kindes, Jugendlichen oder Erwachsenen untersuchen wollen, „ist die Frage nach der sozialen Entwicklungssituation“ (Wygotski 1987a, S. 75). Bereits in den 20er bzw. 30er Jahren des vergangenen Jahrhunderts formulierte Wygotski (1975), dass alle Besonderheiten eines beeinträchtigten und/oder kranken Kindes *„ihrer Grundlage nach nicht biologischer, sondern sozialer Natur“* (S. 71) sind. Für das Feld der Pädagogik forderte Wygotski zu der damaligen Zeit, das Problem der beeinträchtigten und/oder kranken Kinder als soziales Problem zu erkennen und zu durchdenken, *„vor allem weil sich das bisher übersehene soziale Moment, das gewöhnlich als zweitrangig und abgeleitet angesehen worden ist, in Wirklichkeit als primäres Moment, als Hauptmoment erweist“* (S. 66).

Mithin ist in Anlehnung an Wygotski (1985a, S. 57ff) auf der Basis der dargestellten methodologischen Anmerkungen ein theoriegeleitetes Beschreibungswissen für das Phänomen der Behinderung und Krankheit gefordert, dass als Abstraktion von der konkreten Tatsache dieser Erscheinungsformen des menschlichen Seins sich zum Erklärungswissen entfaltet und im Aufsteigen des Abstrakten zum gedanklich Konkreten zum Erklärungsprinzip wird, so dass auf dieser Basis die Handlungsperspektiven für die Felder der Pädagogik erkennbar werden. Ein solches Vorgehen, so Jantzen (2006), macht Theorien selbst zum Gegenstand der pädagogischen Forschung, *„welche Praxis nicht beschreiben oder erzählen, sondern ihre Möglichkeitsräume konstruieren“* (S. 361).

Literatur:

Basaglia, Franco (1974): Was ist Psychiatrie? In: Basaglia, Franco [Hg.]: Was ist Psychiatrie? Suhrkamp, Frankfurt/M., S. 7-18.

Buber, Martin (1984): Das dialogische Prinzip: 5. Aufl. Heidelberg: Verlag Lambert Schneider.

Cassirer, Ernst (1990): Versuch über den Menschen. Einführung in eine Philosophie der Kultur. S. Fischer, Frankfurt/M.

Feuerbach, Ludwig (1987): Grundsätze der Philosophie der Zukunft. Frankfurt/M.: Klostermann Texte Philosophie.

Feuser, Georg (1989): Allgemeine integrative Pädagogik und entwicklungslogische Didaktik. In: Behindertenpädagogik 28 (1989) 1, S. 4-48.

Feuser, Georg (1995): Behinderte Kinder und Jugendliche. Zwischen Integration und Aussonderung, Darmstadt: Wissenschaftliche Buchgesellschaft.

Feuser, Georg (1997): Wider die Unvernunft der Euthanasie. Grundlagen einer Ethik der Heil- und Sonderpädagogik, Luzern: Edition SZH/SPC.

Hegel, Georg Wilhelm Friedrich (1966): Enzyklopädie der philosophischen Wissenschaften im Grundrisse (1830), Berlin: Akademie Verlag.

Hegel, Georg Wilhelm Friedrich (1969): Wissenschaft der Logik I, Frankfurt/M: Suhrkamp.

Hegel, Georg Wilhelm Friedrich (2003): Wissenschaft der Logik II: 6. Aufl. Frankfurt/M: Suhrkamp.

Heydorn, Heinz J. (1979): Über den Widerspruch von Bildung und Herrschaft. Bildungstheoretische Schriften Bd. II, Frankfurt/M: Syndikat.

Holz, Hans Heinz (2003): Widerspiegelung, Bielefeld: Transcript Verlag.

Holz, Hans Heinz (2005): Weltentwurf und Reflektion. Versuch einer Grundlegung der Dialektik, Stuttgart/Weimar: Verlag J.B. Metzler.

Hörz, Herbert (1989): Philosophie der Zeit. Zeitverständnis in Geschichte und Gegenwart, Berlin: VEB Deutscher Verlag der Wissenschaften.

Hubig, Christoph (2002): Mittel, Bielefeld: Transcript.

Jantzen, Wolfgang (1987): Allgemeine Behindertenpädagogik. Sozialwissenschaftliche Grundlagen, Weinheim/Basel: Beltz Verlag.

Jantzen, Wolfgang (1991): Psychologischer Materialismus, Tätigkeitstheorie, Marxistische Anthropologie, Hamburg: Argument.

Jantzen, Wolfgang (2002): Krankheit als pädagogische Dimension. In: Zeitschrift für Heilpädagogik 53 Jg. 10 (2002), S. 412-418.

Jantzen, Wolfgang (2006): Marxismus und Behinderung – Perspektiven einer synthetischen Humanwissenschaft. In: Behindertenpädagogik, 45. Jg. Heft 4/2006, S. 347-378.

Klafki, Wolfgang (1974): Dialog und Dialektik in der gegenwärtigen Erziehungswissenschaft. In: Gerner, Berthold [Hg.]: Martin Buber. Pädagogische Interpretationen zu seinem Werk, München: Ehrenwirth Verlag, S. 74-97.

Kluge, Friedrich (1999): Etymologisches Wörterbuch der deutschen Sprache, Berlin/New York: De Gruyter.

Leontjew, Alexej, N. (1982): Tätigkeit, Bewußtsein, Persönlichkeit, Köln: Pahl-Rugenstein.

Lévinas, Emmanuel (1995): Die Zeit und der Andere: 3. Aufl., Hamburg: Meiner.

Marx, Karl (1953): Grundrisse der Kritik der politischen Ökonomie, Berlin: Dietz Verlag.

Nuzzo, Angelica (2003): System, Bielefeld: Transcript.

Ongaro Basaglia, Franca (1985): Gesundheit, Krankheit. Das Elend der Medizin, Frankfurt/M: Fischer.

Seguin, Edward (1912): Die Idiotie und ihre Behandlung nach physiologischer Methode, Wien: Verlag Karl Graeser.

Séve, Lucien (1986): Historische Individualitätsformen und Persönlichkeit. In: Institut für Marxistische Studien und Forschungen [Hg.]: Marxistische Persönlichkeitstheorie, Frankfurt/M.: IMSF, S. 17-41.

Stein, Anne-Dore / Lanwer, Willehad (2006): Von der Möglichkeit zur Wirklichkeit – Anmerkungen zum Studium „Inclusive Education“. In: Dederich, Markus/Greving, Heinrich/Mürner, Christian/ Rödler, Peter [Hg.]: Inklusion statt Integration. Heilpädagogik als Kulturtechnik, Gießen: Psychosozial-Verlag, S. 86-97.

Toulmin, Stephen (1968): Voraussicht und verstehen. Ein Versuch über die Ziele der Wissenschaft, Frankfurt: Suhrkamp.

Wygotski, Lew (1975): Zu Psychologie und Pädagogik der kindlichen Defektivität. In: Die Sonderschule, Jg. 1975, H.2, Berlin (Volk und Wissen), S. 65-72.

Wygotski, Lew (1985a): Die Krise der Psychologie in ihrer historischen Bedeutung. In: Wygotski, Lew: Ausgewählte Schriften. Band I, Köln: Pahl-Rugenstein, S. 57-278.

Wygotski, Lew (1985b): Das Bewußtsein als Problem der Psychologie des Verhaltens. In: Wygotski, Lew: Ausgewählte Schriften. Band I, Köln: Pahl-Rugenstein, S. 279-309.

Wygotski, Lew (1987): Das Problem der Altersstufen. In: Wygotski, Lew: Ausgewählte Schriften. Band II, Köln: Pahl-Rugenstein, S. 53-90.

Wygotski, Lew (2002): Denken und Sprechen, Weinheim/Basel: Beltz Verlag.

Muss man / frau gesund leben? Individuelles Gesundheitsverhalten und gesellschaftliche Werthaltungen als Normenkonflikt

Marion Großklaus-Seidel

1 Neue Herausforderung an Studiengänge der Pflege und Gesundheitsförderung und ethische Fragestellung

Studiengänge der Pflege und Gesundheitsförderung haben sich in den letzten Jahren den demographischen Herausforderungen einer älter werdenden Gesellschaft und einer steigenden Zahl von multimorbiden Patienten in komplexen Versorgungssituationen angepasst. Sie bilden nicht länger nur für klassische pflegerische Aufgabenbereiche wie Grund- und Behandlungspflege auf Hochschulebene aus, sondern sie leiten die Studierenden auch zum Umgang mit Patienten in Fragen der Gesundheitsförderung sowie der Schulung und Beratung an und erschließen damit neue Aufgabenfelder für die Pflege. Studierende werden zu Pflegeexpertinnen und -experten qualifiziert, die pflegerische Bedarfslagen patienten- oder bewohnerbezogen, zielgruppenspezifisch und bevölkerungspolitisch auf wissenschaftlicher Grundlage einschätzen und Interventionen einleiten können (vgl. Modulhandbuch 2007).

Im Verlaufe des Studiums werden von den Studierenden einzelne gesundheitlich relevante Verhaltensweisen eines Menschen in ein komplexes Gesamtmuster von Praktiken, Einstellungen, Werthaltungen und Gefühlslagen eines milieutypischen, geschlechtsspezifischen, aber auch lebensphasenabhängigen Lebensstils eingebunden. Wissenschaftlich fundierte Erkenntnisse zu Risikofaktoren am Beispiel chronischer Erkrankungen spielen dabei eine ebenso wichtige Rolle wie das Wissen um sozial- und geschlechtsspezifische Ungleichheiten und gesundheitsbezogene Risiken und Ressourcen im Lebenslauf. In Lehr-Lernsituationen werden aktuelle Befunde der nationalen und internationalen Versorgungsforschung genutzt, um Ansätze für Krankheitsverhütung, Krankheitsbewältigung und Krankheitsbekämpfung zu entwickeln.

Mit dieser Art der Herangehensweise an Phänomene der Bevölkerungsgesundheit und Möglichkeiten der Einflussnahme auf ihre Ausprägung sind Menschenbilder und Werthaltungen verbunden, die Lehrenden und Lernenden häufig nicht bewusst sind. In unserer Gesellschaft wird die Verantwortung für Gesundheit dem Individuum zugeschrieben. Es soll dafür Sorge tragen, angesichts potentiell krankmachender Auswirkungen seiner Lebensweise seinen Alltag gesundheitsbewusst zu gestalten. Diese Gesinnung wird von Erwachsenen als selbstverantwortliches Handeln geradezu erwartet: Gesundes Leben wird zu einer gesellschaftlichen Norm. Wenn es zu deutlich wahrnehmbaren Defiziten im Umgang mit der eigenen Gesundheit kommt, die zu kostenintensiven For-

men von Krankheit führen bzw. führen können, schreiten die „Gesundheitsexperten" mit ihrer Beratung und Schulung ein. Das Verhalten von Individuen ist aber über Sozialisation, Kultur und Religion von Werten und Normen geprägt, die Einfluss auf gesundheitsförderliches und gesundheitsschädigendes Verhalten haben und die sich nicht kurzfristig und ohne Widerstand der Betroffenen ändern lassen.
Muss man / frau gesund leben? Wer setzt letztendlich Normen fest – Gesellschaft oder Individuum – und wie verbindlich können Normensetzungen begründungstheoretisch sein? Welche Formen der Einflussnahme sind in einer wertepluralen Gesellschaft im Blick auf den Umgang mit persönlichen Werten und Normen von Menschen ethisch legitim und welche nicht? Der folgende Beitrag nimmt ethische Fragestellungen, die sich durch den Umgang mit latent vorhandenen Normen in den skizzierten neuen Aufgabenbereichen der Pflege ergeben, in den Blick und sucht nach Orten für ihre systematische ethische Reflexion.

2 Anthropologische Grundlagen und individuelles Gesundheitsverhalten

2.1 Der Mensch als weltoffenes und autonomes Wesen

Einsichten über das Wesen des Menschen und ethische Forderungen, wie der Mensch sein Leben gestalten soll, hängen eng miteinander zusammen. In der theologischen und in der philosophischen Anthropologie lässt sich der Mensch als „weltoffenes Wesen" beschreiben. Der Mensch hat viele Potenziale, die er über sein Denken und seinen freien Willen ausschöpfen kann. In welche Richtung er sich entwickelt, ist nicht vorgegeben und kann sich frei gestalten. Es ist deshalb nicht statthaft, den Menschen auf bestimmte Teilaspekte seines Wesens einzuschränken. Grundvoraussetzung für die Entwicklung seiner Potenziale ist für den Menschen sein leiblich-seelisches Sein, d.h. seine Gesundheit. An diesem Punkt treffen Aussagen über das Wesen des Menschen, das Thema „Gesundheit" und die daraus resultierenden Aufgaben der Ethik aufeinander. Wallner hat diesen Zusammenhang folgendermaßen beschrieben: *„Die Ethik beschäftigt sich damit, welche Rahmenbedingungen für dieses Ausschöpfen notwendig sind. Ein wesentlicher Bereich ist dabei jener der Gesundheit. Der Mensch kann seine Offenheit für das Ganze nur dann konkret wahrnehmen, wenn er selbst – in seiner leibseelischen Ganzheit – potent, das heißt gesund, ist."* (Wallner 2004, 50)
Bei aller „Weltoffenheit" ist zu berücksichtigen, dass der Mensch durch „Fragmenthaftigkeit" (Wallner 2004, 53), d.h. durch Schwächen, Krankheit, Leiden und Versagen, grundlegend gekennzeichnet ist. Im Schutz der Würde des Menschen wird die Verletzlichkeit anerkannt und der Mensch über sie hinausgehend gedacht. Tendenzen in der Biomedizin, den Menschen durch medizintechnologische und genetische Verfahren „unsterblich" zu machen, entsprechen nicht dem Wesen des Menschen; Möglichkeiten der Prävention und Gesundheitsförderung hingegen können dem Menschen helfen,

auch bei gesundheitlicher Beeinträchtigung und Versehrtheit vorhandene Potenziale auszuschöpfen.
Ein zweiter Wesenszug ist für die Bestimmung des Menschen zentral: der Aspekt der Autonomie. Autonomie ist ein normativer Leitbegriff, der besagt, dass alle Menschen sich über ihre Vernunft selbst Ziele setzen und Zwecke geben können (vgl. Wallner 2004: 52 ff.). Sittliche Entscheidungen sind unabhängig von äußeren Einflüssen, wohl aber als „Selbstverpflichtung" an das allgemeine Sittengesetz gebunden, das fordert, sich selbst so zu verhalten, wie es allgemein verbindlich sein sollte. Auf empirischer Ebene findet Autonomie ihren Ausdruck z.B. in Handlungsfreiheit, d.h. verschiedene Möglichkeiten des Verhaltens zu haben und frei zwischen ihnen wählen zu können. Handlungsfreiheit ist eine Möglichkeit, die es zu realisieren gilt, was Menschen in unterschiedlicher Weise gut gelingt. Die Freiheit eines Individuums hängt von physischen, psychischen, wirtschaftlichen und politischen Bedingungen ab. Kranken, Armen oder Schwachen sind engere Grenzen gesetzt als Gesunden, Reichen, Mächtigen. Ein Mensch mit Wissen und Erfahrung sieht mehr Handlungsalternativen als ein Mensch ohne Kenntnisse und mit engen Spielräumen in seinem Lebensvollzug. Jemand, der aufgrund seines Charakters die Affekte und Leidenschaften beherrscht, ist autonomer als jemand, dem dies nicht gelingt. Je weniger Zwänge eine Gesellschaft auf Menschen ausübt, desto autonomer können sie leben.

2.2 Wertsozialisation und Gesundheitsverhalten

Vor dem Hintergrund anthropologischer Grundaussagen stellt sich die Frage, wie selbstbestimmt das Individuum bei seinem Gesundheitsverhalten ist. Wie entwickeln sich Werte und Normen, die das Gesundheitsverhalten beeinflussen?
Das Kind lernt durch Sozialisation, zwischen Gebotenem und Verbotenem für das eigene Handeln und das Handeln anderer Personen zu unterscheiden. Die moralische Entwicklung des Kindes vollzieht sich über verschiedene Entwicklungsphasen und erfolgt im Rahmen eines Regelwerks, das auch Anweisungen im Blick auf das Gesundheitsverhalten enthält. Dem Kind wird über Regeln signalisiert, ob es sich vor dem Essen die Hände zu waschen oder die Zähne vor dem Zubettgehen zu putzen hat, welche Form der Ernährung akzeptiert und wertgeschätzt wird, d.h. was „gut" ist. Die vorgegebenen Regeln entsprechen den Werthaltungen der Familie bzw. Gruppe, in der das Kind aufwächst. Ziel der moralischen Entwicklung ist die Vorbereitung auf das Leben in einer Gemeinschaft von Menschen, in der der Umgang mit individueller Freiheit und den Grenzen im Miteinander durch verbindliche Orientierungspunkte vorgezeichnet ist (vgl. Pieper 1992).
Werte und Normen sind durch Sozialisation verankert. Sie sind für Außenstehende schwer zugänglich, in der Regel änderungsresistent und beeinflussen das Gesundheitsverhalten im Erwachsenenalter. Im Verlaufe eines Lebens können durch persönliche und gesellschaftliche Veränderungen neue Werthaltungen im Blick auf das Gesundheitsverhalten gelten, für die das Individuum nicht sozialisiert wurde. Individuen müssen dann

Anpassungsleistungen an veränderte Lebensverhältnisse erbringen, z.B. neue Werthaltungen bei akuter oder chronischer Erkrankung entwickeln. Gesundheitsfördernde Interventionen setzen hier unterstützend an. Die Orientierung an den individuellen und gruppenbezogenen Werthaltungen spielt nach wie vor eine wichtige Rolle für das seelische Gleichgewicht und die Gruppenzugehörigkeit und darf in ihrer Bedeutung für das individuelle Gesundheitsverhalten nicht unterschätzt werden (vgl. Kardoff 2003, 146).

2.3 Das Konzept des „Lebensstils" aus ethischer Sicht

Die Wertsozialisation, die in Gruppen erfolgt und die das Gesundheitsverhalten prägt, ist in das Konzept des „Lebensstils" eingegangen. „Lebensstil" meint die individuelle, milieuspezifische Lebensgestaltung von der Haushaltsführung, dem Konsumverhalten, der Gestaltung sozialer Kontakte bis hin zu Fragen der Ernährung, der Gesundheits- und Altersvorsorge sowie der laienmedizinischen Behandlung von Krankheiten. In den 1980er Jahren wurde das Konzept des „Lebensstils" von der WHO in die Gesundheitsförderung eingeführt und gilt als Gegenentwurf zum epidemiologisch bestimmten „Risikoverhalten" der Präventivmedizin. Im Lebensstil kommt die Zugehörigkeit und Identität zu einer Gruppe oder Kultur mit ihren Werten und Normen zum Ausdruck (vgl. Kardoff 2003, 146 f.). Lebensstil ist das Zusammenspiel der sozio-kulturell geprägten Formen der Lebensführung und der soziostrukturellen objektiven Lebensbedingungen. Gesundheitsrelevante Lebensstile können – wie durch Wertsozialisation erworbene Werte und Normen – definiert werden als zeitlich relativ stabile, typische Muster von Verhaltenweisen, Orientierungen und Ressourcen von Individuen und Gruppen in ihrer Auseinandersetzung mit sozialen und soziokulturellen Lebensbedingungen (vgl. Burla et al. 2004).

Der Lebensstil kann nicht losgelöst von den jeweiligen historischen, kulturellen, ökonomischen und sozialen Gegebenheiten verstanden werden. Vielmehr hängen die Lebensführung wie auch die Lebenschancen vom gesellschaftlichen Kontext ab. Orientierungen, Einstellungen und Verhaltensweisen sind nur begrenzt frei wählbar, denn sie werden von den in einer Gesellschaft oder in spezifischen Subgruppen vorherrschenden Norm-, Wert- und Idealvorstellungen maßgeblich geprägt. Folglich ist auch das Gesundheitsverhalten nicht als das Ergebnis eines rein individuellen, rationalen Entscheides zu verstehen (vgl. ebd.). Wie ein Individuum mit seiner Gesundheit und seinem Körper umgeht, ist also vom persönlich-biographischen und sozialen Kontext abhängig, in dem es lebt.

Der Einzelne kann sich nur schwer von gesellschaftlichen Idealen distanzieren. Gesellschaftlich vorgegebene Vorstellungen sind verhaltenssteuernd und können sowohl gesundheitsförderliches als auch ungesundes Verhalten begünstigen. Die Tendenz, Gesundheit als einen durch persönliche Anstrengungen zu erreichenden Zustand zu betrachten, ist damit in Frage zu stellen. Das Konzept des Lebensstils fragt vor diesem Hintergrund nach dem kulturellen Sinn und den sozialen Rahmenbedingungen für gesundheitsschädigendes Verhalten und nimmt damit Autonomie und Würde des Gegenübers wahr. Zugleich relativiert es Schuldzuweisungen und moralische Diskriminierung, die mit der Zuschreibung individueller Verantwortung für gesundheitsschädigendes Verhalten einhergeht.

3 Gesundheit als gesellschaftlicher Wert

3.1 Werte / Normen und Ebenen der normativen Begriffsbildung

Werte steuern bewusst oder unbewusst das menschliche Handeln. Für den Menschen sind sie Direktiven der Gestaltung seiner selbst und seiner Welt. Der Wert ist etwas, dem sich der Mensch als autonomes Subjekt unterwirft und gemäß dem er sich bestimmt. Der Wert gibt dem menschlichen Dasein Sinn und Richtung. Durch Werte wird Sinn konstituiert. Gesundheit ist in unserer modernen Gesellschaft in diesem Sinne zu einem Wert geworden. Aus Werten leiten sich Normen ab (vgl. Ott 2002). Unter einer Norm ist eine mehr oder weniger stark generalisierte Handlungsanweisung oder Vorschrift zu verstehen. Normen regulieren konkrete Handlungen und bieten Maßstäbe für Urteile, die über eigene oder über fremde Handlungen gefällt werden.

Nach Wallner (2004, 56) lassen sich drei Ebenen unterscheiden, auf denen Werte und Normen handlungsbestimmend sind. Sie sollen im Folgenden mit einem Themenbeispiel verdeutlicht werden.

- *Ebene des Betroffenen*: Was als „normal“ bzw. als „gesund“ oder „krank“ betrachtet wird, weicht von Individuum zu Individuum ab. Durch frühkindliche Sozialisation können z.B. die Normen „Es wird gegessen, was auf den Tisch kommt“ und *„Der Teller wird leer gegessen“* die moralische Verpflichtung zu einem gesundheitsschädigenden Verhalten auslösen (z.B. wird ungesunde Nahrung in zu großen Mengen aufgenommen), was für den Betroffenen im Jugend- oder Erwachsenenalter in Adipositas einmündet. Gleichwohl bewertet der Betroffene seine Essgewohnheiten als „normal“, weil sie in seiner Bezugsgruppe einer latent vorhandenen Norm entsprechen und bei Befolgung positiv verstärkt (Geselligkeit, Zugehörigkeit, Anerkennung) werden.
- *Ebene des Arztes*: Das normative Urteil, ob jemand gesund, in seiner Gesundheit gefährdet oder krank ist, liegt auf dieser Ebene im medizinischen Fachwissen des Arztes und ist Ansatzpunkt für einen Handlungsauftrag, z.B. den Beginn einer Behandlung. Aus der Perspektive der Medizin stellt sich Gesundheit als statistische Norm dar, in der z.B. Gewicht in Relation zur Körpergröße (Body-Mass-Index) sowie Organstrukturen und deren Funktion betrachtet werden. Der Patient, der sich selbst als „gesund“ und sein Essverhalten als „normal“ bewertet, kann aus der normativen Sicht des Arztes gefährdet oder bereits krank sein (z.B. Diabetes Typ II).
- *Ebene der Gesellschaft*: Die Gesellschaft beeinflusst Interpretationen von Krankheit und Gesundheit durch gesellschaftliche Wertungen. In gesellschaftlichen Epochen

oder in Kulturen, in denen Lebensmittel knapp sind (Kriegs- oder Nachkriegszeiten, Armut, Hungersnöte), gelten Menschen mit fülligeren Körperformen als „gesund“, in Zeiten des Überflusses an verfügbaren Lebensmitteln wird Schlanksein zum Gesundheitsideal. Der Betroffene und sein Arzt agieren miteinander im Kontext gesellschaftlicher Normvorstellungen, ohne dass es ihnen möglicherweise bewusst ist. Wenn die Zahl derer, die gegen gesellschaftliche Normvorstellungen im Blick ihr Gesundheitsverhalten verstoßen, zu groß wird, werden Akteure aktiviert, die bei den Betroffenen das Bewusstsein für die geltenden Normen schaffen sollen.

Die normativen Wertungen auf den drei Ebenen können – wie dargestellt – voneinander abweichen und zu ethischen Problemen führen. Ethische Konflikte zwischen den ersten beiden Ebenen bilden die klassischen Themenbereiche der Medizin- und Pflegeethik. Die Medizinethik fokussiert das Arzt-Patient-Verhältnis und widmet sich im vorliegenden Beispiel z.B. der Frage, wie in einem Aufklärungsgespräch dem Patienten eine ernste Diagnose mitgeteilt werden kann. Es geht dabei um ein Ausbalancieren der ethischen Prinzipien Autonomie (des Patienten) und Fürsorgepflicht (des Arztes). Ebenso thematisiert die Pflegeethik in ihren meisten Konzeptionen die Beziehung zwischen Pflegekraft und Patienten. Pflegende haben z.B. in ambulanten Versorgungssituationen oder bei stationären Aufenthalten mit dem Betroffenen zu tun und müssen bei abweichendem Verhalten des Patienten gegenüber Diätanweisungen entscheiden, wie sie mit ihm umgehen. Auch hierbei stehen die ethischen Prinzipien der Autonomie und der Fürsorge im Vordergrund.
Die ethischen Konflikte zwischen den Ebenen 1 und 3 sind jedoch der Gegenstand des vorliegenden Beitrages und müssen in einer neu zu entwickelnden Public-Health-Ethik aufgearbeitet werden. Medizinethik und Pflegeethik verfolgen gegenüber einer Public-Health-Ethik differierende moralische Schwerpunkte und vermögen die ethische Problematik im Spannungsverhältnis von Individuum und Gesellschaft nicht zu erfassen.

3.2 Die gesellschaftliche Werthaltung zu Gesundheit im Wandel der Zeit

Es lassen sich nicht nur unterschiedliche Ebenen der Werthaltung beobachten, die in den Konflikt zueinander geraten können, sondern auch die gesellschaftlichen Werthaltungen – Ebene 3 in der dargestellten Systematik nach Wallner - sind nicht überzeitlich gültig. Für eine Gesellschaft bedeutet Gesundheit die Fähigkeit ihrer Mitglieder zur Wahrnehmung von Rollen und Aufgaben, für die sie sozialisiert sind. Krankheit stellt sich als von diesen Normen abweichendes Verhalten dar. Daraus erwächst die Normvorgabe für eine Lebensführung, die optimale Leistungsfähigkeit gewährleistet. Gesellschaftliche Werthaltungen im Blick auf die Krankheit und Gesundheit von Individuen und die daraus hergeleiteten Verhaltensnormen unterliegen geschichtlichen Veränderungen (vgl. Troschke 1998, 372 f.):

- Bis zu Beginn des 18. Jahrhunderts hatte das Individuum in der Gesellschaft einen geringen sozialen Nutzen. Phänomene von Krankheit und Gesundheit wurden als „persönliches" Problem der Betroffenen bewertet und entsprechend behandelt. Normenvorgaben für ein gesundheitsrelevantes Verhalten des Individuums wurden deshalb nicht entwickelt.
- Im Verlaufe des 18. Jahrhunderts wurden Musterungen für das Militär eingeführt, mit denen der Gesundheitszustand für die Wehrkraft eingeschätzt werden konnte. Der Staat engagiert sich nun für die Gesundheitserziehung und -vorsorge in Schulen – zu seinem eigenen Vorteil.
- Mit Beginn der Industrialisierung im 19. Jahrhundert gewann das Individuum als ausgebildete bzw. eingearbeitete Arbeitskraft an Wert für den Arbeitgeber. Aus diesem Grund wurden Programme zur Gesundheitsvorsorge und -aufklärung etabliert. Für das Individuum entstand die Verpflichtung, sich für seine Verfügbarkeit auf dem „Arbeitsmarkt" in seinem Gesundheitsverhalten einzustellen und ein rational durchstrukturiertes Leben zu führen.

3.3 Aktuelle Problemstellungen zur Bevölkerungsgesundheit und normative Forderungen

Ende des 20. und Anfang des 21. Jahrhunderts führen Zivilisationskrankheiten zu hohen Morbiditäts- und Mortalitätsraten und erhöhen die Kosten im Gesundheits- und Sozialsystem. Der kollektive Nutzen von Gesundheit führt zu verstärkter Prävention und Prophylaxe.Durch ungesunde Lebensweise wie falsche Ernährung, mangelhafte Bewegung, Rauchen und Alkoholmissbrauch entstehen heute in der Europäischen Union hohe Ausgaben. Dabei könnten ca. 80 % der koronaren Herzerkrankungen, 90 % der Type-2-Diabetes und ein Drittel aller Krebserkrankungen durch einfache Veränderungen in der Lebensführung vermieden werden. Aus diesen Risiken ist die gesellschaftliche Norm „Du sollst gesund leben" entstanden, d.h.: Du sollst nicht rauchen, in Maßen und kontrolliert Alkohol trinken, dich gesund ernähren und ausreichend bewegen. Als gesellschaftlich verbindliche Norm wird sie zur Leitlinie für gesundheitsbewusstes Verhalten und steht häufig im Konflikt mit Werthaltungen, die das Individuum in seiner Wertsozialisation entwickelt hat.

4 „Du sollst gesund leben“: der Normenkonflikt

4.1 Die transsubjektive Begründbarkeit von Normen

Die ethische Gültigkeit von Normen wie beispielsweise „Du sollst gesund leben“ bemisst sich an ihrer transsubjektiven Begründbarkeit (vgl. Ott 2002). Normen sind als Verhaltenserwartungen zwischen Individuen zu sehen, die Erwartungen konstituieren. Zugleich sind sie Maßstäbe für die Beurteilung einzelner Handlungen sowie für die Angemessenheit moralischer Gefühle angesichts eigener oder fremder Handlungen. Normen stabilisieren Interaktionsmuster und entlasten somit das Individuum von der Notwendigkeit, sich in komplexen Handlungssituationen stets neu orientieren zu müssen.
Für den Kontext von Gesundheitsförderung, Schulung und Beratung ist zwischen faktischer Akzeptanz und begründeter Akzeptabilität einer Norm zu unterscheiden. Im Sinne der deskriptiven Ethik ließe sich z.B. über eine teilnehmende Beobachtung untersuchen, wann und unter welchen Bedingungen Patienten von persönlichen, gesundheitsbezogenen Werten und Normen abweichen und die Norm „Du sollst gesund leben“ faktisch akzeptieren. Dieser Gedanke soll im Folgenden jedoch nicht weiter verfolgt werden. Interessanter erscheint die begründete Akzeptabilität einer Norm wie „Du sollst gesund leben“ als Problem der normativen Ethik.

4.2 Begründungsprobleme

Im Folgenden geht es um Begründungsprobleme, die mit Normen verbunden sind. Normen weisen nach Ott (2002) eine Struktur auf, die sich hinsichtlich ihrer Komponenten analysieren lässt. Kann die gesellschaftliche Norm „Du sollst gesund leben“ argumentativ begründet werden? Ergeben sich dabei Aspekte, die für die Perspektive einer Interventionsmaßnahme (z.B. bei einer Beratung oder Schulung) ethisch zu bedenken sind?
Normen lassen sich im Blick auf unterschiedliche Typen unterscheiden (vgl. Ott 2002, 459). „Du sollst gesund leben“ als *moralische Norm* unterscheidet sich von anderen Typen weniger von ihren Inhalten, als vielmehr hinsichtlich ihrer Verbindung zu Motiven und Einstellungen. Eine moralische Norm betrachtet nicht nur ein äußerlich konformes Verhalten, sondern auch die innere Gesinnung. Gegenüber den persönlichen Normen eines Betroffenen, die über einen langen Zeitraum sozialisiert und damit „verinnerlicht“ wurden, kann die Norm „Du sollst gesund leben“ diesen Status nicht erlangen und sollte in Beratungs- und Schulungssituationen eher wie eine „technische Norm“ gehandhabt werden. Deutlich wird dabei jedoch auch, wie zentral Gesundheitserziehung im frühen Kindesalter zur Prävention von gesundheitsschädigendem Verhalten ist.
Sogenannte „deontische Operatoren“ (Ott 2002, 459) geben darüber Auskunft, wie verpflichtend die Norm ist: Ist sie „geboten“, d.h. *sollte* etwas getan werden oder *muss* es getan werden? Diese Grundmodalitäten sind aus sogenannten „dichten moralischen Wertungen“ abstrahiert worden. „Du sollst gesund leben“ hat als Norm den Charakter einer Soll-Bestimmung. Gesundheitsschädigendes Verhalten wird geduldet und geht

bei Nichtbefolgung nicht in rechtliche Konsequenzen über (wie z.B. die Norm „Du sollst nicht töten"). Zum Charakter einer Norm zählt ebenfalls die Bestimmung und Abgrenzung einer Handlungsweise. Die Anwendung eines deontischen Operators auf eine Einzelhandlung wird als „deontische Prädikation" bezeichnet. In einfachen Fällen wird diese Beziehung über einen praktischen Syllogismus hergestellt, z.B.: 1. Du sollst gesund leben. 2. Kartoffelchips sind ungesund. 3. Also esse ich keine Kartoffelchips. Betroffene, die die Norm „Du sollst gesund leben" in ihrem Leben praktisch umsetzen wollen, haben somit Entscheidungsmöglichkeiten für konkrete Handlungssituationen. Solange der Verpflichtungscharakter als Soll-Bestimmung und die deontische Prädikation als „exemplarische Anregung" für gesundheitsförderliches Verhalten im Sinne einer Wahlmöglichkeit für das autonom handelnde Individuum bestehen bleibt, lässt sich die Norm „Du sollst gesund leben" begründen.

Normen haben „Normenadressaten", d.h. einen Kreis von Personen, für die die Einhaltung einer Norm verbindlich ist, sowie eine Menge von Wesen, denen gegenüber die Norm erfüllt werden soll. *„Strikte Moralgebote sind universell gültig, d.h. sie sind an Personen überhaupt adressiert und gelten gegenüber allen Mitgliedern der moral community, d.h. der Gemeinschaft der moralisch zu berücksichtigen Wesen. In Bezug auf andere Normen können die Menge der Akteure, für die die Norm gilt, und die Handlungsempfänger, die betroffen sind, auf vielfältige Weise variieren."* (Ott 2002, 460) Normen richten sich immer an alle Personen, die eine Beschreibung bzw. ein Kriterium erfüllen (z.B. die Gefahr der Fettleibigkeit bei einem BMI über 25). Es ist ethisch zwar zulässig, in der beschriebenen Weise Personenkreise festzulegen. Die Frage ist allerdings, ob bei der Festlegung von Normenadressaten der Norm „Du sollst gesund leben" stets die gleichen Personenkreise (z.B. gesellschaftliche Randgruppen mit geringen Kenntnissen über und knappen materiellen Ressourcen für gesundheitsförderliche Ernährung) in den Blick genommen und andere potentiell gefährdete Adressaten systematisch ausgeblendet werden. Sollte dies der Fall sein, trägt die Norm diskriminierende Züge und ist aus ethischer Sicht zu hinterfragen.

Zu allen Normen gehören *legitime Ausnahmeregelungen*. Eine Ausnahme ist nur dann moralisch vertretbar, wenn sie ihrerseits eine moralische Bedeutung hat. Egoistische Präferenzen oder rein willkürliche Festlegungen sind unzulässig. Legitime Ausnahmen sind das Resultat eines Normenkonflikts (vgl. Ott 2002, 461). Dieser Aspekt einer Norm gehört zu den größten Herausforderungen in einem Beratungs- oder Schulungsgespräch, weil sich die Sichtweisen der Beteiligten erheblich voneinander unterscheiden können. Für den Betroffenen kann es eine moralische Verpflichtung sein, z.B. anlässlich einer Feier in seiner Bezugsgruppe die dort verfügbaren ungesunden Lebensmittel zu sich zu nehmen, um sein Zugehörigkeitsgefühl zur Gruppe zu signalisieren. Beratende oder schulende Experten haben möglicherweise in dieser Frage andere Wertvorstellungen und können den Normenverstoß nicht tolerieren. Was ist im praktischen Lebensvollzug zumutbar und aus welcher Perspektive wird ein Urteil darüber gefällt? Lässt sich eine Ausnahme rechtfertigen, so liegt kein Grund vor, das Nicht-Befolgen einer Norm zu

tadeln oder zu sanktionieren. Ansonsten ist die Einhaltung der Norm „Du sollst gesund leben“ verbindlich.
Ein Verstoß gegen eine gültige moralische Norm bleibt nicht folgenlos und drückt sich in *Sanktionen* aus. *„Die Moral verfügt über die informellen Sanktionspotenziale der Empörung und der Missachtung, während das Recht über Sanktionspotentiale verfügt, die eine Person im Äußerlichen treffen sollen.“* (Ott 2002, 461f.) Eine Rechtfertigung der Verbindung von Normverstößen und angemessenen Sanktionsbestimmungen ist unerlässlich. Als ethisch problematisch ist in diesem Zusammenhang die Tendenz zu sehen, gesundheitsschädliches Verhalten des Individuums über ungünstige Versicherungskonditionen zu sanktionieren. Versicherungen organisieren die Deckung eines materiellen Bedarfs durch „Atomisierung der Risiken“ (Möllhof 1998: 222), d.h. durch die Verteilung von entstehenden Kosten auf in gleicher Weise bedrohte Personen. Bei ernährungsbedingtem sowie sonstigem gesundheitlichen Fehlverhalten von Versicherten besteht die Gefahr, dass es entweder zu Leistungsausschluss oder zu übergreifenden Maßnahmen der Risikoeinschränkung kommt. Schuldhaftes Fehlverhalten in ernährungsbedingten Gesundheitsfragen setzt Vorsatz und Fahrlässigkeit im Gesundheitsverhalten voraus, was vor dem Hintergrund individueller Wertesozialisation und faktischer Einschränkungen in der Handlungsfreiheit von Menschen ethisch fragwürdig erscheint.

4.3 Public-Health-Ethik als Ort der Reflexion von Normenkonflikten im Gesundheitswesen

Am Beispiel des Umgangs mit der Forderung nach einem gesunden Leben im Blick auf die Ernährung bildet sich der Normenkonflikt zwischen Individuum und Gesellschaft exemplarisch ab. Eine ethisch verantwortliche Praxis der Gesundheitsförderung, Schulung und Beratung benötigt eine Public-Health-Ethik, die mit eigener Perspektive und eigenem Bezugsrahmen ethische Reflexionsmöglichkeiten für Studierende, Wissenschaftler und Praktiker in Public-Health-Handlungsfeldern bietet. Als neue Form der Bereichsethik braucht Public-Health-Ethik einen spezifischen Katalog moralischer Normen, die für diesen Bereich konstituierend sind. Im deutschsprachigen Raum liegen jedoch erst wenige Arbeiten zur Public-Health-Ethik vor. Sie arbeiten zum einen die Unterschiede zwischen biomedizinischer Ethik und Public-Health-Ethik heraus (Dabrock 2002) oder fokussieren zum anderen zentrale ethische Probleme der Public-Health-Ethik wie Gerechtigkeit (Bittner/Heller 1998), auf den Normenkonflikt zwischen Individuum und Gesellschaft gehen sie jedoch damit nur indirekt ein.
Schröder (2007) hingegen macht deutlich, dass es Public Health zwar als Aufgabe ansieht, den gesundheitlichen Gesamtnutzen zu maximieren, eine utilitaristische Ethik damit jedoch nicht notwendigerweise verbunden sein muss. Die Gefahr eines utilitaristischen Systems besteht in einem hohen Risiko der Verletzung individueller Freiheit und der Förderung von gesellschaftlicher Exklusion. Basis für eine zu entwickelnde Public-Health-Ethik muss hingegen in Anlehnung an Kant die Erkenntnis sein, dass jedes Individuum ein eigenständiges Moralsubjekt ist: *„Das Streben nach gesundheitlichem*

Gesamtnutzen, nach etwas Gutem, ist also vom Richtigen – den Rechten – zu begrenzen. Gleichwohl kann es hier zu Konflikten kommen, die Abwägungen erlauben. Diese müssen aber zu rechtfertigen sein. Denn es schiene widersinnig, die Freiheit einer Person niemals einzuschränken, wenn andere geschützt werden können. Die Abwägung ist dabei unter dem Grundsatz der Verhältnismäßigkeit im Einzelfall zu treffen.“ (Schröder 2007, 108) Als oberste Regel einer Public-Health-Ethik gilt nach Schröder: *„Strebe den gesundheitlichen Gesamtnutzen an, ohne dabei unberücksichtigt zu lassen, dass eine Gruppe aus Individuen besteht. Folglich dürfen andere individualethische Grundsätze nicht – zumindest nicht ungerechtfertigt und unverhältnismäßig – verletzt werden. Diese oberste ethische Regel ist kein unreflektiertes Health by the Numbers (...), sondern eine Spezifikation der Prinzipien der Achtung der Menschenwürde und des Maximierens des gesundheitlichen Gesamtnutzens unter Berücksichtigung der Verhältnismäßigkeit.“* (Schröder 2007, 108)

Muss man / frau gesund leben? Menschen müssen nicht gesund leben, aber sie sollten es. Die Ausführungen haben gezeigt, dass eine Praxis, die Aspekte der Individualethik und der Public-Health-Ethik nicht gegeneinander abwägt, nicht zu rechtfertigen ist. Zwanghaft umgesetzte Verhaltensnormen widersprechen dem Wesen des Menschen in seiner „Fragmenthaftigkeit“ und berücksichtigen nicht den Umstand, dass Handlungsweisen von an sich autonomen Menschen faktisch nicht immer frei wählbar sind. Die Auseinandersetzung mit der Norm „Du sollst gesund leben“ stellt für Menschen mit Gesundheitsproblemen eine Möglichkeit dar, vorhandene Potenziale zu entfalten und trotz Einschränkungen ein selbstbestimmtes Leben zu führen. Diese Chance kann mit Unterstützung von Gesundheitsexperten wahrgenommen werden und gelingen. Bei der Unterstützung, in Beratungs- und Schulungssituationen, bedarf es seitens der Public-Health-Akteure der Sensibilität für die eigenen Werthaltungen und für die des Patienten sowie eines wachen Blicks für geltende gesellschaftliche Werte und Normen. Die Norm „Du sollst gesund leben“ ist ethisch zwar begründbar, sollte jedoch stets für den konkreten Anwendungsfall kritisch reflektiert werden. Die Gefahr, dass als Orientierung gedachte Verhaltensnormen zu Zwängen werden, ist groß. Als Konsequenz für den Umgang mit Normenkonflikten zwischen Individuum und Gesellschaft gilt für Studiengänge der Pflege und Gesundheitsförderung: *„Der rechte Mittelweg im Umgang damit muss zwischen sorglosen Fatalismus einerseits und ängstlichem Sicherheitsfanatismus andererseits verlaufen.“* (Wallner 2004, 54)

Literatur:

Bittner, Rüdiger/Heller, Sonja (1998): Ethik in den Gesundheitswissenschaften, in: Hurrelmann, Klaus/Laaser, Ulrich (Hg.): Handbuch Gesundheitswissenschaften. Neuausgabe, Weinheim/München: Juventa Verlag, S. 425-440.

Burla, Laila/Bucher, Sabine/Abel, Thomas (2004): Was ist gesunder Lebensstil? In: Managed care Nr. 4/2004, S. 5-7.

Dabrock, Peter (2002): Zur Eigenart von Publik-Health-Ethik und Ethik des Gesundheitswesens gegenüber biomedizinischer Ethik, in: Brand, Angela u.a. (Hg.): Individuelle Gesundheit versus Public Health? Münster: Lit-Verlag, S. 79-95.

Kardoff, Ernst von (2003): Lebensstil/Lebensweise, in: Bundeszentrale für gesundheitliche Aufklärung (Hg.): Leitbegriffe der Gesundheitsförderung, 4. Aufl. Schwabenheim a.d. Selz: Verlag Peter Sabo, S. 145-148.

Modulhandbuch (2007) der Studiengänge Pflege und Gesundheitsförderung (Bachelor) und Pflegewissenschaft (Master) im Fachbereich Pflege- und Gesundheitswissenschaften an der Evangelischen Fachhochschule Darmstadt, *www.pflegewissenschaft.efhd.de*

Möllhoff, Gerhard (1998): Risikogruppen, in: Lexikon der Bioethik Bd. 3, Gütersloh: Gütersloher Verlagshaus, S. 216-223.

Ott, Konrad (2002): Prinzip, Maxime, Norm, Regel, in: Düwell, Marcus/Hübenthal, Christoph/ Werner, Micha H. (Hg.): Handbuch Ethik, Stuttgart/Weimar: Verlag J.B. Metzler, S. 457-463.

Pieper, Annemarie (1994): Einführung in die Ethik, 3. Aufl., Tübingen/Basel: Francke Verlag.

Schröder, Peter (2007): Public-Health-Ethik in Abgrenzung zur Medizinethik, in: Bundesgesundheitsblatt – Gesundheitsforschung – Gesundheitsschutz Nr.1/2007, S. 103-111.

Troschke, Jürgen von (1998): Gesundheits- und Krankheitsverhalten, in: Hurrelmann, Klaus/Laaser, Ulrich (Hg.): Handbuch Gesundheitswissenschaften. Neuausgabe, Weinheim/München: Juventa Verlag, S. 371-394.

Wallner, Jürgen (2004): Ethik im Gesundheitssystem, Wien: Facultas Verlag.

Seelsorge zwischen Gesundheit und Heil
Systemische Aspekte einer theologisch verantworteten ganzheitlichen Zuwendung zum Menschen

Arnd Götzelmann

Eine ganzheitliche christliche Lebenspraxis, Handlungstheorie und Glaubenhoffnung zielt seit je her auf Gesundheit, gutes Leben und Heil: *„Leib, Seele und gesellschaftliche Bezüge sind ebenso eingeschlossen wie die Sinn- und Wertewelt und die Beziehung zu Gott."* (Pompey 1990, 24).
Legt man diesen christlich-theologischen Ansatz zugrunde, so verbietet sich eine Diastase von Natur- und Geisteswissenschaften, die sich im Anschluss an Descartes entwickelt hat. Ja, die „bifurcation of nature" (Whitehead zit. n. Jacob 1978, 6) im Sinne einer Dichothomie von Natur- und Geisteswissenschaften muss hinsichtlich einer Zuwendung zum ganzen Menschen überwunden werden. Insofern kann der Begriff und das menschliche Ziel der Gesundheit nur ganzheitlich verstanden werden, indem man naturwissenschaftlich, geisteswissenschaftlich und sozialwissenschaftlich zu fassende Aspekte integriert.

1 Gesundheit und Heil

Dieser umfassende Anspruch christlicher Glaubens- und Lebenspraxis betrifft nun auch die Seelsorge als besondere Aufgabe der christlich motivierten Zuwendung zum Menschen. Gerade das seelsorgliche Handeln aber ist in mehrfacher Hinsicht verengt worden: auf das Individuum, auf dessen geistig-geistlichen Nöte, auf die bloßen Glaubensfragen. Aus dem Blick geriet dabei, dass Freud und Leid, Heil und Unheil des Menschen immer auch mit Beziehungen von Menschen untereinander und mit Gott sowie mit gesellschaftlich-sozialen Kontexten zu tun haben. So wie leibliche und seelische Prozesse im Sinne des Gestaltkreiskonzeptes des Psychosomatikers Viktor von Weizsäcker sich gegenseitig bedingen und beeinflussen (Jacob 1978, 106, spricht hier von einer „wechselseitige(n) Erläuterung von Leib und Seele"), so gehören somatische, psychische und soziale Elemente in ein ganzheitliches Seelsorgekonzept hinein. M.E. vertritt der recht neue systemische Ansatz innerhalb der psychotherapeutischen Schulrichtungen, die die Seelsorge und Pastoralpsychologie in den letzten Jahrzehnten beeinflusst haben, diesen Anspruch auf Ganzheitlichkeit am weitgehendsten.
Insofern man mit dem Schweizer Theologen Karl Barth Gesundheit als „Willen" und „Kraft zum Menschsein" versteht (Barth 1951, 406), verhilft insbesondere eine systemisch ausgerichtete Seelsorge dem Menschen idealerweise zu solcher Gesundheit. Und insofern christliches Handeln und Hoffen in einem ganzheitlichen Sinn auf das Heil des Menschen zielt, bietet eine systemisch ausgerichtete Seelsorge dazu besondere Chan-

cen. In diesem Zusammenhang fragt der Freiburger Pastoralpsychologe und Caritaswissenschaftler Heinrich Pompey sehr zu Recht kritisch nach: *„Kann wirklich das heilende Engagement des Arztes und Seelsorgers noch ‚lege artis' sein, wenn der Arzt sich in seiner Therapie ausschließlich auf den organischen Bereich konzentriert und allein von der medizinischen Machbarkeit der Gesundheit ausgeht oder wenn ein Seelsorger einem kranken Menschen ausschließlich auf einer abstrakt-religiösen und ethischen Ebene begegnet, ohne die ganze emotionale, geistige, soziale Leidens- und Lebens- ‚Wirk'lichkeit mit in den Blick zu nehmen?"* (Pompey 1990, 25).

Eine solche „ökologisch-systemische" (Pompey 1990, 23ff.) Seelsorge wird immer auch eine Art „diakonische Seelsorge" (vgl. Götzelmann u.a. 2006b, 11-14) sein müssen, die man mit Karl Barth (1951, 413) ganz politisch und sozial verstehen darf: *„Die Grundfrage nach der Kraft zum Menschsein und auch der Wille zu dieser Kraft und also der eigentlichen Gesundheit ... ist ... eine soziale Frage. (...) Das Prinzip: mens sana in corpore sano kann ein höchstens kurzsichtiges und brutales Prinzip sein, wenn es nur individuell, wenn es nicht in der Erweiterung verstanden wird: in societate sana. Und diese Erweiterung ... muß bedeuten, dass eben die allgemeinen Lebensbedingungen Aller ... so gestaltet werden, dass sie als solche für deren Gesundheit nicht nur keine negative, sondern die positive, präventive Wirkung bekommen, die sie ja für viele Bevorzugtere ... faktisch schon haben. (...) Wo Einer krank ist, da ist es in Wahrheit die ganze Gesellschaft in allen ihren Gliedern."*

Seelsorge, in ihrer von der systemischen (Familien-)Therapie inspirierten neuen Form, steht also auch in diesem politisch-sozialen Sinn ihre Zielrichtung betreffend zwischen Gesundheit und Heil. Sie will dazu verhelfen, Menschen in die Barmherzigkeits- und Gerechtigkeitsordnung Gottes zu integrieren: Ist das soziale Umfeld in Ordnung und stimmen die Beziehungen zu Mitmenschen und Gott, so kann auch der kranke oder behinderte Mensch gesund leben. Ist all das nicht in Ordnung, wird auch der gesunde Mensch nur irgendwie krank leben.

Denkt man in den Spannungsverhältnissen der „binären Codes" Niklas Luhmanns, dann hat Religion auch mit dem Gegensatzpaar Gesundheit/Krankheit zu tun (vgl. Martin 1995). Denn vom Schamanismus über die Wundergeschichten Jesu und geistlichen Heilungen bis hin zu einem auch religiös aufbaubaren Kohärenzgefühl im Sinne des Salutogenesekonzeptes (Antonovsky 1997) hat Religion stets Fragen von Gesundheit und Krankheit, Heilung und Erkrankung tangiert. Theologisch reflektierte Seelsorge muss hier jedoch religionskritisch agieren, schließlich bleiben Wunder umstritten, und überzogene religiöse Heilungserwartungen können Menschen geradezu verzweifeln lassen, wenn sie nicht erfüllt werden. Immer deutlicher zeigen jedoch neuere wissenschaftliche Untersuchungen den förderlichen Beitrag von Religion und Glaube für die Gesundheit des Menschen. Religion und mit ihr die Seelsorge greifen aber über dieses Spannungsverhältnis hinaus, wenn sie in das Spannungsfeld der Codes Heil/Unheil oder Leben/Tod hineinspielen. Schließlich geht die theologische Eschatologie von der Transzendierung des Todes durch das Heil in Jesus Christus, dem „Erstling" der Auferweckten (1. Kor. 15, 20+23) aus. Die Geschichten vom Verlorenen im Lukasevangelium (Kap.

15) sind Lehrerzählungen von Leben und Tod, Heil und Unheil. Als der verlorene Sohn wieder heim kommt, ruft der Vater laut: *„Mein Sohn war tot und ist wieder lebendig geworden."* (Lk. 15,24). Leben heißt demnach: (wieder) in Beziehung sein im Kreis der Familie, der Gesellschaft und im allegorischen Sinn mit Gott.

2 Perspektiverweiterungen für Seelsorge und Theologie

Mit dem Folgenden soll auf dem Hintergrund der Frage nach gutem Leben, Gesundheit und Heil die dringend erforderliche Diskussion um die Rezeption der systemischen Therapie für die Seelsorge angestoßen werden, indem versucht wird, das Innovationspotential und die Chancen des systemischen Ansatzes herauszuarbeiten.
Nun besteht eine Hürde dieses Rezeptionsprozesses darin, dass man – anders als bei den traditionellen psychotherapeutischen Richtungen, die auf jeweils eine prägende Persönlichkeit (Freud, Jung, Frankl, Berne, Rogers u.a.) zurückgehen und damit eine gewisse systematische Geschlossenheit bieten – im Grunde nicht von *der* systemischen Familientherapie sprechen kann. Spricht man hier allgemein von Familientherapie, dort eher von systemischer Therapie, so gesellen sich die verschiedensten Ausdifferenzierungen und Richtungen hinzu, wie etwa die „systemisch-lösungsorientierte Kurztherapie" (Hesse 1997) oder die „konstruktivistische Teamsupervision" (Kersting 1996). Arist von Schlippe und Wolfgang Schweitzer schildern in ihrem „Lehrbuch der systemischen Therapie und Beratung" die Genese der „systemischen Therapie" – diesen Begriff verwende ich im Folgenden als Oberbegriff aller systemischen Schulrichtungen und Methoden – als einen multifaktoriellen Prozess, an dem zahlreiche Personen mit ihren jeweils sehr unterschiedlichen weltanschaulichen Prägungen und fachlichen Hintergründen an unterschiedlichen Orten beteiligt waren: *„Die systemische Therapie gibt es nicht. Vielmehr ist darunter ein breiter Oberbegriff zu verstehen, der so etwas ist wie eine Klammer um eine Vielzahl von Modellen, die durchaus auch in sich sehr heterogen sein können."* (Schlippe/Schweitzer 1997, 23).
Im Folgenden gehe ich von drei Entwicklungen aus, die für eine Rezeption der systemischen Therapie in der Pastoralpsychologie und Poimenik relevant sind. Zunächst hat sich mit der Verschiebung von der systemischen Familientherapie zur systemischen Therapie und Beratung der Horizont innerhalb der systemischen Bewegung erweitert. Die Fokussierung der Familie ist nicht mehr Grundbedingung, vielmehr entwickeln sich auch verschiedene Formen systemischer Therapie und Beratung an Einzelpersonen, in Gruppen, bis hin zu Supervisionsteams und zu beratenden Organisationen. Und natürlich hat sich der Familienbegriff seinerseits erheblich differenziert. Darüber hinaus ist deutlich, dass man systemische Arbeitsformen auch jenseits der Familientherapie einsetzen kann. *„Familientherapie und systemische Therapie beanspruchen bis heute, mehr zu sein, als nur eine weitere Therapieform. Systemtherapeutische Techniken ergeben sich aus der Frage, wie in sozialen Systemen Menschen gemeinsam ihre Wirklichkeit erzeugen, welche Prämissen ihrem Denken und Erleben zugrunde liegen und welche*

Möglichkeiten es gibt, diese Prämissen zu hinterfragen und zu ‚verstören'." (Schlippe/ Schweitzer 1997, 17).
Zum anderen hat sich eine Ausweitung der Perspektive von der individuumzentrierten und defizitorientierten Seelsorge zur psycho-systemischen und öko-sozialen bzw. ressourcenorientierten „diakonischen" Seelsorge als notwendig erwiesen (vgl. Luther 1986 und 1988). *„Die Verkündigung des Wortes Gottes an den Einzelnen"* (Eduard Thurneysen) ist heute nicht unwichtiger geworden, sie muß allerdings erweitert werden um das Verständnis der Systemzusammenhänge, in denen Menschen leben und in denen Seelsorge sich vollzieht. Die Ansätze aus der Gruppendynamik und -seelsorge werden hier also aufgegriffen und erweitert.
Die dritte Bewegung vom dogmatisch-kerygmatischen Ansatz in der (Praktischen) Theologie zu einem interdisziplinären und neuerdings auch multiperspektivisch-konstruktivistischen Konzept scheint mir ebenso beobachtbar wie relevant. An anderer Stelle wäre freilich ein theologischer und wissenschaftstheoretischer Diskurs zu vertiefen, wie er im Blick etwa auf die funktionale Systemtheorie Niklas Luhmanns in der Theologie bereits begonnen hat (vgl. Welker 1985; Dallmann 1994; Starnitzke 1996; Haas 2006). Eine solche grundsätzliche Auseinandersetzung unter dem Fokus des Verantwortungsbegriffes mit Ausrichtung auf seelsorgetheoretische Fragen hat die katholische Pastoralpsychologin Angelika Eckart (2004) vorgelegt.

3 Überschreitungen der individuumzentrierten Perspektive in der neueren Seelsorgelehre

Nicht schon ausgereifte systemisch-konstruktivistische Ansätze, aber doch in verschiedener Hinsicht über die Individuumzentrierung hinausgehende Perspektiverweiterungen finden sich in neueren Seelsorgeentwürfen des 20. Jahrhunderts bei Otto Baumgarten, Karl Janssen, Henning Luther, Manfred Josuttis und Norbert Ammermann (vgl. Held 1998, 109-177; Götzelmann 2000).
Für den Kontext der Krankenhausseelsorge kommen neuerdings die Wechselwirkungen zwischen dem System Krankenhaus und der Seelsorge in den Blick (vgl. Klessmann 1996; Knögel 2006). Michael Klessmann zeigt in seinem Handbuch der Krankenhausseelsorge die systemischen Interdependenzen der im Prozess der Krankenhausseelsorge involvierten Institutionen auf, indem er u.a. auch die Krankenhaussoziologie als relevant für die seelsorgliche Praxis berücksichtigt (vgl. Siegrist 1996), und mit der Kategorie des „Zwischen"-Raums bezüglich der Krankenhausseelsorge arbeitet: zwischen Kirche und Krankenhaus, zwischen gesicherter Rechtsstellung und struktureller Bedeutungslosigkeit, zwischen Patienten/innen und Mitarbeiterschaft, zwischen Evangelium und Beziehung, zwischen Alltagsgespräch und Psychotherapie, zwischen Professionalität und Betroffenheit, zwischen Macht und Ohnmacht, zwischen Krankheit und Gesundheit, zwischen Leben und Tod (vgl. Klessmann 1996, 13-27).

Die Bedeutung der systemischen Therapie für die Seelsorge wird speziell in einem Aufsatz zum Thema „Seelsorge mit Angehörigen und Mitbetroffenen“ des Seelsorgers und Familientherapeuten Gábor Hézser exemplarisch deutlich (Hézser 1996). Krankenhausseelsorge am einzelnen Patienten sei „an sich immer Familien- und Angehörigenseelsorge“. Seelsorge orientiere sich deshalb nicht nur am „persönlichkeitsspezifischen Credo“, sondern ebenso am „familienspezifischen Glauben“. Aus den Ressourcen dieses familiengeprägten Glaubens versuche die Krankenhausseelsorge in der Arbeit mit den Betroffenen und Mitbetroffenen konstruktive Komponenten fruchtbar zu machen. Seit Einführung der Gruppenpsychotherapie habe sich ein Paradigmenwechsel von der dyadischen Beziehung Seelsorger – Patient hin zur systemischen Perspektive eines Beziehungsgefüges vollzogen. Die Funktion des Seelsorgers habe sich damit grundlegend gewandelt: *„An die Stelle der Sorge um die Probleme des einzelnen tritt das Sorge-tragen um die (Wiedergewinnung der) Funktionsfähigkeit der tragenden Wechselbeziehungen unter allen Betroffenen.“* (Hézser 1996, 162) Neben der thematischen Einbeziehung der familiären Beziehungen in das seelsorgliche Einzelgespräch mit dem Patienten treten vielfältige seelsorgliche Kommunikationskonstellationen mit Angehörigen, Familienmitgliedern und Bekannten, mit Ärzten und Pflegenden, mit der „Peergruppe“ etwa der Zimmergemeinschaft auf der Station und mit unterschiedlichen aus diesen Personenkreisen zusammengesetzten Gruppen sowie mit Selbsthilfegruppen. Familien- und Angehörigenseelsorge arbeite folglich in einem erweiterten Sinn mit dem „System Familie“.

Die alleinige Zentrierung auf das Individuum wird auch im Ansatz der Seelsorgelehre von Jürgen Ziemer überwunden. Sein Konzept geht von folgenden Eckpunkten aus:

- „Seelsorge wird im Dialog mit humanwissenschaftlichen Erkenntnissen verantwortet.
- Die Seelsorgelehre bezieht soziologische Kategorien zur Kontexterhellung mit ein.
- Seelsorge wird verstanden als Funktion der Gemeinde, nicht als eine davon isolierte Therapiepraxis.
- Seelsorgetheorie wird im Gespräch mit praktischen Erfahrungen entfaltet.“ (Ziemer 2000, Einbandrückseite)

Ziemer rezipiert nicht allein soziologische Theorien und systemisch-familientherapeutische Ansätze aus der Psychologie. Er arbeitet einige der neueren Erkenntnisse der deutschsprachigen systemischen Seelsorge, etwa von Christoph Morgenthaler, in das große Kapitel „Seelsorge in unterschiedlichen Lebenssituationen“ (Ziemer 2000, 247ff.) ein. Sie berücksichtigend, grenzt er sich jedoch auch ab: *„In anderen, vor allem systemisch ausgerichteten Seelsorgelehren wird die Lebensalterseelsorge in wesentlichen Teilen unter dem Blickwinkel von Familienseelsorge bzw. Familientherapie behandelt. Darauf soll hier ausdrücklich hingewiesen werden. Wir wählen bewusst nicht die Familienperspektive, deren grundlegende Bedeutung damit nicht in Abrede gestellt ist. Aber nicht alle Fragen, die sich im Laufe des Lebensganges darstellen, können und müssen familienoptisch betrachtet werden.“* (Ziemer 2000, 247)

Insbesondere die „Seelsorge im Trauerfall“ wird u.a. systemisch und gesellschaftlich verstanden, denn in dieser Situation sei „vor allem das *Familiensystem*“ betroffen und „die Wahrnehmung des Todes und seiner Folgen ist in der modernen *Gesellschaft* oft nicht unverzerrt möglich“ (Ziemer 2000, 302). Auch beim Kasus „Suizid“ wird auf gesellschaftliche Kontexte und Familiendynamiken wie etwa die Tabuisierung einer Suizidhandlung als „Familiengeheimnis“ (Ziemer 2000, 322) verwiesen.

4 Konzepte einer systemischen Seelsorge

Die Rezeption systemischer Konzepte und Methoden aus der Familientherapie in der Seelsorge ist seit den 1990er Jahren in einzelnen Publikationen in Gang gekommen (eine Übersicht dazu gibt Nauer 2001, 219-233). Hier und da beginnt sie auch eine fruchtbare Wirkung auf die pastoralpsychologische Weiterbildung auszuüben. Dass in kirchlich-diakonischen Beratungsstellen das systemische Denken und Arbeiten früher und breiter Einzug gehalten hat, zeigt eine gewisse Trägheit poimenischer Theoriebildung und pastoralpsychologischer Weiterbildungserneuerung.
Morgenthaler schätzt die Situation im Jahre 1994 folgendermaßen ein: *„Es ist nun aber auffällig, daß im deutschssprachigen Bereich der Pastoralpsychologie systemisches Denken (...) kaum diskutiert, geschweige denn wirklich für die Seelsorge fruchtbar gemacht wird. Das ist umso auffälliger, als in den vergangenen Jahrzehnten therapeutische Konzepte sonst auf breiter Linie aufgenommen und für die Seelsorge fruchtbar gemacht worden sind. Über die Gründe kann man nur spekulieren.“* (Morgenthaler 1994, 311f.)
Er verweist auch auf Isidor Baumgartners Votum, der von einer „multifaktoriellen Vielfalt der dialogverhindernden Zusammenhänge“ (Baumgartner 190, 506) spricht.
Im amerikanischen Bereich sieht die Lage grundsätzlich anders aus. Die dort traditionsreiche poimenische und pastoralpsychologische Auseinandersetzung mit systemischen und konstruktivistischen Psychotherapieansätzen – so Morgenthaler (1994, 312), der Literatur von D. A. Anderson, H. Anderson, E. H. Friedman, J. Patton, B. H. Childs, G. A. Rekers und J. C. Wynn angibt – werde jedoch im deutschsprachigen Bereich in der Regel nicht wahrgenommen.
Eine Ausnahme bildet der ins Deutsche übersetzte Band „Generationsübergreifende Ehe- und Familienseelsorge“ der US-Amerikaner John Patton und Brian H. Childs (1995), die den Kontext der Familie und die Multigenerationenperspektive für die Seelsorge fruchtbar machen. Hier wird das Konzept der generationenübergreifenden Familientherapie auf die Seelsorge übertragen. Der Einzelne wird nicht so sehr als autonom handelndes Individuum gesehen, vielmehr als in seine Geschlechterfolge integriertes Wesen. Deshalb kommen für die Seelsorgepraxis mindestens drei Generationen in den Blick. Von familialen Wiederholungszwängen und Abgrenzungsmechanismen ist dort ebenso die Rede wie von der Spannung zwischen Bindung und Ablösung.
Einen systematisch angelegten und trotz der Kürze der Formulierung doch inhaltlich weitreichenden thetischen Entwurf einer „systemisch orientierten Seelsorge“ hat der

Frankfurter Pastoralpsychologe Martin Ferel (o.J.) vorgelegt. Er geht seinerseits von einer Individuumorientierung der seelsorglichen Theorie und Praxis aus, die Komplexität ausblende, und versucht nun die Grundannahmen systemischen Denkens und der systemischen Familientherapiekonzepte für die Seelsorge fruchtbar zu machen. Die spezifischen Interventionen (positive Konnotation, Reframing, Externalisierung des Problems, „Verflüssigen“ von Eigenschaften und Verdinglichungen, Kontextualisierungen und Klärung der Bedeutungsgebungen von Familien) und die Fragetechnik (konkretisierende, zirkuläre und hypothetische Fragen sowie Fragen nach Lösungsversuchen) werden beschrieben. In zehn Punkten entwickelt er Perspektiven einer systemischen Seelsorge. Sie müsse die Spannung von Kontextualisierung und Subjektorientierung fruchtbar machen und die Lebensdienlichkeit christlichen Glaubens erweisen. Da die Seelsorge ohnehin stets mit familialen Konstellationen zu tun habe, könne dies mittels der Familientherapie professionalisiert werden. Insbesondere die kirchlichen Amtshandlungen bezogen auf die familienzyklischen Übergänge können gute seelsorgliche Gelegenheiten bieten. Die Rekonstruktion familialer Lebenswelten sei zu leisten und es könnten Chancen eröffnet werden, Aufträge an Familienmitglieder zurückzugeben, Familiengeheimnisse zu durchlüften und Bewegung in erstarrte Beziehungen zu bringen. Im Interesse an der Familiengeschichte könne eine narrative Theologie erschlossen werden. Die Erkenntnis der Autopoiese und Autonomie von Systemen führe die systemische Seelsorge zu Bescheidenheit und Realitätsbezogenheit, zu Sorgfalt, Präzision und Kreativität. Zur Kompetenz in systemischer Seelsorge gehöre die Aufarbeitung der eigenen Familienbiographie und eine entsprechende Ausbildung.

Der Paradigmenwechsel hin zu einer konstruktivistischen Erkenntnistheorie und einer systemischen Kontextbezogenheit in der Poimenik wird in dem Band von Peter Held „Systemische Praxis in der Seelsorge“ (1998) greifbar. Diese im Wintersemester 1996/97 an der Theologischen Fakultät der Universität Heidelberg als Dissertation angenommene Arbeit deutet eine Wende von der individuumzentrierten Seelsorge hin zu einer systemischen Perspektive in der Poimenik an. Der Darmstädter evangelische Klinikpfarrer und systemische Supervisor unternimmt eine Pionierarbeit, indem er die gesamte Seelsorgeliteratur auf systemische Konzepte hin durchforstet. Von der Darstellung der theoretischen Grundlagen in den Systhemtheorien unterschiedlicher Couleur, der Chaostheorie und dem radikalen Konstruktivismus aus gelangt er über verschiedene familientherapeutische Ansätze zum Heidelberger Modell Helm Stierlins. Dieses versucht er nach einer gründlichen systematisch-theologischen Abklärung für die systemische Praxis in der Seelsorge fruchtbar zu machen. Eine so verstandene Seelsorge ziele auf Veränderung im Sinne der „bezogenen Individuation“ (H. Stierlin) und lege eine alternative Seelsorger-Pastoranden-Beziehung zugrunde, der es weniger um Empathie gehe als um die Konstruktion von inspirierenden und tragfähigen Visionen für den weiteren Lebensweg. Zu beachten seien dabei die Beziehungsfelder der Seelsorge, d.h. die Kontexte und Umfelder, die Vorgeschichte und das Setting. Durch die Orientierung an einem effektiven Kurzzeittherapie-Modell mit den Methoden des positiven Umdeutens, des zirkulären Fragens, der Genogrammarbeit, der Mehrgenerationenperspektive u.a. sei diese systemische Arbeitsweise auch für die Alltagssituation von PfarrerInnen rezipierbar. Held bleibt eine konkrete Übertragung seines Ansatzes für die seelsorgliche Praxis bis auf ein Fallbeispiel einer systemischen Praxis in der Seelsorge schuldig. Innovationspotential und Gewicht für eine erneuerte Poimenik erhalten die Forschungen Helds durch die theoretischen Teile. An diesem Buch von Peter Held jedenfalls – ähnlich wie an der Osnabrücker Dissertation von Norbert Ammermann „Zur Konstruktion von Seelsorge", 1994 – wird künftig keine Rezeption systemischer Therapie in der Seelsorge vorbei können. Held veröffentlicht im Jahre 2003 zusammen mit dem Darmstädter Sozialethiker Uwe Gerber den Band „Systemische Praxis in der Kirche", von dem er selbst meint: *„Er befriedigt den Ergänzungsbedarf meines Seelsorgebuches und erweitert die Perspektive des systemisch-konstruktivistischen Denkens auf andere Handlungsfelder der Kirche"* (Held/Gerber 2003, 14). Tatsächlich finden sich hier systemische Beiträge etwa zur Ehe- und Lebensberatung, zur Supervision, zur interkulturellen Seelsorge, zum Religionsunterricht, zur Beerdigungspraxis oder zur Fortbildung diakonischer Mitarbeitender.

Ist Held dem Heidelberger Ansatz einer systemisch-konstruktivistischen Therapie und der Aufarbeitung der verschiedenen Systemtheorien und -therapien verpflichtet, so findet man in Christoph Morgenthalers 1999 – mittlerweile in 4. Auflage (2005) – erschienenem Band „Systemische Seelsorge" zahlreiche förderliche „Impulse der Familien- und Systemtherapie für die kirchliche Praxis" (Untertitel). Anders als Held lehnt Morgenthaler die theoretischen Grundlagen der radikal-konstruktivistischen Erkenntnistheorie ab, nutzt aber durchaus die abgemilderte konstruktionistische Epistemologie. Insbesondere den systemischen Zusammenhängen biblisch-theologischer Tradition, religiöser (Familien-)Sozialisation und spiritueller Praxis widmet er seine Aufmerksamkeit. Seine innovative Kraft basiert u.a. auf der Auswertung der nordamerikanischen systemischen Seelsorgeliteratur, die erheblich umfangreicher und praxisnäher entwickelt ist als die deutschsprachige. Morgenthalers Buch lebt von dem Gewebe aus anschaulichen Fallbeispielen, theoretischen Grundlageninformationen, einer Fülle systemischer Therapieansätze und der Schilderung kreativer Einsatzmöglichkeiten einer systemischen Seelsorge.

Insbesondere folgende, von Morgenthaler ausgeführte, Themenkreise scheinen mir für eine systemische Befruchtung christlicher Seelsorge in Theorie und Praxis relevant.

Die praktische Verwendbarkeit der kurztherapeutisch angelegten systemischen Methoden in der Seelsorgearbeit des Gemeindepfarrers: Morgenthaler macht deutlich, dass gewisse familien- und gemeinschaftsbezogene Traditionen in Bibel und Theologie immer schon in die seelsorgliche Praxis umgesetzt wurden und dass Seelsorge sich immer auch auf einen überindividuellen Kontext bezogen hat. Denn einerseits wurde der Einzelne auch im Zusammenhang von Familie, Nachbarschaft und Gemeinde verstanden und angesprochen, andererseits gab es stets Formen der Familien- und Gruppenseelsorge, sei es im Sinne einer „cura animarum generalis" etwa in Predigt und Unterweisung, sei es im Sinne einer „cura animarum specialis" bei Familien- und Nachbarschaftsgesprächen, in der Sterbe- und Trauerbegleitung, im Zusammenhang von Kasualhand-

lungen etc. Insofern knüpft eine systemisch professionalisierte Seelsorge an bestehende Traditionen an, bereichert sie aber durch neue Erkenntnis- und Kommunikationswege, durch Fragetechniken und Arbeitsmethoden.
Einen anderen wichtigen Themenkreis bildet die Frage nach dem professionalisierten Umgang mit religiösen Konstrukten in Familien und mit der systemischen Reflexion religiöser Prägung der Seelsorger und Seelorgerinnen selbst. Dass sich religiöse Prägungen und Gottesbilder aus einem familialen Konstruktionsprozess entwickeln und in einem Kreislauf wiederum die Familiendynamik beeinflussen, wird in der Literatur zur systemischen Therapie meist wenig reflektiert, ist jedoch aus theologischer Sicht zu bedenken und im seelsorglichen Handeln auch immer wieder zu bearbeiten. Um das tun zu können, müssen Seelsorgetreibende Selbsterkenntnis über ihre familiären Hintergründe und religiöse Familiensozialisation gewinnen. Familienrekonstruktion mit Theologinnen und Theologen kann eine gute Methode seelsorglicher Selbsterfahrung sein (vgl. Hézser 2000). Dass neben der Herkunftsfamilie und der aktuellen Familie auf einer anderen Ebene auch das missverständliche Konstrukt „Gemeinde als Familie“ (280) eine wesentliche Rolle für die pastorale Gemeindepraxis spielt, kann Morgenthaler verdeutlichen.
Der gezielte Ansatz systemischer Seelsorge bei den familienzyklischen Übergängen in der Kasualpraxis wird in dem zweiten Teil des Morgenthaler-Bandes, der sich den „Arbeitsmodellen“ zuwendet, empfohlen und ausgelotet. Das Familienlebenszyklusmodell und zahlreiche systemische Konzepte und Methoden werden für diesen Bereich aktiviert und kreativ umgesetzt. Was der schweizerische Pastoralpsychologe nicht leistet, ist die Anwendung systemischer Ansätze auf die Gebiete spezialisierter Seelsorge in besonderen Institutionen (Altenheim, Krankenhaus, Psychiatrie, Behinderteneinrichtung, Militär u.ä.), an besonderen Gruppen (Blinde, Hörgeschädigte, Schausteller u.ä.) oder in besonderen Kontexten (Notfallseelsorge, Telefonseelsorge, Internetseelsorge u.ä.). Hier eröffnen sich einer systemisch orientierten Seelsorge interessante und vielfältige Anwendungsfelder, für die eine systemische Perspektive wegen ihrer institutionellen Besonderheiten und zielgruppenspezifischen Eigenarten von ganz eigentümlichem Nutzen sein könnte.

5 Theoretische Grundlagen einer Praxis systemischer Seelsorge

Der Dialog über das Verhältnis von Seelsorge und Psychotherapie kann auf der Basis des systemisch-konstruktivistischen Ansatzes weitergeführt werden. Idealerweise zielt er auf eine gelingende Praxis systemischer Seelsorge. Im Folgenden sollen nach einigen allgemeinen Verhältnisbestimmungen von Seelsorge und Psychotherapie die spezifischen Erkenntnisse aus der konstruktivistischen Erkenntnistheorie, aus den System- und Chaostheorien skizziert werden.
Die These von Dietrich Stollberg, „Seelsorge ist Psychotherapie im kirchlichen Kontext“, ist provokativ verkürzend, aber mit folgender Differenzierung nicht ganz abwegig:

Psychotherapie, die „im kirchlichen Kontext“ stattfindet, kann Seelsorge sein. D.h. nicht alle Seelsorge ist Psychotherapie, auch nicht dadurch, dass sie „im kirchlichen Kontext“ vollzogen wird. Und nicht alle Psychotherapie, selbst wenn sie „im kirchlichen Kontext“ stattfindet, ist Seelsorge. Die Unterschiede können m.E. etwa in den Bereichen des Menschenbildes, der weltanschaulichen Motivation, der Ethik und des methodischen Vorgehens der Akteure, des organisatorisch-institutionellen Kontextes, des Settings oder der angestrebten Ziele liegen. Gemeinsamkeiten und Rezeptionsmöglichkeiten finden sich in den Bereichen der Menschenkenntnis (Kommunikation, Sozialisation), der Selbsterkenntnis (Schulung der Selbst- und Fremdwahrnehmungsfähigkeit), der Gesprächsführung, der Zielsetzung eines befreienden und heilmachenden Wirkens.
Was für das Verhältnis von Psychotherapie und Seelsorge allgemein diskutiert wird, ist nun speziell auf die systemische Therapie zu beziehen. Der Begriff „systemische Seelsorge“ soll für das im Folgenden thetisch formulierte Konstrukt stehen, mittels dessen systemisch-konstruktivistische Konzepte und Methoden für die Seelsorge in Theorie und Praxis fruchtbar gemacht werden. Impliziert ist dabei auch ein erweitertes Erkenntnisprinzip.

5.1 Konstruktivistische und konstruktionistische Grundlagen

Aus den erkenntnistheoretischen Prämissen des sog. „radikalen Konstruktivismus“ und des „Konstruktionismus“ ergeben sich für Psychotherapie und Seelsorge ein paar simple und doch weitreichende Konsequenzen.
Wirklichkeiten, wie sie von Individuen wahrgenommen bzw. konstruiert werden, sind ebenso verschieden wie wirksam und legitim. Niemand, weder Seelsorgerin noch Pastorand, weder Therapeut noch Klientin, kann einen bevorzugten Zugang zu einer vermeintlich objektiven Realität beanspruchen. Toleranz wird zum obersten Gebot.
Jedes rationale System – und das heißt dann auch jede Weltanschauung – basiert auf nicht-rationalen Prämissen und unbegründbaren Setzungen, die aus emotionalen oder affektiven Gründen akzeptiert oder eben nicht akzeptiert werden. Es hat deshalb gerade in der therapeutisch oder seelsorglich geprägten menschlichen Begegnung keinen Sinn, sich über vordergründige Rationalitäten zu entzweien. Dahinter liegen immer ganz individuelle und – zu mehr oder weniger großen Anteilen – unbewusste bzw. vorbewusste Lebenseinstellungen, Gefühle und Handlungsprämissen. Diese kennen zu lernen und verstehen zu suchen, verhilft oft zu förderlicherem Umgang miteinander als eine abstrakte oder dogmatisierende Diskussion über Weltanschauungsfragen.
Als intelligible Wesen, die ihre Wirklichkeit konstruieren, sind wir verantwortlich für unsere Realitäten, die wir leben. Denn wir entwerfen unsere Welt nicht nur denkerisch, sondern handeln diesem Entwurf gemäß. D.h. schon mit unseren subjektiven Konstruktionen von Wirklichkeit übernehmen wir persönlich Verantwortung, die nicht auf ein objektivierendes weltanschauliches Denk- und Normensystem abgeschoben werden kann.

Fundamentale Meinungsdifferenzen sind nicht zu lösen, indem man sich auf eine vermeintlich objektive Wahrheit beruft bzw. sich darum streitet. Entweder toleriert man den anderen Lebensentwurf und führt einen „herrschaftsfreien Dialog“ (J. Habermas), auf dessen Basis man versucht, in einen neu und gemeinsam zu entwickelnden Realitätsentwurf einzutreten, oder man muss letztlich getrennte Wege gehen.

5.2 System- und chaostheoretische Grundlagen

Die Erkenntnisse aus den System- und Chaostheorien lassen sich ihrerseits für die Seelsorge fruchtbar machen.

Das Verhalten von dynamischen Systemen (z.B. Wetter, Verkehrsstau oder Familie) ist derart komplex, dass es schon kurzfristig kaum vorhersagbar und auch in Teilbereichen nicht wirklich beeinflussbar ist. Deshalb kann man sich nicht darauf verlassen, durch bestimmte Interventionen kalkulierbare Effekte hervorrufen zu können. Unter Umständen löst man eine völlig unerwartete Reaktion aus. Das impliziert die tendenzielle Unmöglichkeit, auf Menschen gezielt Einfluss zu nehmen. Letztlich entbindet uns diese Einsicht davon, uns für alles verantwortlich zu fühlen und alleine für das Erreichen bestimmter Ziele zuständig zu sein. Sie erlaubt den Vollzug seelsorglichen Handelns in Bescheidenheit und Realitätsbezogenheit.

Kleinste Impulse können größte Veränderungen herbeiführen, ohne dass das Ergebnis kalkulierbar wäre. Denn das Netz der kausalen Beziehungen zwischen den Teilsystemen ist hochkompliziert. Deshalb sollte man im Vollzug seelsorglichen Handelns nicht vor der Größe der notwendigen Veränderung und der Geringfügigkeit der zur Verfügung stehenden Mittel kapitulieren. Vielmehr legt es sich nahe, verschiedene Impulse auszuprobieren und deren Wirkungen zu testen. Kreativität und Phantasie sind gefragt. Solches Handeln findet seine Grenze allerdings in der Respektierung der Würde des Nächsten und der Achtung seiner Wirklichkeitskonstrukte. Seelsorgliches Handeln kann nur in wertschätzendem Umgang eingebettet werden.

Durch sog. Attraktoren entstehen im Chaos sich ordnende Strukturen. Unter Hinzugabe von Energie verändert sich ein System von einer Ordnungsphase über eine Chaosphase in eine andere, neue Ordnungsphase (Homöostase). So entstehen weniger kontinuierliche als vielmehr sprunghafte Entwicklungen. Heilsames Chaos befreit oft aus erstarrten Beziehungen bzw. schematisiertem Verhalten und führt zu neuen Ordnungsformen, d.h. zur Weiterentwicklung und zur Stabilisierung auf einer höheren Entwicklungsstufe. Es kann daher in der seelsorglichen Praxis angezeigt sein, gebundene Energien freizusetzen oder von außen gezielt hinzuzufügen, um Bewegung in ein starres System zu bringen und neue Entwicklungen zu ermöglichen.

Wegen der Komplexität von Systemen und ihrer Kommunikation mit der Umwelt wird das monokausale Verständnis einer Abfolge von Ursache und Wirkung erweitert um die Perspektive von zirkulären und rekursiven Vorgängen. D.h. Wirkungen werden wieder zu Ursachen. Kreisförmige Wechselwirkungen, Rückbezüge auf sich selbst (Selbstreferenz) sowie doppelte Kontingenzen (rekursive Wechselwirkungen beider Kommu-

nikationspartner) durchbrechen lineare und kausale Zusammenhänge. Linear-kausale Denk- und Sprachmuster sind daher simplifizierend und müssen durch zirkuläre und multikausale Zugangsweisen zur Wirklichkeit überwunden werden.
Die systemische Perspektive verhindert, Menschen als individualisierte Einzelsubjekte zu verstehen und sie als Personen ohne ihre Einbindungen in und Prägungen durch andere menschliche und institutionelle Systeme zu behandeln. Sie nimmt den Menschen in seinen Lebenskontexten, Beziehungszusammenhängen, Generationsfolgen und sozialen Vernetzungen wahr.
Zugleich wird es in systemischer Perspektive unmöglich, sich als Seelsorger bzw. Therapeutin unabhängig von den eigenen familialen und gesellschaftlichen Prägungen sowie aktuellen Lebens- und Arbeitskontexten zu verstehen. Der systemische Zugang nimmt die Einbindungen der Seelsorgenden bzw. Therapierenden in den Blick und verhilft zu der Einsicht, dass aus dem Pastoranden- bzw. Klientensystem ein neues, anderes System wird, wenn es mit der Seelsorgerin oder dem Seelsorger zusammenkommt. Letztere sind also nicht neutrale Beobachtende von außen. Sie sind in einen interaktionellen Prozess mit dem Pastoranden- bzw. Klientensystem involviert (Kybernetik zweiter Ordnung).

6 Theorieaufgaben eines theologischen Rezeptionsprozesses systemischer Therapie

Nach den drei anfangs angedeuteten Entwicklungen, die für den Dialog von systemischer Therapie und Poimenik wichtig erscheinen, möchte ich am Ende auf vier Themenkreise bzw. Spannungsfelder hinweisen, die von einer systemisch ausgerichteten Seelsorgetheorie zu bearbeiten sind.

6.1 Subjekt und System

In der Poimenik ist zu Recht für die Einführung des Subjekts plädiert worden. Es geht dabei um die Gegenbewegung zu einer objektivierenden und kontextlosen Seelsorge, indem man – etwa im Anschluss an Henning Luther – die Einzigartigkeit und Besonderheit jeder Person in der Seelsorgebeziehung beachtet und etwa von den Ansätzen Martin Heideggers und Emanuel Levinas‘ her reflektiert (vgl. Luther 1992). Nun ist diese Einführung des Subjekts auf den ersten Blick nicht mit einer isolierten Betrachtung des Individuums zu identifizieren. Vielmehr gilt es, gerade die doppelte, da sich ergänzende Perspektive von Individuum und Kontext, von Subjekt und System, von Ich und Wir zu eröffnen. Wer sich der Einzigartigkeit des Subjekts in der Seelsorge zuwendet, der wird auch dessen systemische Kontexte, seine lebensgeschichtlich-familialen Prägungen, seine Einbindung in Alltags- und Berufsbeziehungen, seine gesellschaftlich-kulturelle Einbettung u.ä. immer zugleich mit im Blick haben. So wenig das Subjekt ohne die zugehörigen Systeme verständlich und dialogfähig wird, so wenig kann man einen Menschen allein durch seine systemisch verstandenen Lebenskontexte sozusagen als Bestandteil einer jeweils wechselnden Masse verstehen. Die doppelte Zuwendung zu Subjekt und System sowie der Erhalt der Spannung zwischen beiden ist für Wissenschaft und Praxis der Seelsorge unverzichtbar.

6.2 Konstrukt und Dogma

Die Verhältnisbestimmung von Dogma und Konstrukt ist für die theologische Reflexion von Seelsorge erkenntnistheoretisch und kommunikationspsychologisch bedeutsam. Von hier aus stellt sich die Frage, wie der Entstehungsprozess von Gottesbildern und Lebensdeutungen vorzustellen ist. Ist eine theologische Lehrmeinungsbildung derart möglich und vermittelbar, dass man zu allgemeingültigen Wahrheitsaussagen über Gott und den christlichen Glauben kommen kann? Oder wird man jegliche Glaubensaussagen als Konstrukt einer Person oder einer Gruppe von Menschen verstehen müssen? Dogmatisches Reden steht immer in der Gefahr intolerant zu werden. Konstruktivistisches oder konstruktionistisches Reden eröffnet die größere Toleranz, steht aber in der Gefahr unverbindlich und unvermittelbar zu sein. Immer dort, wo ein Konstrukt zum Dogma wird, kann ein seelsorglicher Dialog nicht wirklich gelingen, weil auf der anderen Seite ein anderes Konstrukt steht, das nie völlig zur Deckung zu bringen ist mit einem nach Absolutheit strebenden Dogma. Wird ein Dogma zum Konstrukt, so stehen die gemeinschaftlichen Glaubenssätze und Traditionen in Frage, drängen nach neuer Kommunikation und können vielleicht nie wieder mit dem Anspruch auf Allgemeingültigkeit und Wahrheit auftreten. An diesem Punkt, wo die Spannung von Dogma und Konstrukt aufrechtzuerhalten ist, wird eine systemisch orientierte Seelsorgetheorie einen unverzichtbaren Diskussionsbeitrag für die theologische Erkenntnislehre leisten.

6.3 Psychotherapie und Seelsorge

Die Beziehung von Seelsorge und Psychotherapie wird durch den systemischen Ansatz unter einem neuen Vorzeichen zu diskutieren und zu bestimmen sein. Versteht man die systemische Therapie als psychotherapeutische Schulrichtung, so muss hier der Dialog geführt werden, wie er bereits zwischen Seelsorge und Tiefenpsychologien, humanistischen Psychologien oder Verhaltenstherapien geführt wurde. Dann werden sich, je nach Sicht des Betreffenden, Vereinbarkeiten und Abgrenzungen ergeben. Versteht man den systemischen Ansatz jedoch eher als ein wissenschaftliches Struktur- und Erkenntnisprinzip, so dient er in erster Linie einer erweiterten Wahrnehmung, im Falle der Seelsorge der Wahrnehmung der systemischen Kontexte, die einen Pastoranden und eine Seelsorgebeziehung prägen. Die systemische Therapie kann der Seelsorge helfen, religiöse und andere Familienprägungen, kontextuelle Wechselwirkungen auch auf Seiten der Seelsorger/innen in den Blick zu nehmen und einzubeziehen in den seelsorglichen Prozess. Dabei wird man jedoch zu beachten haben, dass sich – auch systemisch orientierte – Psychotherapie oft in anderen Kontexten, mit anderen Zielen und Möglichkeiten abspielt als Seelsorge.

6.4 Gesundheit und Heil

Die Bedeutung der Seelsorge für die Prozesse der Gesund- und Heilwerdung verschiebt sich vor dem systemischen Hintergrund. Haben sich Medizin, Psychologie und Theologie lange Zeit auf das Defizitäre im Menschen fixiert, auf seine Krankheit und seinen biologischen Verfall im Verlauf des Lebens, auf seine psychischen Mängel und Pathologien, auf seine Sünde und Vergebungsbedürftigkeit, so rückt der Mensch durch die ressourcenorientierte systemische Perspektive in ein neues Licht. Seine Selbstheilungs- und Resilienzkräfte werden neu gesehen, die Begabungen (Charismen) und Fähigkeiten der Person neu entdeckt und im Seelsorgehandeln mit dem doppelten Ziel der Gesundheit und des Heils genutzt. Das Axiom der Ressourcenorientierung basiert auf einem Menschenbild, das – theologisch gesprochen – von der guten Schöpfung Gottes herkommt und auf die eschatologische Person (also dem Menschen in der Perspektive von Gottes Versöhnungs- und Erlösungshandeln) ausgerichtet ist. Ebenso verschiebt sich das Gewicht von der historisierenden Problemfixierung bzw. -konstruktion auf die zukunftsgerichtete Lösungsorientierung. Menschen werden demnach nicht mehr nach den Kategorien von Abweichung und Pathologie typisiert, sondern zur Formulierung eines persönlich-subjektorientierten produktiven Zieles und einer kreativen Lösung motiviert. Die Pastoranden bzw. Klientinnen werden damit zu ExpertInnen erklärt für die Lösung, für ein gesundes Leben (das auch mit chronischen Krankheitsbelastungen und Behinderungen geführt werden kann) und für ihren persönlichen Weg zum Heil. Den Seelsorgenden bzw. Therapierenden kommt eher eine Art Hebammenfunktion im Sinne der sokratischen Dialogtechnik (Mäeutik) zu, durch die das verborgen oder inaktiv Vorhandene ans Tageslicht gefördert wird. Gesundheit wird nicht mehr definiert mittels medizinischer Normkataloge, wie der International Classification of Diseases (ICD), der International Classification of Functioning, Disability and Health (ICF) oder dem Diagnostic and Statistical Manual of Mental Disorders (DSM), sondern in gut psychosomatischer und salutogenetischer Manier vom Kohärenzgefühl und der Lebensdeutung der Person her verstanden. Heil wird nicht an einer kirchlichen Dogmatik oder den jahrhundertealten Glaubensbekenntnissen „gemessen", sondern ausgerichtet und bezogen auf das Inbeziehung sein mit der lebensfördernden Kraft Gottes und der Menschen. Bei all dem muss aber klar bleiben: Nicht die Seelsorge, auch keine systemisch orientierte, schafft letztlich Gesundheit und Heil. Beides ist vielleicht am ehesten als Gemeinschaftswerk von Gott und Mensch zu verstehen, wobei zur Gesundheit mehr der Mensch, zum Heil mehr Gott beitragen mag.

Literatur

Albrecht, Christian (2000): Systemische Seelsorge. Therapie und Beratung im Horizont der Seelsorgekonzeption Friedrich Schleiermachers. In: International Journal of Practical Theology Vol. 4: 2000, 213-252.

Ammermann, Norbert (1994): Zur Konstruktion von Seelsorge, Frankfurt a.M.: Lang.

Antonovsky, Aaron (1997): Salutogenese. Zur Entmystifizierung der Gesundheit. Dt. erw. hrsg. von Alexa Franke. Deutsche Gesellschaft für Verhaltenstherapie Tübingen: Dgvt-Verlag.

Barth, Karl (1951): Die kirchliche Dogmatik d. III/4, Zürich: Zollikon.

Baumgartner, Isidor (1990): Pastoralpsychologie. Einführung in die Praxis heilender Seelsorge, Düsseldorf: Patmos.

Dallmann, Hans-Ulrich (1994): Die funktionale Systemtheorie Niklas Luhmanns und ihre theologische Rezeption, Stuttgart u.a.: Kohlhammer.

Eckart, Angelika (2004): Schlüsselwort Verantwortung. Zum Dialog zwischen Theologie und systemischer Psychologie, Norderstedt: Books on Demand.

Emlein, Günther (2001): Seelsorge als systemische Praxis. Grundlagen für eine systemische Konzeption der Seelsorge. In: Wege zum Menschen 53. 2001, 158-178.

Ferel, Martin (o.J.): Thesen zu einer systemisch orientierten Seelsorge, unveröffentlichtes Manuskript <o.O.>.

Ferel, Martin (2006): Seelsorge als Konstruktion von Biographie. In: Familiendynamik 31/3. 2006, 240-252.

Götzelmann, Arnd (2000): Seelsorge zwischen Subjekt und System. Die Entdeckung familientherapeutischer Ansätze in der Pastoralpsychologie. In: Praktische Theologie 35. 2000, 209-227.

Götzelmann, Arnd (2003): Systemische Konzepte in der Fortbildung und Supervision diakonischer Mitarbeitender. In: Peter Held/Uwe Gerber (Hg.) (2003), 135-149.

Götzelmann, Arnd (2006): Zum Verhältnis von Seelsorge und Diakonie. Zuordnungsmodelle, Konzepte und Thesen auf dem Weg zur diakonischen Orientierung der Seelsorge. In: Ders. u.a. 2006a, 18-50.

Götzelmann, Arnd/Drescher-Pfeiffer, Karl-Heinz/Schwartz, Werner (Hg.) (2006a): Diakonische Seelsorge im 21. Jahrhundert. Zur Bedeutung seelsorglicher Aufgaben für die diakonische Praxis (Veröffentlichungen des Diakoniewissenschaftlichen Instituts Bd. 27), Heidelberg: Universitätsverlag Winter.

Götzelmann, Arnd/Drescher-Pfeiffer, Karl-Heinz/Schwartz, Werner (Hg.) (2006b): Impulse für eine diakonische Seelsorge im 21. Jahrhundert. In: Dies. 2006a, 11-17.

Haas, Hanns-Stephan (2006): Theologie und Ökonomie. Ein Beitrag zu einem diakonierelevanten Diskurs, Gütersloh: Gütersloher Verlagshaus.

Held, Peter (1998): Systemische Praxis in der Seelsorge, Mainz: Grünewald.

Held, Peter/Gerber, Uwe (Hg.) (2003): Systemische Praxis in der Kirche, Mainz: Grünewald.

Herthneck, Uwe (1999): Systemische Therapie und ihre Impulse für die evangelische Seelsorge. Dissertation, Universität Marburg.

Hesse, Joachim (Hg.) (1997): Systemisch-lösungsorientierte Kurztherapie, Göttingen: Vandenhoeck & Ruprecht.

Hézser, Gábor (1996): Seelsorge mit Angehörigen und Mitbetroffenen. In: Michael Klessmann (1996), 161-170.

Hézser, Gábor (2000): Familienrekonstruktion. Eine Methode der systemischen Seelsorge und der Seelsorgeausbildung. In: Schneider-Harpprecht, Christoph (Hg.), Zukunftsperspektiven für Seelsorge und Beratung, Neukirchen-Vluyn: Neukirchener Verl., 176-173.

Jacob, Wolfgang (1978): Kranksein und Krankheit: anthropologische Grundlagen einer Theorie der Medizin, Heidelberg: Hüthig.

Kersting, Heinz J. (1996): Konstruktivistische Teamsupervision oder „Wie störe ich ein Arbeitssystem". In: Hannes Brandau (Hg.), Supervision aus systemischer Sicht, Salzburg, 3. Aufl., 133-150.

Klessmann, Michael (Hg.) (1996): Handbuch der Krankenhausseelsorge, Göttingen: Vandenhoeck & Ruprecht.

Knögel, Heike (2006): Zwischen allen Stühlen? Möglichkeiten der Klinikseelsorge aus systemischer Sicht. In: Familiendynamik 31. 2006/3, 253-265.

Luther, Henning (1986): Alltagssorge und Seelsorge. Zur Kritik am Defizitmodell des Helfens. In: Wege zum Menschen 38. 1986, 2-17.

Luther, Henning (1988): Diakonische Seelsorge. In: Wege zum Menschen 40. 1988, 475-484.

Luther, Henning (1992): Religion und Alltag. Bausteine zu einer praktischen Theologie des Subjekts, Stuttgart: Radius.

Martin, Gerhard Marcel (1995): Spirituelle Gesundheit. In: Pastoraltheologie 84. 1995, 42-54.

Morgenthaler, Christoph (1994): Trauer und Familie. Eine familiendynamische Sicht der Seelsorge an Trauernden. In: Wege zum Menschen 46. 1994, 310-329.

Morgenthaler, Christoph (1999): Systemische Seelsorge. Impulse der Familien- und Systemtheorie für die kirchliche Praxis, Stuttgart u.a. (4. Aufl. 2005): Kohlhammer.

Morgenthaler, Christoph (2000): Sterben im Krankenhaus – systemische Aspekte. In: Wege zum Menschen 52. 2000, 408-424.

Morgenthaler, Christoph (2007): Seelsorge (Lehrbuch praktische Theologie Bd. 3). Gütersloh: Gütersloher Verl.-Haus.

Nauer, Doris (2001): Seelsorgekonzepte im Widerstreit. Ein Kompendium, Stuttgart u.a.: Kohlhammer.

Patton, John / Brian H. Childs (1995): Generationenübergreifende Ehe- und Familienseelsorge, Göttingen: Vandenhoeck & Ruprecht.

Pompey, Heinrich (1990): Helfen und Heilen aus ökologisch-systemischer Sicht. In: Deutscher Caritasverband (Hg.), Caritas `90, Jahrbuch des DCV, 23-35.

Schlippe, Arist von / Schweitzer, Wolfgang (1997): Lehrbuch der systemischen Therapie und Beratung, Göttingen: Vandenhoeck und Ruprecht, 3., durchgesehene Aufl.

Schneider-Harpprecht, Christoph (2003): Seelsorge als systemische Praxis. Der soziale und politische Auftrag der Seelsorge. In: Wege zum Menschen 55. 2003, 427-443.

Siegrist, Johannes (1996): Seelsorge im Krankenhaus – aus der Sicht der Krankenhaussoziologie. In: Michael Klessmann (1996), 28-39.

Starnitzke, Dierk (1996): Diakonie als soziales System. Eine theologische Grundlegung diakonischer Praxis in Auseinandersetzung mit Niklas Luhmann, Stuttgart u.a.: Kohlhammer.

Welker, Michael (Hg.) (1985): Theologie und funktionale Systemtheorie: Luhmanns Religionssoziologie in theologischer Diskussion, Frankfurt a.M.: Suhrkamp.

Ziemer, Jürgen (2000): Seelsorgelehre. Eine Einführung für Studium und Praxis, Göttingen: Vandenhoeck & Ruprecht.

II Gesundheitsrecht und Gesundheitsreform

Einige grundsätzliche Überlegungen zur Gesundheitsreform 2007

Alexa Köhler-Offierski und Gisela Kubon-Gilke

1 Einführende Überlegungen

Anhaltende Diskussionen über die Frage der Weiterentwicklung der Gesundheitsversorgung unter den Aspekten Wirtschaftlichkeit und Nachhaltigkeit der Gesundheitsstrukturen waren – und sind weiterhin – auch geprägt von der Frage, wie sie gerecht und solidarisch gestaltet werden könnte. Es ist unübersehbar, dass zwischen möglichen gesundheitlichen Bedürfnissen der Bevölkerung und den vorhandenen Ressourcen im Gesundheitssystem ein erhebliches Spannungsfeld besteht. Schließlich wurden sehr unterschiedliche Vorstellungen zu Reformen von Struktur und Finanzierung des Gesundheitswesens in einen Koalitionskompromiss transformiert, der in einem Stufenplan am 1.4.2007 in Kraft trat. Die Reformen umfassen im wesentlichen vier Bereiche: eine allgemeine Versicherungspflicht für alle BürgerInnen, eine Reform der Versorgungsstrukturen und der Kassenorganisation, Veränderungen im Bereich der medizinischen und im Bereich der medikamentösen Versorgung (vgl. Bundesministerium für Gesundheit 2007 a und b).

Wenn man sich die Frage stellt, inwiefern die Gerechtigkeitsvorstellungen der Bevölkerung die politischen Möglichkeiten und die Effizienz des Gesundheitssystems tangieren bzw. wie die Gerechtigkeitsvorstellungen durch das bestehende System selbst beeinflusst werden, dann ergeben sich daraus sowohl eine relevante Perspektive zu Schwierigkeiten der Steuerung des Gesundheitsbereiches als auch eine neue Frage nach der analytischen Eignung des üblichen mikroökonomischen Analyserahmens der Gesundheitsökonomie. Sie ist hauptsächlich damit beschäftigt zu untersuchen, wie knappe Ressourcen im Gesundheitsbereich so alloziiert werden können, dass eine möglichst gute Versorgung mit „Gesundheitsdienstleistungen“ und eine gut funktionierende Versicherung für die finanziellen Erkrankungsrisiken ermöglicht werden. Aus medizinischer Sicht stellt sich die

Frage danach, was eine möglichst gute Versorgung ist, die zweckmäßig und ausreichend ist und das notwendige Maß nicht überschreitet (SGB V §§1, 2 (1) und 12 (1)).[1]

Die Frage nach der Gerechtigkeit ist für die Bevölkerung hoch relevant, in sich aber bereits durch unterschiedliche Auffassungen geprägt, wie folgende 2006 vorgelegte Studie zeigt (Bayerl, Mielck): Sie untersuchte die Frage, welche Vorschläge zur Reform des Gesundheitssystems von welchen Versicherten akzeptiert werden. Hierbei wurde unterstellt, dass egalitäre bzw. individualistische Gerechtigkeitsvorstellungen verschiedenen Personenkreisen zuzuordnen sind. Das egalitäre Modell betont das Ziel, die finanziellen Belastungen so gleich wie möglich zu verteilen und die Versorgungsangebote allen Versicherten in gleicher Weise anzubieten. Das individualistische Modell möchte die gesundheitliche Versorgung vom eigenen Gesundheitsverhalten des Versicherten und seiner eigenen Zahlungsbereitschaft abhängig machen. Die mittels standardisierter Fragebogen durchgeführte Befragung zeigte, dass diejenigen, die älter und gesetzlich krankenversichert sind, die häufiger den Arzt aufsuchen und eine hohe Arzneieinnahme haben und diejenigen, die sich weniger bewegen, eher egalitäre Vorstellungen vertreten, während jüngere Männer, erwerbstätige und der oberen Bildungsgruppe zugehörige Personen, die zudem sportlich aktiv und Nichtraucher und privat krankenversichert sind, eher einen individualistischen Ansatz vertreten. Interessant ist, dass bestimmte Ansätze mehrheitlich abgelehnt werden: nämlich die Bürgerversicherung und die staatliche Grundversorgung, die ggf. durch private Zusatzversicherung ergänzt werden kann. Demgegenüber befürworten 2/3 aller TeilnehmerInnen die solidarische Finanzierung

---

1 *§ 1 Solidarität und Eigenverantwortung*
Die Krankenversicherung als Solidargemeinschaft hat die Aufgabe, die Gesundheit der Versicherten zu erhalten, wiederherzustellen oder ihren Gesundheitszustand zu bessern. Die Versicherten sind für ihre Gesundheit mitverantwortlich; sie sollen durch eine gesundheitsbewusste Lebensführung, durch frühzeitige Beteiligung an gesundheitlichen Vorsorgemaßnahmen sowie durch aktive Mitwirkung an Krankenbehandlung und Rehabilitation dazu beitragen, den Eintritt von Krankheit und Behinderung zu vermeiden oder ihre Folgen zu überwinden. Die Krankenkassen haben den Versicherten dabei durch Aufklärung, Beratung und Leistungen zu helfen und auf gesunde Lebensverhältnisse hinzuwirken.
§ 2 Leistungen
(1) Die Krankenkassen stellen den Versicherten die im Dritten Kapitel genannten Leistungen unter Beachtung des Wirtschaftlichkeitsgebots (§ 12) zur Verfügung, soweit diese Leistungen nicht der Eigenverantwortung der Versicherten zugerechnet werden. Behandlungsmethoden, Arznei- und Heilmittel der besonderen Therapierichtungen sind nicht ausgeschlossen. Qualität und Wirksamkeit der Leistungen haben dem allgemein anerkannten Stand der medizinischen Erkenntnisse zu entsprechen und den medizinischen Fortschritt zu berücksichtigen.
§ 12 Wirtschaftlichkeitsgebot
(1) Die Leistungen müssen ausreichend, zweckmäßig und wirtschaftlich sein; sie dürfen das Maß des Notwendigen nicht überschreiten. Leistungen, die nicht notwendig oder unwirtschaftlich sind, können Versicherte nicht beanspruchen, dürfen die Leistungserbringer nicht bewirken und die Krankenkassen nicht bewilligen.

der GKV und eine hohe Zustimmung erfährt auch die Aussage, dass jeder gesetzlich Versicherte die gleiche Versorgung erhalten können soll.

2 Zu den ökonomischen Zusammenhängen

Die Diskussion um Gerechtigkeit in der Versorgung mit Gesundheitsleistungen gibt einen wichtigen Hinweis darauf, warum in der Auseinandersetzung um die aktuelle Gesundheitsreform den typisch ökonomischen Reformvorschlägen von der Öffentlichkeit und anderen wissenschaftlichen Disziplinen häufig entgegengehalten wird, dass die „Ökonomisierung" des Gesundheitsbereichs mehr Probleme verursache als Lösungen biete und dass Gesundheit kein Gut wie jedes andere sei. Diese kritische Einschätzung enthält eine Kernaussage, die von den Wirtschaftswissenschaften häufig ausgeblendet wird. Sicherlich sind die kritischen Stimmen gegen ökonomische Empfehlungen z.T. auch Missverständnissen geschuldet. So ist der Begriff der Ökonomisierung an sich nicht adäquat, weil staatliche, wie etwa kameralistische, Steuerungen keineswegs „unökonomisch" sind, sondern ebenfalls eine Lösung des Ressourcenaufteilungsproblems darstellen, und weil „Gesundheit" als Kürzel für die gesamte Palette an Gesundheitsleistungen steht, die es zu produzieren und zu verteilen gilt. Auch die Tatsache, dass es aus ökonomischer Sicht nicht um moralische Bewertungen der Gesundheitsleistungen geht, sondern zunächst nur um geeignete *analytische* Kategorien, spricht auf den ersten Blick gegen die KritikerInnen. Der Kern der Kritik kann aber auch so verstanden werden, dass die analytische Äquivalenz zwischen dem Gesundheitssektor und beliebigen Konsumgütern angezweifelt wird, weil sich schon die Vorstellungen der Bevölkerung über einen gerechten Zugang zu den Leistungen und den Krankenversicherungsprämien so fundamental zu anderen Gütern und Dienstleistungen zu unterscheiden scheinen.
In den üblichen Ansätzen der Gesundheitsökonomik wird die Ressourcenfrage so beantwortet, dass schwerwiegende Allokationsprobleme unregulierter Märkte sowohl bei den Gesundheitsdienstleistungen selbst als auch bei der Krankenversicherung konstatiert werden, die in einer wettbewerblichen Steuerung nur durch sehr spezifische institutionelle Vorgaben wie bestimmte Honorierungssysteme und Versicherungstypen effizient lösbar sind (i.S. von second-best-Gleichgewichten), sodass gewünschte Leistungen bei gegebener Ressourcenmenge in möglichst guter Qualität und großer Menge zur Verfügung stehen. Angesichts dramatisch steigender Anteile des Gesundheitswesens am gesamten Bruttoinlandsprodukt vor allem durch den medizinisch-technischen Fortschritt wird im Gesundheitsbereich besonders offensichtlich, dass die Allokationsfrage bei knappen Ressourcen immer auch ein Rationierungsproblem darstellt, solange auch ande-

re Güter und Dienstleistungen in der Gesellschaft nötig sind und präferiert werden.[2] Einerseits stellt das die Frage nach der Größe des Sektors überhaupt, andererseits natürlich auch nach der möglichst effizienten Nutzung der vorhandenen Ressourcen. Lösungen des allgemeinen Rationierungsproblems werden in wettbewerblichen (z.B. tendenziell USA), direkten staatlichen Koordinierungen (z.B. tendenziell Großbritannien mit einem staatlichen Gesundheitssystem) oder Mischlösungen gesucht. In Märkten erfolgt die Rationierung über die Preise, in staatlichen Systemen über direkte Zugangsregulierung wie z.B. Altersbegrenzungen für bestimmte Leistungen. Das spezielle wettbewerbliche Problem wird wie folgt gesehen: Die notwendige, sehr komplexe institutionelle Struktur im Versicherungs- und Medizindienstleistungsbereich verhindert u.U., dass *gleichzeitig* als gerecht empfundene Lösungen wie einkommensabhängige Versicherungsprämien implementiert werden können, ohne Allokationsziele massiv zu tangieren (vgl. Breyer/Zweifel/Kifman 2005 oder Kubon-Gilke 2005). Das gesamte Argument beruht jedoch auf einer Grundannahme, die problematisch ist.

3 Tauschtheoretischer Reduktionismus

Liberale und sog. neoliberale Vorstellungen unterscheiden sich zwar grundsätzlich hinsichtlich der Rolle, die dem Staat zugeordnet wird – vom reinen Nachtwächterstaat der liberalen Tradition bis hin zur Forderung nach einem starken, ordnungsgestaltenden Staat der neoliberalen Freiburger Schule –, aber die liberale Position wird dennoch geeint durch die These, dass alle Märkte zwar nicht moralisch, aber doch analytisch gleich zu behandeln seien. Ob es um Seife, Gummibärchen, Flugreisen, Bildung, Arbeit oder Gesundheit geht: Es wird eine analoge Koordination über dezentrale Entscheidungen und deren zumindest prinzipiell vorteilhafte Wirkung auf die Allokation von Gütern und Dienstleistungen thematisiert. Die wesentlichen Dissensen in der heutigen Wirtschaftstheorie liegen im Rahmen dieser Grundsatzhypothese und haben mit unterschiedlichen Einschätzungen zu allokativen Problemen bestimmter Märkte oder staatlich legitimierter und durchgesetzter Steuerung zu tun. Die extrem liberale Position vermutet massive Ineffizienzen und sogar zunehmende Ungleichheit (durch bessere Möglichkeiten zur Realisierung von Monopolrenten) durch die direkte politische Steuerung, bestreitet aber gleichzeitig Marktversagensphänomene größeren Ausmaßes. Demgegenüber stehen TheoretikerInnen, die durch Informationsprobleme u.v.a.m. systematische Marktprobleme auf vielen Ebenen verordnen und staatliche Interventionen einfordern. Die gesamte Palette unterschiedlicher Positionen und Politikempfehlungen ändert jedoch

2 So haben sich etwa in den USA die Ausgaben für medizinische Leistungen seit 1965 versiebenfacht. Es gibt Schätzungen, wonach der Gesundheitsanteil am gesamten Sozialprodukt in den USA im Jahr 2040 auf etwa 35% steigen müsste (vgl. Aaron/Schwartz 2005, 1). Ähnliche Entwicklungen finden sich in allen Industrieländern. Momentan beträgt der durchschnittliche Anteil des Gesundheitssektors am BIP aller OECD-Staaten etwa 9%, der Sektor wächst in diesen Ländern jeweils doppelt so schnell wie das BIP (vgl. OECD 2006, 90 f.).

nichts an der Hypothese, dass alle Märkte und ökonomischen Institutionen analytisch gleich behandelt werden könnten.

Auch wenn eine wettbewerbliche Koordination tatsächlich in vielen Bereichen allokativ unter bestimmten Voraussetzungen eine geeignete Lösung zu sein scheint, stellt sich dennoch die Frage nach der analytischen Äquivalenz aller Ressourcenprobleme einer Gesellschaft. Wenn die „katallaktische Basisperspektive“ (Sturn 2007) eingenommen wird, wird wie folgt argumentiert: Tauschbeziehungen und deren Marktkoordination werden mit Hilfe der Annahme rationaler Entscheidungen (homo oeconomicus) bei konstanten Präferenzen *rekonstruiert*, ohne dass dadurch etwas über wahre Verhaltensdispositionen ausgesagt würde. Statt dessen wird auf Evolutionsargumente oder Experimente im Rahmen der Theorie bekundeter Präferenzen verwiesen (vgl. Kubon-Gilke 2007, 19). Da zudem alle Tauschbeziehungen als symmetrisch interpretiert werden, werden Machtbeziehungen, psychologische Verhaltensbegründungen u.a. als analytisch redundant, geradezu als theoretischer Ballast gesehen. Selbst Unternehmungen erscheinen so als reine institutionelle Oberflächenphänomene, die sich zwanglos auf die Vertragsebene reduzieren ließen.[3] Auch Altruismus, Moral, letztlich alle ökonomisch relevanten Beziehungen seien immer mit dem gleichen analytischen Instrumentarium modellierbar.

4 Macht, Gerechtigkeit und endogene Präferenzen: Grenzen des tauschtheoretischen Reduktionismus

Die aktuell einzige (relevante) kritische Schule, die sich gegen den analytischen Reduktionismus wendet, ist der Ansatz der „Radicals“ um Samuel Bowles (2003): Mit Rückgriff u.a. auf marxistische Denktraditionen argumentiert diese Schule, dass die analytische Gleichbehandlung aller Märkte dazu geführt habe, dass auch dort Machtphänomene und psychologische Mechanismen ausgeblendet wurden, wo die Folgen erstens Prognosefehler und zweitens unangebrachte normative Aussagen beinhalten. Sturn (2007) zeigt die Fehler sehr deutlich an der Theorie der Unternehmung, und er argumentiert, in welcher Weise Machtphänomene auftreten, die auch in der Theorie mitbedacht werden müssten.

Für Fragen des Gesundheitssystems ist noch wichtiger, dass es entscheidend auf die *Interpretation* ökonomischer Situationen durch die Individuen ankommt. Der wahrgenommene Kontext entscheidet, ob sich jemand in einer reinen Markttauschbeziehung sieht, in einem Reziprozitätssystem gegenseitiger Ansprüche und Verpflichtungen, in einem speziellen Gruppen- oder in einem Autoritätskontext. Das ist deshalb relevant,

3 „Die *black box* der firmenförmigen Kooperation ist demzufolge nur aufgrund rhetorischer Gewohnheiten opak, denn außer normalen Tauschbeziehungen ist darin nichts zu finden: [...]. In Wirklichkeit gibt es nur symmetrische Kontraktbeziehungen, deren ökonomisch relevante Charakteristika [...] anhand des Einkaufs beim Metzger zureichend eingesehen werden können.“ (Sturn 2007, 2).

weil dadurch in systematischer Weise Gerechtigkeitsurteile, Präferenzen und Verhaltensweisen geformt werden (vgl. Kubon-Gilke 1997, Kapitel 4, Mikula 2002). Durch die kontextabhängigen, endogenen Präferenzen können die auf der Grundlage fester Präferenzen getroffenen Effizienzaussagen falsch und auch die entsprechenden Verhaltens- und Marktergebnisprognosen fehlerhaft sein. Körner (2007 b) spricht zwar in ähnlichem Zusammenhang von einer moralischen Unbestimmtheit marktwirtschaftlicher Entwicklungen, aber zumindest analytisch können mit Rückgriff auf sozialpsychologische Erkenntnisse durchaus systematische Zusammenhänge thematisiert und entsprechende politische Gestaltungsempfehlungen gegeben werden.

Eine zentrale Erkenntnis ist, dass die kontextabhängige Präferenz- und Gerechtigkeitsurteilsentwicklung deutliche Pfadabhängigkeiten verursacht, da das jeweils bestehende System Präferenzen und Einstellungen der Individuen beeinflusst. So erklärt sich, warum sich nach dem 2. Weltkrieg trotz dominant abweichender theoretischer Positionen der Ordoliberalen doch wieder sozial- und gesundheitspolitische Institutionen durchgesetzt wurden, die auf Vorkriegslösungen aufbauten und auch, warum etwa das Urteil über eine sogenannte „solidarische“ Krankenversicherung in verschiedenen Gesellschaften so unterschiedlich ausfällt. Während ein solches System in Deutschland mehrheitlich als gerecht interpretiert und eingefordert wird, wurde eine Reform in Richtung eines solchen Systems mit einkommensabhängigen Prämien in der Schweiz im März 2007 mit deutlicher Mehrheit von 71,2% aller abgegebenen Voten abgelehnt (vgl. Neue Zürcher Zeitung 2007). Die Pfadabhängigkeiten von Gerechtigkeitsurteilen und Einstellungen zu Marktlösungen in den verschiedensten Bereichen haben für das Gesundheitssystem zwei Konsequenzen:

Erstens ist es nicht zu erwarten, dass vermeintlich effiziente Lösungen, die von ökonomischer Seite fast im Konsens gefordert werden (Integration der Pflegeversicherung in die Krankenversicherung bei Wegfall der Pflegestufe 1, Beschränkung der Leistungen auf ein „Grundleistungsangebot“, kassenspezifische Pauschalbeiträge, Pflichtmitgliedschaft aller BürgerInnen, deutliche Selbstbeteiligungen, ggf. Umverteilungen zur Vermeidung von Ungerechtigkeiten durch das Steuer- und Transfersystem u.a.m.), im demokratischen Entscheidungsprozess überhaupt durchsetzbar sind, weil sie massiv bestehenden Gerechtigkeitsvorstellungen widersprechen. Das derzeitige Modell korporatistischer Strukturen mit der starken Rolle von Verbänden und Vereinigungen birgt dabei noch spezielle Probleme durch asymmetrische Lobbyismus- und Beeinflussungsmöglichkeiten (vgl. Körner 2007 a und b).

Zweitens ist aber auch nicht sicher, ob der ökonomische Vorschlag tatsächlich Effizienzvorteile hat. Es ist keineswegs auszuschließen, dass die Missachtung von Gerechtigkeitswahrnehmungen und Systemänderungen derart massive Einstellungs- und Verhaltensänderungen verursacht, die Systemübernutzungen u.a. begünstigen, sodass eine Reform tatsächlich die Gesundheitskosten stark in die Höhe treiben kann, ohne entsprechend verbesserte Leistungen nach sich zu ziehen. Diese Zusammenhänge zwischen Effizienz und Gerechtigkeit zeigen die Notwendigkeit zu mehr Vorsicht bei rein statischen ökonomischen Effizienzbetrachtungen des Gesundheitssystems, und sie mahnen zur Vorsicht bei Ausgestaltungsvorschlägen.

5 Zu den (sozial-)medizinischen Zusammenhängen

Während die Sozialmedizin Prävention, Früherkennung, Therapie und Nachsorge unter der Perspektive der Entstehung sozialer Ungleichheiten und ihrer Auswirkungen auf Gesundheit untersucht und evaluiert und davon ausgehend Strategien und Konzepte zur Verbesserung der Gesundheit von Individuen, Gruppen und der gesamten Bevölkerung entwickelt, bezieht sich das ärztliche Berufsrecht auf die Wiederherstellung der Gesundheit und Linderung von Krankheit des einzelnen Menschen. Was aber ist Gesundheit, an welchen Merkmalen kann mehr Gesundheit festgestellt werden? Eine absolute Definition von Gesundheit gibt es nicht, sie ist abhängig vom sozialen und kulturellen Kontext (vgl. z.B. Lanwer 2007) und auf einem Kontinuum von Gesundheit und Krankheit eher prozessual zu verorten (vgl. Brieskorn-Zinke / Köhler-Offierski 1997, S. 14ff). Entsprechend können die Vorstellungen über Gesundwerden in der Bevölkerung wie in der Ärzteschaft unterschiedlich sein. Dies kommt weniger bei akuten Erkrankungen mit definiertem Auslöser zum Tragen, spielt aber insbesondere bei chronischen Erkrankungen und multifaktoriell bedingten Störungen eine erhebliche Rolle. Daraus können sich seitens des Patienten Leistungserwartungen im Hinblick auf bestimmte Versorgungsverfahren wie z.B. die Homöopathie ableiten. Hinzu kommt, dass Vorerfahrungen mit eigenem Kranksein und mit bisher erbrachten Leistungen durch das Gesundheitssystem in die aktuellen Erwartungen einfließen.
Gemäß der Berufsordnung ist das oberste Gebot ärztlichen Handelns *„die Erhaltung und Wiederherstellung meiner Patientinnen und Patienten“*. Arzt und Ärztin sind verpflichtet, bei der Ausübung der ärztlichen Pflichten *„keinen Unterschied <zu> machen weder nach Geschlecht, Religion, Nationalität, Rasse noch nach Parteizugehörigkeit oder sozialer Stellung“* (Gelöbnis der Berufsordnung für die nordrheinischen Ärztinnen und Ärzte in der Fassung vom 20.11.2004). Eine bedarfsgerechte Versorgung auf der Ebene des Individuums bedeutet daher die Vermeidung einer Unter-, Über- und Fehlversorgung. Sie muss patienten- und nicht krankheitsorientiert sein. Dabei hat sich die Ärztin am Stand der Wissenschaft, d.h. an den Grundlagen der Evidence based Medicine zu orientieren. Im Kern handelt es sich dabei um ein Verfahren, klinische Studien zu beurteilen im Hinblick auf die Anwendung für die Praxis. Nach Dave Sackett, dem Begründer dieses Verfahrens, sind folgende Schritte zu beachten:

1. Zunächst muss eine krankheitsbezogene Frage formuliert werden, die beantwortet werden kann.
2. Zu ihrer Beantwortung werden Beweise mit größtmöglicher Effizienz gesucht in der Literatur, durch andere Quellen, Labor, klinische Untersuchungen.
3. Diese Beweise müssen kritisch gewürdigt sowie hinsichtlich ihrer Validität und Anwendbarkeit in der klinischen Praxis beurteilt werden.

4. Die Ergebnisse dieser kritischen Würdigung werden in die klinische Praxis, in Diagnostik und Behandlung, überführt.
5. Das eigene Vorgehen sollte überprüft und evaluiert werden (vgl. Greenhalgh 2000, 18).

Besondere Aussagewert wird Studien zugemessen, die unter randomisierten Bedingungen im Doppelblindversuch durchgeführt wurden.
Aus der Evidence Based Medicine wurden im SGB V die evidenzbasierten Leitlinien (s. §§ 137e(3), 137f(1)). Der Begriff der Leitlinien wird von der WHO definiert „als systematisch entwickelte Feststellungen (statements), um die Entscheidungen von Ärzten und Patienten über angemessene Gesundheitsversorgung für spezifische Umstände (situations) zu unterstützen" (zit. nach Troschke 2001, 113). Sie sind als Maßnahmen der Qualitätssicherung der medizinischen Versorgung gedacht. In Deutschland werden diagnosebezogene Leitlinien in Kooperation zwischen der Arbeitsgemeinschaft der Medizinischen Wissenschaftlichen Fachgesellschaften und den wissenschaftlichen Fachgesellschaften entwickelt mit folgenden handlungsleitenden Fragen:

- Was ist notwendig?
- Was ist in einzelnen Fällen nützlich?
- Was ist überflüssig?
- Was ist obsolet?
- Was muss stationär behandelt werden?
- Was kann ambulant behandelt werden? (Troschke 2001, 113).

Diese Leitlinien werden wiederum herangezogen zur Beurteilung der Frage, ob eine Behandlungsmaßnahme notwendig und wirtschaftlich ist. Konfliktträchtig ist, dass gegenwärtig für eine Vielzahl gesundheitlicher Fragestellungen die erforderlichen Studien nicht vorliegen und in randomisierten Doppelblindstudien per Definition die Subjekthaftigkeit der beteiligten PatientInnen wie TherapeutInnen gar nicht und der Kontext gesundheitlicher Probleme nur begrenzt erfasst wird.
In der Arzt-Patient-Beziehung müssten ggf. unterschiedliche Sichtweisen auf ein Krankheitsempfinden, unterschiedliche Interpretationen von Ursachen und gesundheitsbezogenen Auswirkungen und unterschiedliche Erwartungen hinsichtlich der Behandlung ausgehandelt werden. In einer Situation, in der für eine Vielzahl von Maßnahmen derzeit keine validen Studien vorliegen, aber Rationierungen von Leistungen z.B. in der Physiotherapie, vorgenommen werden und zwar ohne rationale medizinische Begründungen, in der sich wechselseitig Krankenkassen und Ärzteschaft Schuld zuschreiben, stellt dieser Aspekt jede ärztliche Maßnahme unter den Verdacht, primär nicht am Wohl des Patienten und dessen individuell empfundenen Versorgungsbedarf, sondern an (eigenen) ökonomischen Interessen orientiert zu sein. Damit werden die strukturellen Konflikte tendenziell individualisiert und personalisiert.
Auf der Ebene der Gesellschaft bedeutet eine bedarfsgerechte Versorgung die Zentrierung auf die vorherrschenden Krankheitsprobleme, die chronischen Erkrankungen, die psychischen Erkrankungen, die Befindlichkeitsstörungen und funktionellen Erkran-

kungen und die Gesundheitsfragen des Alterns und des Alters (vgl. Eberstein 2005, 11f). Des Weiteren bedeutet sie die Verpflichtung, die Gesundheit aller Bevölkerungsmitglieder zu fördern.
Unter letztgenanntem Stichwort ist die allgemeine Versicherungspflicht eindeutig zu befürworten, denn sie reduziert finanzielle Barrieren für die Inanspruchnahme medizinischer Leistungen. Zuzahlungspflicht und alle Formen bürokratischer Hürden vergrößern die Distanz zum Versorgungssystem gerade bei denjenigen, die von Armut und eingeschränkter sozialer Kompetenz betroffen sind. Besonders deutlich ist dieser Zusammenhang bei Wohnsitzlosen, die trotz hoher akuter Behandlungsbedürftigkeit Praxen niedergelassener Ärzte nicht aufsuchen, sondern nur durch Angebote vor Ort erreicht werden (vgl. Trabert 1999).
Dieser Faktor ist auch zu berücksichtigen im Hinblick auf die Kopplung von Teilnahme an Vorsorge- und Früherkennungsuntersuchungen und therapiegerechtem Verhalten durch chronisch Kranke, damit ihre Zuzahlung sinkt, wie es ab 2008 vorgesehen ist. Bekannt ist nämlich, dass diese Maßnahmen schicht- und geschlechtabhängig in Anspruch genommen werden (Eberstein 2005, 33).
Zwischen dem sozialmedizinischen Ziel, die Erkrankungen, die häufig sind und die Lebensjahre und -qualität der Bevölkerung einschränken (burden of disease), insgesamt in den Mittelpunkt des Ressourceneinsatzes im Gesundheitswesen zu stellen, und dem Anspruch jedes Einzelnen, sowohl im akuten Notfall als auch bei jeder Art von Krankheit umfassende Behandlung zu erfahren, auch wenn das im Einzelfall allein für die medikamentöse Versorgung jährliche Kosten um die 55 000 Euro bedeutet, ergibt sich ein Spannungsfeld, das subjektiv als eine Gerechtigkeitsfrage erlebt wird.
Ein weiteres Spannungsfeld ergibt sich aus der Frage, was ein gerechter Lohn für medizinische Leistungen, für pharmakologische, für physio-, ergotherapeutische Leistungen, für stationäre und ambulante Behandlung ist. Dabei ist aus der Perspektive der Medizin die ärztliche Unabhängigkeit in dem Sinne zu wahren, dass Patientinnen und Patienten darauf vertrauen können, dass Ärztinnen und Ärzte „unabhängig und unbeeinflusst von wirtschaftlichen Interessen Dritter ihrer Tätigkeit nachgehen" (§ 30Abs.1 (Muster-)Berufsordnung, Berufsordnungsgremien der Bundesärztekammer 2007).

6 Zusammenfassung

Es wurde aufgezeigt, dass die Frage einer gerechten Gestaltung der Gesundheitsversorgung sowohl aus ökonomischer wie aus medizinischer Sicht mit geprägt ist durch die bisherigen Erfahrungen mit den gewachsenen Strukturen des Gesundheitswesens. Des Weiteren wurde auf einige methodische Probleme in der Steuerung des Gesundheitswesens eingegangen. Beides zusammen macht verständlicher, warum sich die Auseinandersetzung über die Gesundheitsreform bei begrenzten Ressourcen so außerordentlich schwierig gestaltet und weder reduktionistisch-rational noch vom Einzelfall ausgehend normativ zu lösen ist.

Literatur:

Aaron, Henry J. & Schwartz, William B. with Cox, Melissa (2005): Can We Say No? The Challenge of Rationing Health Care, Washington, D.C.: Brookings Institution Press.

Bayerl, B. & Mielck, Andreas (2006): Egalitäre und individualistische Gerechtigkeitsvorstellungen zur gesundheitlichen Versorgung: Ergebnisse einer Befragung von Patienten und Studenten, In: Gesundheitswesen 68. 2006, 739-746.

Bowles, Samuel (2003): Microeconomics. Behavior, Institutions, and Evolution, Princeton: Princeton University Press.

Breyer, Friedrich & Zweifel, Peter & Kifmann, Mathias (2005): Gesundheitsökonomik, Heidelberg u.a.: Springer.

Brieskorn-Zinke, Marianne & Köhler-Offierski, Alexa (1997): Gesundheitsförderung in der Sozialen Arbeit, Freiburg: Lambertus.

Bundesministerium für Gesundheit (2007a): Die neue Gesundheitsversicherung, *www.die-gesundheitsreform.de/gesundheitspolitik/pdf/gesundheitsreform_2007_fundament_gesundheitsversicherung.pdf?param=reform2006.*

Bundesministerium für Gesundheit (2007b): Gesundheitsreform 2007, *www.die-gesundheitsreform.de/gesundheitspolitik/gesundheitsreform_2007/index.html.*

Eberstein, Benita von (2005): Gesundheitssystem und Gesundheit in Deutschland, Frankfurt: VAS.

Greenhalgh, T. (2000): Einführung in die Evidence-based Medicine. Kritische Beurteilung klinischer Studien einer rationalen Medizin, Bern u.a.: Hans Huber.

Körner, Heiko (2007a): Wurzeln der Sozialen Marktwirtschaft. In: v. Hauff, Michael [Hg.]: Die Zukunftsfähigkeit der Sozialen Marktwirtschaft, Marburg: Metropolis, 15-36.

Körner, Heiko (2007b): Soziale Marktwirtschaft. Versuch einer pragmatischen Begründung, Manuskript, TU Darmstadt.

Kubon-Gilke, Gisela (1997): Verhaltensbindung und die Evolution ökonomischer Institutionen, Marburg: Metropolis.

Kubon-Gilke, Gisela (2005): The Impact of Incentive Schemes on Qualità and Efficiency – Problems of Building up Quality Standards in the Social Sector. In: Fröse, M.W. [Hg.]: Management Sozialer Organisationen. Beiträge aus Theorie, Forschung und Praxis. Das Darmstädter Management-Modell, Berlin u.a.: Haupt, 79-99.

Kubon-Gilke, Gisela (2007): Religion prägt Wirtschaft, Wirtschaft prägt Religion – zur Interdependenz von Ökonomie und Religion. In: Jahrbuch Normative und institutionelle Grundlagen der Ökonomik 6, 13-36.

Lanwer, Willehad (2007): „Menschen die anders sind". Methodologische Aspekte zur sozialen Konstruktion von Krankheit und Behinderung, erscheint in diesem Band.

Mikula, Gerald (2002): Gerecht und ungerecht: Eine Skizze der sozialpsychologischen Gerechtigkeitsforschung. In: Jahrbuch Normative und institutionelle Grundfragen der Ökonomik 1, 257-278.

Neue Zürcher Zeitung (2007): Einheitskasse klar gescheitert, NZZ Online vom 12. März 2007, *www.nzz.ch/2007/03/11/il/newzzEZ5DSW95-12.html.*

OECD (2006): Society at a Glance. OECD Social Indicators, Paris: OECD Publishing.

Sturn, Richard (2007): Asymmetrische Marktbeziehungen und innerbetriebliche Hierarchien, Manuskript, Universität Graz.

Trabert, Gerhard (1999): Armut und Gesellschaft. Soziale Dimension von Krankheit vernachlässigt. In: Deutsches Ärzteblatt 96. 1999/A-756-760.

Troschke, Jürgen von (2001): Die Kunst, ein guter Arzt zu werden, Bern u.a.: Hans Huber.

Mehr Prävention?
Primäre Prävention, Gesundheits- und Selbsthilfeförderung als Leistungen der Gesetzlichen Krankenversicherung – Ausgabenentwicklung und Perspektiven nach der „Gesundheitsreform 2007"

Klaus Priester

1 Ausgaben für Prävention in Deutschland

Im Unterschied zu dem großen publizistischen Echo, das Prävention und Gesundheitsförderung im allgemeinen sowie einzelne Kampagnen zu gesundheitsförderlichen Lebens- und Verhaltensweisen in Programmatik und Tagespolitik von Parteien, Verbänden und Gesundheitsministerien verursachen, ist der reale Stellenwert von Prävention und Gesundheitsförderung, misst man ihn an den gesamtgesellschaftlich aufgewendeten finanziellen Ressourcen, ausgesprochen gering. Nach der Gesundheitsausgabenrechnung des Statistischen Bundesamtes, die alle Gesundheitsaufwendungen mit Ausnahme gesundheitsbezogener Einkommensleistungen in Deutschland erfasst, entfielen im Jahr 2005 in Deutschland nur knapp 4% aller Gesundheitsausgaben auf die Prävention[1]. Seit dem Beginn der neunziger Jahre haben sich die Präventionsausgaben absolut zwar deutlich erhöht – von 6,1 Mrd. Euro 1992 auf 9,0 Mrd. Euro im Jahr 2005 –, doch ihr Anteil an allen Gesundheitsaufwendungen blieb mit geringen Schwankungen stabil niedrig. Insgesamt wuchsen die Gesundheitsaufwendungen in diesem Zeitraum um 52%, die Aufwendungen für Prävention/Gesundheitsschutz leicht unterproportional um 48%. Auch gemessen am Bruttoinlandsprodukt hat sich der Anteil der Präventionsausgaben im Zeitverlauf nur geringfügig verändert; 2005 belief er sich auf 0,4%. Von der Prävention als gleichwertiger eigenständiger Säule der gesundheitlichen Versorgung kann demnach gegenwärtig in Deutschland nicht die Rede sein: Im Mittelpunkt steht nach wie vor die kurative Behandlung bereits eingetretener Krankheiten und nicht deren Verhinderung. Und: Der Stellenwert der Prävention hat sich – allen gegenteiligen propagandistischen Parolen zum Trotz – in den vergangenen anderthalb Jahrzehnten nicht erhöht.

Gleichwohl haben sich Struktur und Finanzierung der Präventionsausgaben seit dem Beginn der neunziger Jahre deutlich verändert:

---

1 Alle in diesem Abschnitt angeführten Daten beruhen, soweit nicht anders bezeichnet, auf den Ergebnissen der neuen Gesundheitsausgabenrechnung des Statistischen Bundesamts in der jährlich – auch rückwirkend – aktualisierten Fassung (Statistisches Bundesamt, lfd; Statistisches Bundesamt 2007).

- Innerhalb der vom Statistischen Bundesamt zusammengefassten Leistungsart Prävention/Gesundheitsschutz[2] am stärksten gewachsen sind zwischen 1992 und 2005 die Ausgaben für die Krankheitsfrüherkennung, und zwar von 0,6 Mrd. Euro auf 1,3 Mrd. Euro (+108%), alle anderen Teilbereiche der Prävention wuchsen nur durchschnittlich oder unterdurchschnittlich: so die Aufwendungen für Gesundheitsförderung von 3,1 Mrd. auf 4,7 Mrd. Euro (+49%), für Gutachten und Koordination von 0,6 Mrd. auf 0,9 Mrd. Euro (+49%) sowie für den allgemeinen Gesundheitsschutz von 1,7 Mrd. auf 2,1 Mrd. Euro (+25%). Während im Zeitverlauf der Anteil der Ausgaben für Gesundheitsförderung an allen Präventionsausgaben mit 52% und der Anteil der Aufwendungen für Gutachten und Koordination mit 10% mit zwischenzeitlichen Schwankungen per saldo unverändert blieb, ist der Anteil der Ausgaben für den allgemeinen Gesundheitsschutz von 28% auf 24% gefallen und der Anteil der Früherkennungsaufwendungen von 10% auf 14% gestiegen. Insgesamt zeichnet sich damit eine leichte Tendenz der Verlagerung der Präventionsausgaben von der Primärprävention (allgemeiner Gesundheitsschutz) zur Sekundärprävention (Früherkennung) bei Stabilisierung der Gesundheitsförderungsausgaben ab.
- Die Entwicklung der Finanzierung der Präventionsausgaben nach Ausgabenträgern ergibt für die Jahre 1992 bis 2005 folgendes Bild: Die Präventionsausgaben wuchsen im Durchschnitt aller Ausgabenträger um 48%, viermal so stark nahmen die Ausgaben von privaten Haushalten und Organisationen ohne Erwerbszweck zu (+200%), mehr als doppelt so stark die Ausgaben der Privaten Kranken- und Pflegeversicherung (+134%) und der Gesetzlichen Krankenversicherung einschließlich der Sozialen Pflegeversicherung (+109%). Noch oberhalb des Durchschnitts aller Ausgabenträger wuchsen auch die Präventionsaufwendungen der Gesetzlichen Unfallversicherung (+60%). Vergleichsweise geringe Ausgabenanstiege verzeichneten die Öffentlichen Haushalte (+9%), praktisch unverändert blieben die Aufwendungen der Gesetzlichen Rentenversicherung (+1%). Sehr stark gesunken sind im Zeitverlauf hingegen die Präventionsaufwendungen der Arbeitgeber (-33%). Diese trägerspezifisch differenzierte Entwicklung der Präventionsausgaben hat zu veränderten Finanzierungsanteilen der einzelnen Träger an allen Präventionsausgaben im Zeitverlauf geführt: So nahm der Anteil der von den Arbeitgebern finanzierten Ausgaben von 19% auf 8% aller Präventionsausgaben ab, der Anteil der Öffentlichen Haushalte sank ebenfalls stark von 32% auf 24%. Kaum verändert haben sich hingegen die Finanzierungsanteile der Gesetzlichen Rentenversicherung (Reduktion von 3% auf 2%), der Gesetzlichen Unfallversicherung (Anstieg von 10% auf 11%) sowie der Privaten Kranken- und Pflegeversicherung (Anstieg von 1% auf 1,5%). Deutlich gewachsen sind die Anteile der Gesetzlichen Krankenversicherung einschließlich der Sozialen Pflegeversicherung von 31% auf 44% sowie der privaten Haushalte und privaten Organisationen ohne Erwerbszweck von 5% auf 10% aller

2 Zur Definition und Abgrenzung des Präventionsbereichs (Leistungsart Prävention/Gesundheitsschutz) vgl. Statistisches Bundesamt 2007, Textteil.

Präventionsausgaben. Hieraus läßt sich – ungeachtet teilweise absolut zunehmender Aufwendungen – zum einen ein Trend zum Rückzug des Staates (Öffentliche Haushalte) und der Unternehmen (Arbeitgeber) aus der Finanzierung der Präventionsausgaben bei gleichzeitiger Verlagerung dieser Ausgaben auf die Sozialversicherungsträger insgesamt und die privaten Haushalte ablesen; zum anderen wird eine Verlagerung der Präventionsausgaben innerhalb der Sozialversicherungsträger auf die Gesetzliche Kranken- und Soziale Pflegeversicherung deutlich.

- Die einzelnen Felder der Prävention werden von den unterschiedlichen Akteuren bzw. Leistungsträgern in differenzierter Weise „bearbeitet“: So ist der allgemeine Gesundheitsschutz gemessen an den Ausgaben im Jahr 2005 zu 60% eine Domäne der Öffentlichen Haushalte, also des Bundes, der Länder sowie der Städte, Landkreise und Gemeinden (Öffentlicher Gesundheitsdienst usw.), die restlichen 40% der Aufwendungen in diesem Teilbereich entfallen auf die Gesetzliche Unfallversicherung (vor allem Unfallverhütung und Prävention arbeitsbedingter Erkrankungen). Die Gesundheitsförderung wiederum wird zu knapp der Hälfte (48%) von der Gesetzlichen Krankenversicherung sowie zu einem Fünftel (20%) von den privaten Haushalten und privaten Organisationen ohne Erwerbszweck finanziert, während die Öffentlichen Haushalte (17%) und die Arbeitgeber (15%) in diesem Bereich von untergeordneter Bedeutung sind. Die Früherkennung von Krankheiten wird fast ausschließlich von der Gesetzlichen (85%) und der Privaten Krankenversicherung (7%) finanziert. Die der Prävention zugerechneten Begutachtungs- und Koordinationskosten schließlich werden zum allergrößten Teil von der Gesetzlichen Krankenversicherung (37%), der Sozialen Pflegeversicherung (30%), der Gesetzlichen Rentenversicherung (19%) und der Gesetzlichen Unfallversicherung (9%) getragen. Wenn im Zeitverlauf, wie dargestellt, das Arbeitsfeld Allgemeiner Gesundheitsschutz innerhalb der Präventionslandschaft an Bedeutung verloren hat, so korrespondiert dies mit dem ebenfalls festgestellten tendenziellen Rückzug des Staates aus der Prävention. Umgekehrt korrespondiert der gewachsene Stellenwert der Früherkennung innerhalb der Prävention mit steigenden Ausgabenanteilen der Gesetzlichen und Privaten Krankenversicherung.
- Die Aktivitäten der einzelnen Leistungsträger im Präventionsbereich konzentrieren sich sehr stark auf jeweils ein bis zwei der Präventionsfelder: So entfielen von den Präventionsausgaben im Jahr 2005 bei den Öffentlichen Haushalten mehr als 60% der aufgewendeten Finanzmittel auf den allgemeinen Gesundheitsschutz, ein gutes Drittel auf die Gesundheitsförderung; in der Gesetzlichen Krankenversicherung gut 60% auf die Gesundheitsförderung und knapp 30% auf die Früherkennung von Krankheiten; in der Sozialen Pflegeversicherung beziehen sich die Präventionsausgaben zu 100% auf Gutachten und Koordination; in der Gesetzlichen Rentenversicherung ist dies zu 95% der Fall; die Gesetzliche Unfallversicherung wiederum verausgabt knapp 90% ihrer Präventionsmittel für den allgemeinen Gesundheitsschutz; in der Privaten Krankenversicherung stehen, anders als in der Gesetzlichen Krankenversicherung, die Aufwendungen für Früherkennung mit mehr als 60% des Ausgabenvolumens im

Vordergrund der Prävention, während auf die Gesundheitsförderung nur ein knappes Viertel der Aufwendungen entfällt. Die Arbeitgeberaufwendungen für Prävention gehen zu mehr als 90% in die Gesundheitsförderung, zu fast 100% ist dies auch bei den privaten Haushalten und privaten Organisationen ohne Erwerbszweck der Fall.

Insgesamt spiegeln die vom Statistischen Bundesamt ermittelten Daten zu den Präventionsausgaben eine historisch gewachsene und ausdifferenzierte Präventionslandschaft in Deutschland wider. Die vielfach erhobene Forderung, Prävention müsse als „gesamtgesellschaftliche Aufgabe“ verstanden werden, ist hinsichtlich der Aufgabenverteilung und der Finanzierungsstrukturen im Präventionssektor Realität. Eine andere Frage ist jedoch, ob die insgesamt und von den einzelnen Leistungsträgern mobilisierten Finanzmittel als ausreichend und hinreichend (im Sinne von problemadäquat, bedarfsgerecht, sozial angemessen, zielorientiert usw.) angesehen werden können und ob die in den letzten Jahrzehnten sichtbar gewordene Tendenz zum Rückzug von Staat und Unternehmen und zur Privatisierung im Präventionsbereich ebenso wie die immer stärkere Konzentration der Präventionsausgaben bei der Gesetzlichen Krankenversicherung zu einseitigen Lastenverteilungen geführt haben, die einer nachhaltigen Korrektur, beispielsweise im Rahmen eines künftigen Präventionsgesetzes, bedürften (Schröer 2007). Zudem wären – neben der hier vorgenommenen Betrachtung vorwiegend quantitativ-finanzieller Entwicklungen – ebenso die qualitativen Aspekte der Entwicklung des Präventionssektors zu analysieren.[3]

2 Ausgaben für Prävention, Gesundheits- und Selbsthilfeförderung in der Gesetzlichen Krankenversicherung

Die Gesetzliche Krankenversicherung hat nach den Berechnungen des Statistischen Bundesamtes im Jahr 2005 mit knapp 3,7 Mrd. Euro rund 41% aller Präventionsausgaben in Deutschland getragen. Gemessen an den gesamten Gesundheitsausgaben (ohne Einkommensleistungen) der Krankenkassen machen die Präventionsausgaben einen Anteil von 2,7% aus (Statistisches Bundesamt 2007). Wenngleich das Statistische Bundesamt bei der Ermittlung der Gesundheitsausgaben einer eigenen, im Detail nicht immer genau nachvollziehbaren, Systematik folgt, korrespondieren diese Angaben zumindest größenordnungsmäßig mit jenen, die sich aus den veröffentlichten Rechnungsergebnissen der Gesetzlichen Krankenversicherung berechnen lassen. Ungeachtet von Unterschieden in der Zuordnung einzelner Ausgabenpositionen zwischen der Gesundheitsausgabenrechnung des Statistischen Bundesamts und den detailliert vorliegenden Rechnungsergebnissen der Krankenkassen zu den Präventionsausgaben differieren die Präventionsausgaben in beiden Rechnungssystemen nach eigenen Berechnungen für das

3 Hierauf muss im vorliegenden Beitrag aus Raumgründen verzichtet werden. Siehe hierzu zusammenfassend etwa Rosenbrock/Gerlinger 2006, S. 59 ff.; Lenhardt 2007; Sachverständigenrat 2007, S. 647 ff., 777 ff. und 820 ff.

Jahr 2005 um lediglich ca. 100-150 Mio. Euro, um die die Kassenrechnung höher liegt als die des Statistischen Bundesamts und die weitestgehend auf Differenzen im Bereich der Früherkennung von Krankheiten zurückgehen. Ansonsten liegen die Präventionsaufwendungen in beiden Rechnungssystemen in vergleichbaren Größenordnungen. Den folgenden Ausführungen werden daher die – in der erforderlichen Tiefengliederung in der Gesundheitsausgabenrechnung des Statistischen Bundesamts nicht ausgewiesenen – detaillierten Rechnungsergebnisse der Gesetzlichen Krankenversicherung zugrunde gelegt. Danach betrugen die Präventionsausgaben der Kassen im Jahr 2005 insgesamt rund 3,8 Mrd. Euro, von denen rund 2,2 Mrd. auf die Gesundheitsförderung im weiteren Sinne, rund 1,2 Mrd. Euro auf die Früherkennung und 0,3 Mrd. Euro auf den Medizinischen Dienst und Gutachterkosten entfielen (Bundesministerium für Gesundheit, lfd.).

2.1 Aktuelle Entwicklung der Kassenausgaben im Präventionsbereich

Die aktuelle Entwicklung der Präventionsausgaben der Gesetzlichen Krankenversicherung, also der Aufwendungen für Primär-, Sekundär- und Tertiärprävention, stellt sich recht differenziert dar: So waren im Jahr 2006 (1.-4. Quartal)[4] etwa die Aufwendungen für ambulante und stationäre Vorsorge-, Kur- und Rehabilitationsmaßnahmen gegenüber dem Vorjahr rückläufig (-1,5% je Mitglied), während die Aufwendungen für Früherkennungsmaßnahmen um 12% je Mitglied wuchsen. Ausgesprochen stark zugenommen haben die Ausgaben für den Bereich „Soziale Dienste, Prävention und Gesundheitsförderung", also im wesentlichen die in § 20 Sozialgesetzbuch (SGB) V geregelten Leistungen. Hierfür gaben die Krankenkassen im Jahr 2006 insgesamt mehr als 1,3 Mrd. Euro aus, je Mitglied rund 12% mehr als im Vorjahr. Damit hielt auch im vergangenen Jahr die seit dem Ende der neunziger Jahre zu verzeichnende stetige Aufwärtsentwicklung der Ausgaben für diesen Bereich gesundheitlicher Versorgung an und überschritt abermals deutlich die gegen Mitte der neunziger Jahre erreichten Höchststände, die unter Gesundheitsminister Seehofer nach 1996 mit dem Hinweis, es sei nicht Aufgabe der Gesetzlichen Krankenversicherung, die Förderung des Wohlbefindens der Versicherten zu finanzieren, drastisch abgebaut worden waren (Priester 1998, 15 ff.; Priester 1999a; Priester 1999b). Derzeit werden rund 1% der Leistungsausgaben der Gesetzlichen Krankenversicherung für Soziale Dienste, Primärprävention, Gesundheitsförderung und Selbsthilfeunterstützung aufgewendet, soviel wie noch nie zuvor in den vergangenen vier Jahrzehnten – und erschreckend wenig, wenn man sich gleichzeitig das Vergeudungspotenzial in vielen Bereichen der kassenfinanzierten Krankenversorgung (z.B. in der Arzneimittelversorgung) und die immensen ungenutzten Präventionspotenziale vergegenwärtigt.

4 Die Daten zu den Ausgaben der Gesetzlichen Krankenversicherung in diesem und den folgenden Abschnitten beziehen sich für das Jahr 2006 auf vorläufige Angaben für das 1-4. Quartal (Bundesministerium für Gesundheit 2007), für die vorhergehenden Jahre auf die endgültigen Rechnungsergebnisse (Bundesministerium für Gesundheit, lfd.).

Innerhalb des Ausgabenblocks für Soziale Dienste, Primärprävention, Gesundheits- und Selbsthilfeförderung entfielen im Jahr 2006 allerdings allein 70% der Mittel (929 Mio. Euro) auf Schutzimpfungen, 11% (143 Mio. Euro) auf die Sozialen Dienste der Kassen und knapp 2% (28 Mio. Euro) auf die Selbsthilfeförderung. 17% der Aufwendungen in diesem Leistungsbereich gingen in die Primärprävention und betriebliche Gesundheitsförderung. Das waren im Jahr 2006 mit absolut 226 Mio. Euro immerhin knapp 26% (je Mitglied +29%) mehr als im Vorjahr, während die Ausgaben für die Selbsthilfeförderung lediglich um eine halbe Mio. Euro oder knapp 2% zunahmen.

2.2 Entwicklung der Ausgaben für Primärprävention und Gesundheitsförderung seit dem Jahr 2000

Im Mittelpunkt der folgenden Betrachtungen steht allein der „harte Kern" der primärpräventiven, Gesundheitsförderungs- und Selbsthilfeförderungs-Ausgaben der Gesetzlichen Krankenversicherung, der auch Gegenstand der mit der „Gesundheitsreform 2007" erfolgten Neuregelung war. Seit der Neufassung des § 20 SGB V im Jahr 2000 (Priester 1999a) haben sich die Kassenausgaben für Primärprävention (vor allem Gesundheitskurse zu Bewegung, Ernährung usw. nach § 20 Abs. 1), betriebliche Gesundheitsförderung (nach § 20 Abs. 2) und Selbsthilfeförderung (nach § 20 Abs. 4) kontinuierlich und gemessen an den gesamten Kassenausgaben auch stark überproportional erhöht. Die Primärpräventions- und Gesundheitsförderungsausgaben haben sich im Durchschnitt der Gesetzlichen Krankenversicherung ausgehend von 43 Mio. Euro im Jahr 2000 bis zum Jahr 2002 (88 Mio. Euro) mehr als verdoppelt und bis 2006 (226 Mio. Euro) mehr als verfünffacht, die Aufwendungen für Selbsthilfeförderung stiegen zwischen 2000 (knapp 10 Mio. Euro) und 2006 (knapp 28 Mio. Euro) auf nahezu das Dreifache an – in den letzten Jahren mit allerdings stark verlangsamter bzw. stagnativer Tendenz.

Insgesamt wurden von den Krankenkassen im Jahr 2006 für Primärprävention, Gesundheits- und Selbsthilfeförderung im engeren Sinne rund 254 Mio. Euro ausgegeben. Das entspricht 0,18% der Leistungsausgaben der Gesetzlichen Krankenversicherung und stellt seit der Wiedereinführung dieser Leistungen im Jahr 2000 eine Vervierеinhalbfachung des Anteils an den Leistungsausgaben bzw. – in absoluten Zahlen – einen Anstieg um rund 200 Mio. Euro dar. Gemessen am letzten Stand dieses Ausgabenbereichs vor seiner drastischen Beschneidung in der Endphase der Ära Kohl / Seehofer, als die Kassen im Jahr 1996 ca. 826 Mio. Euro für primäre Prävention, Gesundheits- und Selbsthilfeförderung ausgegeben hatten, bleibt das aktuell erreichte Niveau – weniger als ein Drittel der Ausgaben von 1996 – gleichwohl recht bescheiden.

Dies gilt umso mehr, als die Krankenkassen auch im siebten Jahr nach der Inkraftsetzung der entsprechenden Vorschriften in § 20 SGB V ihren gesetzlich festgelegten finanziellen Handlungsspielraum (2006: maximal 2,74 Euro je Versicherten für Leistungen der Primärprävention und betrieblichen Gesundheitsförderung sowie 0,55 Euro für Selbsthilfeförderung) flächendeckend immer noch nicht vollständig bzw. aufgabenbezogen und kassenartspezifisch in sehr unterschiedlicher Weise ausschöpfen.

Gleichwohl ist erfreulicherweise zunächst festzuhalten, dass im Bereich Primärprävention und Gesundheitsförderung (einschließlich der betrieblichen Gesundheitsförderung) die Gesetzliche Krankenversicherung insgesamt, also im Durchschnitt aller Kassenarten, im vergangenen Jahr zum ersten Mal seit 2000 ihren finanziellen Handlungsspielraum nicht nur vollständig genutzt, sondern sich über den gesetzlich fixierten Rahmen hinaus finanziell engagiert hat. Insgesamt gaben die Kassen hierfür im letzten Jahr 3,21 Euro je Versicherten aus. Das waren pro Kopf fast 50 Cent mehr als vom Gesetzgeber gefordert und gut fünfmal soviel wie noch im Jahr 2000.

Allerdings streuen die Pro-Kopf-Aufwendungen zwischen den einzelnen Kassenarten ganz erheblich: So wurden im Jahr 2006 von den Arbeiter-Ersatzkassen 11,41 Euro je Versicherten für Primärprävention und betriebliche Gesundheitsförderung aufgewendet – mehr als das Dreifache des Kassendurchschnitts; auf immerhin 3,61 Euro je Versicherten brachten es die Betriebskrankenkassen. Diese beiden Kassenarten liegen bei den Pro-Kopf-Ausgaben als einzige über dem Kassendurchschnitt. Etwas unterhalb des Kassendurchschnitts rangierten die Angestellten-Ersatzkassen, die Bundesknappschaft und die Innungskassen, deutlich niedriger die Ortskrankenkassen; am Ende der Skala befanden sich die landwirtschaftlichen Krankenkassen und die Seekasse.

Insgesamt haben sich die Ausschöpfungsquoten, also das Verhältnis der tatsächlich getätigten zu den gesetzlich möglichen Ausgaben für Primärprävention und betriebliche Gesundheitsförderung nach § 20, Abs. 1 und 2 SGB V, im Zeitverlauf deutlich erhöht. Im Durchschnitt aller Kassen betrug der Ausschöpfungsgrad im Jahr 2000 erst rund 24%; gegenwärtig liegt er bei 117%. Aber auch hier sind deutliche Unterschiede nach Kassenarten sichtbar: So nutzten im Jahr 2006 die Arbeiter-Ersatzkassen zum vierten Mal in Folge (416%), die Betriebskrankenkassen zum zweiten Mal (132%), die Angestellten-Ersatzkassen (113%), die Bundesknappschaft (111%) sowie die Innungskrankenkassen (108%) erstmalig ihre Finanzierungsmöglichkeiten für Primärprävention und betriebliche Gesundheitsförderung vollständig aus bzw. gingen teilweise sehr deutlich über die vom Gesetzgeber anvisierte Größenordnung hinaus. Annähernd das Ziel erreicht haben auch die Ortskrankenkassen (97%), recht weit entfernt davon sind hingegen noch die landwirtschaftlichen Kassen (62%) und die See-Krankenkasse (32%).

Insgesamt haben die gesetzlichen Krankenkassen zwischen 2000 und 2006 etwa 444 Mio. Euro weniger für Primärprävention und Gesundheitsförderung ausgegeben als nach § 20 SGB V möglich war und vom Gesetzgeber gewollt ist. Fast die Hälfte dieser Summe entfällt allein auf die Angestellten-Ersatzkassen (211 Mio. Euro), ein reichliches Viertel auf die Ortskrankenkassen (122 Mio. Euro). Ein positives Ausgabensaldo über den gesamten Zeitraum hinweg verzeichnen lediglich die Arbeiter-Ersatzkassen, die insgesamt 25 Mio. Euro mehr ausgaben als vom Gesetzgeber verlangt.

2.3 Entwicklung der Ausgaben für Selbsthilfeförderung seit dem Jahr 2000

Im Unterschied zu der insgesamt erfreulichen Entwicklung im Bereich der Primärprävention und betrieblichen Gesundheitsförderung muss die Ausgabenentwicklung im Bereich der Selbsthilfeförderung (nach § 20, Absatz 4, SGB V) als immer noch stark defizitär angesehen werden. Zwar sind auch hier langfristig die Pro-Kopf-Aufwendungen von 13 Cent je Versicherten im Jahr 2000 auf 39 Cent im Jahr 2006 angestiegen, haben sich also verdreifacht. Doch gab im Jahr 2006 keine der Kassenarten im Durchschnitt die vom Gesetzgeber geforderten 55 Cent je Versicherten für die Selbsthilfeförderung aus. Am nächsten kamen diesem Wert noch die Bundesknappschaft (52 Cent), die See-Krankenkasse (48 Cent), die Angestellten-Ersatzkassen (44 Cent) und die landwirtschaftlichen Kassen (42 Cent). Am unteren Ende der Skala rangierten die Innungskrankenkassen (31 Cent), die Betriebskrankenkassen (33 Cent) und die Arbeiter-Ersatzkassen (35 Cent). Entsprechend bewegten sich die kassenartspezifischen Ausschöpfungsquoten zwischen 56% und 94%; im Kassendurchschnitt wurden 71% erreicht.

Bedenklich muss zudem die Entwicklung der kassengetragenen Selbsthilfefinanzierung in den letzten Jahren stimmen: Seit 2004 haben sich im Kassendurchschnitt nicht nur die absoluten Ausgaben kaum noch erhöht. So gab die Gesetzliche Krankenversicherung insgesamt seit dem Jahr 2004 gerade einmal einen Cent mehr je Versicherten für die Selbsthilfeförderung aus. Darüber hinaus sind bei einigen Kassenarten die Selbsthilfeausgaben absolut und je Versicherten seit einem oder mehreren Jahren sogar rückläufig, so bei den Betriebs-, Orts- und Innungskrankenkassen. In ähnlicher Weise gilt dies für die kassenartspezifischen Ausschöpfungsquoten im Selbsthilfebereich.

Insgesamt wurden für die Selbsthilfeförderung von den Kassen zwischen 2000 und 2006 knapp 110 Mio. Euro nicht ausgegeben, obwohl dies gesetzlich möglich gewesen wäre. Jeweils ein Drittel dieser Summe entfällt auf die Angestellten-Ersatzkassen (38 Mio. Euro) und die Ortskrankenkassen (37 Mio. Euro), ein knappes Fünftel auf die Betriebskrankenkassen (20 Mio. Euro).

Nimmt man die beiden Leistungsbereiche Primärprävention/betriebliche Gesundheitsförderung und Selbsthilfeförderung zusammen, so summieren sich die Minderausgaben seit dem Jahr 2000 auf mehr als eine halbe Mrd. Euro. Angesichts der ohnehin nur vergleichsweise geringen Beträge, die den gesetzlichen Vorgaben zufolge von den Kassen für Primärprävention, Gesundheits- und Selbsthilfeförderung eingesetzt werden sollen – und die im Gesamtzusammenhang der Kassenausgaben in quantitativer Hinsicht kaum ins Gewicht fallen –, stehen diese Minderausgaben in auffälligem Gegensatz zu der mit teilweise großem publizistischem Aufwand betriebenen Propagierung der Notwendigkeit und des Nutzens von Prävention und Selbsthilfeförderung.

3 Primäre Prävention, Gesundheits- und Selbsthilfeförderung im Rahmen der „Gesundheitsreform 2007“

3.1 Primäre Prävention bleibt „Soll“-Leistung, betriebliche Gesundheitsförderung wird „Muss“-Leistung der Gesetzlichen Krankenversicherung

Die Regierungskoalition aus CDU/CSU und SPD hat im Rahmen ihrer „Gesundheitsreform 2007“ mit dem Gesetz zur Stärkung des Wettbewerbs in der Gesetzlichen Krankenversicherung (GKV-WSG) unter anderem das Leistungsrecht der Krankenkassen im Bereich der Gesundheits- und Selbsthilfeförderung verändert, d.h. den bisher durch § 20 SGB V geregelten Leistungsbereich Prävention und Selbsthilfe modifiziert und umstrukturiert (Gesetzentwurf 2006). Generell soll damit, wie es im „Allgemeinen Teil“ (Ziffer A.I.4) der amtlichen Begründung des Gesetzentwurfs heißt, der Stellenwert der Prävention erhöht werden. Hiergegen ist – insbesondere nach dem Scheitern des Präventionsgesetzes in der vergangenen Legislaturperiode des Deutschen Bundestags durch die Vorziehung der Bundestagswahlen – prinzipiell nichts einzuwenden, zumal die erneute Vorlage eines Präventionsgesetzes im Parlament als Beitrag auf dem Weg zu dem *„wichtigen gesundheitspolitischen Ziel (...) Ausbau der Prävention zur eigenständigen Säule der gesundheitlichen Versorgung“* in der Gesetzesbegründung – allerdings ohne einen konkreten Zeitpunkt hierfür zu nennen – ebenfalls angekündigt wird. Die seinerzeit zugunsten eines Präventionsgesetzes abgegebenen Stellungnahmen hatten – bei aller Kritik an Details – ja unterstrichen, dass der präventive Sektor innerhalb und außerhalb des Gesundheitswesens organisatorisch wie finanziell gestärkt werden muss. In besonderem Maße gilt dies mit Blick auf die Arbeitswelt (Lenhardt / Priester 2005a; Lenhardt / Priester 2005b; Priester 2005).

Das bis zur Verabschiedung des GKV-WSG geltende Krankenversicherungsrecht unterschied in § 20 SGB V (alt) zunächst zwischen „primärer Prävention“ und „betrieblicher Gesundheitsförderung“. Primäre Prävention gemäß § 20 Abs. 1 SGB V (alt) sollte „den allgemeinen Gesundheitszustand verbessern und insbesondere einen Beitrag zur Verminderung sozial bedingter Ungleichheit von Gesundheitschancen erbringen“. Primärpräventive Leistungen waren als satzungsmäßige „Soll“-Leistungen der gesetzlichen Kassen angelegt, die unter Zugrundelegung kassenübergreifender „gemeinsamer und einheitlicher“ Bedarfs- und Qualitätskriterien erbracht werden. Hieran hat sich mit dem GKV-WSG auch nichts geändert.

Betriebliche Gesundheitsförderung kannte das Krankenversicherungsrecht bis dato lediglich in Form „den Arbeitsschutz ergänzende(r) Maßnahmen der betrieblichen Gesundheitsförderung“ gemäß § 20 Abs. 2, SGB V (alt) – und zwar als Ermessens- oder „Kann“-Leistungen der Kassen, die ebenfalls kassenübergreifende Bedarfs- und Qualitätsstandards zu berücksichtigen haben. Diese Leistungen wurden mit dem Gesetz nunmehr in den Rang einer Pflichtleistung der Kassen erhoben. Zudem wurde der explizite Bezug als Ergänzungsleistung zum betrieblichen Arbeitsschutz fallengelassen, und –

auch dies ist neu – es wurden gleichzeitig konkretere Zielsetzungen für die inhaltliche Ausfüllung und Reichweite der betrieblichen Gesundheitsförderung nach dem Krankenversicherungsrecht formuliert: „Die Kassen erbringen Leistungen zur Gesundheitsförderung in Betrieben (betrieblichen Gesundheitsförderung), um unter Beteiligung der Versicherten und der Verantwortlichen für den Betrieb die gesundheitliche Situation einschließlich ihrer Risiken und Potenziale zu erheben und Vorschläge zur Verbesserung der gesundheitlichen Situation sowie zur Stärkung der gesundheitlichen Ressourcen und Fähigkeiten zu entwickeln“, heißt es im neuen § 20a Abs. 1 SGB V in der Fassung des Gesetzentwurfs. Bei der Wahrnehmung dieser Aufgaben sind die Kassen verpflichtet, mit dem zuständigen Träger der Unfallversicherung zusammenzuarbeiten; zudem können die Kassen Aktivitäten der betrieblichen Gesundheitsförderung auch durch andere Krankenkassen, Kassenverbände oder „durch zu diesem Zweck gebildete Arbeitsgemeinschaften“ wahrnehmen lassen, und sie sollen in der betrieblichen Gesundheitsförderung generell mit anderen Krankenkassen zusammenarbeiten (§ 20a Abs. 2 SGB V).

3.2 Streit um die Reichweite der betrieblichen Gesundheitsförderung: Vom Gesetzentwurf zur endgültigen Gesetzesfassung

Die mit dem Gesetzentwurf beabsichtigten Neuregelungen zur betrieblichen Gesundheitsförderung nach § 20a SGB V unterstreichen den gestiegenen Stellenwert der arbeitsweltbezogenen Prävention und stellen insgesamt eine Weiterentwicklung des bisher geltenden Rechts dar, indem die betriebliche Gesundheitsförderung in einer eigenen Rechtsnorm, also einem eigenen Paragraphen im SGB V, geregelt wird, ferner von ihrem (potentiell einengenden) Bezug als „Begleitmaßnahme“ des Arbeitsschutzes gelöst wird und schließlich eine neue Rechtsqualität erhält, indem sie von einer „Kann“- zu einer Pflichtleistung der Kassen erhoben wird.
Allerdings sind hiermit auch Probleme verbunden, die nicht nur definitorischer Natur sind: War die Abgrenzung von betrieblichem Arbeits- und Gesundheitsschutz, primärer Prävention am Arbeitsplatz, im Betrieb bzw. in der Arbeitswelt sowie betrieblicher Gesundheitsförderung in der Praxis bereits bisher schwierig bzw. kaum einzuhalten, so werden nach der Neuregelung diese Probleme nicht geringer werden. Dies unter anderem deshalb, weil die Loslösung der betrieblichen Gesundheitsförderung aus ihrer den (betrieblichen) Arbeitsschutz bloß ergänzenden Funktion für sich genommen nicht ausreicht, wenn nicht gleichzeitig ihr Kompetenzbereich und ihre Arbeitsfelder weiträumig definiert werden. Was die Verfasser des Gesetzentwurfs in dieser Hinsicht aber in den Gesetzestext hineinformuliert haben, entspricht nicht dem tatsächlichen Stellenwert, den Zielsetzungen, Ansätzen und der Reichweite der betrieblichen Gesundheitsförderung (die im Idealfall ja salutogenetisch, also auf den Erhalt und die Verbesserung von Gesundheit sowie die Förderung von Ressourcen der Beschäftigten gerichtet sein sollte) – und zwar weder in theoretischer Hinsicht noch mit Blick auf die (betriebliche) Praxis. Zwar nimmt der Gesetzentwurf – wie bereits zitiert – erstmals eine konkretere Auf-

gabenbestimmung der betrieblichen Gesundheitsförderung in den Gesetzestext (§ 20a Abs. 2 Satz 1) auf, aber dies geschieht in einer sachlich unzulässig einengenden Weise. Zweifellos gehören zunächst, was Gesetzestext und Begründung auch ausdrücklich erwähnen, die Analyse der gesundheitlichen Situation der Beschäftigten, ihrer Krankheitsrisiken sowie ihrer (gesundheitsförderlichen) Potenziale – mithin das, was im allgemeinen als Basis betrieblicher Gesundheitsberichterstattung verstanden wird –, sodann die Erarbeitung von Vorschlägen zur Verbesserung der gesundheitlichen Situation sowie zur Stärkung von Ressourcen und Fähigkeiten der Beschäftigten – also die Ableitung von Strategien und Einzelmaßnahmen zur betrieblichen Gesundheitsförderung aus der betrieblichen Analyse – zum regelkreisförmigen Standardablauf der betrieblichen Gesundheitsförderung als kontinuierlichem Prozess. Was jedoch in dieser Aufgabenbestimmung nach dem Gesetzentwurf fehlt, ist die Umsetzung von Maßnahmen zur Gesundheitsförderung bzw. die Zuweisung entsprechender Aufgaben und Befugnisse an die gesetzlichen Krankenkassen als Maßnahmeträger (und nicht nur als Informationsbeschaffer) oder Initiator von praktischen Angeboten und Maßnahmen zur Gesundheitsförderung, die dann andere Träger und Akteure wie z.B. die Unfallversicherungen oder die Arbeitgeber selbst aus- und durchführen. Betriebliche Gesundheitsförderung als Kassenaufgabe kann sich nicht in der Erhebung und Bereitstellung von Daten und Informationen für Andere erschöpfen, sondern sie muss die Durchführung praktischer Maßnahmen wie z.B. Schulungen, Beratungen, Seminare, aber auch konkrete Angebote zur Gesundheitssicherung, Verringerung von Arbeitsbelastungen und Ressourcenstärkung umfassen. Dass die Krankenkassen dies auch wollen, haben ihre Spitzenverbände in einer gemeinsamen Stellungnahme zu dem Gesetzentwurf deutlich gemacht und vorgeschlagen, in § 20a Abs. 1 als neuen Satz 1 einzufügen: „*Die Krankenkassen erbringen unbeschadet der Aufgaben und Zuständigkeiten anderer Verantwortlicher Leistungen zur Gesundheitsförderung in den Betrieben (betriebliche Gesundheitsförderung), die die gesundheitliche Situation der in dem Betrieb beschäftigten Mitarbeiter verbessern.*“ (AOK-Bundesverband u.a. 2006, 39) Der Gesetzgeber ist diesem Vorschlag nach kontroversen Debatten in der Substanz letztlich gefolgt. Gleichsam in letzter Minute hat der im Gesetzgebungsverfahren federführende Gesundheitsausschuss des Deutschen Bundestags den im Zuge der Gesetzesberatungen unter anderem von den Krankenkassen unterbreiteten Vorschlag aufgegriffen, die Kompetenzen der Kassen in der betrieblichen Gesundheitsförderung zu stärken. In der Neufassung von § 20a Abs. 1 SGB V heißt es nunmehr: „*Die Krankenkassen erbringen Leistungen zur Gesundheitsförderung in Betrieben (betriebliche Gesundheitsförderung), um unter Beteiligung der Versicherten und der Verantwortlichen für den Betrieb die gesundheitliche Situation einschließlich ihrer Risiken und Potenziale zu erheben und Vorschläge zur Verbesserung der gesundheitlichen Situation sowie zur Stärkung der gesundheitlichen Ressourcen und Fähigkeiten zu entwickeln und deren Umsetzung zu unterstützen.*“ Damit hat der Gesetzgeber klargestellt, dass auch die Krankenkassen als eigenständige Umsetzer bzw. Anbieter von Gesundheitsförderungsmaßnahmen tätig werden können, ohne dass hierdurch die Möglichkeiten, aber auch die gesetzlichen Verpflichtungen anderer Akteure, insbeson-

dere der Arbeitgeber und der Unfallversicherungsträger, berührt werden (Bericht des Ausschusses für Gesundheit 2007, 36 und 43; Beschlussempfehlung des Ausschusses für Gesundheit 2007; Gesetzesbeschluss des Deutschen Bundestages 2007).
Denn nach wie vor werden sich in der betrieblichen und überbetrieblichen Praxis die Arbeitsfelder und Aufgabenstellungen der Präventions- und Gesundheitsförderungs-Akteure überschneiden. Die gesetzliche Neuregelung kann dieses Problem letztlich nicht lösen, orientiert sich aber – wie bisher schon – in der Neuformulierung des § 20a Abs. 2 sowie des nunmehr eigenständigen § 20b („Prävention arbeitsbedingter Gesundheitsgefahren") Abs. 1, der Elemente des bisherigen § 20 Abs. 2, aufnimmt und erweitert, generell an der Unterstützung der Unfallversicherungsträger durch die Kassen bzw. verpflichtet die Kassen zur „engen Zusammenarbeit" mit den Unfallversicherungsträgern in diesem Bereich (§ 20b Abs. 2). Die Verfasser des Gesetzentwurfs sehen hierin eine Weiterentwicklung bisheriger Regelungen, bei der man sich (offenbar bewusst) der Terminologie des Arbeitsschutzrechts bedient hat, wie aus der Gesetzesbegründung hervorgeht (Gesetzentwurf 2006, Besonderer Teil, zu Nummer 12). Doch wird hierbei den Kassen – bei wohlwollender Interpretation von Gesetzestext und Begründung – durchaus mehr an Aufgaben und Befugnissen zugewiesen als lediglich die Bereitstellung von Erkenntnissen, Daten und Informationen für die Unfallversicherungsträger. In der Gesetzesbegründung wird präzisiert: *„Es ist Aufgabe der Krankenkassen bei der betrieblichen Gesundheitsförderung, unter Einbeziehung aller Beteiligten Prozesse zur gesundheitsgerechten Gestaltung der betrieblichen Umwelt zu initiieren und die notwendigen Kompetenzen zu vermitteln, um die persönliche Gesundheit und Lebensqualität zu verbessern. Dazu müssen insbesondere Maßnahmen getroffen werden, um die gesundheitliche Situation einschließlich der Risiken und Potenziale zu erheben und um Ansätze zur Verbesserung der gesundheitlichen Situation entwickeln zu können. In den gesamten Prozess sind die Beteiligten aktiv einzubeziehen, um sie für die notwendigen Schritte gewinnen zu können. Die Konkretisierung der Leistung im Hinblick auf prioritäre Bedarfe, Zielgruppen, Zugangswege, Inhalte und Methodik soll weiterhin gemeinsam und einheitlich durch die Entwicklung eines Präventionsleitfadens geschehen."* (Gesetzentwurf 2006, Besonderer Teil, zu Nummer 12)
Während die Spitzenverbände der Krankenkassen gegen die Neufassung der Kooperationsbeziehungen zwischen Kassen und Unfallversicherungsträgern in dem Gesetzentwurf keine Einwände erhoben, ja diese sogar als „sachgerecht" bezeichnet haben (AOK-Bundesverband 2006), hatten im Zuge der Gesetzesberatungen unter anderem die Träger der Gesetzlichen Unfallversicherung (Bundesverband der Unfallkassen/ Hauptverband der gewerblichen Berufsgenossenschaften 2006), aber auch etwa der Deutsche Gewerkschaftsbund (2006, 43 ff.), sogar argumentiert, bereits die Erhebung von arbeitsbedingten Gesundheitsrisiken, der Qualität der Arbeitsbedingungen und der Arbeitsbelastungen gehöre nicht in den Bereich dessen, was sie sich unter „betrieblicher Gesundheitsförderung" vorstellten, sondern sie seien anknüpfend an eine entsprechende Regelung in § 5 des Arbeitsschutzgesetzes („Beurteilung der Arbeitsbedingungen") Be-

standteil oder Voraussetzung der vom Arbeitgeber durchzuführenden Gefährdungsanalyse, mithin keine Kassenaufgabe.
Derartige Auffassungen sind aus arbeits- und sozialmedizinischer Sicht indes weder theoretisch haltbar, noch entsprechen sie der allgemeinen Lebenserfahrung und der Präventionspraxis in der Arbeitswelt. Gerade in der Analyse der Arbeitsbedingungen und -belastungen überschneiden sich die inhaltlichen Kompetenzen und praktischen Erfahrungen der Präventions-Akteure in der Arbeitswelt, insbesondere von Kassen, Unfallversicherungsträgern, betrieblichem und überbetrieblichem Arbeitsschutzsystem. Es wäre inhaltlich sinnlos und praktisch kontraproduktiv, hier künstliche Grenzziehungen vornehmen zu wollen. Keiner der Akteure sollte hier auf gewachsene oder erworbene Zuständigkeits-Monopole pochen, um die eigenen Claims vor Eindringlingen zu schützen bzw. darauf setzen, die Brechung solcher Monopole zur Kolonialisierung benachbarter Territorien zu missbrauchen. Die Perspektive liegt vielmehr in einer gleichberechtigten Zusammenarbeit der Akteure.
Wenn von einigen Kritikern – unter anderem den Gewerkschaften – offenbar befürchtet wird, die Arbeitgeber könnten sich infolge der gesetzlichen Neuregelung aus ihrer (auch finanziellen) (Allein-)Verantwortung für den Arbeitsschutz stehlen wollen, indem sie künftig Teile des „harten Kerns" der betrieblichen Arbeitsschutzaufwendungen (etwa für die Gefährdungsbeurteilung) auf die Krankenkassen abwälzten, so wäre dem durch entsprechende betriebliche oder überbetriebliche (Rahmen-)Vereinbarungen zwischen den beteiligten Akteuren entgegenzuwirken. Wie auch immer: Der Gesetzgeber ist hier letztlich den Vorstellungen der Regierungskoalition gefolgt, den Kassen eine eigenständige Rolle in der betrieblichen Gesundheitsförderung zuzuweisen. Das ist präventionspolitisch sicher richtig. Gleichwohl – und dies mag man als inkonsequent verurteilen oder aber als Zeichen des guten Willens gegenüber den Unfallversicherungsträgern und Gewerkschaften deuten – wurde in dem den Gesetzesbeschluss des Bundestags vorbereitenden Bericht des Gesundheitsausschusses des Bundestags klargestellt, die nunmehr pflichtgemäß zu erbringenden Kassenleistungen zur betrieblichen Gesundheitsförderung umfassten nach wie vor „nicht die Maßnahmen des Arbeitsschutzes". Daran ändere sich auch durch die Neuformulierung der §§ 20a und 20b SGB V – Letzterer regelt die Zusammenarbeit zwischen Kassen und Unfallversicherung – nichts (vgl. Bericht des Ausschusses für Gesundheit 2007, 36).

3.3 Finanzierung bleibt unverändert unzureichend

In formeller Hinsicht unverändert lässt das Gesetz die Finanzierung der primärpräventiv-gesundheitsförderlichen Leistungen nach den §§ 20, 20a und 20b SGB V (neu). Hierfür sollen die Kassen, bezogen auf das Jahr 2006, je Versicherten einen Betrag von 2,74 Euro ausgeben. Hierbei handelt es sich um die Fortschreibung der auch schon bisher geltenden Größen, die sich auch künftig gemäß der Entwicklung der sogenannten monatlichen Bezugsgröße nach § 18 Abs. 1 SGB IV (das ist das Durchschnittsentgelt der Gesetzlichen Rentenversicherung im jeweils vorvergangenen Kalenderjahr) verändern sollen. Für das Jahr 2006 entspräche dies einer Gesamtsumme von rund 193 Mio. Euro im Bereich der Gesetzlichen Krankenversicherung. Nach vorläufigen Angaben des Bundesgesundheitsministeriums für das 1.-4. Quartal 2006 haben die Kassen sogar 226 Mio. Euro für die primäre Prävention und betriebliche Gesundheitsförderung ausgegeben (Bundesministerium für Gesundheit 2007). Allerdings hat sich seit dem Jahr 2000 ein interner Umverteilungstrend zugunsten der primären Prävention ergeben, auf die im Jahr 2005 rund 85 Prozent der getätigten Ausgaben für primäre Prävention und betriebliche Gesundheitsförderung entfielen, während für die betriebliche Gesundheitsförderung lediglich, und dies im Zeitverlauf mit stark fallender Tendenz, im gleichen Jahr nur noch rund 15 Prozent der zur Verfügung gestellten Gelder ausgegeben wurden – dies freilich vor dem Hintergrund absolut gestiegener Aufwendungen (Bundesministerium für Gesundheit, lfd.).

Wenn, wie vorgesehen, die primäre Prävention gemäß § 20 Abs. 1 SGB V eine satzungsmäßige „Soll"-Leistung bleibt, während die betriebliche Gesundheitsförderung von einer „Kann"-Leistung im Ermessen einzelner Krankenkassen zu einer Pflichtleistung aller Kassen erhoben wird, könnte dies vor dem Hintergrund einer gemeinsamen finanziellen Budgetvorgabe für beide Bereiche zu einer Trendwende in der internen Verteilung der Ausgaben zwischen den beiden Bereichen, diesmal allerdings zugunsten der betrieblichen Gesundheitsförderung und auf Kosten der (vorwiegend außerbetrieblichen) primären Prävention, führen. Die Spitzenverbände der Krankenkassen sehen in einer solchen möglichen Entwicklung die Gefahr einer „asymmetrische(n) Verteilung" der Finanzmittel zugunsten der betrieblichen Gesundheitsförderung (AOK-Bundesverband u.a. 2006, 37 ff.). Dies erscheint angesichts der realen Entwicklung seit dem Jahr 2000, die zu einem ständigen relativen Bedeutungsverlust der betrieblichen Gesundheitsförderung geführt hat, völlig unangemessen. Um beispielsweise auf interne Verteilungsverhältnisse wie im Jahr 2000 zu kommen, in dem auf die betriebliche Gesundheitsförderung 34,5% der Gesamtausgaben für primärpräventiv-gesundheitsfördernde Leistungen insgesamt entfielen, müssten sich – bezogen auf das Jahr 2006 – aktuell die Aufwendungen für betriebliche Gesundheitsförderung (2005: 28 Mio. Euro) auf knapp 67 Mio. Euro mehr als verdoppeln, während für die primäre Prävention (2005: 152 Mio. Euro) nur noch rund 126 Mio. Euro, das sind 17% weniger als 2005, ausgegeben werden dürften. Freilich blieben selbst bei einem Verteilungsverhältnis von ca. einem Drittel zu zwei Dritteln wie im Jahr 2000 die Verhältnisse noch hochgradig asymmetrisch – jedoch nach wie vor zugunsten der primären Prävention. Insofern müsste man im Interesse der Aufwertung der betrieblichen Gesundheitsförderung einen allmählichen Abbau bisher „asymmetrischer Verhältnisse" nicht fürchten. Dessen ungeachtet bleibt die Anregung der Kassen-Spitzenverbände richtig, die Normen für beide Teilbereiche mit der gleichen Rechtsqualität – entweder als „Soll"- oder als Pflichtleistung – zu versehen, für künftige Gesetzesänderungen bedenkenswert (AOK-Bundesverband u.a. 2006, 37 ff.). Angesichts der Relevanz der primären Prävention für die Gesundheitssicherung wäre demnach am ehesten auch dieser Teilbereich von einer „Soll"- in eine Pflichtleistung der Gesetzlichen Krankenversicherung aufzuwerten.

3.4 Selbsthilfeförderung wird Pflichtleistung

Mit Blick auf die künftige Entwicklung der Selbsthilfeförderung und vor dem Hintergrund der bisherigen Ausgabenentwicklung in diesem Bereich wollte der Gesetzgeber offenbar nicht mehr länger auf den Goodwill und die Selbststeuerungskräfte von Kassen und Selbsthilfeeinrichtungen vertrauen. Im GKV-WSG wurde mit dem neuen § 20c die Selbsthilfeförderung von einer „Soll"- zur Pflichtleistung aufgewertet, freilich innerhalb der bisherigen Finanzierungsgrenzen. Allerdings soll durch eine weitere Veränderung der Rechtsgrundlagen sichergestellt werden, dass die Kassen die vom Gesetzgeber vorgesehenen Mittel auch tatsächlich verausgaben: Ab 2008 werden die einzelnen Krankenkassen verpflichtet, falls sie den Förderbeitrag je Versicherten insgesamt nicht ausschöpfen, den Differenzbetrag im Folgejahr in kassenübergreifende Gemeinschaftsfonds auf Bundes-, Länder- sowie regionaler/örtlicher Ebene einzustellen, aus denen Selbsthilfeprojekte und -einrichtungen, die den vom Gesetzgeber und den Kassen formulierten Kriterien entsprechen, gefördert werden. Mit der Umsetzung dieser Gesetzesvorgabe sollte spätestens im Jahr 2009 eigentlich ein Ausschöpfungsgrad von 100% auch im Bereich der Selbsthilfeförderung flächendeckend erreicht werden.

4 Perspektiven

Mit der „Gesundheitsreform 2007" wurde die Zukunft der primären Prävention, Gesundheits- und Selbsthilfeförderung zumindest in den bisherigen, jährlich sehr moderat ausgeweiteten finanziellen Grenzen innerhalb der Gesetzlichen Krankenversicherung mittelfristig gesichert. Allerdings bleibt zunächst unklar, inwieweit insbesondere die betriebliche Gesundheitsförderung von ihrer Erhebung zu einer Pflichtleistung der Kassen wird profitieren können. In den letzten Jahren jedenfalls stiegen die für betriebliche Gesundheitsförderungsmaßnahmen aufgewandten Mittel erheblich langsamer als die Ausgaben für individuelle Verhaltensprävention (Bundesministerium für Gesundheit, lfd.). Wenn sich das in Zukunft ändern soll, müsste dies bei Einhaltung der vom Gesetzgeber vorgesehenen Ausgabengrenzen tendenziell auf Kosten der primären Prävention geschehen – es sei denn, die Kassen betrachteten die gesetzlich fixierten Ausgabengrenzen als Untergrenzen des Erwünschten. Es ist in diesem Zusammenhang daran zu erinnern, dass gerade die betriebliche Gesundheitsförderung sich in den vergangenen anderthalb bis zwei Jahrzehnten als eines der in Deutschland erfolgreichsten Gesundheitsförderungs-Settings profiliert hat, was die Reichweite von Ansätzen, die Kontinuität und die Zielorientierung von Maßnahmen betrifft. Sie zeichnet sich insgesamt – bei aller notwendigen Kritik im Einzelfall – gegenüber zahlreichen anderen Strategien und Projekten im Bereich der Primärprävention und allgemeinen Gesundheitsförderung in stärkerem Maße durch verhältnisbezogen-kollektive anstelle individualisierend-verhaltensmodifizierender Ansätze aus. Schließlich ermöglicht der betriebliche Ansatz prinzipiell besser als präventiv-gesundheitsfördernde Interventionen in anderen Lebensweltbereichen den direkteren Zugang zu – im Gefolge von betrieblichen Analysen der Arbeitsbedingungen und -belastungen besser zu identifizierenden – „vulnerablen“ und sozial benachteiligten Bevölkerungsgruppen.

Darüber hinaus ist grundsätzlich zu fragen, ob die gegenwärtig erreichten finanziellen Größenordnungen in diesem Leistungsbereich der Kassen den enormen präventionspolitischen Herausforderungen überhaupt angemessen sind. Es ist sicherlich zutreffend, dass die notwendige Ausweitung der für Prävention eingesetzten Ressourcen nicht von den Krankenkassen allein zu leisten ist, sondern dass diesbezüglich noch eine ganze Reihe weiterer gesellschaftlicher Institutionen – nicht zuletzt der Staat selbst – in der Pflicht steht. Trotzdem nehmen sich die knapp 0,2%, auf die sich der Anteil der Primärprävention und Gesundheitsförderung an den gesamten Leistungsausgaben der Gesetzlichen Krankenversicherung derzeit beläuft, angesichts des existierenden präventiven Handlungsbedarfs sehr bescheiden aus. Hierüber wird bei der erneuten Vorlage des in der vergangenen Legislaturperiode wegen der Vorziehung der Bundestagswahlen verfallenen Entwurfs für ein Präventionsgesetz im Bundestag zu diskutieren sein Lenhardt/ Priester 2007). Dann wird sich auch klären, was der Gesetzgeber unter Prävention als „gesamtgesellschaftlicher Aufgabe“ wirklich versteht.

Literatur:

AOK-Bundesverband (u.a.) (2006): Gemeinsame Stellungnahme zum Entwurf eines Gesetzes zur Stärkung des Wettbewerbs in der Gesetzlichen Krankenversicherung, o.O.

Bericht des Ausschusses für Gesundheit (14. Ausschuss) (2007): Deutscher Bundestag, Drucksache 16/4247 vom 1.2.2007, Berlin.

Beschlussempfehlung des Ausschusses für Gesundheit (14. Ausschuss) (2007): Deutscher Bundestag, Drucksache 16/4200 vom 31.1.2007, Berlin.

Bundesministerium für Gesundheit (lfd.): Endgültige Rechnungsergebnisse der gesetzlichen Krankenversicherung nach der Statistik KJ 1 - ..., Bonn.

Bundesministerium für Gesundheit (2007): Vorläufige Rechnungsergebnisse der gesetzlichen Krankenversicherung nach der Statistik KV 45 (1.-4. Quartal 2006), Bonn.

Bundesverband der Unfallkassen (BUK) / Hauptverband der gewerblichen Berufsgenossenschaften (HVBG) (2006): Stellungnahme zum Referentenentwurf eines Gesetzes zur Stärkung des Wettbewerbs in der GKV, Deutscher Bundestag, Ausschuss für Gesundheit, Ausschussdrucksache 0130(7) vom 2.11.2006, Berlin.

Deutscher Gewerkschaftsbund, Bundesvorstand (2006): Stellungnahme des Deutschen Gewerkschaftsbundes (DGB) zu der Anhörung des Bundestagsausschusses für Gesundheit, Deutscher Bundestag, Ausschuss für Gesundheit, Ausschussdrucksache 0129(19) Neu vom 2.11.2006, Berlin.

Gesetzentwurf der Fraktionen der CDU/CSU und SPD (2006): Entwurf eines Gesetzes zur Stärkung des Wettbewerbs in der gesetzlichen Krankenversicherung (GKV-Wettbewerbsstärkungsgesetz – GKV-WSG), Deutscher Bundestag, Drucksache 16/3100 vom 24.10.2006, Berlin.

Gesetzesbeschluss des Deutschen Bundestages (2007): Gesetz zur Stärkung des Wettbewerbs in der gesetzlichen Krankenversicherung (GKV-Wettbewerbsstärkungsgesetz – GKV-WSG), Bundesrat, Drucksache 75/07 vom 2.2.2007, Berlin.

Lenhardt, Uwe (2007): Betriebliche Gesundheitsförderung im Jahr 2005: Quantität stagnierend, Qualität verbessert. In: Gute Arbeit 2/2007, S. 39.

Lenhardt, Uwe / Priester, Klaus (2005a): Was bringt das neue Präventionsgesetz für die Gesundheit in der Arbeitswelt?. In: Gute Arbeit 3/2005, S. 5-8.

Lenhardt, Uwe / Priester, Klaus (2005b): Das Präventionsgesetz bringt nicht mehr Geld – Staat spart auf Kosten der Sozialversicherung. In: Gute Arbeit 4/2005, S. 8-11.

Lebhardt, Uwe / Priester Klaus (2007): Neuer Anlauf zu Präventionsgesetz. In: Gute Arbeit 10/2007, S. 7-8.

Priester, Klaus (1998): Betriebliche Gesundheitsförderung. Voraussetzungen – Konzepte – Erfahrungen, Frankfurt/M.

Priester, Klaus (1999a): Gesundheitsförderung light? Zur gesetzlichen Neuregelung von Gesundheitsförderung und Primärprävention im Rahmen der „Gesundheitsreform 2000“. In: Chronische Erkrankungen (Jahrbuch für Kritische Medizin, Band 31), Berlin – Hamburg, S. 128-143.

Priester, Klaus (1999b): Bilanz und Perspektiven der betrieblichen Gesundheitsförderung. In: DGB-Bildungswerk e.V. [Hg.]: Gesundheit im Aufwind. Psychische Belastungen aufdecken – Wege zur Entlastung entdecken. 3. Workshop Betriebliche Gesundheitsförderung, Düsseldorf , S. 4-20.

Priester, Klaus (2005): Bundesrat blockiert Präventionsgesetz. In: Gute Arbeit 6/2005, S. 4-5.

Rosenbrock, Rolf / Gerlinger, Thomas (2006): Gesundheitspolitik. Eine systematische Einführung. 2., vollständig überarbeitete und erweiterte Auflage, Bern.

Sachverständigenrat zur Begutachtung der Entwicklung im Gesundheitswesen (2007): Kooperation und Verantwortung. Voraussetzungen einer zielorientierten Gesundheitsversorgung. Gutachten 2007, Bonn.

Schröer, Alfons (2007): Mehr Verantwortung für die Prävention. Vor dem zweiten Anlauf zu einem Präventionsgesetz. In: Die BKK 8/2007, S. 348-354.

Statistisches Bundesamt (lfd.): Statistisches Jahrbuch für die Bundesrepublik Deutschland, Wiesbaden.

Statistisches Bundesamt (2007): Gesundheit – Ausgaben 1996 bis 2005, Wiesbaden.

III Gesundheitsversorgung und Krankheitsbehandlung/Pflege

„Unter Ausschluss der Gesundheit?“ Über die gesundheitliche Versorgung illegaler Migranten im Lichte von Inklusion/Exklusion

Hans-Ulrich Dallmann und Thomas Wagner

1 Einleitung

Der Begriff der Exklusion verweist auf ein Phänomen, welches es in der Logik moderner Gesellschaften, die mit dem Postulat der Inklusion aller (vgl. Luhmann 1980, 31) verbunden sind, eigentlich nicht geben dürfte. Paradoxerweise erweist sich dieser Ausschluss einer Ausschlussoption als der beste Beweis dafür, dass der Aufbau sozialer Ordnung stets mit einem unhintergehbaren Nebeneffekt des Ausschließens von Möglichkeiten verbunden ist, so dass von Inklusion nur dann sinnvoll gesprochen werden kann, wenn Exklusion möglich ist (vgl. Luhmann 1995a, 241). Mit Zygmunt Bauman gesprochen führen Vorgänge des „order building” stets zur Produktion von „human waste or more correctly wasted humans (the ‘excessive’ and ‘redundant’, that is the population of those who either could not or were not wished to be recognized or allowed to stay)” (2004, 5). Die klassische Methode des Umgangs mit dem Phänomen der „Überbevölkerung“ stellte insbesondere im Europa des 19. Jahrhunderts die Migration dar. Allerdings scheint diese Methode angesichts des Allgemeinwerdens von Moderne zunehmend problematisch. Unter den Bedingungen einer Weltgesellschaft wird auch die so genannte westliche Welt mit dem Bestreben der restlichen Welt konfrontiert, Migration als Inklusionsstrategie für sich zu nutzen. Die Rede von der „Festung Europa“ macht dabei darauf aufmerksam, dass die einstigen „Exporteure“ nicht unbedingt gewillt sind, selbst zu einem Ort der Absorption für die exportierte Überbevölkerung ehemaliger eigener „dumping sites“ zu werden (vgl. ebd.). Migration wird somit nicht überall und in jedem Fall als eine erwünschte Lösung begrüßt, so dass legale Migration als eine Option erscheint, von der nicht wenige ausgeschlossen werden.

Es sollte daher auch nicht verwunderlich stimmen, dass die „sans papiers“ zu den Paradebeispielen (vgl. Otto/Ziegler 2005, 117) exkludierter Personen gezählt werden, welchen des Öfteren konstatiert wird, dass sie ein Leben in einem Zustand der Totalexklusion (vgl. Weiss 2004, 223) führen. Dabei scheint sich gerade hier ein entscheidendes Charakteristikum von Exklusion zu Geltung zu kommen, wonach der Ausschluss in einem Bereich Ausschlüsse in anderen Bereichen nach sich zieht. Unser Beitrag möchte dieser Frage auf den Grund gehen und diskutieren, inwiefern illegale Migranten tatsächlich ein Leben in einer „Schattenwelt“ (vgl. Alt 2003) fristen, welche sich jenseits der funktionalen Teilsysteme moderner Gesellschaft abspielt. Dabei steht vor allem die Frage im Vordergrund, inwiefern der Ausschluss von legalen Migrations- und Aufenthaltsmöglichkeiten im Zuge eines „positiven Feedbacks“ (vgl. Luhmann 2002, 55) zu von Marginalität geprägten Optionen im Bereich gesundheitlicher Versorgung führt.

2 Inklusion/Exklusion, Migration und das politische System

Bevor diesem Thema nachgegangen werden kann, stellt sich zunächst die Frage, welches Verständnis man zugrunde legt, wenn man von Inklusion und Exklusion spricht. Im Falle der Luhmannschen Systemtheorie bezieht sich die Differenz von Inklusion/Exklusion auf das Problem der kommunikativen Relevanz einzelner Personen für die Autopoiesis gesellschaftlicher Subsysteme. Inklusion meint dabei keineswegs den Einschluss von Menschen (vgl. Luhmann 1995a, 241) in soziale Systeme, was der Logik Luhmanns widerspräche, sondern lediglich deren Berücksichtigung in der Form kommunikativ erzeugter Personen. Eine solche wird allerdings erst vor dem Hintergrund einer grundsätzlichen Möglichkeit der Nichtberücksichtigung möglich (vgl. Luhmann 1997, 621). Inklusion ist nur anhand einer Differenz zu haben, so dass Inklusion und Exklusion eine paradoxe Einheit in einer Form bilden, „deren Innenseite (Inklusion) als Chance der sozialen Berücksichtigung von Personen bezeichnet ist und deren Außenseite unbezeichnet bleibt.“ (Luhmann 1997, 620f.) Exklusion bedeutet dann, dass man nicht (vgl. Stichweh 2005, 45) oder nicht mehr anhand der Unterscheidung von Information und Mitteilung beobachtet wird und demnach ebenso nicht als Adresse für Kommunikationen in Frage kommt. Die Folgen einer solchen Nichtberücksichtigung können sehr weitreichend sein. Prozesse der Abweichungsverstärkung (vgl. Luhmann 1997, 631) können in Gang gesetzt werden, welche auf Differenzvergrößerung hinauslaufen, so dass Möglichkeitsbeschränkungen durch ihr fortschreitendes Prozessieren im jeweiligen Funktionssystem zur weitgehenden Einschränkung von Optionen führen kann, was „bis zum Grenzfall vollständiger kognitiver wie moralischer Irrelevanz dessen, was jemand sagt“ (Luhmann 2000, 390), reichen kann. Dabei kann die Exklusion aus einem Teilsystem (vgl. Luhmann 1995b, 148) von solcher Bedeutung sein, dass sie selbst Konsequenzen für den Zugang zu anderen Funktionssystemen bzw. auf die sich dort bietenden Möglichkeiten hat. Dies führt zu einer Form negativer Integration (vgl. Luhmann 1997, 630f.), denn die Form, in der eine Marginalisierung oder konkrete Ausschließung erfolgt, beschränkt neben der Relevanz der Person im System, welche sich von Möglichkeiten zu Unmöglichkeiten verschlechtert, mitunter auch das, was in anderen Systemen erreichbar ist.
Migration kann vor diesem Hintergrund und unter den Bedingungen von Weltgesellschaft (vgl. Bommes/Halfmann 1998a, 19f.) als eine Form räumlicher Mobilität betrachtet werden, mit der auf die Inklusions- und Exklusionsverhältnisse einer funktional differenzierten Gesellschaft durch einen Standortwechsel reagiert wird. Sie wird somit

zu einer Ressource, um Inklusionschancen zu steigern und Exklusionsrisiken zu vermeiden. Dabei ist diese Strategie für die meisten Funktionssysteme unproblematisch, denn über den Moment der konkreten Inanspruchnahme hinaus zeigen sich die meisten Funktionssysteme gegenüber dem räumlichen Verbleib von Individuen indifferent. Anders gestaltet sich dieses Verhältnis im Falle der Politik. Da eines der Kernelemente des modernen Staates (vgl. Bommes/Halfmann 1998b, 87) die Abgrenzung und die Kontrolle eines staatliches Territorium ist, entsteht für die Politik ein besonderer Entscheidungsbedarf bezüglich der Frage, wer die Grenzen eines Staatsterritoriums überschreiten und sich dort aufhalten darf. Dementsprechend sind politische Gebilde auch am Versuch interessiert, den Zugang zu anderen Funktionssystemen innerhalb ihres territorialen Einflussbereichs „politischen Filtern" (vgl. Bommes/Halfmann 1998a, 22) zu unterziehen, was letztlich die staatliche Kontrolle (vgl. Bommes 1999, 134) in der Form von Aufenthaltsstatus und Staatsbürgerrecht auf den Plan ruft. Staatliche Grenzen werden somit zu „institutionalisierten Ungleichheitsschwellen" (vgl. Bommes/Halfmann 1998a, 20), die sich nach außen schließen und nicht nur den Zugang zu politischen bzw. wohlfahrtsstaatlichen Leistungen, sondern auch zu anderen Funktionsbereichen zu begrenzen versuchen.

Aus diesem Grund, diese Bemerkung sei an dieser Stelle gestattet, ist für Michael Walzers Theorie sozialer Gerechtigkeit die Frage der Zugehörigkeit von zentraler Bedeutung. Für ihn ist die Frage der Inklusion von zwei Prinzipien bestimmt. Zum einen ist von einem Selbstbestimmungsrecht der politischen Gemeinschaft hinsichtlich der Mitgliedschaft auszugehen: *„Zulassung und Ausschluß sind der Kern, das Herzstück von gemeinschaftlicher Eigenständigkeit. Sie sind es, die der Selbstbestimmung ihren tieferen Sinn verleihen. Ohne sie gäbe es keine spezifischen Gemeinschaften, keine historisch stabilen Vereinigungen von Menschen, die einander in einer speziellen Weise verbunden und verpflichtet sind und die eine spezielle Vorstellung von ihrem gemeinsamen Leben haben."* (Walzer 1992, 106)

Zum anderen steht die Frage der Inklusion unter dem Gebot der politischen Gerechtigkeit: Wenn ich Menschen einwandern lasse – aus welchen Gründen auch immer – muss ich ihnen dann auch die Teilhaberechte zugestehen, muss ich sie zu Mitgliedern machen. *„Das erste steht uns frei, beim zweiten sind wir Knechte."* (Faust I) Die Einsicht in den Gemeinschaftscharakter politischer territorialer Verbände führt bei Walzer zum Selbstbestimmungspostulat im Blick auf die Mitgliedschaft. Wenn dann aber von diesen Gemeinschaften ausgegangen wird, kann in ihnen kein politisches System der Herrschaft der Bürger über Gäste und Fremde etabliert werden. Diese moralische Forderung ist für Walzer im Verständnis der Mitgliedschaft zu einer Gemeinschaft schon inhärent. Die Frage nach politischer Gerechtigkeit im Blick auf die Inklusion und Exklusion wird beantwortbar nicht durch abstrakte Kriterien, sondern durch die Hermeneutik der ohnehin der Gemeinschaft schon zugrundeliegenden Werte.

3 Illegale Migration – Kommunikation über das „Unsichtbare“?

Doch staatliche Versuche, die eigene Autorität gegenüber Einreisewilligen zu behaupten, können letztlich nicht verhindern, dass diese Grenzen auch ohne Erlaubnis überschritten werden, was im Falle von so genannten „overstayers“ (Bade 2001, 67) noch nicht einmal nötig ist. Die Möglichkeit, auch ohne Bezugnahme politischer Instanzen den Aufenthalt in der Illegalität zu bestreiten, bleibt bestehen. Sich illegal in einem Land aufhaltende Personen bleiben infolge für das politische System unbestimmt und befinden sich in einem Zustand politischer Exklusion (vgl. Wagner 2006, 112). Folgt man an dieser Stelle Weiß (vgl. 2004, 223), so strahlt eine solche Existenz auch auf die Inklusion in andere Funktionsbereiche aus. Durch die von einem nationalen Wohlfahrtsstaat errichtete Ungleichheitsschwelle bleiben Personen, welche die Voraussetzungen für die Inklusion in andere Bereiche der Gesellschaft besitzen, von diesen trotzdem exkludiert. „Zum Beispiel kann eine Person, die sich nicht legal auf dem deutschen Staatsgebiet befindet, weder von der Charité als Patientin noch von Schering als Empfangsdame beobachtet werden“ (ebd.).

Zunächst ist festzuhalten, dass von einer empirischen Seite aus betrachtet Aussagen über die soziale Situierung illegaler Migranten – und damit auch die These der Totalexklusion – grundsätzlich unter dem Problem zu leiden haben, dass es kaum Datenmaterial zur Lage illegaler Migranten in Deutschland gibt. Die wenigen vorliegenden Studien (vgl. Alt 1999; Alt 2003; Anderson 2003; Krieger et al. 2006) weisen allesamt nur sehr geringe, nicht repräsentative Fallzahlen auf, über welche hinaus das Leben in der Illegalität (vgl. Lederer/Nickel 1997, 8) im Verborgenen bleibt. Da eine Entdeckung stets mit Bedrohung durch Ausweisung bzw. Abschiebung einhergeht (vgl. ebd., 36), sind die Betroffenen darum bemüht, ihren illegalen Aufenthalt zu verbergen, so dass manche gar von einer „prinzipiellen Nichtregistrierbarkeit“ (Lederer 1999, 62) bzw. davon sprechen, dass dieser Gegenstand als solches gar nicht untersucht werden kann (vgl. Bade/Bommes 2004, 32). Wenn die Unbeobachtbarkeit zum Schlüssel einer erfolgreichen Existenz in der Illegalität wird (vgl. Wagner 2006, 100), wird die Beobachtung von Illegalität zugleich zu einem Paradox, da man nichts beobachten kann, was nicht sichtbar wird. Beobachtungen anhand der Unterscheidung legal/illegal in Bezug auf Aufenthalt und Migration haben deshalb damit zu kämpfen, dass die Seite der Form welche bezeichnet werden soll, mit Unbekanntem angereichert ist. Trotzdem werden sowohl in der Politik, den Medien als auch in der Wissenschaft immer wieder Zahlen genannt, welche einen gegenteiligen Eindruck erwecken. Dabei werden oftmals lediglich die Zahlen (vgl. Lederer 1999, 62f.) aus den Aufgriffsstatistiken hochgerechnet, wobei auf diese Weise lediglich das Scheitern von illegaler Migration (vgl. Bade 2001, 67) gemessen wird. Anhand gescheiterter Migration kann man jedoch gerade nicht beobachten, was sich davon unterscheidet: Illegalität, wie sie sich vollzieht. Dieses Generieren von Zahlen kann als primär politisch motivierter Versuch gedeutet werden, die Grenze einer Unterscheidung zu kreuzen und Unbestimmtes in Bestimmbares zu überführen und Illegalität selbst damit erst kommunizierbar zu machen.

4 Totalexlusion versus Inklusion durch Exklusion

Aus den vorliegenden Studien sollten entsprechend keine voreiligen Schlüsse bezüglich der Situation illegaler Migranten in Deutschland gezogen werden. Neben der fehlenden Repräsentativität aufgrund ihrer geringen Fallzahl verweisen gerade die Studien von Jörg Alt darauf (vgl. 2003, 59), dass weder Experten noch die Betroffenen selbst einen ansatzweise umfassenden Überblick über das Dasein in der Illegalität am jeweiligen Ort haben und es darüber hinaus auch deutliche regionale Unterschiede zu geben scheint. Auch stellen illegale Migranten keine homogene Gruppe dar, sondern weisen unterschiedliche Herkunftsbezüge auf (vgl. Krieger et al 2006, 75ff.), welche darüber hinaus im Wandel begriffen sind. Die EU-Osterweiterung hat diesbezüglich dazu geführt, dass Polen als ein „klassisches" Herkunftsland illegaler Migranten keine Rolle mehr spielt, somit ein großer Teil des in der Vergangenheit gesammelten Datenmaterials auf eine Personengruppe zurückgeht, welche nun nur noch in Ausnahmefällen zu den illegalen Migranten zählt.

Jedoch stößt man auf der Suche nach Anhaltspunkten, welche die These der Totalexklusion entweder stützen oder widerlegen sollen, in den wenigen vorhanden Studien relativ schnell auf den Hinweis, dass illegale Migranten zumindest im Bereich der Wirtschaft Inklusion erfahren. Illegale Ausländerbeschäftigung scheint (vgl. Cyrus 2001, 211) ein beträchtliches Ausmaß und Alltäglichkeit aufzuweisen, und es ist davon auszugehen, dass ein großer Teil der sich illegal aufhaltenden Personen (vgl. Lederer 1999, 56) einer illegalen Erwerbstätigkeit nachgeht, nicht zuletzt da diese meist sogar den Grund für ihr Dasein in der Illegalität darstellt (vgl. Anderson 2003, 18). Illegale Migranten lassen sich somit oftmals auch als illegal Beschäftigte in vielen Bereichen und Branchen der Wirtschaft wiederfinden (vgl. Alscher et al. 2001, 23, Alt 2003, 113; Cyrus 2001, 209; Eichenhofer 1999, 11f.; Lederer/Nickel 1997, 28), so z. B. im Baugewerbe, in der Gastronomie, in der Landwirtschaft, dem Transportgewerbe, der Prostitution, und auch in Privathaushalten zur Verrichtung von Haushalts- bzw. Putzarbeiten, pflegerischen Tätigkeiten sowie Renovierungen. Die Mehrzahl der Arbeitsverhältnisse scheint (vgl. Alt 2003, 127) zur allseitigen Zufriedenheit abzulaufen, die Bezahlung entspricht weitestgehend den Vorstellungen der Beschäftigten und wird auch tatsächlich gemäß der vereinbarten Höhe ausbezahlt. Illegale Migranten führen auch kein Leben völlig jenseits des Rechtscodes. Da im Falle einer Entdeckung der Aufenthalt als ein Straftatbestand (Unrecht) angesehen würde, wird versucht, dass eigene Handeln möglichst weitgehend an der positiven Seite des Codes (Recht) auszurichten. Um nicht aufzufallen (vgl. Eichenhofer 1999, 38), werden geltende Vorschriften soweit wie möglich beachtet. Selbst die Inanspruchnahme der Gerichtsbarkeit ist nicht völlig unmöglich. Es sind Fälle bekannt (vgl. Cyrus 2004, 92f.), in denen illegale Migranten erfolgreich gegen ehemalige Arbeitgeber gerichtlich prozessierten.

Folgt man an dieser Stelle Michael Bommes (vgl. Bommes 1999, 192f.), so ist festzuhalten, dass der Versuch durch die Kontrolle und den Ausschluss von Migranten wohlfahrtsstaatlich hergestellte Inklusionsstandards aufrecht zu erhalten, unter Bedingungen weltweit gestiegener räumlicher Mobilitätschancen für Individuen mitunter sogar Inklusionsgelegenheiten erzeugt, die gerade auf Illegalität beruhen. Auf den für sie relevanten Arbeitsmärkten scheinen sie einen Vorteil zu erhalten, der gerade explizit in ihrer Illegalität und der damit verbundenen Möglichkeit, arbeitsrechtliche und wohlfahrtsstaatliche Regulierungen zu umgehen, liegt. Damit scheint es gerade die Gleichgültigkeit eines sich rein an Preisen orientierenden Wirtschaftssystems gegenüber entsprechenden aufenthalts- bzw. arbeitsrechtlichen Bestimmungen zu sein (vgl. Scherr 2005, 86), welche hier Optionen eröffnet und illegale Migranten in einer für sie spezifischen Weise an ökonomischen Prozessen teilhaben lässt. Soweit wie auch andere Funktionssysteme sich gegenüber politischen Imperativen indifferent erweisen können, ergeben sich entsprechend auch dort Inklusionschancen trotz fehlenden Aufenthalts (vgl. Wagner 2006, 121ff.), so z. B. im Bereich der Erziehung und Bildung oder des Rechts, so dass also auf keinen Fall davon gesprochen werden kann, dass illegale Migranten nahezu vollständig aus der Gesellschaft exkludiert sind.

Dies sollte nun aber auf keinen Fall zu einer falschen Einschätzung der Lage der Betroffenen führen, denn ebenso zeigen sich in allen Bereichen erhebliche Einschränkungen, welche als direkte Folgen des fehlenden Aufenthaltsstatus angesehen werden können. Auch wenn deren Folge nicht unbedingt ein weiterer vollständiger Ausschluss darstellt, so werden aber dennoch zumindest Teile von anderen Funktionssystemen für illegale Migranten blockiert, so z. B. jeglicher Zugang zu Schulbildung soweit diese das Niveau der Grundschule übersteigt, die Inanspruchnahme von Sozialleistungen sowie einen risikolosen Zugang zur Gerichtsbarkeit.[1] Auch sind die weiterhin möglich bleibenden Inklusionsformen von dieser Situation zutiefst geprägt, wobei vor allem an die reduzierte Konfliktfähigkeit von illegalen Migranten gegenüber ihren Arbeitgebern zu denken ist. Es zeigt sich gerade an der sozialen Situation illegaler Migranten sehr deutlich, dass Inklusion nicht mit Gleichheit verwechselt werden (vgl. Nassehi 2003, 103) darf, sondern durchaus von massiven Ungleichheiten geprägt ist. Eine nähere Beschäftigung soll nun exemplarisch am Beispiel des Zugangs illegaler Migranten zu gesundheitlicher Versorgung erfolgen.

1 In manchen dieser Fälle kann man von einer *Ausdifferenzierung der Form von Inklusion/Exklusion in sich selbst* sprechen (vgl. Wagner 2006: 60ff.), wonach davon Betroffene zwar an manchen funktionsspezifischen Kommunikationsformen teilnehmen können, an anderen jedoch nicht. Hierbei spielt vor allem die Notwendigkeit eine große Rolle, für staatliche Instanzen unentdeckt zu bleiben, was zu sehr folgenreichen Folgeexklusionen führen kann, um nicht durch Inanspruchnahme entsprechender funktionssystemspezifischer Leistungen für staatliche Instanzen sichtbar zu werden.

5 Inklusion und Exklusion illegaler Migranten in das Gesundheitssystem

Bevor die Inklusionsprobleme illegaler Migranten in das Gesundheitssystem näher beleuchtet werden, ist es zunächst sinnvoll, sich knapp über die Funktionsweise dieses Systems zu verständigen. Ob bzw. inwiefern es sich beim Gesundheitssystem um ein operationell geschlossenes Subsystem der Gesellschaft handelt, wird kontrovers diskutiert (vgl. Bauch 2000). Niklas Luhmann beschreibt das Gesundheitssystem als bestimmt durch den Code gesund/krank. Bei solchen zweiwertigen Codes fungiert einer als Designations-, der andere als Reflexionswert. Das heißt, dass das System einen Wert für Anschlüsse benutzt und den anderen zur Reflexion der Kontingenz des (positiven) Designationswerts. Das Gesundheitssystem jedoch schließt nicht an den positiven Wert (gesund), sondern an den negativen (krank) an. Der Positivwert wird statt dessen gleichzeitig als Zielvorstellung verwendet: *„Die Reflexionsformel selbst ist schon die Zielformel, und dies perverse Zusammenfallen begründet schon die Praxis, läßt alle weiteren Reflexionen entbehrlich erscheinen, setzt das System dann aber in vielen Situationen dem Verdacht aus, daß die Ärzteschaft nichts anderes zu vertreten hat als ihre Interessen.“* (Luhmann 1990, 188) Verschärft wird dies noch, wenn – wie gegenwärtig – die medizinische Tätigkeit statt von Infektions- von Zivilisationskrankheiten bestimmt wird: diese Verlagerung *„auf Krankheiten, die auf schwer zu kontrollierende Weise als Resultat der Lebensführung auftreten, erweitert den Relevanzbereich des Systems auf die gesamte Lebensführung. Fast müßte man sagen: jeder ist krank, weil jeder sterben wird.“* (Luhmann 1990, 190)
Wie Jost Bauch kritisch zu Luhmann bemerkt, stößt damit die Analyse des Gesundheitssystems anhand der Codierung gesund/krank an eine Grenze. Das, weiter an dieser Codierung orientierte, System der Krankenbehandlung wird erweitert durch ein umfassenderes – und jetzt erst eigentlich wirklich so zu bezeichnendes – Gesundheitssystem, das sich statt auf körperbezogene Intervention auf Prävention und damit auf Kommunikation umstellt: *„Ziel der Prävention ist es, durch Kommunikation bestimmte Kommunikationsformen so zu modulieren, dass diese Kommunikationen keine nichtkommunikativen (also körperlichen) Folgewirkungen nach sich ziehen.“* (Bauch 2000, 399) Der sich so etablierende Code gesundheitsförderlich/gesundheitshinderlich vermag dann auch, die erfolgreiche „Inklusionsstrategie“ des Gesundheitswesens verständlich zu machen: *„Der breiter angelegte Code macht es möglich, dass sich das Gesundheitssystem in einem bisher noch nicht bekanntem Ausmaß mit gesamtgesellschaftlicher Relevanz auflädt, um damit eine erfolgreiche Medikalisierungsstrategie durchführen zu können. Der Kompetenzbereich des Gesundheitssystems wächst, weil das System nicht mehr alleine an das Faktum Krankheit gebunden ist.“* (Bauch 2000, 400)
Die politischen und ökonomischen Folgen dieser Konstellation können an dieser Stelle außer Acht bleiben. Wichtiger ist für unseren Zusammenhang, wie der Code im Gesundheitssystem verwaltet wird. Die Zuweisung der Codewerte ist in der Regel der medizinischen Diagnosestellung vorbehalten. Das System der Krankenbehandlung hat

seinen Ausgangspunkt in der Zuweisung des Wertes krank (oder besser im Blick auf die oben angesprochene Ausweitung: behandlungsbedürftig) durch – in der Regel – einen Arzt. Somit ist die ärztliche Diagnose gleichsam die Pforte für den Eintritt (bei Dante auf dem Tor zur Hölle: „Ihr, die ihr eintretet, lasset alle Hoffnung fahren!“). Allerdings ist der Code des Gesundheitssystems zweitcodiert über einen der Wirtschaft entlehnten Mechanismus: die Frage der Kostenübernahme. Diese ist – jedenfalls zumeist – im Krankenversicherungssystem ebenfalls an die ärztliche Diagnose und die ärztliche Verordnung gekoppelt. Während bei der Diagnosestellung der Arzt autonom – also nach den Regeln der ärztlichen Kunst – verfahren kann, ist er bei der Verordnung von Medikamenten oder therapeutischen Maßnahmen zumindest hinsichtlich der Kostenübernahme durch die Versicherungsträger eingeschränkt. Bestimmte Leistungen sind von der Kostenerstattung ausgeschlossen. Will der Behandlungsbedürftige entsprechende Leistungen erhalten, muss er sie aus eigener Tasche finanzieren. Dies trifft insbesondere bei leichteren Erkrankungen oder Befindlichkeitsstörungen zu, gilt aber auch für bestimmte Medikamente oder therapeutische Maßnahmen, die – aus welchen Gründen auch immer – nicht in den Leistungskatalog der Krankenkassen aufgenommen worden sind. Diese Vorbemerkungen sind insofern wichtig, als illegale Migranten in der Regel nicht von der ärztlichen Behandlung, aber vom System der Kostenerstattung ausgeschlossen sind.

Epidemiologische Daten zur Gesundheitssituation von illegalen Migranten existieren in Deutschland aus leicht nachvollziehbaren Gründen nicht. Es kann jedoch davon ausgegangen werden, dass das Leben in der Illegalität Krankheiten begünstigt. Zum einen sind die Lebens- und Arbeitsbedingungen nicht unbedingt gesundheitsförderlich, zum anderen belastet die Furcht vor Kontrollen die Menschen psychisch. Beispielhaft dafür kann die Aussage eines Betroffenen stehen: *„Es geht, unterschiedlich, manchmal habe ich viel Stress, weil immer muss man arbeiten, ich muss immer ein neues Zimmer suchen, es ist schwierig, eine Wohnung zu finden ohne Papiere. Früher war es einfacher, Arbeit zu finden, die Leute haben mehr Angst heute, es gibt mehr Kontrollen auf Baustellen und Restaurants.“* (Krieger et al 2006, 114) Aber für unsere Frage ist ein präzises Wissen über gesundheitliche Belastungen auch nicht notwendig. Die Frage ist vielmehr, wie Menschen ohne Papiere damit umgehen, nur einen eingeschränkten Zugang zum Gesundheitssystem zu besitzen (der für sie auch dann von Bedeutung wäre, wenn sich ihr Gesundheitszustand von dem der einheimischen Bevölkerung nicht signifikant unterscheiden würde).

Zunächst besteht die Möglichkeit, ärztliche Leistungen oder auch Medikamente privat zu bezahlen. So ein Betroffener in der oben genannten Studie: „Ich wurde zwei-, dreimal ärztlich behandelt. Von einem Freund, der Ärzte kennt, bin ich an einen gekommen. Damals hat es 50 DM gekostet. Ohne Versicherungskarte. Ich bezahle in bar. Aber nur einmal. Ich gehe hin. Ohne Bürokratie. Ohne Versicherungskarte.“ (Krieger et al 2006, 99) Den Zugang zu Ärzten, die ohne Versicherungskarten behandeln, erhalten Betroffene meist über ihre sozialen Netze oder über Beratungsstellen, die sie an entsprechende Personen weiter vermitteln. Diese Strategie steht in der Regel jedoch nur bei akuten Er-

krankungen offen, die zudem nicht besonders gravierend sind, denn andernfalls würde die entstehende finanzielle Belastung schnell zu groß sein. Ähnliches gilt für die Inanspruchnahme von Sprechstunden bei Gesundheitsämtern oder von Straßenambulanzen. Eine weitere Möglichkeit besteht darin, das System der Krankenversicherung „auszutricksen". Zwei Möglichkeiten kommen dabei besonders in Frage: Die Nutzung der Krankenkassenkarte einer anderen Person oder eine befreundete Person zum Arzt gehen zu lassen, um für sich Medikamente verordnen zu lassen. Während die letzte Möglichkeit wiederum nur bei weniger gravierenden Fällen sinnvoll angewendet werden kann, ist die erste mit Risiken behaftet, denn bei entstehenden Ungereimtheiten kann der Kartenbetrug aufgedeckt werden mit allen – insbesondere rechtlichen – Konsequenzen.
Besonders problematisch wird es bei notwendigen Krankenhausbehandlungen. Zwar müssen Krankenhäuser Notfallbehandlungen durchführen, auch wenn die Kostenübernahme nicht geklärt ist, aber spätestens danach müssten die Krankenhausverwaltungen mit dem zuständigen Sozialamt Kontakt aufnehmen, wenn sie nicht auf den entstandenen und noch zu erwartenden Kosten sitzen bleiben wollen. *„Die Krankenhausverwaltung und die behandelnden ÄrztInnen befinden sich nun in der schwierigen Lage, sich zwischen dem Risiko der Nichterstattung der Kosten, dem Risiko der Anzeige wegen Verstoßes gegen das AufenthG und dem Vorwurf unterlassener Hilfeleistung entscheiden zu müssen."* (Krieger et al. 2006, 106)
Die Inanspruchnahme von Gesundheitsleistungen ist aus der Sicht der Betroffenen in der Regel also mit einem großen Entdeckungsrisiko verbunden. Die bevorzugte Strategie ist daher, gesundheitliche Einschränkungen nach Möglichkeit zu ignorieren. Die Folge davon ist, dass damit hohe gesundheitliche Risiken eingegangen werden. Experten gehen davon aus, *„dass die Behandlungsanlässe bei Statuslosen überdurchschnittlich kritisch und häufig dramatischer Natur sind."* (Krieger et al. 2006, 102)
Strukturell gesehen besteht für Illegale das Problem weniger auf Seiten des Systems der Krankenbehandlung, sondern auf Seiten des Systems der Behandlungsfinanzierung. Hier ist das Gesundheitssystem strukturell an öffentliche (wie die Krankenkassen) und staatliche Institutionen (insbesondere Gesundheits- und Sozialämter) gekoppelt, die – in unterschiedlicher Weise – wiederum Informationspflichten an Strafverfolgungsinstanzen haben. Damit wird der Zugang zum Gesundheitssystem nicht aufgrund der diesem zugrunde liegenden Codierung (also: gesund/krank bzw. nicht-behandlungsbedürftig/behandlungsbedürftig) eingeschränkt, sondern über die Koppelung an staatliche bzw. quasi-staatliche Institutionen der Behandlungsfinanzierung. Nicht die gesundheitliche Situation der Betroffenen ist das eigentliche Problem, sondern die Situation der Illegalität selbst.

6 Fazit – Strategien der Hilfe

Sucht man nun nach Strategien, diesen Zustand für in der Illegalität lebende Menschen zu verbessern, liegt bei dieser Sichtweise vor allem eine Option nahe: Eine zumindest teilweise Entkoppelung des Gesundheitssystems von staatlichen Stellen. Dies kann (vgl. Krieger et al 2006, 106), wie etwa in Frankreich und Italien, durch anonymisierte Krankenscheine oder Chipkarten geschehen. Hier entsteht jedoch im bundesdeutschen System das Problem, wie die Krankenkassen als Kostenträger die entstehenden Kosten refinanzieren. In den Niederlanden steht deswegen ein steuerlich finanzierter Sozialfonds zur Verfügung. Auf jeden Fall könnte so verhindert werden, dass kommunale Stellen (Sozialämter) Daten an die Ausländerbehörde weitergeben können. Eine andere, in Deutschland vor allem praktizierte, Möglichkeit besteht darin, dass über nichtstaatliche Initiativen medizinische Hilfen für Menschen ohne legalen Aufenthaltsstatus geschaffen werden. Die Wirksamkeit solcher Optionen hängt jedoch in erster Linie davon ab, ob das Entdeckungsrisiko nicht nur objektiv, sondern auch subjektiv für die Betroffenen minimiert oder besser noch weitgehend ausgeschlossen werden kann. Nur wenn Betroffene sich sicher fühlen, werden sie bereit sein, für sie notwendige Leistungen des Gesundheitssystems in Anspruch zu nehmen.

Die These von der Totalexklusion von illegalen Migranten lässt sich also auch im Blick auf das Gesundheitssystem so nicht halten. Jedoch wird hier in besonderer Weise deutlich, mit welchen enormen Risiken die fehlende politische Inklusion behaftet ist. Die für viele illegale Migranten so zentrale Inklusion in das Wirtschaftssystem wird auf diese Weise – stärker als für „legale“ Arbeitnehmer, die in Zeiten knapper Arbeitsplätze ebenso bereit sind, Gesundheitsrisiken auf sich zu nehmen, um den Arbeitsplatz nicht zu verlieren – prekär.

Zuletzt sei noch ein Blick auf die Schlussfolgerungen für eine Soziale Arbeit geworfen, welche sich diesem Thema widmen möchte. Gerade wenn sich Soziale Arbeit als eine auf Inklusionsprobleme bezogene Hilfeleistung (vgl. Baecker 1994, 181) verstehen möchte, stellt sich die Frage, was sie im Falle illegaler Migranten tun kann, um diesen dabei zu helfen, Leistungen des Gesundheitssystems in Anspruch nehmen zu können. Allgemein gilt im Falle illegaler Migranten festzuhalten, dass Inklusion nicht in jedem Fall das unbedingte Ziel der Hilfeleistung sein kann bzw. sollte. Gerade in Bezug auf das politische System hat Soziale Arbeit genau zu prüfen, ob sie „in dem sie hilft, hilfreich ist oder unter Umständen nicht gerade dann hilfreich ist, wenn sie nicht hilft“ (Baecker 1994, 182). In Fällen in denen keine sichere Chance auf eine Legalisierung des Aufenthaltes besteht (welche wohl auch die deutliche Mehrheit bilden), kann es durchaus hilfreicher sein, Inklusion nicht zu vermitteln und vielmehr Betroffene durch öffentliche Instanzen unbeobachtet zu belassen. In Bezug auf das Gesundheitssystem würde ein Rückzug auf diese Position allerdings ganz leicht den Vorwurf des Zynismus ernten. Doch was kann an dieser Stelle getan werden? Ein Ansatzpunkt könnte in den für illegale Migranten äußerst wichtigen sozialen Netzwerken verschiedenster Art liegen. Diese spielen für illegale Migranten in vielen Bereichen eine große Bedeutung, auch und gerade im Bereich des Gesundheitswesens (vgl. Alt 2003, 152; Anderson 2003, 34). Soziale Arbeit könnte es als ihre Aufgabe verstehen, die in diesem Bereich angesiedelten privaten Initiativen und Vernetzungen illegaler Migranten untereinander zu stärken bzw. den Kontakt zu diesen zu vermitteln, oder sich sogar selbst als eine „transversal“

(vgl. Kunstreich 2006, 16), d.h. quer zu den Strukturen offizieller Institutionen ausgerichtete Form Sozialer Arbeit in diese Netzwerke einbinden, um somit dazu beizutragen, dass Optionen der Inklusion für Betroffene bereitgestellt werden können. Doch kann diese Form der Hilfe, welche auch Soziale Arbeit sehr leicht auf den Weg der Illegalität bringen kann, im besten Fall nur partiell Wirkungen erzielen und bei weitem nicht alle Risikolagen abdecken.

Vielleicht ist der Schlüssel für die Rolle Sozialer Arbeit doch gerade in jener These zu suchen, wonach sie eben gerade dann besonders hilfreich sein kann, wenn sie nicht hilft, welche durch einen Zusatz auch von jeglicher zynischer Lesart befreit werden kann. Vor dem Hintergrund, dass weniger die gesundheitliche Situation der Betroffenen das eigentliche Problem darstellt, sondern vielmehr deren Status als Illegale, kann Soziale Arbeit demnach umso hilfreicher sein, wenn sie anstatt zu helfen politische Kommunikation betreibt – im Rahmen einer Politik Sozialer Arbeit[2] – nicht zuletzt, um so ihrem Selbstverständnis gerecht zu werden und Inklusionschancen zu schaffen, die diesen Namen auch verdienen. In diesem Zusammenhang wäre es wichtig den politischen Diskurs damit zu konfrontieren, dass sich Formen der illegalen Migration als die Kehrseite zunehmender Abschottung (vgl. Bade/Bommes 2004, 25) jenseits staatlicher Kontrolle herausbilden. Es zeigt sich an dieser Stelle sehr deutlich, dass funktionale Differenzierung und damit auch Politik (vgl. Luhmann 1995a, 260) ihren Exklusionsbereich nicht ordnen kann, da er außerhalb ihrer operativen Grenzen liegt, auch wenn sie sich gemäß ihres gesellschaftsuniversellen Selbstverständnisses ebenso auf ihn erstreckt. Gerade weil Migration an die Differenz von politischer Inklusion und Exklusion gebunden und somit politisch kontrolliert werden soll, erzeugt die Exklusion potenzieller Zuwanderungswilliger gleichzeitig Formen der Migration im operativen Exklusionsbereich des jeweiligen politischen Systems. Im Gegensatz dazu können Optionen zur Beeinflussung und Kontrolle von Migrationsbewegungen nur im Inklusionsbereich wahrgenommen werden. Politik beraubt sich somit mit jedem weiteren Schritt hin zur Abschottung gegenüber Zuwanderern selbst ein Stück Gestaltungsmöglichkeit, unter den Bedingungen einer funktional differenzierten Weltgesellschaft auf die nur bedingt beeinflussbaren Migrationsprozesse Einfluss zu nehmen. Denn bei fehlenden legalen Optionen wird auf Migrationsformen im Exklusionsbereich der Politik zurückgegriffen. Insofern ist der politische Diskurs mit der Frage zu konfrontieren, ob durch zunehmende Restriktionen

2 Diese Politik der Sozialen Arbeit kann, zumindest auf dem Hintergrund der Systemtheorie, welche von untereinander operativ geschlossenen gesellschaftlichen Teilsystemen ausgeht, allerdings nur im Operationsmodus der Politik stattfinden und lediglich auf Soziale Hilfe als Bezugspunkt verweisen. Zur genaueren Ausführung diesbezüglicher systemtheoretischer Probleme und Prämissen dieser These vgl. Wagner 2006, 162f.

der Zuwanderungswege nicht gerade das produziert wird, was man damit eigentlich verhindern möchte, nämlich unkontrollierte Zuwanderung.[3]

Literatur:

Alscher, Stefan / Münz, Rainer / Özcan, Veysel (2001): Illegal anwesende und illegal beschäftigte Ausländerinnen und Ausländer in Berlin. *www.demographie.de/demographieaktuell/da17.pdf* (01.02.2004).

Alt, Jörg (1999): Illegal in Deutschland. Forschungsprojekt zur Lebenssituation „illegaler“ Migranten in Leipzig, Karlsruhe: Von-Loeper-Literaturverlag.

Alt, Jörg (2003): Leben in der Schattenwelt. Problemkomplex „illegale Migration“. Karlsruhe.

Anderson, Philip (2003): „Dass sie uns nicht vergessen...“ Menschen in der Illegalität in München. Eine empirische Studie im Auftrag der Landeshauptstadt München. *www.gruene-muenchen-stadtrat.de/seiten/pdfs/studie_illegalitaet.pdf* (01.02.2004).

Bade, Klaus J. (2001): Die »Festung Europa« und die illegale Migration. In: ders. [Hg.]: Integration und Illegalität in Deutschland, Osnabrück, 65-75. *www.imis.uni-osnabrueck.de/pdffiles/illegal.pdf* (01.12.2004).

Bade, Klaus J. / Bommes, Michael (2004): Illegalität: Formen-Wege-Ursachen-Folgen. Ein Beitrag aus der Sicht der Wissenschaft. In: Sikora, Joachim /Uihlein/Nitsche [Hg.]: Menschen in der Illegalität. Sozialarbeit in Grenzsituationen, Bad Honnef: Katholisch-Soziales Institut, 23-41.

Baecker, Dirk (1994): Soziale Hilfe als Funktionssystem der Gesellschaft. In: Merten, Roland [Hg.] 1998: Sozialarbeit – Sozialpädagogik – Soziale Arbeit. Begriffsbestimmungen in einem unübersichtlichen Feld, Freiburg i.Br.: Lambertus, 177-206.

Bauch, Jost (2000): Selbst- und Fremdbeschreibung des Gesundheitswesens. Anmerkungen zu einem absonderlichen Sozialsystem. In: Henk de Berg, Johannes Schmidt [Hg.]: Rezeption und Reflexion. Zur Resonanz der Systemtheorie Niklas Luhmanns außerhalb der Soziologie, Frankfurt a.M.: Suhrkamp, 387-410.

Bauman, Zygmunt (2004): Wasted Lives. Modernity and its Outcasts. Cambridge: Polity Press.

Bommes, Michael (1999): Migration und nationaler Wohlfahrtsstaat. Ein differenzierungstheoretischer Entwurf, Opladen/Wiesbaden: Westdeutscher Verlag.

Bommes, Michael & Halfmann, Jost (1998a): Einführung: Migration, Nationalstaat, Wohlfahrtsstaat – eine theoretische Herausforderung für die Migrationsforschung., In: dies. [Hg.]: Migration in nationalen Wohlfahrtsstaaten. Theoretische und vergleichende Untersuchungen, Osnabrück, 9-45.

3 Doch auch bei einer Migrationspolitik, welche in einem umfassenderen Maße als dies zurzeit der Fall ist Optionen auf einen legalen Aufenthalt zur Verfügung stellen würde, bleibt das Problem bestehen, dass Politik ihren Exklusionsbereich nicht ordnen kann. Und somit bleibt es fraglich inwiefern Politik – selbst wenn sie es wollte – Illegalität tatsächlich verringern kann, gerade weil es sich dabei um kommunikative Prozesse in ihrem Exklusionsbereich handelt, die ihr vorenthalten werden da hier gerade Sichtbarkeit und Inklusion vermieden werden sollen. Denn selbst wenn es der Politik gelänge durch Optionen auf Inklusion illegale Aufenthalte zu verhindern, würde sie dadurch paradoxer Weise gleichzeitig Inklusionschancen vernichten, welche auf ihrer Unsichtbarkeit und Illegalität beruhen. Inklusion gibt es eben nur vor der Möglichkeit zur Exklusion. Diesem Dilemma kann man letztlich nicht entfliehen, aber es lässt sich sehr wohl gestalten.

Bommes, Michael & Halfmann, Jost (1998b): „Staatsbürgerschaft, Inklusionsvermittlung und Migration. Zum Souveränitätsverlust des Wohlfahrtsstaates.“, In: dies. [Hg.]: Migration in nationalen Wohlfahrtsstaaten. Theoretische und vergleichende Untersuchungen. Osnabrück, 81-101.

Cyrus, Norbert (2001): Schattenwirtschaft und Migration in Berlin. In: Gesemann, Frank [Hg.]: Migration und Integration in Berlin. Wissenschaftliche Analysen und politische Perspektiven, Opladen: Leske + Budrich, 209-232.

Cyrus, Norbert (2004): Der Beitrag der Sozialen Arbeit zur Eindämmung der Ausbeutung illegal (und legal) beschäftigter Arbeitsmigranten. In: Sikora/Uihlein/Nitsche [Hg.]: Menschen in der Illegalität. Sozialarbeit in Grenzsituationen, Bad Honnef: Katholisch-Soziales Institut, 79-99: Osnabrücker Universitätsverlag.

Eichenhofer, Eberhard (1999): Einleitung: Illegale Einreise, illegaler Aufenthalt und illegale Beschäftigung als Fragen der Migrationsforschung. In: ders. [Hg.]: Migration und Illegalität, Osnabrück: Rasch 11-25.

Krieger, Wolfgang & Ludwig, Monika & Schupp, Patrick & Will, Anne (2006): Lebenslage „illegal“. Menschen ohne Aufenthaltstatus in Frankfurt am Main. Notlagen und Lebensbewältigung – Wege der Unterstützung, Karlsruhe: Ariadne Buchdienst.

Kunstreich, Tim (2006): Markt macht Moral. Zur moralischen Ökonomie der Sozialen Arbeit. In: Widersprüche. Zeitschrift für sozialistische Politik im Bildungs-, Gesundheits- und Sozialbereich. Heft 99, 7-22.

Lederer, Harald (1999): Typologie und Statistik illegaler Zuwanderung nach Deutschland. In: Eichenhofer, Eberhard [Hg.]: Migration und Illegalität, Osnabrück: Rasch, 53-70.

Lederer, Harald & Nickel, Alex (1997): Illegale Ausländerbeschäftigung in der Bundesrepublik Deutschland, [Electronic ed.] Bonn, unter: *http://library.fes.de/fulltext/asfo/00763toc.htm* (18.02.04).

Luhmann, Niklas (1980/1993): Gesellschaftsstruktur und Semantik. Studien zur Wissenssoziologie der modernen Gesellschaft Band 1. Frankfurt/Main: Suhrkamp.

Luhmann, Niklas (1990): „Der medizinische Code“, In: ders., Soziologische Aufklärung 5. Konstruktivistische Perspektiven, Opladen: Westdeutscher Verlag, 183-195.

Luhmann, Niklas (1995a): Soziologische Aufklärung 6. Die Soziologie und der Mensch, Opladen: Westdeutscher Verlag.

Luhmann, Niklas (1995b): Gesellschaftsstruktur und Semantik. Studien zur Wissenssoziologie der modernen Gesellschaft Band 4, Frankfurt/Main: Suhrkamp.

Luhmann, Niklas (1997): Die Gesellschaft der Gesellschaft (2 Bände), Frankfurt/Main: Suhrkamp.

Luhmann, Niklas (2000): Organisation und Entscheidung, Opladen: Westdeutscher Verlag.

Luhmann, Niklas (2002): Einführung in die Systemtheorie, Heidelberg: Carl-Auer-Systeme Verlag.

Nassehi, Armin (2003): Geschlossenheit und Offenheit. Studien zur Theorie der Moderne, Frankfurt/Main: Suhrkamp.

Otto, Hans-Uwe & Ziegler, Holger (2005): Sozialraum und sozialer Ausschluss. Die analytische Ordnung neo-sozialer Integrationsrationalitäten in der sozialen Arbeit. In: Anhorn, Roland/Bettinger, Frank [Hg.]: Sozialer Ausschluss und soziale Arbeit. Positionsbestimmungen einer kritischen Theorie und Praxis sozialer Arbeit, Wiesbaden: Verlag für Sozialwissenschaften, 115-146.

Scherr, Albert (2005): Kapitalismus oder funktional differenzierte Gesellschaft? – Konsequenzen unterschiedlicher Zugänge zum Exklusionsproblem für Sozialpolitik und Soziale Arbeit. In: Anhorn,

Roland/Bettinger, Frank [Hg.]: Sozialer Ausschluss und soziale Arbeit. Positionsbestimmungen einer kritischen Theorie und Praxis sozialer Arbeit, Wiesbaden: Verlag für Sozialwissenschaften, 77-94.

Stichweh, Rudolf (2005): Inklusion und Exklusion. Studien zur Gesellschaftstheorie, Bielefeld: transcript.

Wagner, Thomas (2006): Inklusion-Exklusion – Darstellung einer systemtheoretischen Differenz und ihre Anwendung auf illegale Migration, Frankfurt/Main: IKO, Verl. für Interkulturelle Kommunikation.

Walzer, Michael (1992): Sphären der Gerechtigkeit. Ein Plädoyer für Pluralität und Gleichheit, Frankfurt/New York: Campus.

Weiß, Anja (2004): Unterschiede, die einen Unterschied machen. Klassenlagen in den Theorien von Pierre Bourdieu und Niklas Luhmann. In: Nassehi, Armin/Nollmann, Gerd [Hg.]: Bourdieu und Luhmann. Ein Theorievergleich, Frankfurt/Main: Suhrkamp, 208-232.

Menschen mit Migrationshintergrund und deren Versorgung

Jutta Lindert

1 Einführung

Aufgrund der Zuwanderung nach Europa treffen immer häufiger Menschen unterschiedlicher Ethnien in den Institutionen der psychosozialen Gesundheitsversorgung aufeinander. Deutschland, Großbritannien und Italien haben sich bei einer geschätzten Gesamtbevölkerungszahl in dem Europa der 25 von 459.488.4 Millionen (Stand 31.12.2005) mit einem Anteil an der Gesamtmigration nach Europa von 76% zu den bedeutendsten Zuwanderungsregionen in Europa entwickelt (Eurostat, http://epp.eurostat.cec.eu.int/portal/; 08.02.2006). Obwohl Migranten, vor allem in den innerstädtischen Gebieten der Städte, einen großen Teil der Patienten ausmachen, sind sie bisher in der Forschung zu ihren Versorgungsbedürfnissen nicht dementsprechend repräsentiert, so dass kaum Kenntnisse über die Versorgungsprozesse vorhanden sind.
Zum 31.12.2004 betrug der Ausländeranteil in Deutschland ca. 8,1% der Bevölkerung, d.h. im Bundesgebiet lebten rund 7 Millionen ausländische Staatsbürger, die meisten in den Grosstädten und den industriellen Ballungsräumen (Bundesamt für Migration und Flüchtlinge. Teilstatistik: „Ausländer- und Flüchtlingszahlen, *www.bamf.de;* 13.05.06). Die regionale Verteilung der Migranten ist sehr unterschiedlich, sie bilden eine fast ausschließlich städtische Wohnbevölkerung mit Konzentrationen in bestimmten Stadtvierteln oder in Vorstädten von Ballungsräumen. In Berlin haben derzeit (Stand 2006) insgesamt 15% der Bewohner eine ausländische Staatsangehörigkeit, die meisten leben in den Bezirken Mitte, Friedrichshain-Kreuzberg und Mitte.
Der Begriff „Migrant" sagt jedoch nichts aus über die Art, wie die Menschen eingewandert sind, noch über den Zweck der Migration oder den Aufenthaltsstatus. Unter den Begriff „Migrant" fallen daher sehr unterschiedliche Kategorien von Migranten, wie anerkannte Flüchtlinge, Asylbewerber und Flüchtlinge ohne offiziellen Flüchtlingsstatus im Sinne der Genfer-Konvention, Ausländer, die aus humanitären Gründen aufgenommen werden, geduldete Ausländer, Ausländer mit befristeter und mit unbefristeter Aufenthaltserlaubnis, Touristen, Reisende im Transit, Ausländer mit illegalem Status und andere Migranten (z.B. deutschstämmige Aussiedler aus Russland). Der Begriff „Migrant" bezeichnet damit nicht nur Personen ohne die Staatsangehörigkeit des Einwanderungslandes, sondern generell alle, die ein bestimmtes Land verlassen und sich in einem anderen Land niederlassen Migration (Migration Information Source, Fresh thought, authoritative data, global reach. Glossary. *www.migrationinformation.org/Glossary*; 10.01.2006). Als Migranten werden damit Menschen bezeichnet, die selbst oder deren Eltern eingewandert sind. Dies gilt insbesondere für Länder in denen die Migranten nicht über die Staatsangehörigkeit des Zuwanderungslandes verfügen und

sich damit durch ihre rechtliche Situation von Personen mit der nationalen Staatsangehörigkeit unterscheiden. In Deutschland kann auch die dritte Einwanderergeneration noch eine wichtige Bestimmungsgröße der Lebensumstände sein, insofern als auch Menschen der dritten Generation nicht die deutsche Staatsanghörigkeit haben können.
Bisherige Studien haben gezeigt, dass Barrieren unterschiedlicher Art, wie strukturelle und finanzielle, sprachliche und kommunikative, sowie schwer einschätzbarer Ansprüche und Erwartungen der Mitarbeiter und der Migranten die Qualität der Versorgung beinträchtigen können. Es wurde daher gefordert, die psychosoziale Versorgung migrationspezifisch zu verändern. Insbesondere wurde die „interkulturelle Öffnung" von sozialen und gesundheitlichen Diensten gefordert. Unter dem Thema „interkulturelle Öffnung" gibt es in Deutschland insbesondere in der „grauen Literatur" eine große Vielzahl von Empfehlungen und Vorschläge für Leitlinien zur Verbesserung der gesundheitlichen Versorgung von Migranten. Speziell bezogen auf die psychosoziale Versorgung wurden bereits 2002 von der „Deutschen Gesellschaft für Psychiatrie und Psychotherapie" (DGPPN), unter Leitung des Referats „Transkulturelle Psychiatrie", 12 Leitlinien („Sonnenberger Leitlinien") zu der psychosozialen Versorgung von Migranten formuliert und verabschiedet, die u.a. die Bildung multikultureller Behandlerteams, die Organisation und den Einsatz zertifizierter Übersetzer und Kulturmediatoren, die Notwendigkeit der Kooperation der Dienste der Regelversorgung, die Verbesserung der Informationen durch muttersprachliche Medien, und die Bereitschaft der in der psychosozialen Versorgung tätigen Berufsgruppen zur Einbeziehung von Betroffenen forderten (Die „zwölf Sonnenberger Leitlinien", *www99.mh-hannover.de/pressestelle/mitteilung2002/sonnenberger_leitlinien2.htm*, 30.01.2006).

2 Migration und psychische Gesundheit

Obwohl die verfügbaren Daten zur psychischen Gesundheit von Migranten bisher noch unzureichend sind, gibt es Hinweise auf spezielle psychische Probleme und Besonderheiten in den Krankheitsverläufen bei manchen Migrantengruppen. Bekannt ist, dass Migration ist mit *Belastungen und Risiken*, aber auch mit Chancen verbunden ist, da Migration sowohl das *Risiko* zu erkranken, als auch die *Chance*, adäquate Versorgung zu erhalten, beeinflussen kann.
Im Verlauf von Migration nehmen Migranten verschiedene Neudefinierungsprozesse vor, bei denen die eigene Identität neu interpretiert und definiert wird (Klimt 2003, 211-232). Auch die rechtlichen Rahmenbedingungen, der Verlauf der Migration (u.a. Gewalterfahrungen während der Migration, Dauer der Migration, Aufenthaltsdauer im Aufnahmeland) sowie die soziale Lage im Zielland (u.a. Art der sozialen Unterstützung, finanzielle Ressourcen) beeinflussen den Migrationsprozess entscheidend. Der Prozess selbst, der sich über mehrere Generationen hinziehen kann, bewirkt daher eine generelle Unsicherheit, in dem u.a. die gewohnten sprachlichen, kognitiven, emotionalen Verhaltensweisen in der neuen Umgebung in Frage gestellt werden (Collatz 1999, 33-58).

Der Aufenthaltstatus der Migranten ist, insbesondere bei Unsicherheit bezüglich der Aufenthaltsgenehmigung, eng korreliert mit der sozialen Lage und die soziale Lage wiederum mit dem selbst eingeschätzten Gesundheitszustand. Die Unterschiede in der sozialen Lage von Menschen mit und ohne Migrationshintergrund zeigen sich unter andern an der Haushaltsform. In Deutschland ist etwa jeder zweite Migrantenhaushalt, aber nur jeder dritte Haushalt ohne Migrationshintergrund, dem unteren Einkommensbereich (unter 40% des Äquivalenzeinkommens) zuzuordnen (Bundesministerium für Arbeit und Soziales, 2005). Diese Einkommensunterschiede spiegeln sich in einer stärkeren Abhängigkeit der Migranten von finanzieller Unterstützung wieder. Ende des Jahres 2001 bezogen 12,5% der nichtdeutschen Bevölkerung laufende Hilfe zum Lebensunterhalt (außerhalb von Einrichtungen) bzw. Regelleistungen nach dem Asylbewerberleistungsgesetz.
Bereits im ersten Armuts- und Reichtumsbericht der Bundesregierung wird ausgeführt, dass ein Migrationshintergrund mit sozialer Lage, insbesondere mit schlechteren Aussichten auf dem Arbeitsmarkt, geringeren Einkommenschancen und häufigerem Sozialhilfebezug einhergeht (Bundesministerium für Arbeit und Soziales, 2001), was im 2. Armuts- und Reichtumsbericht der Bundesregierung bestätigt wurde. Aus dem - oft niedrigen - Sozialstatus der Migranten ergeben sich Risiken, denen auch Deutsche mit vergleichbarem Sozialstatus ausgesetzt sind, z.B. besondere Belastungen am Arbeitsplatz und vermehrtes Rauchverhalten.
Forschungen zum Zusammenhang von Migration und psychischer Gesundheit zeigen unterschiedliche Resultate und sind auf Grund methodischer Probleme (u.a. kleine Gruppen von Studienteilnehmern, keine Kontrollgruppen, Beschränkungen auf eine Ethnie, keine nachvollziehbare Datenerhebung) und oft geringer Fallzahlen sehr widersprüchlich (Böker 1975, 429-466). In den frühen Studien ist zudem die Tendenz festzustellen, Belastungen durch den Migrationsprozess mit kulturspezifischen Belastungen zu verwechseln. Die Annahme, Migranten würden im Vergleich zur einheimischen Bevölkerung generell vermehrt unter gesundheitlichen Belastungen leiden, ist durch diese Untersuchungen daher nicht haltbar.
Migranten weisen also als Gesamtgruppe im Vergleich zu den meisten einheimischen Bevölkerungsgruppen keine erhöhte psychosoziale Morbidität auf, bei Migrantengruppen, die besonderen Belastungen ausgesetzt sind, ergeben sich jedoch große Morbiditätsunterschiede zu Vergleichsgruppen der einheimischen Bevölkerung.
Bisher liegen allerdings keine differenzierten und repräsentativen Untersuchungen zu sozialen Determinanten der psychosozialen Gesundheit von Migranten vor.

3 Migranten und Nutzung psychosozialer Institutionen

Nach vorliegenden Daten werden die psychosozialen Versorgungsangebote von Migranten anders als von Menschen ohne Migrationhintergrund genutzt. Übereinstimmend fanden Untersuchungen zu der Inanspruchnahme von stationären psychosozialen

Einrichtungen durch Migranten, dass diese deutlich geringer ist, als es ihrem Bevölkerungsanteil entspricht.
Allerdings sind die meisten dieser Untersuchungen noch aus den 1990 und haben versäumt für die Ergebnisse für demographische Faktoren zu adjustieren. Die Aufenthaltsdauer in psychosozialen Einrichtungen scheint bei Migranten deutlich länger zu sein.
Die Akutversorgungsangebote der psychiatrischen Institutionen werden – zumindest von einzelnen ethnischen Gruppen – überdurchschnittlich; die rehabilitativen Angebote der psychosozialen Institutionen, sowie die stationäre und ambulante Psychotherapie unterdurchschnittlich genutzt. Es wird davon ausgegangen, dass bei Migranten eine erhebliche psychosoziale Fehlversorgung vorliegt.
Die psychosoziale Versorgung der Migranten erfolgt sowohl in den Institutionen der Regelversorgung, in Spezialsprechstunden in den Regelinstitutionen (Kassim & Heinz & Wohlfahrt 2004, 18-20). und in speziellen Versorgungszentren für einzelne Migrantengruppen. Eine Umfrage aus dem Jahr 2000 in psychosozialen Krankenhäusern in Deutschland ergab, dass es in der stationären Versorgung zumeist keine speziellen Behandlungsangebote oder – Konzepte gibt (Koch 2000, 55-67). Ausnahmen im stationären Setting sind einige wenige Einrichtungen, wie z.B. eine Migrantenstation im psychiatrischen Krankenhaus, Angebote im ambulanten Setting von psychiatrischen Krankenhäusern sind u.a. die Spezialsprechstunde für Migranten in an der Charité in Berlin, an dem Niedersächsische Landeskrankenhaus in Hildesheim, und an dem akademischen Lehrkrankenhaus der Georg-August-Universität in Göttingen. Grube berichtet von der Einrichtung einer bilingualen Behandlungsmöglichkeit für türkische Migranten (Grube 2001); Erim-Grodermann et al. beschreiben die Implementierung eines muttersprachlichen Psychotherapieangebotes in der psychosomatischen Rehabilitation (Erim-Grodermann & Lichtblau & Senf et al., 2000).
Die nationalen politischen und juristischen Rahmenbedingungen regeln den Aufenthaltsstatus, wodurch der Zugang zu und der Verlauf der Gesundheitsversorgung festgelegt wird. Diese Rahmenbedingungen werden in Deutschland in kommunalen Verordnungen umgesetzt. Grundsätzlich haben alle Versicherten Zugang zur psychosozialen Versorgung, für die Asylbewerber, die unter das Asylbewerberleistungsgesetz fallen, ist der Zugang aufgrund ihres rechtlichen Status nur in eingeschränkten Maß gegeben. Sie haben nur einen Anspruch auf Behandlung akuter Krankheiten und Schmerzen (§6 Abs.2 Asylbewerberleistungsgesetz). Für Migranten ohne Papiere besteht kein Zugang zur Gesundheitsversorgung.
Versorgungsdaten zeigen, dass Migranten noch immer im Vergleich zu Nicht- Migranten psychosoziale Einrichtungen anders in Anspruch nehmen und in den ambulanten und teilstationären Bereichen unter-, und in den geschlossenen Bereichen und in der Forensik überrepräsentiert sind (Koch 2001); welches die Vermutung nahe legt, dass sie entweder unter-, über-, oder fehlversorgt werden (Leidinger 2004). Mehrere Autoren vertreten die These, dass die Gesundheitsversorgung von Migranten auf Grund deren geringeren Inanspruchnahme von psychosozialen Diensten allgemein schlechter sei, als die der einheimischen Bevölkerung (Bollini & Siem 2000, 819-28).

Besonders für Menschen mit Migrationshintergrund ergeben sich nach vorliegenden Daten im psychosozialen Hilfesystem Benachteiligungen durch ihre Unterversorgung in den Bereichen der Prävention und der Aufklärung. Darunter fällt auch die Verordnung nicht indizierter Medikamente, sowie die Überdosierung oder „Endlosdiagnostik" (Brucks & Salisch & Wahl 2003, 15-34).
Eine Fragebogenerhebung aus dem Jahre (2001-2002) an der Berliner Charite bezüglich deutscher Sprachkompetenz zeigte, dass von 815 Patienten und Patientinnen, Menschen mit Migrationshintergrund (insbesondere ältere Frauen) im Vergleich zu männlichen Migranten erheblich benachteiligt sind (Borde & Braun & David 2003).

4 Mitarbeiterkompetenz in der psychosozialen Versorgung

Weitere Studien zeigen, dass die Versorgung von Migranten in der professionellen psychosozialen Versorgung auch für die Mitarbeiter eine Verunsicherung mit sich bringt, in dem die innerhalb der Ausbildung und des Berufsalltags gelernten routinierten Handlungsformen unsicher werden. Die Verunsicherung der professionellen Rolle kann die effiziente psychosoziale Versorgung in Frage stellen, sofern trotz der Dysfunktionalität an gelernten Handlungen festgehalten wird.
Als entscheidend für eine adäquate migrationsspezifische Versorgung gilt die Entwicklung *kultureller Kompetenz*. Das Konzept der kulturellen Kompetenz wurde zuerst 1989 in den Vereinigten Staaten zur Verbesserung der Versorgung von Migrantenkindern konzipiert und ist in den Folgejahren vielfach modifiziert worden (Aranda & Knight 1997, 342-54). *„Kulturelle Kompetenz"* schließt in diesem Konzept Wissen, Verhalten und Einstellungen ein. In der theoretischen Weiterentwicklung des Konzeptes der kulturellen Kompetenz wird derzeit Mitarbeiterkompetenz in der psychosozialen Versorgung verstanden als bestehend aus *generischen* Kompetenzen, wie Neugier auf Fremdes („cultural sensitivity"), *Empathiefähigkeit* („cultural empathy"), *Möglichkeit und Bereitschaft Beziehungen kulturell sinnvoll zu gestalten* („adjustment of culturally relevant relations"), und aus *psychiatriespezifischen Kompetenzen*, wie Wissen um Kompetenz in der Diagnostik und Therapie kulturassoziierter Symptompräsentationen und Behandlungserwartungen („knowledge") (Cross & Bazron& Dennis&, Isaacs 1989) und aus *Einfühlungsvermögen*, welche Therapieziele für den Patienten in seinem kulturellen Kontext bedeutsam und sinnvoll sind („establishment of ability for cultural guidance") (Mezzich & Kleinman& Fabrega et al., 1996).
Für Deutschland liegen Studien, die die psychosozialen Interventionen bei Menschen mit Migrationshintergrund evaluieren, vor. Brucks et al. (1987) untersuchten die ambulante Gesundheitsversorgung und fanden, dass die Interaktion von Mitarbeitern und Patienten je nach Schichtzugehörigkeit differiert, da Patienten mit niedrigerem sozialem Status weniger ernst genommen wurden als Patienten der Mittelschicht (Tseng 2003). In der Pflege wurde beobachtet, dass Pflegende weniger Zeit bei Patienten mit Migrationshintergrund aufwenden und kaum Vertrauen stiftende Alltagsgespräche führen (Brucks

& Salisch & Wahl 1987). Insbesondere wurde der Aspekt der sprachlichen Verständigung in Bezug auf kulturell kompetente Versorgung untersucht und sprachliche Verständigungsschwierigkeiten als bedeutsamstes Problem dargestellt (Habermann 1998). Auf die Frage „Haben Sie Patienten/Klienten zu versorgen, die sich nur schwer oder gar nicht auf Deutsch verständigen können?“, antworteten in einer Studie des Projektes der Weltgesundheitsorganisation (WHO) „Gesunde Stadt“ sowohl Ärzte, Pflegepersonal, Soziarbeiter und Therapeuten zu mehr als 90% mit „ja“. Sprachliche Verständigungsschwierigkeiten scheinen zu einer fundamentalen Verunsicherung der Mitarbeiter zu führen (Voigt & Praez-Johnsen 2001). Andererseits gibt es Untersuchungen, die zeigen, dass Sprachprobleme in ihrem Einfluss auf die psychosoziale Diagnostik oft überbewertet werden und es ist bisher nicht klar, welche Erwartungen Migranten an die professionelle Kommunikation in der psychosozialen Versorgung haben (Minas 2001; Dreißig 2005).

5 Migranten im Suchthilfesystem

Bislang existieren bundesweit keine repräsentativen Daten über Suchterkrankungen bei Menschen mit Migrationshintergrund. Jedoch liegen für den Bereich der Drogenabhängigkeit Schätzungen einzelner Städte vor. So wurden in Frankfurt a.M. 1994 und 1995 ca. 37 % aller erfassten Drogenkonsumenten als Nichtdeutsche angegeben (Philippi 1996), während ihr Anteil in Hamburg mit 33-35 % beziffert wurde (Toprak& Haasen & Yagdiran & 2000). In den letzen Jahren ist eine Zunahme der Suchtproblematik bei Menschen mit Migrationshintergrund zu beobachten (Gaitanides 1998). Entgegen der Annahme, dass die Inanspruchnahme der Suchthilfesysteme entsprechend zunehmen müsste, ist weiterhin eine deutlich verminderte Nutzung des Suchthilfesystems durch Menschen mit Migrationshintergrund zu registrieren, wie zumindest die verfügbaren Zahlen aus Frankfurt a. M. und Hamburg zeigen. Migranten machen nur 10-15 % der Gesamtklientel in Frankfurter und lediglich 8-10 % in Hamburger Drogenberatungsstellen aus.

Als Gründe für die mangelnde Inanspruchnahme des Suchthilfesystems durch Menschen mit Migrationshintergrund wurden Unkenntnis der Hilfsangebote in Deutschland, Angst vor aufenthaltsrechtlichen Folgen, innerfamiliäre Bewältigungsstrategien sowie ein unzureichendes Wissen über Drogen und Abhängigkeit genannt (Grüsser & Wolfing & Morsen et al., 1999, 1-5). Des Weiteren ist von individuellen Lösungsversuchen wie dem Verschicken der Erkrankten ins Heimatland beispielsweise bei türkischen Drogenabhängigen, Verheiratung (mit der Vorstellung, dass ein Partner bzw. eine Partnerin den Betroffenen zur Vernunft bringen wird), sowie allgemein sprachliche und kulturelle Barrieren auszugehen. Auch auf Barrieren auf Seiten der Suchthilfe und ihrer Mitarbeiter in Form von z. B. abweisendem Verhalten, Fehlen von professionellen Übersetzungsmöglichkeiten, Wirkung unbewusster Vorurteile sowie Befürchtungen von Mehrarbeit sollte hingewiesen werden.

6 Zusammenfassung und Ausblick

Menschen mit Migrationshintergrund scheinen das psychosoziale Hilfesystem und das Suchthilfesystem anders als Menschen ohne Migrationshintergrund in Anspruch zu nehmen. Dies bedeutet für die Soziale Arbeit, dass repräsentative epidemiologische Studien benötigt werden, um Fragestellungen nach dem Versorgungsbedarf und der Versorgungsnotwendigkeit von Menschen mit Migrationshintergrund zu beantworten und basierend auf diesen Daten zielgruppenspezifische Interventionsangebote besser planen zu können.
Die für die USA nachgewiesene Verschlechterung der seelischen Gesundheit der Menschen mit Migrationshintergrund - und deren Anpassung an die seelische Gesundheit der Zuwanderungsgesellschaft - verweist jedoch auch auf Ressourcen der Menschen mit Migrationshintergrund und könnte Perspektiven für deren Gesundheitsförderung - und vielleicht auch für die der einheimischen Bevölkerung - aufzeigen.

Literatur

Aranda, Manuel/ Knight, Bob (1997): The influence of ethnicity and culture on the caregiver stress and coping process: A sociocultural review and analysis. The Gerontologist; 37: 342-354.

Böker, Wolfgang (1975): Psychiatrie der Gastarbeiter. In: Böker, Wolfgang [Hg.]. S.: 429-466. Soziale und angewandte Psychiatrie (Psychiatrie der Gegenwart), Vol. Band III, Berlin: Springer-Verlag.

Bollini, Paolo/ Siem, Harald (2000): No real progress towards equity: Health of migrants and ethni minorities on the eve of the year 2000. Social Science & Medicine; 41: 819-828.

Borde, Theda/Braun, Tanja/ David, Matthias (2003): Gibt es Besonderheiten bei der Inanspruchnahme klinischer Notfallambulanzen durch Migrantinnen und Migranten? S.: 105-115. In: Borde T, David M [Hg.] Gut versorgt? Migrantinnen und Migranten im Gesundheits -und Sozialwesen. Frankfurt a.M.: Mabuse Verlag.

Brucks Ursula/ Salisch, Erdmann von/ Wahl, Wulf-Bodo (1987): Soziale Lage und ärztliche Sprechstunde. Deutsche und ausländische Patientinnen in der ambulanten Versorgung. Hamburg: EBV-Rissen.

Brucks, Ursula/ Wahl, Wulf-Bodo (2003): Über, Unter-, Fehlversorgung? Bedarfslücken und Strukturprobleme in der ambulanten Gesundheitsversorgung für Migrantinnen und Migranten. S.: 15-34. In: Borde Theda, David Matthias [Hg.]: Gut versorgt? Migrantinnen und Migranten im Gesundheits- und Sozialwesen. Frankfurt a.M.: Mabuse Verlag.

Collatz, Jürgen/ David, Matthias/Borde, Theda/Kentenich, Heribert (1999): Kernprobleme des Krankseins in der Migration, S.: 33-58. In: David M, Borde T, Kentenich H. Migration und Gesundheit. Frankfurt a.M.: Mabuse Verlag.

Cross, Terry L/Isaacs, Mareasa R et al. (1989): Towards a culturally competent system of care.Vol 1: Monograph on effective series for minority children who are severly emotionally disturbed. Washington(DC): CASSP Technical Assistance Centre, Georgetown University Child Development Center.

Dreißig, Verena (2005): Interkulturelle Kommunikation im Krankenhaus. Eine Studie zur Interaktion zwischen Klinikpersonal und Patienten mit Migrationshintergrund. Bielefeld: Transcript.

Erim-Frodermann, Yesim; Lichtblau, Kerstin; Senf, Wolfgang et al. (2000): Veränderungen in der einheimischen Institution nach Implementierung von muttersprachlicher Therapie. In: Strauss, B./ Geyer, M. [Hg.] (2000): Psychotherapie in Zeiten der Veränderung, S. 172-181. Opladen: Westdeutscher Verlag.

Gaitanides, Stefan (1998): Zugangsbarrieren von Migranten zu den Drogendiensten. S.: 62-76. In: Deutsche Hauptstelle gegen die Suchtgefahren [Hg.]: Sucht in unserer multikulturellen Gesellschaft. Freiburg i. Br.: Lambertus Verlag.

Grube, Michael (2001): Evaluation eines Verbundprojektes zur Behandlung psychisch erkrankter türkischer Migranten. Psychiatrische Praxis; 28: 81-83.

Grüsser, Sabine Miriam / Wölfling, Klaus / Mörsen, Chantal P. / Albrecht, Ulrike / Heinz, Andreas (1999): Drogenabhängigkeit und Migration innerhalb der Europäischen Union (EU). In: Gölz: Moderne Suchtmedizin; 5: 1-5.

Habermann, Monika (1998): Pflege bedürftig in der Fremde? Zur Theorie und Praxis der interkulturellen Pflege. S.: 153-65. In: David, Matthias; Borde, Theda; Kentenich, Heribert [Hg.]: Migration und Gesundheit. Zustandbeschreibung und Zukunftsmodelle. Frankfurt a.M.: Mabuse Verlag.

Kassim, Nadja/ Heinz, Andreas/ Wohlfart, Ernestine (2004): Interkultureller Ansatz schafft neue Zugänge. Ein Jahr ethnopsychiatrische Ambulanz am Zentrum für Interkulturelle Psychiatrie, Psychotherapie und Supervision an der Charité Berlin, Campus Mitte. Forum für Sozialpsychiatrie 2004; 1: 18-20.

Klimt, Andrea/ Eder, Angelika (2003): Transnationale Zugehörigkeit: Portugiesen in Hamburg.. In: Eder, A. [Hg.]: „Wir sind auch da!" Über das Leben von und mit Migranten in europäischen Großstädten, S. 211-232. Hamburg, München: Dölling und Galitz Verlag.

Koch, Eckhardt (2000): Die aktuelle Lage von Minoritäten im psychiatrischen und psychosozialen Versorgungssystem Deutschlands.. In: Koch, Eckhardt/Schepker, Renate u.a. [Hg.]: Psychosoziale Versorgung in der Migrationsgesellschaft – Deutsch-türkische Perspektiven, S. 55-67. Freiburg: Lambertus-Verlag.

Leidinger, Friedrich (2004): Klinikstatistiken. Landschaftsverband Rheinland. Werkstattgespräch Psychiatrische Versorgung von Migranten und Zuwanderern in Nordrhein-Westfalen. Dokumentation der Veranstaltung am 1. April 2003 im Ministerium für Gesundheit, Soziales, Frauen und Familie in Düsseldorf. Düsseldorf.

Mezzich, Juan E./ Kleinman, Arthur/ Fabrega, Horacio et al. (1996): Culture and psychiatric diagnosis – a DSM-IV perspective. Washington DC: American Psychiatric Press.

Minas, Harry (2001): Service Responses to cultural diversity. S.:192-206. In: Thornicroft, Graham; Szmukler, George (eds.) Textbook of community psychiatry. Oxford, New York: Oxford University Press.

Nirumand, Bahman [Red.]/Philippi, R. (1996): Drogenkriminalität und Gefährdungspotenzial. S.: 67-72. In: Kommunale Ausländerinnen- und Ausländervertretung (KAV) der Stadt Frankfurt a.M. [Hg.] Drogen und Migration. Dokumentation der Anhörung am 4. März 1996 zur Situation drogenabhängiger und -gefährdeter junger Menschen ausländischer Herkunft in Frankfurt a.M., Bonn: Forum-Verlag Bad Godesberg.

Toprak, Mehmet Ali / Haasen, Christian / Yagdiran, Oktay (2000): Sucht.. In: Haasen Christian et al. [Hg.]: Beurteilung psychischer Störungen in einer multikulturellen Gesellschaft, S. 145-164. Freiburg i. Br., Lambertus Verlag.

Tseng, Wen-Shing (2003): Clinicians guide to cultural psychiatry. Amsterdam, Boston, London: Academic Press.

Voigt, Gaby/Praez-Johnsen, Hannelore (2001): Interkulturelle Kommunikation im Krankenhaus - Zur Verständigung zwischen Pflegenden und MigrantenpatientInnen am Beispiel von Angehörigen. Pflege & Gesellschaft, 2: 45-50.

Internetquellen

Bundesamt für Migration und Flüchtlinge. Teilstatistik: „Ausländer- und Flüchtlingszahlen, *www.bamf.de*; 13.05.06.

Bundesministerium für Arbeit und Soziales (Hg.) (2001): Lebenslagen in Deutschland – Der erste Armuts- und Reichtumsbericht der Bundesregierung, *www.bmas.bund.de/BMAS/Redaktion/Pdf/Publikationen/Armuts-und-Reichtumsbericht/lebenslagen-in-deutschland-armutsbericht1*; 20.04.06.

Bundesministerium für Arbeit und Soziales (Hg.) (2005): Der 2. Armuts- und Reichtumsbericht der Bundesregierung, *www.bmas.bund.de/BMAS/Redaktion/Pdf/Lebenslagen*; 1.05.2006.

Eurostat,
www.eurostat.cec.eu.int/portal/; 08.02.2006

Migration Information Source, Fresh thought, authoritative data, global reach. Glossary. *www.migrationinformation.org/Glossary*; 10.01.2006.

Die „zwölf Sonnenberger Leitlinien",
www99.mh.de/pressestelle/mitteilung2002/sonnenberger_leitlinien2.htm; 30.01.2006.

Gesundheit ist nicht alles
Eine un-zeitgemäße Betrachtung über Mitgefühl als Grundhaltung in der Sozialen Arbeit

Ulrich Pfeifer-Schaupp

„Krankheiten, vor allem langwierige, sind Lehrjahre des Herzens und der Gemütsbildung."

1 Novalis

Dieser Satz hing lang an der Wand im Beratungszimmer des sozialpsychiatrischen Dienstes, wo ich viele Jahre als Sozialarbeiter in der Beratung und Begleitung von chronisch psychisch kranken Menschen tätig war.[1] Vielleicht erscheinen die Worte dieses Satzes heute manchem un-zeitgemäß. Zeitgemäß ist die Rede von Gesundheit, Salutogenese und Gesundheitsförderung (z.B. Wydler / Kolip, 2000) zeitgemäß sind Empowerment, Ressourcen- und Lösungsorientierung. (z.B. Walter, Peller, 2002) Was soll also das Reden oder Nachdenken über Krankheit oder gar über „Herz" und „Gemüt"? Ich möchte in diesem Aufsatz die Bedeutung der genannten „modernen" Prinzipien und Erkenntnisse nicht schmälern, sondern – als Ergänzung - ein un-zeitgemäßes Plädoyer für die Wahr-nehmung, ein Für-wahr-nehmen, von Krankheit und Leiden halten, daran erinnern, dass Gesundheit und Lösungen nicht alles sind (vgl. dazu auch Pfeifer-Schaupp, 2002) und dass Mitgefühl m.E. die entscheidende Grundhaltung in der Sozialen Arbeit ist, auch wenn dies zunehmend in Vergessenheit gerät. Dabei werde ich einige Aspekte des Mitgefühls herausarbeiten, die mir besonders wichtig erscheinen.

2 Mitgefühl als Beruf

Wirkliches Helfen verbindet Herz, Kopf und Hand. Johann Heinrich Pestalozzi, der große Reformpädagoge aus der Schweiz, hat zu Beginn des 19. Jahrhunderts dieses Prinzip formuliert. (Kern / Wittig 1985, 153 ff.) Der Kopf: das sind Theorien und Konzepte. Die Hand: das sind Methoden und Techniken. Diese beiden Dimensionen von Kopf und Hand stehen im Mittelpunkt von Ausbildung und Weiterbildung von Sozialarbeiterinnen und Sozialpädagoginnen. Darüber wird viel geschrieben und geforscht. Mit der – weniger bedachten und beschriebenen - dritten Dimension des Helfens, der Dimension des Herzens, möchte ich mich hier beschäftigen. Die Dimension des Herzens ist schwieriger begrifflich zu fassen.

---

1 Leider erinnere ich mich nicht mehr an die genaue Quellenangabe.

Der Benediktinermönch David Steindl-Rast spricht von der „Achtsamkeit des Herzens“. Er erinnert daran, dass der heilige Benedikt, der Gründer des Benediktinerordens, seine Mönche ermahnte, jeden Topf und jede Pfanne im Kloster – und nicht nur dort! - als heiliges Altargerät anzusehen, jede Tätigkeit, ob Holzhacken oder Kochen, als Gebet und Gottesdienst zu betrachten und sie mit entsprechender Hingabe zu tun, mit der religiösen Haltung, die im Herzen wurzelt, „jenem Zentrum unseres Wesens, wo wir am innigsten eins sind mit allem, was wir sind und mit allem, was ist.“ (Steindl-Rast 1997, 8)
Man könnte in unserer modernen Sprache formulieren: es geht dabei um Haltungen wie Menschlichkeit, Respekt oder Achtung vor dem anderen. Diese Tugenden gewinnen im „Zeitalter der Ungleichheit“ (Sennett 2002) (wieder) an Bedeutung und haben heute eine eminent politische Dimension. Das wichtigste Element der Dimension des Herzens ist für mich das Mitgefühl. Von Mitgefühl zu sprechen weckt leicht den Verdacht, Ideologie zu betreiben und der Sozialen Arbeit ungerechtfertigter Weise „heilsgeschichtliche Bedeutung“ zuzumessen. (Maier 2006, 601) Nächstenliebe ist längst zur Ware geworden. (Schmidbauer, 1983) Aber aus der Angst vor dem Ideologieverdacht die Dimension des Herzens und des Mitgefühls aus der Sozialen Arbeit auszublenden würde ihr die Grundlage rauben.

3 Die Wurzeln Sozialer Arbeit

Mitgefühl ist eine der wichtigsten Grundlagen des Helfens. Ohne Mitgefühl wird das Helfen anstrengend und ist vermutlich auch wenig hilfreich für den Menschen, der Hilfe empfängt. Und Hilfe anzunehmen ist schon schwierig genug. Manchmal besteht die Kunst darin, gerade *nicht* zu helfen, achtsam abzuwarten und nichts zu tun. Professionelles Helfen kommt aus spirituellen Traditionen, es hat wichtige Wurzeln. (Engelke 2003, 65 ff.) Für die einzelne Helferin können diese Traditionen heute, in einer Welt pluraler Identitäten (Sen 2007), in unterschiedlicher Weise bedeutsam sein – und für viele haben sie vielleicht jede Bedeutung verloren.
Wird aber die Verbindung zu spirituellen Quellen abgeschnitten, besteht die Gefahr, dass die professionelle Hilfe zunehmend ihren tieferen Sinn verliert. „Aufgeklärte“ und verwissenschaftlichte Hilfe hat Großartiges geleistet und die Fesseln des Dogmatismus hinter sich gelassen. Aber sie steht heute in der Gefahr, ihre Wurzeln – und damit auch die Dimension des Herzens - zu vergessen, die so wichtig sind. Sie wird „nach-metaphysisch“, im Sinne von Jürgen Habermas. (Habermas 1988) Das heißt, sie steht damit einerseits in einer progressiven Entwicklung der Ent-Mystifizierung und der Rationalisierung, vollzieht also notwendige historische Emanzipations-Schritte. Andererseits droht Hilfe ohne Rückbindung, ohne Re-ligio, zum bloßen „Aufkläricht“, zum Kehricht der Aufklärung, zu verkommen, wie Max Horkheimer und Theodor W. Adorno das in ihrer „Dialektik der Aufklärung“ treffend formulieren. (Horkheimer / Adorno, 1988) Dabei entsteht der „Mensch des Machens“, beseelt von der instrumentellen Vernunft, einer Vernunft, die sich selbst aufs Machen und auf das Erreichen von Zwecken redu-

ziert hat. (Horkheimer, 1985; Kruse, 2006) Der Machbarkeitswahn erfasst zunehmend auch die Praxis des Helfens: man kann und muss alles (technisch) machen, man kann das Leid beseitigen, mit qualitätsgeprüften und zertifizierten „Interventionen" können soziale Probleme gelöst, das Soziale gesteuert, Krankheit beseitigt und Gesundheit „hergestellt" werden.

4 Der Mensch des Machens

Den „Menschen des Machens" hat Simone de Beauvoir bereits in ihrem Buch „Das andere Geschlecht" beschrieben, in Frankreich 1949 erschienen, einige Jahre bevor Max Frisch diesem Menschentypus in seinem Roman „Homo faber" ein beeindruckendes literarisches Denkmal gesetzt hat. Simone de Beauvoir schreibt über den Menschen des Machens:

„... Sein Erfolg hängt nicht von der Gunst der Götter ab, sondern von ihm selbst; er überflügelt seine Gefährten, er tut sich etwas auf seine Erfolge zugute; wenn er den Riten noch einen Platz zuerkennt, so scheinen ihm doch exakte technische Verfahren sehr viel wichtiger zu sein; die mystischen Werte treten in den Hintergrund, während praktische Interessen den ersten Rang einnehmen; er sagt sich nicht ganz von den Göttern los, aber er trennt sie von sich, indem er sich von ihnen trennt; er weist ihnen ihre Stätten in einem olympischen Himmel an und behält die Erdenregion für sich; der große Plan beginnt zu schwinden, wenn der erste Hammerschlag fällt und die Herrschaft des Menschen ihren Anfang nimmt. Er lernt seine Macht jetzt kennen. In der Beziehung zwischen einem schaffenden Arm und einem hergestellten Objekt erlebt er das Prinzip der Kausalität: das gesäte Korn keimt oder keimt auch nicht, während das Metall immer in gleicher Weise auf das Feuer, das Härten, die mechanische Einwirkung reagiert; diese Welt der Gebrauchswerkzeuge lässt sich in klare Begriffe einschließen: rationales Denken, Logik, Mathematik können nunmehr entstehen. Das Antlitz des Universums ist vollkommen verwandelt. Die Religion der Frau war an die Herrschaft der Landwirtschaft, des langsamen Reifens, des Zufalls, der Erwartung des Mysteriums gebunden; die des homo faber bedeutet den Beginn einer Zeit, die man wie den Raum überwinden kann, der Notwendigkeit, des Entwurfes, der Tätigkeit, der Vernunft." (de Beauvoir 2000, 81)

Es gibt vielleicht keinen Weg zurück zur Religion der Frau, aber die Suche nach neuen Formen „vernehmender Vernunft", die nicht nur selbst schafft, denkt und kalkuliert, sondern die (auch) lauscht, die schweigt, die offen ist für das „Reden Gottes", scheint immer dringender. (Kern / Wittig 1985) Vielleicht wird in dieser Welt der instrumentellen Vernunft der Weg des Mitgefühls heute notwendiger, Not wendender, als je zuvor.

„Wir Helfer und Helferinnen werden vielleicht schlecht bezahlt, aber wir haben das Privileg, in unserer Arbeit nicht nur anderen, sondern auch uns selbst zu begegnen, zu wachsen und zu reifen." Das sage ich manchmal – mit etwas Ironie - meinen Studentinnen und Studenten oder Weiterbildungsteilnehmerinnen, aber nur leise, denn es passt so gar nicht in unsere Landschaft, in der professionelle Standeskämpfe, Abgrenzungsri-

tuale, die Suche nach der eigenen „Domäne“ die helfenden Berufe eher zersplittert als eint, in der tatsächlich die Bezahlung teilweise skandalös schlecht ist und in der – nicht nur durch Wolfgang Schmidbauers wichtige und hilfreiche Arbeit zur Hilflosigkeit der Helfer - jedes Reden von Mitgefühl und Barmherzigkeit bereits im Ansatz verdächtig ist. Es ist ein großes Geschenk, in unserer Welt, die beherrscht ist vom „Evangelium des freien Marktes“ (Dixon 2000), vom Diktat der Ökonomie, von Konkurrenz und dem Streben nach Gewinn, einen Beruf ausüben zu können, in dem es möglich ist, Mitgefühl zu praktizieren. Das gilt trotz der häufig schlechten Rahmenbedingungen, die ich selbst nur allzu gut kenne. „Angenommen, Sozialarbeit würde Spaß machen“ habe ich vor Jahren einen Artikel in einer Fachzeitschrift betitelt. (Pfeifer-Schaupp 1991) Und je länger ich als Helfer tätig bin und andere Menschen begleite, die einen helfenden Beruf erlernen oder ausüben, je mehr bin ich tatsächlich davon überzeugt, dass nicht nur Sozialarbeit, sondern jeder helfende Beruf Spaß machen kann. „Arbeit darf (auch) Spaß machen!“ – diese Erlaubnis scheinen SozialarbeiterInnen immer wieder zu brauchen. Nicht nur sie: auch in anderen helfenden Berufen gehört das Jammern und Klagen über schlechte Arbeitsbedingungen, Stress und Hektik schon fast zum guten Ton. Aber Stress ist kein Zeichen von Professionalität, Burnout kein Qualitätsmerkmal. Soziale Fachkräfte sollten auch Mitgefühl für sich selbst entwickeln und so arbeiten, dass ihnen die Arbeit (auch) Spaß machen kann. Damit soll nichts beschönigt werden, nochmals sei es betont, weder Stellenabbau, wachsender Zeitdruck, Finanzprobleme von Einrichtungen, noch Gehaltskürzungen oder andere Widrigkeiten.

5 Die gesellschaftlichen Kältestrukturen

Mein Nachdenken über Mitgefühl geschieht vielmehr in dem klaren Bewusstsein, dass im Sozialbereich, wie in unserer kapitalistischen Gesellschaft insgesamt, „Kältestrukturen“ wirksam sind, die es strukturell, d.h. nicht nur zufällig und in Ausnahmefällen, sondern geradezu systematisch, verunmöglichen, die Haltung des Mitgefühls zu verwirklichen. (Kersting 2007) Helferinnen und Helfer stehen deshalb in einem permanenten und unauflösbaren Widerspruch zwischen ihren moralischen oder spirituellen Ansprüchen auf „gute“, einfühlsame Hilfe – oder Nicht-Hilfe! - und den ökonomischen und strukturellen Zwängen, die es faktisch häufig verunmöglichen, Mitgefühl so zu praktizieren, wie sie es in der Ausbildung gelernt haben, wie sie es selber gerne möchten und wie es ihre professionelle Ethik von ihnen fordert. Das führt, wie Untersuchungen zeigen, bei Helferinnen zu „Kältereaktionen“, zur „moralischen Desensibilisierung“, die dem Selbstschutz dienen und ein routiniertes Funktionieren oder einfach Überleben unter diesen Bedingungen ermöglichen. (siehe ebd.) Bertolt Brecht hat in seinem Theaterstück „Der gute Mensch von Sezuan“ dieses Dilemma literarisch genial verdichtet.
Ich möchte diese Widersprüche und die damit verbundenen Zwänge zur „moralischen Desensibilisierung“ für HelferInnen weder mit einem rosa Mäntelchen zudecken, noch mit dem Zuckerguss von moralischem Pathos unwirksam machen. Und trotzdem gibt es

– sozusagen als andere Seite der Medaille – immer auch Handlungsspielräume, Nischen und Chancen für Mitgefühl und dafür, das „Mögliche wirklich werden zu lassen“, seien sie auch noch so klein.

6 Die Flucht vor dem Leiden

„Wie kann man nur so einen Beruf ergreifen. Sich dauernd mit den Problemen anderer Menschen beschäftigen ist ja furchtbar.“ Oft hören Helfer und Helferinnen solche oder ähnliche Sätze. Dem Leiden ausweichen, vor dem Leiden fliehen, liegt näher. HelferInnen werden heute oft als „Gutmenschen“ belächelt oder gar verächtlich gemacht. Das Helfen ist aus der Mode, die Tradition des Helfens ist in Verruf gekommen.

Das hat auch mit unserer gesellschaftlichen Situation zu tun. Die gegenwärtige Gesellschaft wird von Soziologen treffend als „Erlebnisgesellschaft“ bezeichnet. “Das Leben schlechthin ist zum Erlebnisprojekt geworden.“ (Schulze 1996, 13) Dazu passen Leiden, Krankheit, Armut, Alter, Sterben und Tod nicht. Sie verderben das schöne Erlebnis des Lebens. Wir wollen das Leiden nicht sehen, das unser Leben bestimmt. (siehe z.B. Mühlum 2007)

Helfen hat etwas damit zu tun, dem Leiden der Anderen – und schließlich auch dem eigenen – nicht auszuweichen und nicht die Augen davor zu verschließen. Leben ist Freude, Wohlgefühl und das Jubeln der Sonne, die morgens am klaren Himmel aufgeht. Aber Leben ist auch Leiden und Krankheit, die nicht einfach durch geschickte Programme beseitigt und in Lösungen verwandelt werden können. Im Leiden sind wir eins – mit unseren Klientinnen und Klienten, aber auch mit unseren KollegInnen und mit den Menschen um uns, denen wir nicht helfen können. Auch in unserer Sehnsucht nach Glück und Wohlgefühl, nach einer Beendigung des Leidens, sind wir eins mit allen anderen Menschen und mit allen fühlenden Wesen.

Manchmal ist es schwer, der Begegnung mit dem Leiden nicht auszuweichen und die Konfrontation mit dem Leiden auszuhalten. Helfen kann auch dem Wunsch entspringen, das Leiden *nicht* zu sehen, die Augen vor dem Leiden zu verschließen und die Illusion zu pflegen, wir könnten mit unserem Helfen das (äußerliche) Leiden beenden. Das ist eine Größenphantasie, deren Zerbrechen sehr schmerzlich sein kann. Die Haltung des Mitgefühls kann uns helfen, klar die Grenzen des Helfens erkennen und sie demütig anzunehmen. Der Machbarkeitswahn, dem wir huldigen, lässt uns manchmal vergessen, wie begrenzt unsere Möglichkeiten sind und wie sehr es darauf ankommt, das zu sehen und anzunehmen, was ist. Das gilt vor allem dann, wenn es uns persönlich betrifft. Die Begegnung mit dem Leiden lässt uns manchmal erschrecken. Auch deshalb wollen wir ihm ausweichen.

7 Wahr nehmen, was ist

Eine der wichtigsten und schwierigsten, aber auch kostbarsten Lektionen in der Kunst des Helfens scheint mir zu sein, das Leiden wahrzunehmen, es „für wahr zu nehmen", ihm nicht auszuweichen. Hilflos sein, nicht helfen können ist häufig viel schwieriger als das Helfen. Auch die eigene Hilflosigkeit als Helfer anzunehmen gehört zum Mitgefühl und ist eine wichtige Lektion in der Kunst des Helfens.

Es gilt allerdings nicht nur das Leiden, sondern auch das hässliche Gesicht des Mitgefühls „wahr" zu nehmen. Mitgefühl ist etwas Schönes. Wir sonnen uns gerne in unserem Mitgefühl. Helfen tut vor allem dem Helfer oder der Helferin gut. Es macht stark und schön. „Bitte nicht helfen, es ist auch so schon schwer genug!", lese ich auf einer Postkarte an der Bürotür einer Kollegin. Über solche Sätze schmunzeln wir gerne und gehen darüber hinweg. Darüber nachzudenken, kann uns helfen, die Verachtung des Leidens, des Helfens und der Helfer genauso „wahr" zu nehmen. Es sind oft diejenigen, die Hilfe annehmen müssen, die Gefühle der Ablehnung
HelferInnen gegenüber empfinden. (Pfeifer-Schaupp, 1999) Sie lernen „das hässliche Gesicht des Mitgefühls erkennen und verachten", wie es die indische Schriftstellerin Arundhati Roy in ihrem Roman „Der Gott der kleinen Dinge" so schön formuliert. (Roy 1997, 56)

„Der Buddha-suchende Geist ist, anderen beizustehen, wenn darum gebeten wird." (Dogen Zenji, Bd. 2, 1989, 127) Oft helfen wir aber, wenn *nicht* darum gebeten wird, wenn das Nicht-Helfen besser wäre. Manchmal sind professionelle Helfer und Helferinnen auch gezwungen zu helfen, wo der Empfänger der Hilfe dies gar nicht will. Und manchmal werden sie von jemandem um Hilfe gebeten, der die Hilfe, um die er bitten muss, als Demütigung empfindet. Helfen macht mächtig und Helferinnen werden von den Ohnmächtigen durchaus nicht (nur) als hilfreich wahrgenommen, sondern als feindlich und böse: Die Helfer sind die Anderen, Helfer werden gebraucht - und gehasst. Sie werden nicht (nur) geliebt für ihre Hilfe, sondern (auch) verachtet.

Eine Aufgabe in der Kunst des Mitgefühls ist es daher, auch diese Nicht-Heroischen Aspekte des Helfens zu sehen, die Verachtung des Helfers anzunehmen und sich von dem Bild des geliebten und gefeierten Retters zu verabschieden.

8 Die Gesichter des Leidens

Ebenso wichtig ist es für die Entwicklung der Haltung des Mitgefühls, die Gesichter des Leidens unterscheiden zu lernen. Materielle Armut ist auch in den westlichen Industriegesellschaften wieder (oder immer noch) ein Thema. Wer arm ist, ist häufiger krank, erhält schlechtere Behandlung, vor allem wenn die Krankheit langwierig, „chronisch" ist. Unter dem Begriff „neue Armut" wird das Phänomen unzureichender materieller Lebensgrundlagen auch von Konservativen wieder entdeckt und zum Thema gemacht: die Armut von allein erziehenden Frauen, von alten Menschen mit unzureichender Ren-

te, von gesellschaftlichen „Risikogruppen". Kinder sind in unserer westlichen Überflussgesellschaft längst (wieder) ein Armutsrisiko. Aber: war es denn einmal anders? Gab es Zeiten, in denen es in kapitalistischen Gesellschaften keine Armut gab? Genau besehen ist nichts „neu" an der „neuen Armut", außer dass sie vorher totgeschwiegen wurde. (vgl. Dietz 1997)
Die „Zwei-Drittel-Gesellschaft" wird Realität: Zwei Drittel, denen es (materiell) gut geht und ein Drittel, das in Armut lebt: die Realität in der Bundesrepublik Deutschland. Zehn Prozent der Bevölkerung besitzen fast die Hälfte des gesamten Volksvermögens. Das arme Drittel der Gesellschaft hingegen teilt sich ein halbes Prozent des Geldvermögens. Ein Viertel der Deutschen (!) leben nach Armuts-Untersuchungen in einer gefährlichen Situation am Rande des Existenzminimums, besonders gefährdet sind Alleinerziehende und Familien mit Kindern. Unter die Armutsschwelle zu rutschen, dafür reichen normale Lebensrisiken wie Arbeitslosigkeit oder Krankheit aus. Millionen Deutsche leben unterhalb der Armutsschwelle, ohne staatliche Hilfe zu beantragen, in so genannter „verdeckter Armut". Trotz Arbeit leben eine Million Menschen unterhalb des Armutsniveaus, d.h. die Löhne sind so niedrig, dass sie nicht einmal das ärmliche Niveau der staatlichen Unterstützung erreichen. Die Liste mit skandalösen Zahlen ließe sich fortsetzen. Die Zahlen ändern sich alle paar Jahre – die Grundtendenzen bleiben gleich oder sie verschlechtern sich. (siehe z.B. Huster 2007)
SozialarbeiterInnen wiegen sich manchmal in der Illusion, dass eine gerechtere Verteilung des materiellen gesellschaftlichen Reichtums das Leiden beenden könnte. Aber materielle Armut ist nur ein Teil des Leidens, vielleicht ist die soziale und die spirituelle Armut Formen der Armut, unter denen auch reiche Menschen leiden, ebenso wichtig oder gar noch wichtiger. Mutter Theresa sagt:
„Die größte Krankheit ist heute im Westen nicht die Tbc oder Lepra, es ist die Krankheit, unerwünscht, ungeliebt und unversorgt zu sein. Körperliche Krankheiten können wir mit der Medizin heilen, aber das einzige Heilmittel für Einsamkeit, Verzweiflung und Hoffnungslosigkeit ist die Liebe. Es gibt viele in der Welt, die um ein Stück Brot sterben, aber sehr viele mehr, die um ein bisschen Liebe sterben. Die Armut im Westen ist eine andere Art Armut – nicht nur eine Armut der Einsamkeit, sondern auch an Spiritualität. Es gibt einen Hunger nach Liebe, aber auch einen Hunger nach Gott."[2]
Es gibt psychisches Leiden, von dem die Reichen genauso betroffen sind, wie die Armen. Manchmal wird mir bewusst, welche Gesichter die Armut und das Leiden der Reichen haben, wenn ich von Drogenabhängigkeit, vergeblichen Entziehungskuren, Eifersuchtsdramen, von Trennungen, Streit um Geld, um die Kinder bei Prominenten lese, die sehr reich sind. Wiegen wir uns nicht in der Illusion, dass die Veränderung der materiellen Verhältnisse (allein) das Leiden beendet.

2 Zitiert in Die Geschichte der christlichen Spiritualität, S. 322.

9 Der Mythos von Nähe und Distanz

In der Ausbildung von Helfer/-/innen wird häufig ein Mythos vermittelt, der in der professionellen Sozialisation nach dem Studium vertieft wird. Ich möchte es als den „Mythos von Nähe und Distanz“ bezeichnen. Diese Überzeugung, dass Abgrenzung und Distanz für professionelles Helfen eine zentrale Bedeutung habe, möchte ich in Frage stellen oder zumindest ergänzen durch ein anderes Prinzip, das mir mindestens genauso bedeutsam erscheint. Beim Helfen geht es m. E. darum, durchlässig zu werden für Gefühle, auch für Trauer und Schmerz, statt sich abzugrenzen. Eine Sozialarbeiterin sagt: *„Ich habe mir einreden lassen, dass es unprofessionell wäre, auch Nähe zuzulassen und sich auch mit der eigenen Emotionalität als Person sichtbar zu machen. Ich selbst kam aber nie gut mit der strikten Abstinenz zurecht.“*
Leiden und Schmerz anderer Menschen an mich heran kommen, durch mich durchfließen und wieder abfließen zu lassen, ist vielleicht der wichtigste Aspekt des Mitgefühls. Es ist eine Kunst, aber es ist eine Kunst, die gelernt werden kann. Vielleicht sollte dieser Kunst in der Aus- und Weiterbildung von Helferinnen und Helfern eine größere Bedeutung zugemessen werden.

Literatur

Beauvoir, Simone de (2000): Das andere Geschlecht. Sitte und Sexus der Frau. Reinbek: Rowohlt.

Dietz, Berthold (1997): Soziologie der Armut. Eine Einführung, Frankfurt/Main, New York: Campus.

Dixon, Keith (2000): Die Evangelisten des Marktes. Die britischen Intellektuellen und der Thatcherismus, Konstanz: UVK.

Dogen Zenji, Shobogenzo (1989): Die Schatzkammer der Erkenntnis des Wahren Dharma. 2 Bde., Zürich: Theseus, 2. Aufl..

Dungs, Susanne/Gerber, Uwe/ Schmidt, Heinz/ Zitt, Renate (2006): Soziale Arbeit und Ethik im 21. Jahrhundert. Ein Handbuch, Leipzig. Ev. Verlagsanstalt.

Engelke, Ernst (2003): Die Wissenschaft Soziale Arbeit, Freiburg i.Br.: Lambertus.

Habermas, Jürgen (1988): Nach-metaphysisches Denken. Philosophische Aufsätze, Frankfurt/M, Suhrkamp.

Horkheimer, Max (1985): Zur Kritik der instrumentellen Vernunft, Frankfurt a.M: Fischer.

Horkheimer, Max / Adorno, Theodor W. (1988): Dialektik der Aufklärung: Philosophische Fragmente, Frankfurt a.M.: Fischer.

Huster, Ernst-Ulrich (2006): Armut und soziale Ausgrenzung im gestuften Sozialstaat. In Dungs u.a., 507 - 522.

Kern, Peter/ Wittig, Hans-Georg (1985): Notwendige Bildung. Studien zur pädagogischen Anthropologie, Bern, Frankfurt/M.: Peter Lang.

Kersting, Karin (2007): Die Macht objektiv Kälte verursachender Strukturen in sozialen Berufen. In: Kraus / Krieger (2007), S. 237 – 262.

Kraus, Björn, Krieger, Wolfgang [Hg.] (2007): Macht in der Sozialen Arbeit. Interaktionsverhältnisse zwischen Kontrolle, Partizipation und Freisetzung, Lage: Jacobs.

Kruse, Jan (2006): Kritische Theorie und Soziale Arbeit. Ein Plädoyer für eine erneute Analyse gesellschaftlicher Widersprüche aus der Perspektive der frühen Kritischen Theorie. In: Dungs u.a. (2006), S. 339 – 359.

Maier, Konrad (2006): Gemeinwesenarbeit als professionelles Handeln im Wohnquartier. In: Dungs u.a. (2006), S. 598 – 612.

Mühlum, Albert (2007): Machtlos mächtig. Soziale Arbeit in Grenzsituationen des Lebens. In: Kraus / Krieger (2007), S. 389 – 410.

Mursell, Gordon [Hg.] (2002): Die Geschichte der christlichen Spiritualität. Zweitausend Jahre in Ost und West, , aus d. Englischen von Bernarda Schellenberger, Stuttgart: Kreuz.

Pfeifer-Schaupp, Ulrich (2002): Im Westen was Neues? Grundprinzipien und Entwicklungslinien systemischer Praxis. In: ders. [Hg.] (2002): Systemische Praxis. Modelle – Konzepte – Perspektiven, S. 12-38.Freiburg i. Br.: Lambertus.

Pfeifer-Schaupp, Ulrich (1999): Helfen sollen und Hilfe annehmen müssen. Eine qualitative Studie zum Alltag sozialpsychiatrischer Beratung, Freiburg i.Br.: Lambertus.

Pfeifer-Schaupp, Ulrich (1991): Angenommen, Sozialarbeit würde Spaß machen – Über die Nützlichkeit systemischer Konzepte in der Sozialarbeit. In: Sozialmagazin 16 (1991), S. 34 – 45.

Roy, Arundhati (1999): Der Gott der kleinen Dinge, München: Karl Blessing.

Sen, Amartya (2007): Die Identitätsfalle. Warum es keinen Krieg der Kulturen gibt, München, C.H. Beck.

Schmidbauer, Wolfgang (1983): Helfen als Beruf. Die Ware Nächstenliebe, Reinbek: Rowohlt.

Schulze, Gerhard (1996): Die Erlebnisgesellschaft. Kultursoziologie der Gegenwart, Frankfurt/New York: Campus.

Sennett, Richard (2002): Respekt im Zeitalter der Ungleichheit, Berlin: Berlin Verlag.

Steindl-Rast, David (1997): Die Achtsamkeit des Herzens. Ein Leben in Kontemplation, München: Goldmann.

Wydler, Hans/Kolip, Petra/Abel, Thomas (2000): Salutogenese und Kohärenzgefühl. Grundlagen, Empirie und Praxis eines gesundheitswissenschaftlichen Konzepts. Weinheim/München: Juventa.

Walter, John L./Peller, Jane E. (2002): Lösungsorinetierte Kurztherapie. Ein Lehr- und Lernbuch, 5. Aufl., Dortmund: Modernes Lernen.

Psychiatrische Krisen als sinnvoller Lösungsversuch
Systemische Behandlungselemente in der psychiatrischen Akutversorgung

Elisabeth Nicolai

1 Einleitung

In diesem Artikel werden wichtige Teile der klinischen Praxis systemtherapeutischer Akutpsychiatrie, wie wir[1] sie im Forschungsprojekt SYMPA (Systemtherapeutische Methoden psychiatrischer Akutversorgung) entwickelt haben und seit September 2004 in drei psychiatrischen Krankenhäusern in Gummersbach, Paderborn und Wunstorf praktizieren. Der Fokus dieses Artikels liegt auf Behandlungsmethoden, die Patienten, Angehörigen und Behandlern ermöglichen, psychiatrische Krisen in einen veränderten, Optionen eröffnenden Rahmen zu stellen. Nach einigen grundsätzlichen Ausführungen zu systemischem Arbeiten in der Psychiatrie werden beispielhaft im Forschungsprojekt angewandte Methoden dargestellt: (1) eine reflexive, gut strukturierte Kultur von Fallbesprechungen in Anwesenheit der Patienten; (2) systemisch inspiriertes Verhandeln über die Behandlung, die Medikation, die Diagnose und den Entlassbrief.

2 System- und familientherapeutische Konzepte in der Psychiatrie: Vom Behandlungszusatz zur Behandlungsbasis

In der familienorientierten Behandlung schwerer psychiatrischer Störungen haben neben psychoedukativen Arbeitsweisen (Hornung 2002; Bäuml, Pitschl-Walz u.a. 2003) besonders systemtherapeutische Vorgehensweisen Verbreitung gefunden.
Sie gründen sich auf ein system- und kommunikationstheoretisches Verständnis psychiatrischer Symptome (Schweitzer / Schumacher 1995; Retzer 2004). Sie versuchen

---

1 Der Artikel basiert auf dem „Handbuch Systemische Akutpsychiatrie“, das auf den sechs SYMPA-Projektstationen in den Psychiatrischen Kliniken Wunstorf, Paderborn und Gummersbach seit September 2004 zur Grundlage des Stationskonzeptes geworden ist. An seiner Entstehung haben die 100 Teilnehmerinnen und Teilnehmer der kliniks- und berufsgruppenübergreifenden SYMPA-Weiterbildung gemeinsam mit den drei Trainerinnen Elisabeth Nicolai, Ulrike Borst und Jochen Schweitzer gearbeitet. Wir danken der Stiftung Bildung und Behindertenförderung und den systemtherapeutischen Dachverbänden SG und DGSF für die Förderung des SYMPA-Projektes. Das Handbuch ist im Detail auf der Projekthomepage einzusehen: *www.sympa.uni-hd.de*. In diesem Aufsatz wird abwechselnd die männliche und weibliche Form verwendet – so wie Kollegen und Patienten manchmal Frauen und manchmal Männer sind. An den Falldarstellungen haben Ramona Kube, Christine Oertzen und Monika Wintrich mitgewirkt.

im kollaborativen Dialog oder besser: „Multilog“ (Keller 2002; Seikkula / Olson 2003; Aderhold u.a. 2003) mit Patient, Angehörigen und anderen wichtigen Beteiligten, schwer verständliches psychiatrisch auffälliges Verhalten aus dessen Einbindung in die Beziehungssituation des Patienten verstehbar zu machen und aus diesem Verständnis neue Lösungen zu entwickeln. Sie nutzen eher das im sozialen System des Patienten vorhandene Wissen über Verschlimmerungs-und Verbesserungsmöglichkeiten, als dass sie externe Fachinformation einspeisen. Sie informieren und trainieren weniger, fragen mehr und versuchen mehr zu verstehen. Sie streben eher individuell maßgeschneiderte denn vordefinierte Bewältigungsstrategien an. Der Blick auf Kompetenzen, die positive Konnotation von auch zunächst unverständlichem Verhalten, die Wiedereinführung des Patienten in die familiäre Kommunikation, die Förderung von Neugier und Gelassenheit bei allen Beteiligten sind wichtige Ziele. Diese Haltungen und Vorgehensweisen fördern das Verständnis von psychiatrischen Krisen als sinnvolle Lösungsversuche ohne Schuldzuweisungen zu machen.
Zu systemtherapeutischen Interventionen bes. bei psychotischen Patienten liegen Studien mit Kontrollgruppen aus ambulanten (de Giacomo u.a.1997) und stationären Settings (Bertgen u.a. 1991,) sowie zur Krisenintervention vor fraglicher Klinikaufnahme vor (Seikkula et al. 2004 und in press), ferner eine Reihe ermunternder Ergebnisqualitätsstudien ohne Kontrollgruppe (Retzer 1994; Schweitzer / Schumacher 1995; Grünwald / Massenbach 1999; Zander u.a. 2001). Diese zeigen verminderte Erst- oder Wiederaufnahmeraten bei besserer sozialer Integration.
Für den stationär-psychiatrischen Alltag haben systemische Behandlungsansätze allerdings vorwiegend noch den Charakter eines „Zusatzes“, ohne das basale Alltagsgeschäft psychiatrischer Versorgung entscheidend zu prägen. In einem früheren Projekt „Systemische Organisationsentwicklung in psychiatrischen Einrichtungen“ fanden wir (Schweitzer / Nicolai / Hirschenberger 2005) bei vielen Klinikbesuchen zahlreiche interessante und bewährte systemtherapeutische Praktiken vor, die sich aber nur selten zu einem Gesamtkonzept der Behandlungseinrichtung integrierten (zu Ausnahmen siehe u.a. Rotthaus 1998; Moser 2001; Scholz u.a. 2002; Aderhold / Gottwalz 2002).
Das möchten wir ändern. Wir arbeiten daran, systemtherapeutisch-familienorientiertes Denken von einem Behandlungszusatz zu einem Kernprinzip stationärer Psychiatrie zu machen, das die ganze Breite psychiatrischer Alltagstätigkeiten prägt: vom Aufnahmegespräch bis zum Entlassbrief, von der Visite bis zur Patientengruppe, von der Diagnose bis zur Medikation, von der Psychotherapie bis zur Zwangsbehandlung.

3 SYMPA – Ein Forschungsprojekt, eine Weiterbildung, eine klinische Praxis

SYMPA („Systemtherapeutische Methoden psychiatrischer Akutbehandlung“ - Schweitzer / Grünwald 2003) ist ein praxisorientiertes Forschungsprojekt. Es findet von 2002

bis 2006 in drei Abteilungen psychiatrischer Krankenhäuser auf sechs Projekt- und zwei Kontrollstationen statt.
Teilnehmende Klinikbereiche sind die Abteilungen für Allgemeinpsychiatrie der psychiatrischen Kliniken in Gummersbach bei Köln, in Paderborn, in Wunstorf bei Hannover. Die Forschergruppen sitzen im Universitätsklinikum Heidelberg, an der Evangelischen Fachhochschule Ludwigsburg, und in der Hochschule für Angewandte Psychologie Zürich. Die Weiterbildung wurde entsprechend der Trainingsphilosophie des Heidelberger Helm Stierlin Institut entwickelt und von Elisabeth Nicolai, Ulrike Borst (Gastdozentin vom Meilen/Zürcher Institut) und Jochen Schweitzer durchgeführt. Finanziell wird SYMPA von der Stiftung für Bildung und Behindertenförderung, Stuttgart und den systemtherapeutischen Dachgesellschaften SG und DGSF unterstützt.
Im SYMPA-Projekt ist diese zwischen September 2003 bis April 2005 stattfindende Weiterbildung eingebunden in eine sorgfältige Ergebnisforschung an über 400 Behandlungsepisoden (Schweitzer / Grünwald 2003) zu den Behandlungsergebnissen der Patienten sowie zu möglichen „Nebenwirkungen" für die nächsten Angehörigen und für das Behandlerteam.
Die Weiterbildung ist berufsgruppenübergreifend und Klinik übergreifend angelegt. Sie umfasst 6 Kursblöcke von je 3 Tagen Dauer, zusammen also 18 Tage systemische Weiterbildung für alle im Projekt beteiligten Stationen. An ihr nehmen komplette Stationsteams von 12-20 Mitarbeitern teil, zusammen etwa 100 Teilnehmer - zu 80% aus der Pflege, ferne die Ober- und StationsärztInnen sowie die ErgotherapeutInnen, SozialarbeiterInnen und PsychologInnen.
(Zur genauen Beschreibung der Weiterbildung siehe *www.sympa.uni-hd.de*)

4 Das SYMPA-Handbuch – ein gemeinsamer Rahmen für akutpsychiatrische Behandlungsteams

In Interaktion zwischen den Weiterbildungsinhalten und dem Erfahrungsschatz der Klinikmitarbeiter wurde entwickelt das „SYMPA-Handbuch". Seit Oktober 2004 wird danach gearbeitet. Das SYMPA-Handbuch enthält diejenigen Praktiken, die uns derzeit als klinisch sinnvoll, zeitlich machbar und konsensfähig erschienen. Ihre Rezeption und Bewährung wollen wir bis 2006 empirisch überprüfen.
Das Handbuch ist ein Manual - in Klinikteams mit 8-15 MitarbeiterInnen und Personalfluktuation unerlässlich als gemeinsame Basis. Es beschreibt, was getan werden soll, warum und wie. Es gibt nicht den genauen Zeitpunkt jeder Intervention vor. Es schreibt auch nicht vor, dass jede Intervention mit jedem Patienten gemacht werden soll. Das würde der situations- und bedürfnisorientierten systemtherapeutischen Arbeitsweise widersprechen.

4.1 Wie kann systemisches Arbeiten dazu beitragen, psychiatrische Krisen als sinnvollen Lösungsversuch zu deuten?

Beginnen wir mit kurzen begrifflichen Unterscheidungen:
Familientherapie bezeichnet ein therapeutisches Setting, in dem mit Hilfe der Familienmitglieder gemeinsam nach Lösungen für ein Gesundheits- oder Beziehungsproblem eines oder mehrerer Patienten gesucht wird.
„Familie" wird heute verstanden als die biologische oder juristische. Familie meint dabei: alle die vom Problem des Patienten mitbetroffenen, ihm nahe stehenden und an seiner Lösung interessierten Menschen – sein „existentiell bedeutsames Beziehungssystem" (Stierlin 2005)
Systemisches Denken erklärt das Verhalten von Elementen nicht isoliert aus deren inneren Eigenschaften, sondern aus den Beziehungen zwischen diesen Elementen. Für die Psychotherapie bedeutet dies: Psychische Störungen werden nicht als in einem Systemmitglied (dem Patienten) lokalisierte Phänomene betrachtet und behandelt. Sondern sie werden als interaktionell (zwischen Patient, Familie, Behandlern) erzeugte kommunikative „Gemeinschaftsleistungen" verstanden und therapiert.
Das Setting Familientherapie ermöglicht es, die Ressourcen – die Kenntnisse, die Zuneigung, das Engagement - des natürlichen Umfeldes des Patienten für dessen Behandlung zu nutzen. Zugleich kann in der Familientherapie das Mit-Leiden der Angehörigen gleichzeitig gelindert werden, was häufig deren Mitwirkungsbereitschaft bei der Therapie des Patienten fördert. Diese Mitwirkungsbereitschaft wiederum senkt die Drop-Out-Rate bei den Patienten (Szapocznik et al. 1988). Die systemische Orientierung mit ihren spezifischen Haltungen und Vorgehensweisen (s.u.) fördert in besonderer Weise eine neugierige, wertschätzende und lösungsorientierte Kooperation zwischen den Beteiligten, eine selbstreflexive Haltung und einen Lösungsoptimismus auch in schwierigen Situationen.

4.2 Mit welchen Haltungen, in welchen Settings und mit welchen Methoden kann Familientherapie wirksam werden?

Die Attraktivität systemischer Familientherapie beruht auf einem in sich stimmigen Satz von Haltung, Settings und Methoden, die – salopp gesprochen – der oft unerträglichen Schwere psychischen Leidens eine gewisse Leichtigkeit des Umgangs mit ihnen entgegensetzt, ohne Bagatellisierung oder ein oberflächliches „positives Denken".

4.2.1 Haltungen: Veränderung ist möglich, aber nicht unumgänglich

Die systemtherapeutische Grundhaltung verbindet starken Lösungsoptimismus mit niedrigem Lösungsdruck. Menschen wird einerseits ein beträchtliches Veränderungspotenzial zugetraut. Andererseits werden aber „gute Gründe" vermutet, die es sinnvoll machen könnten, mögliche Veränderungen, auch von leidvollem Verhalten und Erleben, nicht oder zumindest noch nicht vorzunehmen. Diese Kombination von „Vielleicht könntest Du .... aber Du musst ja nicht unbedingt....“ wird gespeist aus der positiven Konnotation von symptomatischem Verhalten, sofern dieses im Beziehungsgeflecht des Symptomträgers „Sinn machen“ könnte.

Die Komponenten dieser systemtherapeutischen Haltung sind:

- Die Devise „Handle so, dass Du die Zahl der Möglichkeiten vergrößerst“ (v. Foerster 1988)
- Die Achtung vor der Selbstorganisation von Familien, gespeist aus einer nicht-bewertenden Neugier der Therapeutin heraus („Warum machen die das eigentlich so?“)
- Eine möglichst weitgehende Neutralität (nicht-bewertende Haltung) - gegenüber den – oft zerstrittenen – Familienmitgliedern („Allparteilichkeit“)- gegenüber deren Ideen - z.B. auch gegenüber der Frage, ob eine Familientherapie sinnvoll wäre oder nicht - gegenüber der Frage, ob das Symptom schnell überwunden werden muss oder ob es nicht noch etwas verweilen darf.
- Ressourcenorientierung: Den Klienten fehlt nichts, was sie entweder nachreifen oder neu trainieren müssten. Die Ressourcen zur Problemlösung sind bereits „im Vorrat vorhanden“. Sie müssen aber noch gefunden und genutzt werden. Manchmal müssen sich die Familienmitglieder gegenseitig dazu die Erlaubnis geben.
- Lösungsorientierung: Manchmal braucht man das Problem nicht allzu genau zu kennen, sondern kann sich gleich an das Suchen von Lösungen begeben.
- Nutzerorientierung: Therapie ist dann erfolgreich, wenn die Nutzer (Patient und Familie) erreicht haben, was sie wollen – selbst wenn der Psychotherapeut mit dem Ergebnis noch unzufrieden ist.
- Umgekehrt erscheinen folgende Haltungen aus systemisch-familientherapeutischer Sicht veränderungserschwerend:
- Die Annahme, die Schwere und Akutheit der Störung allein, ohne genaue Klärung der subjektiven „Kundenwünsche“, bilde hinreichenden Grund und hinreichende Richtschnur für die Behandlung.
- Der reflexartige Trend zur „Verselbständigung“ oder „Herauslösung“ besonders des jungen Patienten aus seiner „pathogenen“ Herkunftsfamilie an.
- Wenn die Therapeuten den Familienmitgliedern wenig Fähigkeiten zur systemischen Selbstreflexion, zur gegenseitigen Unterstützung und zur Veränderung zutrauen.

4.2.2 Settings: Gemeinsam geht es leichter

Systemische Familientherapie nutzt das natürliche soziale Netzwerk der Patienten besonders intensiv. Häufig ist – insbesondere bei jungen und noch nicht chronifizierten Patienten – eine große Bereitschaft zur Mithilfe im Umfeld vorhanden. Bei gelingendem Verlauf verliert nach einiger Zeit die Frage, wer hier der Patient ist und wer als helfendes

Familienmitglied mitkommt an Bedeutung, sobald die Angehörigen merken, dass ihr eigenes Leiden an der Situation hier gleichermaßen zum Thema wird.
An systemischen Therapien nehmen nicht zwangsläufig alle im Haushalt lebenden Familienmitglieder teil. Vielmehr kommt, wer zur Auflösung des Problemsystems beitragen kann und will. Der Teilnehmerkreis kann sich teilweise von Sitzung zu Sitzung partiell ändern.
Bei ambulanten systemischen Familientherapien wird meist wird eine bestimmte Oberzahl von Sitzungen angeboten, welche „genutzt werden können, aber nicht zwangsläufig genutzt werden müssen“. Diese Vorabbegrenzung erleichtert es skeptischeren, weniger motivierten oder weiter entfernt lebenden Angehörigen, sich dennoch zu beteiligen. Sehr oft sind das 5 Sitzungen. Bei motivierten Klientensystemen und chronifizierten Problemen können es auch 10 oder 20 Sitzungen sein. Zwischen den Sitzungen werden meist längere Abstände eingelegt: zwei, drei oder vier Wochen, im späteren Verlauf auch viertel- oder halbjährliche Abstände. Die Sitzungen sollen Anregungen erzeugen, zu deren Umsetzung Lebenszeit draußen, außerhalb der Therapie erforderlich ist. Systemische Therapien verlaufen mit diesen Abständen oft über ein bis zwei Jahre, gelegentlich auch länger, können also den Charakter einer „langen Kurzzeit-Therapie” annehmen.
Angehörige müssen nicht zwangsläufig leibhaftig kommen. Sie können auch virtuell in die Therapie einbezogen werden: z.B. in der systemischen Einzeltherapie durch Genogrammarbeit oder in der stationären systemischen Gruppentherapie durch Skulpturen, in denen Mitpatienten die Rolle von Familienmitgliedern übernehmen. Auch die Erwartungen von überweisenden Ärzten oder von Richtern (bei Therapien unter Gerichtsauflage) werden durch zirkuläres Fragen in die Therapie mit einbezogen.

4.2.3 Methoden: Neugieriges Fragen, Übersicht im Chaos, freundliche Irritation

Systemtherapeutische Methoden (zur Übersicht: v.Schlippe / Schweitzer 1996; Nichols / Schwartz 2004) helfen dabei

- Die unübersichtliche Komplexität von Familienbeziehungen übersichtlicher zu machen, besonders in chaotischen oder verstrickten Situationen
- Auf freundliche, schnelle, und wenig Peinlichkeit auslösende Weise sehr persönliche Beziehungserfahrungen zu erkunden und miteinander in Bezug zu setzen
- Vertraute Ideen und Praktiken, die unbemerkt zu einem Teil des psychotherapiebedürftigen Problems geworden sind, freundlich zu irritieren und neue Anregungen für alternative Problemlösungen zu erzeugen

Übersicht im Chaos: Die beteiligten Personen und ihr Zueinanderstehen können als Gesamtsystem auf unterschiedliche Weise optisch veranschaulicht und dann gemeinsam betrachtet werden. Ein Genogramm setzt die „harten Fakten“ wie Alter, Berufe, Staats- und Religionszugehörigkeit, Krankheiten nach dem Prinzip des Familienstammbaums zueinander in Bezug.

Neugieriges Fragen: Auf Basis einer neugierigen, nicht-bewertenden Haltung lässt sich auch über sehr schwere und belastende Probleme mit einer gewissen Leichtigkeit sprechen. Hilfreiches Werkzeug dabei ist das zirkuläre Fragen. Die Gesprächsteilnehmer werden weniger darum gebeten, ihre eigenen Meinungen und Bedürfnisse zu äußern. Vielmehr wird ihr Eindruck über die Beziehungsprozesse erbeten, von denen sie lediglich ein Teil sind.
Freundliche Irritation: In systemischen Therapien wird nicht nur gefragt, sondern auch viel kommentiert - in Form von anerkennenden positiven Konnotationen und etwas herausfordernder von positiven Umdeutungen.
Gerne werden in einzelnen wichtigen Sitzungen „reflektierende Teams" eingeladen, die sich in Anwesenheit der Familienmitglieder über ihre Eindrücke über das Familiengespräch austauschen.

5 Systemische (Familien-) Therapie als eine gemeinsame „Basisphilosophie" in psychiatrischen Einrichtungen

Mit diesem Set von Haltungen, Settings und Methoden bietet eine systemische Familienorientierung Patienten und Angehörigen die Möglichkeit Probleme und Symptome als sinnvollen Lösungsversuch zu betrachten, zwar mit unerwünschten Nebeneffekten oder verfehlten Ergebnissen, aber auch mit Chancen, die man nutzen kann. Ein Verständnis der psychiatrischen Symptome in ihren sozialen Bezügen (Patient, Familie, Arbeits-/ Wohnumfeld, Klinikstation, Sozial- und Gesundheitssystem) zu entwickeln, ermöglicht es allen Beteiligten, zur Lösung der Probleme beizutragen
Der Patient und seine Familie können sich an der Planung der Behandlung beteiligen, und die Behandlung auch an den Anliegen der Familienmitglieder orientieren.
In kritischen und konflikthaften Situationen (z.B. Behandlungsentscheidungen, Zwangssituationen, im Umfang mit Medikamenten, im Umgang mit Diagnosen) werden die Erfahrungen der Betroffenen u. Angehörigen in die Lösungssuche einbezogen, mit ihnen gemeinsam über den unterschiedlichen Möglichkeiten und deren Folgen verhandelt, um die Erfahrung der Einflussnahme und der Selbstwirksamkeit wieder einzuführen.
Systemische Familientherapie eignet sich als eine integrative Basisphilosophie für die Arbeit mit Patienten in psychiatrischen Krisen, weil sie Behandlungsoptimismus und Kooperation fördert, weil sie eng am Selbstverständnis ihrer Patienten und Angehörigen ansetzt, weil sie inzwischen in vielen Behandlungskontexten und bei einer breiten Palette besonders der schweren Störungsbilder gut erprobt und in ihrer Wirksamkeit evaluiert ist. Und weil sie über die Familientherapie hinaus behutsame Veränderungsprozesse auch in zahlreichen anderen klinischen Kontexten zu stimulieren vermag.
Im Folgenden werden einige Elemente des SYMPA-Handbuches, die neuere Entwicklungen zeigen, wie die systemische Fallbesprechungskultur und das Verhandeln mit Patienten über kritische Behandlungsentscheidungen in der Akutpsychiatrie dargestellt und mit kurzen Fallvignetten illustriert werden.

5.1 Patientenbezogene systemische Intervision

Da eine externe systemische Supervision in der Akutpsychiatrie aus verschiedensten Gründen oft nicht oder nicht ausreichend zur Verfügung steht, haben wir ein „Do-it-Yourself-Konzept" für systemische Fallbesprechungen im Kollegenkreis auch ohne externen Supervisor entwickelt. Das Vorgehen sieht so aus:_

5.2 Patienten als Teamsupervisoren

Die therapeutische Wirksamkeit einer Intervision im Behandlungsteam kann gestärkt werden, wenn der Patient als zuhörender Beobachter zu Intervisionen, bei denen es um ihn geht, eingeladen wird.
Das Team übt sich dabei zwangsläufig, bedingt durch die Anwesenheit des Patienten, in einer stärker ressourcen- und lösungsorientierten Denk- und Sprechweise und erhält durch den Patienten quasi kostenlose Supervision - bringt aber dennoch kritische Themen wertschätzend zur Sprache. Für den Patienten wird Transparenz („Durchblick") geschaffen darüber, was warum mit ihm gemacht wird; er kann es durch seine Kommentare auch beeinflussen..
Jeder Patient sollte während seiner Behandlungszeit wenigstens einmal bei einer ihn betreffenden Fallbesprechung dabei sein. Er bringt sich eine Vertrauensperson (Mitpatient, Betreuer, Angehöriger) mit oder wird von seinem Bezugspfleger/ Bezugstherapeuten begleitet, der während der Besprechung neben ihm sitzt und im Beunruhigungsfalle unterstützt.
Der Ablauf sieht etwa so aus:

1. Der Gesprächsmoderator begrüßt den Patienten, erfragt auch eventuelle Fragen, mit denen dieser heute gekommen ist.
2. Die Mitarbeiter sprechen über den anwesenden Patienten, der seitwärts sitzend zuhört ohne einzugreifen. Sie schätzen seine derzeitige gesundheitliche und Lebenssituation und seine Behandlungsentwicklung allgemein oder bezogen auf ein spezielles Thema ein. Sie tauschen in einer ressourcenorientierten Sprache ihre Eindrücke aus über die Fragen: „Was läuft gut? Was sorgt für Verwunderung und müsste näher besprochen werden? Wofür könnte, was derzeit als schwierig erlebt wird, gut sein?"
3. Der Patient und sein Begleiter tauschen sich im Sinne eines Reflecting Teams über das Gehörte aus: Wo hat das Team den Patienten richtig verstanden und wo „irrt" es sich? Welche Behandlungsversuche hat der Patient bislang als nützlich, welche als eher nutzlos erlebt? Was sollte das Team mit ihm künftig mehr und was weniger machen?
4. Falls es nach dem Hinausgehen des Patienten aus der Besprechung noch konkrete Verabredungen als Ergebnis der Besprechung gibt, wird dieses aufgeschrieben und dem Patienten gezeigt.

5.3 Fall 1: Frau E supervidiert das Team und handelt im Kooperationsgespräch neue Vereinbarungen aus

Frau E. ist eine alleinstehende Frau um die 40 Jahre alt, nahezu ohne soziale Kontakte und mit Stellen des Rentenantrages auch ohne zeitnahe berufliche Perspektive.
Sie wurde kurz vor Weihnachten von den besorgten Kollegen der Tagesklinik wegen akuter Eigengefährdung zu unserer Station zurückbegleitet. Insgesamt blickte die Patientin auf eine Krankheitsepisode von über einem Jahr zurück mit kontinuierlicher voll- und teilstationärer Behandlung. Das Genogramm erbrachte die Information, dass sich bereits drei Familienmitglieder in den letzten Jahren suizidiert hatten und dies vor dem Hintergrund einer sehr invalidierenden Familienstruktur mit bis in die Gegenwart hineinreichenden angespannten Beziehungen. Die Patientin erlebte sich über eine lange Zeit depressiv und resigniert mit ernormemAnspannungsgefühl, den ständig vorhandenen Suizidgedanken nachkommen zu müssen. Freiräume, selbst den Blick auf die teilweise offene Tür lösten ein Verlangen aus, zu flüchten und ihr Leben zu beenden. Auf Station auch in unmittelbarer Nähe der Stationsmitarbeiter kam es zu parasuizidalen Handlungen. Somit war die Entscheidung einer Ausgangserweiterung immer geprägt von der Sorge um das Leben der Patientin und dem Wunsch nach Fortschritt der Behandlung und Normalität – und dies sowohl von Seiten der Patientin selbst als auch von den Teammitgliedern.
Die Patientin wurde in eine Teamsitzung eingeladen, um gemeinsam diese schwierige Entscheidung zu verhandeln. Sie hörte aufmerksam zu, fühlte sich verstanden und gut unterstützt, weil sie ihre Gedanken und Bedenken durch die einzelnen Teammitglieder wiedergegeben hörte. Das, was ihr schwer fiel, selbst derzeit in Worte zu fassen, wurde vorformuliert. Weiterhin wurden in dem Gespräch aber auch Ressourcen wieder erinnert und vorherige nützliche Strategien zusammengetragen. Die Vielfalt der einzelnen Beiträge – anders als die Einzeleindrücke in den Bezugspersonengesprächen - schaffte bei der Patientin aber auch bei den Teammitarbeitern ein Klima der Offenheit, des Vertrauens und des Zutrauens. Neue Absprachen konnten verhandelt und schriftlich fixiert werden.
Der weitere Verlauf war zwar nicht unproblematisch, aber tendenziell zunehmend geprägt von dem Wiedererlangen ihrer Eigenverantwortung. Mit pro und contra Listen entschied sie sich zum Beispiel für eine neue Wohnperspektive. Dies konnte die Patientin in einem Kooperationsgespräch mit der Betreuerin, Mitarbeitern des vorherigen Betreuten Wohnens und des Wohnverbundes sowie Bezugspersonen des Team – inzwischen an solche großen Runden gewöhnt – deutlich formulieren und die einbezogenen Nachbehandler der komplementären Dienste von ihrem Vorhaben überzeugen, so dass damit die Entlassungsvorbereitungen initiiert wurden.

6 Systemische Therapiezielplanung: Auftragsklärung, gemeinsames Fallverständnis, systemorientiertes Behandlungsangebot

6.1 Wir gehen davon aus, dass die Patientinnen selbst Experten

für die Lösung ihrer Probleme und deshalb auch wichtige Mit-Gestalter ihrer Therapiezielplanung sind. Ähnliches gilt abgeschwächt oft auch für Angehörige, andere nahe stehenden Menschen und wichtige externe Vor- und Mitbehandler. Ihre Behandlungswünsche sollen erkundet und soweit möglich genutzt werden (Auftragsklärung). Mit ihnen soll ein gemeinsames Verständnis entwickelt werden, wie die Patientin in die psychiatrische Krise geriet und was ihm wieder heraushelfen könnte (gemeinsames Fallverständnis). Aus Auftragsklärung und gemeinsamem Fallverständnis heraus werden diejenigen Behandlungselemente ausgewählt, die zu einer Verbesserung der systemischen Situation der Patientin hilfreich sind (systemorientiertes Behandlungsangebot). Eine Haltung der Neugier auf die soziale Situation der Patientin, der weitestmöglichen Neutralität gegenüber verschiedenen Lebenskonzepten sowie des Nicht-Wissens, was für die Patientin „das Beste ist", liegen diesem Vorgehen zugrunde.
Mit jeder Patientin - soweit möglich auch mit Angehörigen - wird nicht auf einmal, sondern in mehreren Schritten bei Behandlungsbeginn (beim Erheben des Genogramms, im systemischen Einzelgespräch, im Familiengespräch) eine Auftragsklärung gemacht und am Ende dieser Anfangsphase ein gemeinsames Fallverständnis formuliert, daraus eine Therapiezielvereinbarung getroffen und schriftlich festgehalten.
Jeder Patientin werden die Behandlungsangebote vorgestellt: was ist obligat, was ist wählbar? Zu letzterem kann sie äußern, was davon sie machen möchte.

6.2 Wichtige Fragen zur Auftragsklärung sind:

- Wer ist alles Auftraggeber der Behandlung und wer nicht: Die Patientin selbst? Der Angehörige? Die Hausärztin? Das Gericht?
- Was genau aus dem Sortiment möglicher stationärer Behandlungsmöglichkeiten wird gewünscht?: Medikamente? Psychotherapie? Krankschreibung, Asyl, Refugium? „Hotel Psychiatrie"? Kontakt mit Menschen in ähnlicher Lage?
- Wann?: Wie lange soll der Aufenthalt gehen? Ist die Zeit reif für Veränderungen? Oder ist es dafür noch zu früh oder schon zu spät?
- Wie viele und wie intensive Intervention wünschen sich die verschiedenen Auftraggeberinnen?
- Wofür und wogegen sollen die gewünschten Ergebnisse des stationären Aufenthaltes genutzt werden?

Wichtige Fragen zum gemeinsamen Fallverständnis sind:

- In welcher systemischen Konstellation ist die Patientin einerseits in die aktuelle psychiatrische Krise, andererseits in das Krankenhaus hineingeraten?
- Was könnte jede beteiligte Partei - zumindest: die Patientin, Angehörige, die Station-beitragen, damit die Patientin aus dieser Krise wieder herauskommt?)

Wichtige Regeln zur Vereinbarung der Therapieziele sind:

- Sie sollten aus der Ich-Perspektive der Patientin formuliert sein: welche Ziele sieht sie? Ziele, die die Behandler vorschlagen, werden nur vereinbart, wenn die Patientin sie sich zueigen macht.
- Ziele sollen positiv formuliert, möglichst genau und konkret definiert und in der Sprache der Patientin formuliert sein, sinnlich wahrnehmbar und aus eigenen Mitteln erreichbar.
- Die Ziele werden nach ihrer Wichtigkeit geordnet, die wichtigsten vorrangig bearbeitet.
- Ziele wandeln sich: sie werden zunächst für die ersten 14 Tage formuliert, dann wird eine Zwischen-Bilanz gezogen, im weiteren Verlauf werden sie ca. wöchentlich mit der Patientin überprüft.
- Sie werden in sehr kurzer Form aufgeschrieben (max. 1 Seite), in einer für Ärzte und Pflege gemeinsamen Akte zwecks Vermeidung von Doppel-Dokumentation. Der Patient unterschreibt und bekommt eine Kopie

6.3 Fall 2: Frau G verhandelt mit bei ihrer Behandlungsplanung und unterschreibt sie

Frau G. kam eigeninitiativ zur Station, um mit ihrer Bezugspflegekraft sprechen zu wollen. Obwohl die Patientin klar über einen erheblichen Selbstverletzungsdruck berichtete und eine resignative Stimmung mit drängenden Suizidgedanken beschrieb, haderte sie mit einem erneuten stationären Aufenthalt. Einerseits wollte sie lieber in ihrer Wohnung trotz der erheblichen Spannungen mit ihrer Mitbewohnerin bleiben, um unbeobachtet den Selbstverletzungen nachkommen und endlich den unerträglichen Druck loswerden zu können, andererseits spürte sie deutlich ihre Lebensgefahr dabei und suchte stationäre Hilfe.
Vor diesem Hintergrund der akuten Suizidalität war es natürlich für uns schwierig, eine Haltung der Neutralität zu wahren, aber auf der Basis der durch mehrere Behandlungsepisoden gewachsenen, guten therapeutischen Beziehung zu ihrer Bezugspflegekraft konnten Vereinbarungen verhandelt werden. In der Pflege- und Behandlungsplanung wurden erreichbare Ziele benannt und Absprachen getroffen. Dabei wurde die Patientin partnerschaftlich miteinbezogen, sie formulierte die Maßnahmen mit und griff auf bereits erfolgreich erlebte Strategien zurück. Diese waren so tragfähig, dass die Patientin trotz der Eigengefährdung Ausgänge nutzen und Freiräume sich ermöglichen konnte.

Auch konnte sie die berufliche Reha fortsetzen, um nicht auch noch diese wichtige Perspektive zu verlieren.
Diese Behandlungsplanung wurde wöchentlich hervorgeholt, neu reflektiert, gelungene und angewandte Strategien lobend hervorgehoben. Aber insbesondere wurden damit Behandlungsabbrüchen vorgebeugt, weil sich die Patientin mit ihrer Mitarbeit und Unterschrift selbst in die Pflicht genommen hatte. Insbesondere dies war für sie wichtig, weil sie ihre Eigenverantwortung behielt und der phantasierten und befürchteten Macht der Professionellen, z.B. mit einem PsychKG zu reagieren, weniger Raum gab und die für sie wichtige Kontrolle über den Behandlungsverlauf behielt. Auch entlasteten die schriftlichen Aufzeichnungen das gesamte Team, weil bei Abwesenheit der Bezugspersonen andere Ansprechpartner auf die Dokumentation und die Vereinbarungen zurückgreifen konnten.

7 Verhandeln über die Medikation

7.1 Schon immer verhandeln Ärzte mit ihren Patienten über Medikation

– meist nach pharmakologischen Kriterien wie Bekömmlichkeit, Nebenwirkungen, Symptomreduktion. Das Besondere bei SYMPA ist, dass hier auch nach sozialsystemischen Kriterien über die Medikamenteneinnahme verhandelt wird: über die Auswirkungen der Einnahme oder Nichteinnahme, oder von höheren oder niedrigeren Dosen auf die Beziehungen der Patientin auf Station, in der Familie, in der Arbeit, im Freundeskreis, zum Hausarzt etc. Ziel ist, dass die Patientin ihren eigenen Einfluss auf Medikamentenentscheidungen bewusster wahrnimmt und in der Folge bewusster zu beeinflussen lernt. Dazu hilft es, die meist unbewussten sozialen Indikationen der Medikationsentscheidung zu verdeutlichen: wem zuliebe oder wem zum Trotz nimmt die Patientin ein Medikament ein oder nicht?
Die typische Praxis des Medikamente-Verhandelns sieht, nachdem eine medizinische Indikation positiv festgestellt ist, so aus:

1. Die zwischenmenschlichen Aspekte der Medikation werden erkundet durch zirkuläre Fragen nach den Reaktionen der Bezugspersonen („Was würde Ihre Frau tun, wenn Sie nach Entlassung Ihre Medikamente sofort absetzen würden?“), nach den Reaktionen des Patienten auf diese Reaktionen („Wenn Ihre Frau Ihnen dann mit Scheidung drohen würde – würden Sie das Haldol dann doch wieder einnehmen?“), und nach möglichen Variationen der bisherigen Beziehungsmuster rund um die Medikamenteneinnahme („Angenommen, wir fänden ein neurologisch nebenwirkungsärmeres Medikament, mit dem Sie optisch weniger auffallen – würden Sie das Ihrer Frau zuliebe einnehmen?“).
2. Die Station, in aller Regel die Ärztin, macht dem Patienten zunächst klar, welche zwangsläufigen Reaktionen beim Behandlerteam unterschiedliche Patientenentscheidung wie die Einnahme, die Verweigerung, oder der Medikamentenwechsel nach

sich ziehen würden, – von „macht nix“ über „Entlassung wegen Nicht-Kooperation“ bis „Zwangsbehandlung“. Sie verdeutlicht zugleich, wie groß der Mitentscheidungsspielraum des Patienten ist und wo er endet – d.h. welche Medikamentenvarianten mit diesen Behandlern „machbar“ sind und welche nicht.

3. Nach der Diskussionen über die Beziehungsfolgen der Medikamenteneinnahme und der Handlungsspielräume des Patienten erfolgt eine weitestmöglich konsensuelle Entscheidung.

7.2 Fall 3: Auch ohne Absetzen der Medikation darf Frau H. wieder in die Klinik kommen

Frau H. ist als „Drehtürpatientin“ immer wieder vom Wohnheim in die Klinik und zurück verlegt worden, nachdem sie meist die Medikamente selbständig reduziert oder verweigert hatte und daraufhin psychotische Exazerbationen ihrer schizophrene Psychose auftraten. Frau H. hatte eine sehr provokante Art. Sie machte die Nacht zum Tag, was große Konflikte mit Teammitarbeiterinnen und Mitpatientinnen auslöste. Sie agierte sowohl im Wohnheim wie auf der Station immer wieder mit Verweigerung der Medikamente und ständig wechselndem Beschwerdebild, ohne dass sie sich aber auf eine konkrete Behandlung einließ,

Die Patientin erlebte als Zuschauerin zusammen mit ihrem gesetzlichen Betreuer, wie das Stationsteam und die Bezugspflegerin aus dem Wohnheim anhand eines Familiengenogramms von Frau H. sich intensiv über deren Lebens- und Krankengeschichte wertschätzend und positiv konnotierend austauschten: über die Bewältigung des plötzlichen Todes des ersten Ehemannes nach kurzer Ehe, der selbständigen Führung eines eigenen Geschäfts, den plötzlichen Kindstod eines ihrer Kinder, Misshandlungen in einer zweiten Ehe u.v.m.

Den Fachleuten wurde deutlich, dass Frau H. sich quasi gezwungenermaßen zu einer „sehr starken Frau“ entwickelt hatte, die aus ihrer Sicht auch heute noch gut daran tat, in der Behandlung „immer das letzte Wort zu haben „. Dieser veränderte Blickwinkel führte bei allen Beteiligten - auch bei der Patientin selbst - zu einer positiveren Sicht auf ihre im Umgang oft schwierigen Art und Persönlichkeitsstruktur. In den Tagen danach ließen sich sehr viel besser Absprachen finden bezüglich Ausgang, Verhaltensregeln auf Station usw.

In einer weiteren Angehörigenvisite offerierten wir der Patientin dann das Angebot, auch dann erneut auf die Station kommen zu können, wenn sie eine Auszeit vom Alltagsleben im Heim und damit eine Luftveränderung bräuchte. Wir sagten ihr zu, dass sie diese Behandlungsauszeit auch ohne Absetzen der Medikation verlangen könne (was die Patientin bisher immer wieder getan hatte, um in die Klinik zu kommen) und dass wir solche „Auszeiten“ auch regulär in Absprache planen könnten. In der Folge wurden medikamentöse Verordnungen mit deutlich mehr Compliance von ihr mitgetragen. Die verbleibenden Rest-Verhaltensstörungen waren danach vom Stationsteam und später von den Heimmitarbeitern sehr viel besser zu ertragen. Bereits in der Folgewoche konnte die Patientin dann wieder gut stabilisiert ins Heim entlassen werden.

8 Verhandeln über (Alternativen zu) stationären Zwangsmaßnahmen

SYMPA will durch ein systemisch inspiriertes Verhandeln mit dem Patienten den Zwangscharakter unvermeidlicher Freiheitseinschränkungen so gering wie möglich, aber so umfangreich wie zur Verhinderung von Selbst- und Fremdgefährdung nötig gestalten. Deshalb diskutieren bei sich ankündigenden Selbst- oder Fremdgefährdungssituationen die Mitarbeiterinnen der Pflege oder die Ärztin mit dem Patienten, wie er drohende Freiheitseinschränkungen auf Station vermeiden oder vermindern kann.
Dieses Verhandeln läuft in etwa so ab:

1. Die Behandlerin macht dem Patienten klar, welche zwangsläufigen Reaktionen beim Behandlerteam sein selbst- oder fremdgefährdendes Verhalten nach sich ziehen wird. - von „macht nix“ über „Kein Ausgang ohne Begleitung“ bis „Fixierung“. Und die Behandlerin verdeutlicht dem Patienten, wie er diese Reaktionen des Teams durch seine Worte und Taten in den nächsten Minuten oder Stunden selbst mitbeeinflussen kann.
2. Die Behandlerin befragt dann den Patienten zirkulär nach den von ihm relativ als weniger schlimm erlebten Maßnahmen („Was wäre für Sie die weniger einschneidende Maßnahme?“); ferner nach Bezugspersonen, die auch ohne Freiheitseinschränkungen ihm aus der „Gefahrenzone“ heraushelfen könnten („Gibt es Mitpatienten oder Angehörige, die Sie jetzt wirksam beruhigen könnten?“); und nach Behandlermaßnahmen, die auch ohne Freiheitseinschränkungen ihm aus der „Gefahrenzone“ heraushelfen könnten? („Angenommen, wir würden Sie auf die Nachbarstation X verlegen, wo der Mitpatient Y Sie nicht mehr bedrängt...könnten Sie da mit dem Schreien wieder aufhören?“).
3. Behandler und Patient vereinbaren schließlich in weitestmöglicher Übereinstimmung das Vorgehen.

9 Gespräch über die Diagnose

Ziel des Gesprächs über die Diagnose ist es, zusammen mit dem Patienten ein Verständnis „seiner“ Diagnose zu entwickeln, mit dem der Patient möglichst viele von ihm gewünschte Lebensgestaltungs-Optionen verwirklichen kann (möglichst wenig Reduzierung sozialer Chancen). Das kann auch dazu führen, dass kontextabhängig unterschiedliche Diagnosen kommuniziert werden - z.B. dass die vom Arzt gegenüber der Krankenkasse kommunizierte („fachlich korrekte“) Diagnose eine andere ist als die von der Patientin gegenüber ihrem Ehepartner kommunizierte („ der Liebe förderliche“) Diagnose. Wir gehen davon aus, dass Diagnosen - genauer: Kommunikationen über

Diagnosen - kontextabhängig ganz verschiedene, oft widersprüchliche Wirkungen haben. Sie ermöglichen oder erschweren die Verständigung zwischen den Fachleuten. Sie sichern oder gefährden die Finanzierung von Behandlungen und Betreuungen. Sie bieten oder entziehen Schutz vor Arbeitsanforderungen und Arbeitplatzverlust. Sie fördern oder erschweren gutes Selbstgefühl und soziale Akzeptanz. Mit Patienten wird daher evtl. bereits über die Auswahl seiner psychiatrischen Diagnose (sofern der Diagnostiker dabei einen Entscheidungsspielraum sieht), insbesondere aber über den Umgang mit der ihm zuerteilten psychiatrischen Diagnose gesprochen.
Dazu bespricht der Diagnostiker mit dem Patienten folgende Fragen::

1. Wie diagnostiziert sich der Patient selbst? Und wie gut oder schlecht tut ihm seine Selbst-Diagnose?
2. Was denkt der Patient über die vom Diagnostiker gestellte Diagnose?: (1) Welche Gedanken, Hoffnungen, Befürchtungen löst sie beim Patienten aus? (2) Evtl. berichtet der Diagnostiker kurz, warum er diese Diagnoseentscheidung gut findet - z.B. für die Wahl eines bestpassenden Medikamentes; als Schutz vor überlastenden Anforderungen der Umwelt; für die Verlängerung der Krankenkassenfinanzierung des Aufenthaltes) und fragt, was davon dem Patienten einleuchtet (3) Wie werden wichtige Teile der sozialen Umwelt - Partner, Eltern oder Kinder, Arbeitgeber und Kollegen, Gericht, Rentenversicherung - auf diese Diagnose reagieren?
3. Wieweit kann der Patient mit der Diagnose des Diagnostikers „gut leben"?: Welche positiven Nebenwirkungen („neue Chancen") und welche negativen Nebenwirkungen („Einschränkungen", „Stigma") hat sie für den Patienten? Je nach Ergebnis kann der Diagnostiker evtl. seine Entscheidung noch einmal überdenken.
4. Wie soll über die Diagnose kommuniziert werden?:
   (1) Was soll der Diagnostiker wem (nicht) mitteilen?
   (2) Was will der Patient wem (nicht) mitteilen?

10 Lesenlassen, evtl. kurzes Gespräch über Entlassbrief

SYMPA will dem Patienten die Kenntnis, auf Wunsch auch die Mitwirkung am Entlassbrief ermöglichen. Ziel ist, sein Erleben zu stärken, auf die über ihn zirkulierenden Kommunikationen einen Einfluss ausüben zu können – sofern er dies will. Dazu haben wir folgendes allgemeines Vorgehen verabredet:

1. Es wird in der Klinik eine sehr kurze, zeitökonomische Entlassbrief-Schreib-Prozedur entwickelt, die es im Regelfall ermöglicht, dass der Patient am Tag vor der Entlassung, spätestens am Tag der Entlassung diesen Brief einsehen kann.
2. Dem Patienten wird routinemäßig angeboten, Ergänzungs- oder Veränderungswünsche dem Briefschreiber mitzuteilen. Diese werden als Veränderungen im Text (bei Einigung) oder als Sondervoten untendrunter (bei Nicht-Einigung) aufgenommen.

3. Falls die Klinikpolitik dies erlaubt, kann der Patient bestimmen, ob er den Entlassbrief selbst mitnimmt und ob weitere Exemplare an welche Nachbehandler versandt werden.

Fall 4: Frau W. staunt erfreut über ihren Entlassbrief
Frau W., eine Patientin Mitte vierzig und durch vorherige, meist längere Behandlungsepisoden bereits bekannt, wurde uns erneut nach einem ernsthaften Suizidversuch überwiesen.
Trotz der bereits gemachten gemeinsamen Erfahrungen mit krisenhaften Zuspitzungen und drängenden Suizidphantasien umzugehen, war dennoch auch diese Behandlung zeitweilig geprägt durch Phasen der vertrauensvollen Zuwendung und dann wieder entwertenden Distanz. Die bereits zuvor durch Genogramm und Supervision mit Nachinszenierung der Familienkonstellation entwickelten Hypothesen konnten bei vorherigen Behandlungen nur bedingt der Patientin vermittelt werden. Dieser letzte Aufenthalt zeigte dann aber im letzten Drittel eine beeindruckende Wendung, da sowohl die Patientin, die sich auf die Entlassung vorbereitete, wie auch der Bezugstherapeut, der aus dem Team ausschied, gemeinsam eine Reflexion der bisher gelungenen Arbeit und insbesondere des Hauptthemas Abschied nehmen/Verlassen werden vornehmen konnten. Dies wurde noch einmal besonders deutlich durch das gemeinsame Lesen des Entlassbriefes. Der Bezugstherapeut hatte sich besonders viel Mühe gegeben, im Brief ausführlich, verständlich und transparent formuliert eine Zusammenfassung der erreichten therapeutischen Arbeit - auch im Sinne einer Übergabe an den zukünftigen Therapeuten - zu beschreiben. Die Patientin zeigte sich einerseits überrascht, den sonst quasi geheim gehaltenen Brief einsehen zu dürfen, und gleichzeitig beeindruckt, wie viel Raum sie beansprucht hatte, aber auch wie viel sie geleistet und erarbeitet hatte. Sie fühlte sich geschätzt und partnerschaftlich behandelt. Auch die einbezogene Bezugspflegekraft bekam zusätzliche Informationen, die alleinig in den sonst gewohnten Kommunikationsstrukturen nicht in der Ausführlichkeit besprochen wurden. Somit fand diese Behandlungsepisode einen runden Abschluss.

11 Zusammenfassung und Resümée

Systemisches Arbeiten in der psychiatrischen Akutversorgung setzt voraus, dass Krisen nicht ausschließlich auf innere Prozesse zurückzuführen sind, sondern auch auf der Kommunikations- und Interaktionsebene im Zusammenwirken mit der Umwelt (Familie, Angehörige, Wohnheim-Mitbewohner, Stationsteam, Mitpatienten usw.) eine Bedeutung haben und somit als sinnvolle Lösungsversuche zu sehen sind. Die Patienten selbst können aus der Behandlung im Sinne einer Weiterentwicklung, Symptomverbesserung und eines Gewinnes für die Zukunft am ehesten profitieren, wenn sie mit den Behandlern und möglichst auch ihrer relevanten Umwelt ihre Erkrankung aus dieser Perspektive betrachten können. Systemische Behandlungselemente, wie sie im SYMPA

Projekt entwickelt wurden, dienen diesem Verständnis über das Eingebundensein und die Sinnhaftigkeit von Krisen, wollen die Autonomie der Patienten stärken und damit für die Beteiligten zukünftig möglichst viele alternative Optionen für die Bewältigung von Krisen eröffnen.

Literatur

Aderhold, Volkmar / Alanen, Yrjö /Herr, Gernot / Hohn, Petra [Hg.] (2003): Psychotherapie der Psychosen – Integrative Bvehandlungsansätze aus Skandinavien. Gießen: Edition Psychosozial.

Bäuml, Josef / Pitschel-Walz, Gabriele (2003): Psychoedukation bei schizophrenen Erkrankungen. Stuttgart: Schattauer.

Bertgen, Marion / Sachartschenko, Ralf / Kahl, Michael (1991): Überprüfung der Wirksamkeit systemischer Familientherapie im stationären Bereich bei schizophrenen Patienten. Familiendynamik 1992, 18, S. 211-228.

De Giacomo, Piero / Pierri, Gianpaolo / Santoni Rugio, Antonio / Buonsante, Mariella B. (1997): Schizophrenia A study comparing a family therapy group following a paradoxical model plus psychodrugs and a group treated by the conventional clinical approach. Acta Psychiatrica Scandinavica 1997; 95(3), S.183-188.

Gottwalz, Evelin / Aderhold, Volkmar (2002): Über wirkende Verunsicherungen und verunsichernde Wirkungen – Personenzentrierte settingübergreifende integrative Schizophrenie-Therapie (Persist) im stationären Setting. Psychotherapie im Dialog 2002, 3(3), S. 271-276.

Grünwald, Hugo Stefan / Hegemann, Uta /Eggel, Tony / Anthenien, Leo (1999): Ergebnisqualität systemischer Therapie – Ein Praxisbericht aus der ambulanten psychiatrischen Grundversorgung des Psychiatriezentrums Oberwalls in Brig, Schweiz. System Familie 1999; 12, S. 17-24.

Hornung, Wilhelm Peter (2002): Psychoedukative Interventionen für Patientinnen mit schizophrenen oder schizoaffektiven Psychosen. Psychotherapie im Dialog 2002; 3 (3), S. 248-251.

Keller, Thomas (2002): Kooperationsgespräche „im Chaos der psychotischen Kommunikation". Psychotherapie im Dialog 2002; 3 (3), S. 277-283.

Moser, Christian / Margreiter, Johann (2001): Systemische Praxis in der Akutpsychiatrie - Das Haller Modell. Familiendynamik, 2001; 26(2), S.135-15.

Retzer, Arnold (2004): Systemische Familientherapie der Psychosen. Göttingen: Hogrefe.

Retzer, Arnold (1994): Familie und Psychose. Stuttgart: Fischer

Rotthaus Wilhelm (1998): Stationäre systemische Kinder- und Jugendpsychiatrie. Dortmund: Verlag Modernes Lernen.

Schlippe, Arist von/Schweitzer, Jochen (2006): Lehrbuch der systemischen Therapie und Beratung II: Das störungsspezifische Wissen. Göttingen: Vandenhoeck und Ruprecht.

Schlippe, Arist von/Schweitzer, Jochen (1996): Lehrbuch der systemischen Therapie und Beratung. Göttingen: Vandenhoeck & Ruprecht.

Scholz, Michael /Asen, Eia / Gantchev, Krassimir / Schell, Beate / Süß, Ursula (2002): Familientagesklinik in der Kinderpsychiatrie. Das Dresdner Modell - Konzept und erste Erfahrungen, Psychiatrische Praxis 2002; 29(3), S.125-129.

Schweitzer, Jochen/Grünwald, Hugo Stefan (2003): SYMPA - Vorschau auf ein Großexperiment zur systemischen Therapie und Forschung in der Akutpsychiatrie. Systeme 2003; 17, (1), S. 36-46.

Schweitzer, Jochen / Nicolai, Elisabeth / Hirschenberger, Nadja (2005):
Wenn Krankenhäuser Stimmen hören – Lernprozesse in psychiatrischen Organisationen.Goettingen: Vandenhoeck & Ruprecht.

Schweitzer, Jochen / Rotthaus, Wilhelm /Altmiks, Martin / Kröger, Friedebert / Wachter, Martin von / Kirschnik-Tänzer, Sabine / Oestereich, Cornelia (i.Dr. 2007): Stationäre systemische Therapie. Psychotherapie im Dialog.

Schweitzer, Jochen / Schumacher Bernd (1995): Die unendliche und die endliche Psychiatrie. Heidelberg: Carl Auer.

Seikkula, Jaakko / Alakare, Birgitta / Aaltonen, Jukka / Haarakangas, Kauko / Keränen, Jyrki (2006): 5 years experience of first-episode non-affective psychosis in open dialogue approach: Treatment Principles, follow-up outcomes and two case analyses. Psychotherapy Research 2006; Volume 16 No. 2, S. 214 – 228.

Seikkula, Jaakko / Alakare, Birgitta / Aaltonen, Jukka (2004): Open Dialogue approach: Treatment principles and preliminary results of a two-year follow-up on first episode schizophrenia. Ethical Human Sciences & Services 2004; 5(3), S. 163-182.

Seikkula, Jaakko / Olson, Mary (2003): The open dialogue approach to acute psychosis: It´s poetics and micropolitics. Family Process 2003; 42, S. 403-418.

Zander, Britta / Balck, Friedrich /Rotthaus, Wilhelm /Strack, Micha (2001): Effektivität eines systemischen Behandlungsmodells in der stationären Kinder- und Jugendpsychiatrie. Praxis der Kinderpsychologie und Kinderpsychiatrie 2001, 50(5), S. 325-341.

Soziale Arbeit im Notfall

Sabine Allwinn

Unter „Notfällen" werden eine Reihe von höchst unterschiedlichen Ereignissen gefasst, wie Unfälle im Verkehr, bei der Arbeit, im Haus oder bei Freizeitaktivitäten, Brände, medizinische Notfälle wie Herzinfarkt, Schlaganfall, plötzlicher Kindstod und Gewaltereignisse wie Mord, Raubüberfall, Vergewaltigung usf. Notfälle sind selten, können jede Person treffen und treten plötzlich ein.

Katastrophen, Amokläufe und Terroranschläge in den letzten Jahrzehnten führten dazu, dass intensiv an der Entwicklung von psychosozialen (z.B. Bengel 1997, 2004; Besenthal-Falta 2003; Daschner 2003; Everly/Mitchell 2002; Geschwend 2004; Hallenberger 2006; Hausmann 2003, 261 ff.: Lasogga/Gasch 2002; May/Mann 2003). und seelsorgerlichen Konzepten (z.B. Koch 2003; Mann 2000; Müller-Lange 2001, 2005; Waterstraat 2004) der Notfallversorgung gearbeitet wird. Diese Konzepte werden nicht nur bei den, glücklicherweise relativ seltenen, komplexen Schadenslagen angewandt, sondern auch bei alltagsnahen Notfällen. Zwei Zielgruppen werden unterschieden: erstens, die Opfer, ihre Angehörigen und Augenzeugen und, zweitens, Einsatzkräfte (Feuerwehr, Polizei, Rettungsdienste). Mittlerweile gibt es an vielen Orten in Deutschland eine Akutversorgung durch Notfallseelsorge, Notfallnachsorge des DRK und anderen Trägern.

Notfälle können für die Opfer und deren Angehörigen psychische, soziale und ökonomische Konsequenzen haben. Doch werden in den genannten Konzepten primär psychische Konsequenzen fokussiert und von diesen vor allem die Posttraumatische Belastungsstörung. In der Briefing-Note der WHO nach der Tsunami 2004 wird vor einer zu starken Fokussierung auf die Posttraumatische Belastungsstörungen gewarnt (Lueger-Schuster 2006, 1f.). Sie kann dazu führen, dass soziale Aspekte des Notfallgeschehens in Forschung und systematischer Entwicklung von Interventionswissen zu wenig Beachtung finden.

Genau dies geschieht in Deutschland. Die meisten Betroffenen werden mit finanziellen, familiären oder anderen sozialen Folgen alleine gelassen. Es gibt keine systematische mittelfristige Versorgung. Ausnahmen sind Konzepte von Berufsgenossenschaften für Menschen nach Arbeitsunfällen und die Opferhilfe des Weißen Rings (vgl. Heckmann 2004; Striening 2004; Voosen 2004). Aber auch hier liegt der Schwerpunkt auf der psychotraumatologischen Versorgung.

Entsprechend spielt Soziale Arbeit in der deutschen Katastrophen- und Notfallhilfe keine Rolle (vgl. Zeller / Yanay 2004). Dies gilt sowohl für die Akutversorgung als auch für die mittelfristige Versorgung. Dies ist in anderen Ländern, wie Großbritannien (vgl. Smith / Lees / Clymo 2003), Israel (vgl. Zeller / Yanay 2004), USA (vgl. Rogge 2003), durchaus anders.

In der Sozialen Arbeit selbst liegt der Fokus auf psychischer Krisenintervention[1]. Soziale und ökonomische Aspekte bleiben auch hier meistens außen vor. Auch fehlt es an gemeinwesenorientierten Konzepten.
Dies liegt nicht zuletzt an einem primär psychologisch orientierten Verständnis von Belastung und Bewältigung. Ein Ansatzpunkt Sozialer Arbeit im Notfall muss ein alltags- und lebensweltorientiertes multiperspektivisches Verständnis von Bewältigung sein.
Im Folgenden werde ich Argumente dafür präsentieren, dass Bewältigung wesentlich ein interaktiver und sozialer Prozess ist. Auf dieser Basis zeige ich die Bedeutung des Themas und Ansatzpunkte für die Soziale Arbeit auf.
Dies heißt jedoch nicht, dass die intrapsychische Ebene irrelevant wäre. Ihr Verständnis ist eine wichtige Grundlage sozialprofessioneller Beratung von Menschen nach einem Notfall. Aufgrund des weitaus größeren Forschungsvolumens zu diesem Thema nimmt es in diesem Text sogar den größten Raum ein.

1 Bewältigung als intrapsychischer Prozess

Ein Notfall muss nicht notwendiger Weise traumatisierend sein oder andere psychische Verletzungen nach sich ziehen. Dennoch kann sich das Leben der Betroffenen radikal ändern. Sie müssen mit dem Geschehenen „fertig werden“ und die Alltagsfolgen tragen. Oft entstehen Folgekosten, familiäre Belastungen oder die berufliche Situation wird prekär (z.B. bei Selbstständigen). Dennoch liegt der Fokus von Forschung und Praxis meist auf Psychotraumata.

1.1 Trauma

Nicht jeder Notfall muss für jeden Menschen traumatisierend sein. Deshalb wird in der Psychotraumatologie meist eine Definition genutzt, welche das Trauma als Kombination aus individuellen Voraussetzungen und belastendem Ereignis sieht:

> *„ ... als ein vitales Diskrepanzerlebnis zwischen bedrohlichen Situationsfaktoren und den individuellen Bewältigungsmöglichkeiten, das mit Gefühlen der Hilflosigkeit und schutzloser Preisgabe einhergeht und so eine dauerhafte Erschütterung von Selbst- und Weltverständnis bewirkt.“ (Fischer / Riedesser 1998, 79)*

Wie hoch die Wahrscheinlichkeit ist, dass ein Ereignis zu Traumata führt, hängt unter anderem von der Art des Ereignisses ab. Es gibt Hinweise darauf, dass vom Menschen intendierte Gewaltakte (z.B. Vergewaltigung, Körperverletzung, Folter, Gewalt in der Partnerschaft) eher eine Posttraumatische Belastungsstörung nach sich ziehen als Unfäl-

---

1 Siehe beispielsweise Blätter der Wohlfahrtspflege 4/2007 mit dem Schwerpunktthema „Krisendienste. Konzepte gegen Notfälle“.

le oder Naturkatastrophen. Auch werden Traumatisierungen aufgrund einmaliger Ereignisse (Typ-I-Trauma, z.B. Vergewaltigung, Unfall) unterschieden von Traumatisierung durch lang andauernde Ereignisse (Typ-II-Trauma, z.B. Folter, Missbrauch, Gewalt in der Partnerschaft). Letztere haben häufig nicht nur eine Posttraumatische Belastungsstörung, sondern auch eine schwere Persönlichkeitsstörung, die Borderline-Persönlichkeitsstörung, zur Folge.
In der klinischen Psychologie wird als Trauma im engeren Sinn eine Posttraumatische Belastungsstörung diagnostiziert. Für eine entsprechende Diagnose müssen klare Kriterien erfüllt sein. Die diagnostischen Kriterien der Posttraumatischen Belastungsstörung nach ICD 10[2] (ähnlich auch bei DSM IV[3]) sind:

A. Das auslösende Ereignis
   1) Es muss eine traumatisierende Situation gegeben haben:
   "Ein belastendes Ereignis oder eine Situation außergewöhnlicher Bedrohung oder katastrophalen Ausmaßes",
   2) in der Angst, Hilflosigkeit und Horror erlebt wurden.
B. Intrusive Erinnerungen (Flashbacks) an das traumatische Ereignis
   Sie tauchen oft ohne konkreten Anlass auf. Sie sind oft mit starken Gefühlen, insbesondere Angst, verbunden. Sie werden erlebt, als ob das traumatisierende Ereignis gerade eben geschehe, als ob diese Erinnerungen keine zeitliche Zuordnung hätten und nicht als „vorüber" erlebt werden könnten. Zeit heilt hier die Wunden nicht. Auslöser sind meist Sinneseindrücke, die denen während des Ereignisses ähneln (z.B. Licht). (vgl. Hofmann 1999, 3)
C. Angstausbreitung und Abwehr/Vermeidung,
   von an das Ereignis erinnernden Situationen.
D. Mentale und körperliche Symptome
   1) Mentale Symptome wie traumatische Amnesie, eine „teilweise oder vollständige Unfähigkeit, wichtige Aspekte der Belastung zu erinnern".
   2) Körperliche Symptome wie Übererregung, Schlafstörungen, Reizbarkeit, Wutausbrüche, Überwachheit, erhöhte Schreckhaftigkeit, Konzentrationsprobleme.
E. Zeitrahmen
   Akut: wenn die Symptome weniger als 3 Monate dauern.
   Chronisch: wenn die Symptome mehr als 3 Monate dauern.
   Verzögert: wenn der Beginn der Symptome mindestens 6 Monate nach dem Belastungsereignis eintritt.

Die Entwicklung eines Traumas wird als Prozess gesehen (vgl. Fischer / Riedesser 1998, 58ff, Hofmann 1999, S.1, Krüsmann 2006, 48ff.). Hofmann (vgl. Hofmann 1999, 1-14)

2 World Health Organisation (WHO): International Classification of Diseases and Related Health Problems (ICD). Deutsche Version (ICD-10-GM) 2007: Internationale statistische Klassifikation der Krankheiten und verwandter Gesundheitsprobleme. 10. Revision.

3 American Psychiatric Association: Diagnostic and Statistical Manual of Mental Disorders. Deutsche Version (1996) Diagnostisches und Statistisches Handbuch Psychischer Störungen.

betrachtet ihn analog einer komplizierten Wundheilung nach einer schweren körperlichen Verletzung. Der Prozess kann zu einer komplikationslosen Heilung führen, aber auch lange andauern, nachdem längere Zeit vergangen ist, plötzlich Komplikationen mit sich bringen oder zu dauerhaften Störungen führen.
Die kurzfristigen Folgen sind oft befremdend. Sie werden als „akute Belastungsreaktion" bezeichnet. Während des Ereignisses (peritraumatisch) oder unmittelbar danach reagiert, je nach Schwere, beinahe jeder Mensch mit Schock, Dissoziation, Intrusionen (vgl. Krüsmann 2006, 48). Unter „Dissoziation" wird das innerliche Abspalten von Gedanken, Körperempfindungen, Gefühlen verstanden. Die Fähigkeit zu dissoziieren ist in bedrohlichen Lagen überlebenswichtig. Sie dient der Aufrechterhaltung der Funktionsfähigkeit. Die Möglichkeit, etwas zu tun, wiederum schützt vor Traumatisierung (vgl. Lueger-Schuster 2006, 23). Problematisch ist Dissoziation die ungesteuert „geschieht". Beispielsweise brauchen Rettungs-, Feuerwehr- oder Polizeikräfte, um während eines Einsatzes handlungsfähig zu bleiben, einen „Abwehrmechanismus der emotionalen Isolierung" (Hausmann 2003, 264). Die Einsatzkräfte sind intensiv trainiert, sich ganz auf ihre Aufgaben zu konzentrieren, deren Komplexität allein schon die Gefahr der Überlastung des „Informationshaushaltes" (Ungerer 1999, 32) mit sich bringt. Dies führt zu einer funktionalen dissoziativen Engführung der Aufmerksamkeit, das „Tunneln".
Obwohl die akute Belastungsreaktion ähnliche Charakteristika aufweist wie eine Posttraumatische Belastungsstörung, sind diese in der akuten Situation bis ein paar Tage danach normal, teilweise sogar sehr sinnvoll (adaptiv). Der Großteil der Betroffenen ist bereits nach wenigen Tagen wieder so stabil wie vor dem Ereignis.
Nach einer epidemiologischen Studie von Bryant und Harvey von 2000 entwickeln je nach Art des Ereignisses zwischen 8% und 40% der Betroffenen eine „akute Belastungsstörung" (vgl. Krüsmann 2006, 50) (Kriterien nach DSM IV: wenn Symptome spätestens 4 Wochen nach dem traumatischen Ereignis auftreten und zwischen 2 Tagen und 4 Wochen andauern). Symptome können ähnlich einer Posttraumatischen Belastungsstörung sein:

- ein Gefühl der emotionalen Taubheit,
- sich irreal (wie im Film) fühlen,
- Unfähigkeit sich an das Ereignis zu erinnern,
- Intrusionen, Flashbacks,
- Vermeidung von Reizen, die an das Ereignis erinnern,
- erhöhte Erregbarkeit und Angst

In den folgenden Wochen erholen sich von den genannten 8%-40% ein Viertel. Dreiviertel, also 6%-30%, entwickeln Symptome einer „Posttraumatische Belastungsstörung"(vgl. Krüsmann 2006, 50). Doch auch unbehandelt können die Symptome weiter zurückgehen. Besonders gut sind die Chancen nach einem einmaligen, nicht von Menschen intendierten Ereignis. Beispielweise hat sich nach einem Motorradunfall nach drei bis sechs Monaten die Hälfte der Betroffenen erholt, nach einem Jahr zwei Drittel (vgl. Bryant, 2005). Darüber hinaus sind akute Belastungsstörungen gut behandelbar.

Sind die Beeinträchtigungen stark und treten sie länger als einen Monat auf, liegt der Verdacht einer Posttraumatischen Belastungsstörung nahe.
Will man die „Logik“ hinter den scheinbar merkwürdigen Traumareaktionen verstehen, ist es notwendig, sich auf die Ebene der psychophysiologischen Prozesse zu begeben. Insbesondere um die Phänomene der Dissoziation und der Intrusion besser zu verstehen, wurden neurophysiologische Untersuchungen durchgeführt (Rauch, S./ van der Kolk, B.A.; et al. 1996, van der Kolk, B.A. / Burbridge, J.A. / Suzuki, J. 1997).
Die Ergebnisse weisen darauf hin, dass bei Erinnerungen an traumatische Situationen hauptsächlich die emotionsverarbeitenden Zentren in der rechten Gehirnhälfte (vor allem die Amygdala, der Mandelkern) aktiviert sind. Gleichzeitig sind die Aktivitäten des Hippocampus (episodisches Gedächtnis, kognitive Weltorientierung), des linken frontalen Kortex (Integration und Planung) und in den für die Sprachproduktion zuständigen Bereichen deutlich verringert.
Mit anderen Worten: Die Teile, die Sinnes- und Emotionseindrücke speichern, waren sehr aktiv, während die Teile, die Sinneseindrücke zusammenfügen und einordnen, eher blockiert waren. Erinnerungen drängen sich auf, weil sie nicht als Erinnerung zusammengefügt und „einsortiert“ sind. Der Informationsverarbeitungsprozess ist unabgeschlossen geblieben. Die belastenden Informationen sind in fragmentierter Form gespeichert - als einzelne Sinneseindrücke mit starker emotionaler Ladung. Im Verlaufe der Zeit werden die fragmentierten Erinnerungen bei den meisten Betroffenen integriert zu einer Erinnerung an die Geschichte des Traumas und die Symptome klingen ab. Bei anderen, insbesondere bei schwerer und andauernder Traumatisierung, gelingt das nicht immer.

1.2 Akutinterventionen

Nach dem Stand der Forschung zu Akutinterventionen (vgl. Orner / Schnyder 2003). sind in der akuten Phase (bis einige Tage nach dem Geschehen) unspezifische Interventionen, die Sicherheit, Kontakt (mit Möglichkeit der Betroffenen Nähe und Distanz zu regulieren), soziale Unterstützung und Handlungsmöglichkeiten vermitteln, spezifischen Verfahren (insbesondere SbE, CISM) überlegen.
Um herauszufinden, welche konkreten Verhaltensweisen hilfreich sein können, befragte Lasogga Betroffene und ihre Angehörigen, was sie als hilfreich empfunden haben oder sich gewünscht hätten. Auf dieser Basis veröffentlichte er notfallpsychologische Lehrbücher (Lasogga / Gasch 2002, 2004; Lasogga / Karutz 2005). In Österreich trug Hausmann aktuelle Erkenntnisse zu einem Handbuch zusammen (Hausmann 2003).
Die Autoren (Hausmann 2003, 136ff.; Lasogga / Gasch 2004, 153ff) sind sich darin einig, dass notfallpsychologische Akutinterventionen darauf zielen sollen, Dissoziation und Fragmentierung der Erinnerung so gering wie möglich zu halten und der unendlich scheinenden Gegenwart eine zeitliche Struktur zu geben. Wesentliche Schritte dazu sind:

- Kontakt herstellen:
  sich mit Namen und Funktion vorstellen, auf gleiche Augenhöhe gehen,
- beruhigen und die Intensität der Wahrnehmung reduzieren:
  ruhiges Auftreten, verlangsamte Atmung, von extremen Reizen und Medienvertreter/innen abschirmen,
- informieren und orientieren:
  zeitlich orientieren, über Rettungsabläufe und deren Zeitstruktur informieren,
- das Ereignis zeitlich strukturieren und kognitive (!) Verarbeitung fördern,
  zuhören und kognitiv strukturierend nachfragen,
- Raum für emotionale Entlastung bieten,
- Belastungsreaktionen normalisieren:
  informieren über die ungewohnten Belastungsreaktionen als normale Reaktionen auf ein besonders belastendes Ereignis,
- subjektive Kontrolle wieder herstellen:
  Entscheidungs- und Handlungsmöglichkeiten bieten und zukünftige Handlungsmöglichkeiten betonen,
- persönliche und soziale Ressourcen aktivieren:
  wenn passend, Kontakt der Betroffenen untereinander herstellen, Klärung zu verständigender Angehörige und Freunde,
- und die nächsten Schritte und Tage planen.

Die psychosozialen Helfer in der Akutphase sollten gut geschult sein in Einsatzhierarchie, Einsatzabläufen und Einsatzlogiken von Feuerwehr, Polizei und Rettungsdiensten bei Notfällen, komplexen Schadenslagen und Katastrophen (vgl. Alfare 2006). Nur so können sie sich in das Rettungsgeschehen integrieren, ohne es zu behindern.

1.3 Psychotraumatherapie

Wenn Symptome einer posttraumatischen Belastungsstörung andauern, ist therapeutische Unterstützung sinnvoll. Doch führen die oben beschriebenen Veränderungen der Informationsverarbeitung dazu, dass therapeutische Strategien, die für andere psychische Probleme entwickelt wurden, nicht hilfreich, oft gar schädlich sind.

Hofmann (Hofmann 1999) weist darauf hin, dass die Erinnerungsfragmente häufig wenig auf das Hauptinstrument der Psychotherapie, die Sprache, ansprechen. Die meisten therapeutischen Verfahren enthalten Aspekte, wie beispielsweise die therapeutische Neutralität, die ungeeignet sind, wenn Menschen Opfer anderer Menschen geworden sind (Fischer / Riedesser 1998, 180ff.).

Deshalb wurden auf Basis verschiedener therapeutischer Schulen spezifische Traumatherapien entwickelt. Aus der kognitiv-verhaltenstherapeutischen Richtung kommt die Expositionstherapie. Dadurch, dass sie sich immer wieder mit dem belastenden Ereignis konfrontieren, sollen die Betroffenen sich an das Ereignis gewöhnen (habituieren). Die Exposition kann eingeschränkt sein (z.B. einmal aufschreiben, was passiert ist) oder

verlängert (häufiges sich bewusst erinnern und das Erlebte detailliert erzählen, also ob es gerade geschehe), sie kann in sensu sein (in der Vorstellung) oder in vivo (in der Realität, z.B. den Ort aufsuchen).
Eine 2003 von Foa durchgeführte Metaanalyse[4] über mehrere Wirksamkeitsstudien ergab Verbesserungen bei 63% der Betroffenen.
In einer 2006 durchführten Studie fanden Smucker und seine Mitarbeiter[5], dass die Wirksamkeit dieses Verfahren nur hoch war, wenn Angst die dominante Emotion der Posttraumatischen Belastungsstörung war, waren Wut und/ oder Schuldvorwürfe dominant, war die Behandlung bei bis zu 19% erfolgreich. Sie folgern daraus, dass Gefühle wie Schuld, Wut, Scham oder Ekel, die insbesondere bei Missbrauch oft dominant sind, nicht habituierbar sind.
Für Menschen, bei denen diese Gefühle im Vordergrund stehen, entwickelten Smucker und seine Kollegen/innen ein Verfahren, das die menschliche Imagination nutzt, die Imagery Rescripting and Reprocessing Therapy. Die Betroffenen werden, nachdem sie das belastende Ereignis lebendig erinnert und einmal geschildert haben, angeleitet, das Erlebte in der Fantasie so zu verändern, dass es für sie günstig ausgeht. Sie lernen, den Täter zu konfrontieren und ihren eigenen verletzten Teil anzunehmen.
Ursprünglich ebenfalls aus der kognitiv-behavioralen Richtung kommt das von Shapiro entwickelte EMDR (Eye Movement Desensitization and Reprocessing) (nach Hofmann 1999, 14ff). Sie untersuchte den Einfluss von Augenbewegungen auf belastende Gedanken und entdeckte, dass belastende Gedanken weniger bedrücken, wenn die Augen hin- und her bewegt werden. Auch andere bilaterale sensorische Stimulationen hatten ähnliche Effekte. Auf Basis dieser Entdeckung entwickelte sie EMDR als standardisierte Methode, mit der die fragmentierten Erinnerungsfetzen zusammen gebracht werden können:
Nach einer gründlichen Anamnese und der Stabilisierung der Betroffenen (medizinisch, sozial, imaginativ einen sicheren Ort entwickeln), werden sie aufgefordert ein repräsentatives Bild zu entwickeln, das den Moment der schwersten Belastung darstellt, ihre Gedanken dazu zu äußern, ihr vorherrschendes Gefühl zu benennen und auf einer Skala von 1-10 den subjektiven Belastungsgrad einzuschätzen. Dies wird im nächsten Schritt wiederholt und gleichzeitig bilaterale Stimulation initiiert. Mit der Zeit verblasst das Trauma. Immer wieder wird überprüft, ob die anfangs genannten Kognitionen noch stimmig sind, und die Körperwahrnehmung als Indikator für ggf. noch vorhandene Fragmente genutzt. In der folgenden Therapiestunde wird das Ergebnis überprüft.
Evaluationen zeigen die Wirksamkeit des Verfahrens insbesondere bei einmaligen Traumatisierungen. Es ist als traumatherapeutisches Verfahren von den Psychotherapeutenkammern anerkannt.
Kognitiv-behaviorale und gestalttherapeutische Aspekte integriert die Integrative Traumatherapie (Butollo 1997). Hier werden die Betroffenen in ihren Selbstprozessen gestärkt (auf ihre Fähigkeiten aufmerksam gemacht) und durch auf sie zugeschnittene

4 Aus einem Vortrag von Smucker (2006) im Rahmen einer Fortbildung am Psychologischen Institut der Universität Freiburg.

5 Grunert / Smucker et al. 2006.

Erlebniswege (über den Körper oder durch Arbeit in der Fantasie) darin gefördert, sich zu unterstützen (bessere Selbstwahrnehmung, auch in zwischenmenschlichen Beziehungen, intrapsychischer Dialog) und die Fähigkeiten im Umgang mit dem Trauma und seinen Symptomen zu entwickeln.
Auch in den tiefenpsychologisch orientierten Verfahren kommt es zur Konfrontation mit dem Geschehenen. Sehr viel Wert wird auf die vorherige Stabilisierung der Betroffenen gelegt. In dem bekanntesten Verfahren der Psychodynamisch-Imaginativen Trauma-Therapie nach Luise Reddemann werden verschiedene Wege zur Stabilisierung eingeschlagen (Reddemann / Sachsse 1997): Imagination (z.B. sicherer innerer Ort, Aktivierung innerer Helfer, innerer Tresor), Achtsamkeitsmeditation, Dissoziationsstopps, Stärkung des Körpergefühls (Kraftsport, Qi-Gong, Massagen).
Beim Umgang mit traumatisierten Personen, insbesondere solchen mit Gewalterfahrungen, ist der Aufbau einer „heilenden" Beziehung (Herman 1993) wichtig. Dies bedeutet, dass der/die Helfer/in sich mit eigenen Reaktionen auf die Begegnung mit der traumatisierten Person und ihrer Geschichte auseinandersetzen muss. Mögliche Reaktionen sind:

- Identifikation mit dem Opfer, sich anstecken lassen,
- Wechsel zwischen Ohnmachts- (Unterschätzen der eigenen Fähigkeiten) und Allmachtserleben (Retterrolle)
- ggf. Identifikation mit dem Täter (Bewusstwerden der eigenen Fähigkeit zum Bösen),
- Schuldgefühle des Zeugen (auch bei für die traumatisierte Person schmerzhaften Interventionen),
- Symptome einer Posttraumatischen Belastungsstörung,

Die Erkenntnisse zur intrapsychischen Bewältigung sind auch für die Soziale Arbeit bedeutsam, da nach einem Notfall die Alltagsbewältigung auch intrapsychisch zusätzlich erschwert ist. Die besondere Verarbeitungsproblematik hat nicht nur für die Psychotherapie Konsequenzen, sondern auch für die ebenfalls stark sprachlich arbeitenden Fachkräfte der Sozialen Arbeit.
Schwierigkeiten, das Erlebte sprachlich kompetent darzustellen, können die Wertschätzung für die zu Beratenden reduzieren, ggf. die Glaubwürdigkeit vor Gericht einschränken, die Wahl paternalisierender Beratungsformen begünstigen und sogar zu Stigmatisierungen als unglaubwürdig oder „verrückt" führen. Dies können Menschen, die nach einem Notfall Hilfe suchen, auf keinen Fall gebrauchen. Denn für sie ist Normalisierung und Kompetenzerleben wichtig.
Deshalb sind Haltung und Vorgehensweisen aus der Akutversorgung und der besondere Fokus auf die Beziehungsgestaltung durchaus auch in der mittelfristigen Versorgung relevant. Grundkenntnisse über die Besonderheiten von Traumatisierung und über die verschiedenen spezifischen Verfahren benötigen Fachkräfte der Sozialen Arbeit, die eine Psychotraumatherapie empfehlen.

Trotz ihrer unbestrittenen Bedeutung und des Erkenntnisfortschritts wird die individualisierende Engführung des Forschungsfokus von verschiedenen Seiten kritisiert.
Selbst innerhalb der Notfallpsychologie problematisiert Lueger-Schuster (vgl. Lueger-Schuster 2006, 41; Bengel, Kongress Notfallpsychologie, Nürtingen, 11/2007), dass Forschung und Praxis die Entstehung bzw. Prävention Posttraumatischer Belastungsstörungen fokussiert. Andere psychische Symptome wie Suchtentwicklung, Depression oder psychosomatische Folgen werden kaum untersucht.
In der Stressforschung kritisiert Hobfoll (Hobfoll 1998, 25) das individualisierende Verständnis von Bewältigung. Er führt die mentalistischen, individualisierenden und internalisierenden Stresstheorien zurück auf die in der Zeit ihrer Entstehung vorherrschenden kognitivistischen Strömungen. Sein Ziel ist es, ein Verständnis von Stressbewältigung zu entwickeln, das die Bewältigung von Individuen in die innerhalb von Familien eingebettet sieht und diese wiederum in intermediären sozialen Institutionen. Ein ähnliches Ziel habe ich, allerdings im Hinblick auf Krankheitsbewältigung, verfolgt (Allwinn 2004, 2005).
Völlig aus dem Fokus geraten sind soziale Folgen wie Arbeitsplatzverlust und/oder Finanznöte, Auswirkungen auf das Familienklima oder die Entwicklung der Beziehungsfähigkeit von Kindern.
Traumatische Ereignisse sind meist sehr augenfällige „kritische Lebensereignisse", deren Dramatik alles überschattet. Doch können sich neben dem Drama die in Folge des Ereignisses vermehrten kleinen, alltäglichen Belastungen („daily hassles") für die Betroffenen addieren. Dazu gehören Behördengänge und Ähnliches, schwierige Gespräche mit (unter Umständen neugierigen) Bekannten oder Kolleg/innen.
Versteht man die Bewältigung eines Notfalls als Alltagsbewältigung unter erschwerten Bedingungen und sieht die Bedeutung des sozialen Kontextes, wird deutlich, wie gravierend das Fehlen von entsprechenden Konzepten in der deutschen Sozialen Arbeit ist. Im Rahmen seiner Gegenstandsbestimmung schreibt Mühlum (Mühlum 2004, 141). „Soziale Arbeit unterstützt die Lebensbewältigung von Menschen unter erschwerten individuellen (Handicap) oder sozialen Bedingungen (Deprivation). Lebensbewältigung definiere ich als konstruktive Auseinandersetzung mit situativen und sozialen Anforderungen im Hinblick auf ein gelingendes Leben."

2 Bewältigung als interaktiver Prozess

Schon bei Beschreibung der Belastungen, die auf Therapeut/innen beim Aufbau einer „heilenden Beziehung zukommen, zeigt sich, dass die Bewältigung eines Notfalls kein rein intrapsychischer Prozess der Betroffenen ist. Bewältigung geschieht auch in Interaktionen mit Helfern, ggf. mit Behandlern, in Familien, mit Kolleg/innen und Nachbar/innen. Bei komplexen Ereignissen findet sie im Gemeinwesen oder Nationen (z.B. nach dem 11. September 2001 statt).
Neben den direkt Betroffenen müssen auch Angehörige, Freunde und Andere aus dem

sozialen Umfeld Belastungen bewältigen. Auch psychosoziale Unterstützer/innen in der akuten, mittel- bis langfristigen Versorgung stehen vor Bewältigungsaufgaben. Ein Notfall stellt das alltägliche Sicherheitsgefühl in Frage, macht die Fragilität des Lebens bewusst. Reaktionen bewegen sich zwischen den Polen Ohnmacht und Allmachtsansprüchen, alles „wieder gut machen“ zu wollen. Ihre Bewältigung wirkt sich interaktiv auf die Betroffenen aus.
Das für Paarbeziehungen entwickelte Modell des „dyadischen Coping“ (Bodenmann 1998, 80ff) lässt sich auch auf Interaktionen nach Notfällen übertragen. Es unterscheidet zwischen

- gemeinsamem Coping, bei dem Anstrengungen und Ressourcen balanciert sind,
- Delegation von Coping und
- supportivem Coping.

Supportives Coping ist verwandt mit einem der wesentlichen psychosozialen Wirkfaktoren: Soziale Unterstützung. Soziale Unterstützung kann ein wichtiger Stresspuffer sein (Cohen / Willis 1985). Passende soziale Unterstützung kann die Traumareaktion verringern und anderes Leid mindern.
Schröder und Schwarzer (Schröder / Schwarzer 1998, 184f.) zeigen die vielfältigen Formen sozialer Unterstützung auf: emotionale Unterstützung, Information, instrumentelle Unterstützung (Bereitstellung materieller Ressourcen, praktische Hilfe), Selbstwertunterstützung. Gerade im Kontext der „daily hassles“ ist praktische Unterstützung oft ebenso wichtig wie emotionale. Im Kontext der Krankheitsbewältigungsforschung wies Kepplinger (Kepplinger 1998, 94) jedoch auch darauf hin, dass soziale Unterstützung nicht ohne Nebenwirkungen ist:

1. Belastende Aspekte ‚normaler' Unterstützung (z.B. Selbstwertbedrohung durch erhaltene Hilfe, Reziprozitätsnormorientierung),
2. Inadäquate Unterstützung,
3. Enttäuschte Unterstützungserwartung,
4. Exzessive Hilfe,
5. Problematische Beziehungen zwischen Unterstützer und Unterstütztem und
6. Belastungsbedingte Ineffektivität.

Hilfeversuche können unbeholfen wirken. Typische Verhaltensweisen sind hier emotionales Überengagement, Hilfsstereotypen, Überredungsversuche, unangemessene Ratschläge.
Damit Unterstützung funktioniert, brauchen alle Beteiligten Unterstützungen. Ob dies gelingt, hängt nicht allein von den Einzelnen, sondern von der Qualität der Gemeinschaft ab. Empathisches Helfen setzt eigene soziale Ressourcen voraus.
Empathie ist zu unterscheiden von dem Distress, den wir selbst empfinden, wenn wir andere leiden sehen. Eisenberg (Eisenberg 1999) unterscheidet Empathie von emotionaler Ansteckung. Denn Empathie bedürfe der bewussten Unterscheidung zwischen eigenen Gefühlen und den von anderen wahrgenommenen, dann kann von bewusster

emotionaler Wahrnehmung (statt von unbewusster Ansteckung) gesprochen werden. Zudem müssen die ausgelösten Gefühle auf ein Mittelmaß reguliert werden, damit man nicht vom aufgenommenen Distress überflutet wird.

Auch Hatfield, Cacioppo und Rapson (Hatfield / Cacioppo / Rapson 1994, 81) unterscheiden, was sie „primitive emotional contagion“ nennen, von Empathie. Sie beschreiben Emotionale Ansteckung als zweistufigen Prozess. Während Gesprächspartner/innen interagieren, passen sie sich automatisch und kontinuierlich in Mimik, Stimme und an (Hatfield / Cacioppo / Rapson 1994, 10ff.). Diese „Mikro-Imitation“ ist subtil und zumindest bei Erwachsenen nach außen kaum sichtbar, lässt sich allerdings durch Messungen von Muskelaktivitäten vor allem im Gesicht nachweisen. Für den Emotionsausdruck relevante Muskeln werden minimal angespannt.

Diese Anspannung, die dem Ausdruck eigener Emotionen gleicht, wirkt sich im zweiten Schritt auf das subjektive emotionale Erleben aus (Hatfield / Cacioppo / Rapson 1994, 48ff.). Denn körperlicher Emotionsausdruck und emotionales Erleben beeinflussen sich wechselseitig. Die Rückmeldung von Anspannung bestimmter emotionstypischer Muskeln aktiviert eigene Emotionen. So kommt es, dass eine Person, die Emotionen bei anderen beobachtet, ähnliche Emotionen selbst erlebt. Die Intensität des Phänomens hängt neben der individuellen emotionalen Beeinflussbarkeit unter anderem davon ab, wie stark Emotionen ausgedrückt werden und wie zugewandt die beobachtende Person ist.

So wird das Miterleben von Leiden, die Konfrontation mit starken Gefühlen anderer zur Belastung, weil sie das eigene emotionale Erleben anstecken.

Eisenberg referiert Belege dafür, dass emotionale Ansteckung nicht unbedingt zu Empathie führt. Das Leid anderer Personen aufzunehmen, könne auch persönlichen Distress auslösen. Dann richte die wahrnehmende Person die Aufmerksamkeit vermehrt auf sich und versuche, den eigenen Stress zu reduzieren. Dies könne zwar durch empathisch erscheinende, unterstützende Aktivitäten geschehen, doch nur dann, wenn die durch ihre emotionale Wahrnehmung gestresste Person darin den leichtesten Weg zur Stressreduktion sieht. Habe sie die Möglichkeit, aus der Situation zu gehen, nutze sie eher diese.

In einem solchen Fall kann es zur Delegation von Coping kommen. Dann werden beispielsweise Coping-Ziele für die Notfallopfer definiert, deren Verhaltenskonsequenzen letztendlich der eigenen Bewältigung dienen.

Diese Erkenntnisse sind wichtig für die professionelle Interaktion mit Menschen nach Notfällen. Sie erweitern den Blick auf das soziale Umfeld als bewältigend. Dies ist eine Stärke der Sozialen Arbeit. Ihre Fachkräfte verfügen über Beobachtungs- und Beschreibungswissen (von Spiegel 2004) zu Kommunikation und Interaktion. Dieses Wissen muss lediglich um die besonderen Charakteristika der interaktiven Bewältigung von Belastungen im Notfall ergänzt werden. Konkret bedeutet dies, die Wahrnehmung zu schärfen für Belastungen und individuelle und interaktive Bewältigungsstrategien aller Beteiligten, auch für die eigenen.

3 Bewältigung als sozialer Prozess

Diese Strategien beinhalten unter anderem die Nutzung von subjektiven Theorien über Belastung, Ressourcen und Bewältigung und den Rekurs auf soziale Regeln der Bewältigung.

Hobfoll (Hobfoll 1998, 32ff) argumentiert gegen die Appraisal-Theorien des Stress' (beispielsweise Lazarus / Folkman 1984), dass Einschätzungen von Belastung und Ressourcen nicht als spontane individuelle Kognitionen verstanden werden dürfen. Sie entstünden in einem kulturellen, historischen und sozialen Kontext. Im Gegensatz zu den Appraisal-Theoretikern, die individuelle Unterschiede im Coping betonen, hebt er interindividuelle Gemeinsamkeiten in einem gegebenen sozialen Kontext hervor.

Solch ein Kontext ist die Familie, die jedoch wieder in größere soziale Systeme eingebunden ist. Dazu zählt die regionale kulturelle Umgebung, z.B. das Gemeinwesen, aber auch Subkulturen, berufliche und Organisationskulturen.

Laut Hobfoll (Hobfoll 1998, 36f.) reflektiert die Tendenz, die individuelle Bewertung als relevante Perspektive zu wählen, selbst eine spezifische kulturelle Ethik. „This ethic teaches that ‚each person is an individual, there is no other like him or her.' … It is no more, or less, true than the adages ‚Each person is like every other person', 'No man is an island' or 'the family of man'." Schon in den frühesten biblischen Schriften seien beide Aspekte betont, weil sie Ausdruck unserer Dualität seien.

Ebenfalls eine kulturelle Konstruktion ist die Auffassung, Emotionen seien etwas, was genuin aus dem Individuum hervorbreche. Dieser Auffassung setzen Sozialpsychologen und Soziologen entgegen, dass interkulturell vergleichende Studien zeigten, wie stark emotionales Erleben sozial geprägt sei. Verwoben in die individuelle Erlebenslogik wirkten soziale Konstruktionen und soziale Regeln (Averill 1982; Hochschild 1979).

Soziale Regeln unterscheiden ‚erwünschte und unerwünschte' Bewältigungsstrategien und definieren, welche Gefühle gefühlt und welche gezeigt werden dürfen. Dabei können sich allgemeinkulturelle Normen von Normen spezifischer Gruppen unterscheiden, wie beispielsweise eine Studie über neuseeländische Polizist/innen zeigt (Howard / Tuffin / Stephens 2000). Dies bedeutet unter Umständen, dass die Betroffenen disparate Normen (*„Emotionen sind normale Begleiterscheinungen nach belastenden Situationen. Schweigen über Emotionen ist ungesund."* versus *„Emotionen machen handlungsunfähig und sind deshalb abzuschalten."*) bedienen müssen.

In einer eigenen noch laufenden Studie untersuchen Jan Kruse und ich[6], wie in unterschiedlichen beruflichen Kontexten (Polizei, Seelsorge/Sozialarbeit) über die Bewältigung stark belastender Ereignisse gesprochen wird. Erste Ergebnisse der Metaphernanalyse (Lakoff / Johnson 2003) weisen darauf hin, dass bei der Polizei über potentiell traumatisierende Ereignisse als etwas gesprochen wird, das anhaftet und von dem man sich reinigen müsse. Seelsorger und psychosoziale Fachkräfte sprechen eher von Erfahrungen, die man durcharbeiten und in die eigene Biografie integrieren müsse.

6 Allwinn / Kruse, unveröffentlichtes Manuskript

Entsprechend sollte eine sozialprofessionelle Beratung von Notfallopfern und deren Angehörigen im Blick haben, dass angestrebte Bewältigungswege mit dem sozialen Kontext der Betreffenden nicht vereinbar sein können. Manch schwer nachzuvollziehender Widerstand kann aus dieser Perspektive sinnvoll sein. Nicht zuletzt gibt es soziale Konstruktionen, was „normal" ist und was nicht. Mit diesen Konstruktionen und Regeln sind alle Beteiligten „von außen" konfrontiert und sie haben sie verinnerlicht als eigene subjektive Deutungen.
Für die Fachkraft bedeutet es, die Lebenswelten der Beteiligten ernst zu nehmen und mit potentiellen Unterschiedlichkeiten konstruktiv umzugehen. Auch das ist ein zentrales Anliegen der Sozialen Arbeit.

4 Ein kleines Fazit: Soziale Arbeit im Notfall

Notfallversorgung darf sich nicht allein auf sekundäre Traumaprävention beschränken. Sie muss das Soziale mitdenken und die sozialen Folgen, die auf die Betroffenen zukommen. Aus all diesen Überlegungen ergibt sich für mich, dass Hilfe nicht allein auf die Akutversorgung begrenzt bleiben sollte.
Das Hilfesystem der Sozialen Arbeit ist zwar differenziert. Insbesondere in Städten gibt es viele Einrichtungen, an die sich Notfallopfer wenden können: von der Familien- bis zur Schuldnerberatung. Doch abgesehen davon, dass es in ländlichen Räumen vermutlich gänzlich anders aussieht, ist es auch für Stadtbewohner/innen schwer, in der Aufgeregtheit des Notfalls nach passenden Angeboten zu suchen.
Es fehlt an Lotsen, die niedrigschwellig, am besten rund um die Uhr erreichbar sind. Die Akutversorger/innen sind damit in der Regel überfordert, haben keinen vollständigen Überblick über alle Hilfesysteme einer Region. Oft ist die Telefonseelsorge am besten informiert und vernetzt. Doch kann auch sie allenfalls eine erste Anlaufstelle sein.
In Israel (vgl. Zeller / Yanay 2004) wird im Übergang von der Akutversorgung zur mittelfristigen sozialen und psychotherapeutischen Versorgung Case Management (Wendt 2001) eingesetzt. Dies ermöglicht die genaue Erfassung der Bedarfe, Ziele und Ressourcen sowie das Monitoring und Evaluieren des Hilfeprozesses.
Ein bereits oben angesprochener Ansatzpunkt ist die Schulung von Fachkräften in Einrichtungen der Regelversorgung im Umgang mit Menschen nach einem Notfall. Vor diesem Hintergrund wäre auch die Bildung fachübergreifender Arbeitskreise und Netzwerke wünschenswert, wie es sie in Freiburg beispielsweise für Berufgruppen gibt, die mit traumatisierten Menschen oder mit Opfern von sexueller Gewalt zu tun haben.
Nicht zuletzt sind manche Notfälle (z.B. mit vielen Augenzeugen) auch Thema von Gemeinwesenarbeit. Wünschenswert wären konzeptionelle Entwicklungen, welche ein Verständnis von Bewältigung als soziales Phänomen zur Basis haben (Rausch 1998) und die Bildung einer Alltagskultur (Maier 2003) fördern, welche Nutzung von Netzwerken im Stadtteil auch als Bewältigungsressource nach Notfällen ermöglicht.

Literatur

Alfare, Martin (2006): Organisation komplexer Einsätze. In: Brigitte Lueger-Schuster / Marion Krüsmann / Katharina Purtscher [Hg.]: Psychosoziale Hilfe bei Katastrophen und komplexen Schadenslagen, Wien: Springer., S. 71-97.

Allwinn, Sabine (2004): Soziale Bewältigung, Emotionen und Alltagsethik im Krankenhaus. In: Wege zum Menschen 56, S. 473-485.

Allwinn, Sabine (2005): Krankheitsbewältigung als intrapsychischer, interaktive und sozialer Prozess. In: Christoph Schneider-Harpprecht / Sabine Allwinn [Hg.]: Psychosoziale Dienste und Seelsorge im Krankenhaus. Eine neue Perspektive der Alltagsethik. Göttingen: Vandenhoeck & Ruprecht, S.17-104.

Allwinn, Sabine / Kruse, Jan: (kein Jahr) Bewältigungskulturen. Unveröffentlichtes Manuskript

Averill, James R. (1982): Anger and aggression. An essay on emotion. New York, NY: Springer.

Bengel, Jürgen [Hg.] (1997) Psychologie in Notfallmedizin und Rettungsdienst. Berlin: Springer.

Bengel, Jürgen [Hg.] (2004) Psychologie in Notfallmedizin und Rettungsdienst. 2. vollst. neu bearbeitete Auflage. Berlin: Springer.

Besenthal-Falta, Ulrike (2003)**:** Supervision im Bereich der Notfallhilfe. Supervision 2, 81-90.

Besser, Lutz U. (2002)**:** Vom Vergessen und Wiederholen medizinischer Traumen zum heilsamen Erinnern. In: Ulrich Sachsse / Ibrahim Özkan / Annette Streeck-Fischer [Hg.] Traumatherapie – was ist erfolgreich?, Göttingen: Vandenhoeck&Ruprecht, S. 174-193.

Bodenmann, Guy (1998)**:** Streß und Coping. In: Clemens Tesch-Römer / Christel Salewski / Gudrun Schwarz [Hg.] Psychologie der Bewältigung. Weinheim: Beltz, S. 74-92.

Bryant, Richard A. (2005)**:** Predicting posttraumatic stress disorder from acute reactions. In Etzel Cardena / Kristin Croyle (Eds.) Acute reactions to trauma and psychotherapy: A multidisciplinary and international perspective. Binghampton, NY: Haworth Medical Press: Haworth Maltreatment & Trauma Press.

Butollo, Willi (1979)**:** Traumatherapie. München: CIP-Medien.

Cohen, Sheldon / Willis, Thomas A. (1985)**:** Stress, social support, and the buffering hypothesis. In: Psychological Bulletin 98, 310-357.

Daschner, Carl-Heinz (2003)**:** Krisenintervention im Rettungsdienst (KIT). 2., durchgesehene und erweiterte Auflage. Edewecht: Stumpf & Kossendey.

Eisenberg, Nancy (1999)**:** Empathy and sympathy. In: Tim Dagleish / Mick Power (Eds.): Handbook of Cognition and Emotion. Chichester u.a.: Wiley, S. 677-691.

Everly, George S. / Mitchell, Jeffrey T. (2002)**:** CISM – Stressmanagement nach kritischen Ereignissen. Wien: Facultas: Universitäts-Verlag.

Fischer, Gottfried / Riedesser, Peter (1998): Lehrbuch der Psychotraumatologie, München: Reinhardt.

Geschwend, Gaby (2004)**:** Notfallpsychologie und Trauma-Akuttherapie. Ein kurzes Handbuch für die Praxis. Zweite, ergänzte Auflage, Bern: Huber.

Hallenberger, Frank (2006)**:** Psychologische Krisenintervention für Einsatzkräfte. Hilfe nach traumatischem Stress. Frankfurt: Verlag für Polizeiwissenschaft.

Hatfield, Elaine / Cacioppo, John T. / Rapson, Richard L. (1994)**:** Emotional contagion. Cambridge, UK: University Press.

Hausmann, Clemens (2003)**:** Handbuch Notfallpsychologie und Traumabewältigung. Grundlagen, Interventionen, Versorgungsstandards. Wien: Facultas.

Heckmann, Reinhard (2004)**:** Frühintervention durch die Versorgungsverwaltung als Rehabilitationsträger am Beispiel der Traumaambulanzen für Gewaltopfer in NRW. In: Christian Lüdke/Karin Clemens [Hg.]Vernetzte Opferhilfe. Handbuch der psychologischen Akutinterventionen, S. 291-295. Bergisch-Gladbach: Humanistische Psychologie.

Herman, Judith (1993)**:** Narben der Gewalt. München: Kindler.

Hobfoll, Stevan E. (1998) Stress, culture, and community. The psychology and philosophy of stress. New York, NY.: Plenum-Press.

Hochschild, Arlie R. (1979)**:** Emotion work, feeling rules, and social structure. American Journal of Sociology 85, S. 551-575.

Hofmann, Arne (1999): EMDR in der Therapie psychotraumatischer Belastungssyndrome, Stuttgart: Thieme.

Howard, Christina / Tuffin, Keith / Stephens, Christine (2000)**:** Unspeakable emotion: A discourse analysis of police talk about reactions to trauma. Journal of Language and Social Psychology 19/3, 295-315.

Kepplinger, Joachim (1998)**:** Krebskrankheit und Partnerschaft – eine Übersicht: Partner und Partnerschaft als eine Ressource für den Patienten. In: Uwe Koch / Joachim Weis [Hg.] Krankheitsbewältigung bei Krebs und Möglichkeiten der Unterstützung, Stuttgart: Schattauer, S. 91-106.

Krüsmann, Marion (2006): Die Bedingungen posttraumatischer Bewältigung. In Brigitte Lueger-Schuster / Marion Krüsmann / Katharina Purtscher [Hg.]: Psychosoziale Hilfe bei Katastrophen und komplexen Schadenslagen, Wien: Springer, S. 45-69.

Lakoff, George/ Johnson, Mark (2003): Leben in Metaphern. Konstruktion und Gebrauch von Sprachbildern. Heidelberg (amerik. Orig. 1980): Carl-Auer-Systeme-Verlag

Lasogga, Frank / Gasch, Bernd (2002)**:** Psychische Erste Hilfe bei Unfällen. Kompensation eines Defizits. 3., überarbeitete und erweiterte Auflage. Edewecht: Stumpf & Kossendey.

Lasogga, Frank / Gasch, Bernd (2004)**:** Notfallpsychologie. 2. korr. Aufl., Edewecht: Stumpf & Kossendey.

Lasogga, Frank / Karutz, Harald (2005)**:** Hilfen für Helfer. Edewecht: Stumpf & Kossendey.

Lazarus, Richard S. / Folkman, Susan (1984): Stress, appraisal and coping. New York, NY.: Springer.

Lueger-Schuster, Brigitte (2006) Der Rahmen psychosozialer Notfallversorgung: Überlegungen, Erkenntnisse und Standards. In: Brigitte Lueger-Schuster / Marion Krüsmann / Katharina Purtscher [Hg.]: Psychosoziale Hilfe bei Katastrophen und komplexen Schadenslagen, Wien: Springer, S. 1-44.

Maier, Konrad (2003)**:** Quartiersarbeit als Chance sozialer Kommunalpolitik. Das Freiburger Projekt „Quartiersaufbau Rieselfeld": Ergebnisse und Schlussfolgerungen. Nachrichtendienst des Vereins für öffentliche und private Fürsorge, S. 217-225.

May, Arnd / Mann, Reinhold (2003)**:** Soziale Kompetenz im Notfall. Münster: LIT.

Mühlum, Albert (2004): Zur Notwendigkeit einer Programmatik einer Sozialarbeitswissenschaft. In: A. Mühlum [Hg.]: Sozialarbeitswissenschaft. Wissenschaft der Sozialen Arbeit. Freiburg: Lambertus.

Müller-Lange, Joachim [Hg.] (2001): Handbuch Notfall-Seelsorge. Edewecht: Stumpf & Kossendey.

Müller-Lange, Joachim (2005): Handbuch der Einsatznachsorge, Edewecht u.a.: Stumpf & Kossendey.

Orner, Roderick / Schnyder, Ulrich (Eds.) (2003): Reconstructing early intervention after trauma. Innovations in care of survivors. Oxford, UK.: University Press.

Rauch, Scott L / van der Kolk, Bessel A. / Fisler, Rita E. / Alpert, Nathaniel M / Orr, Scott P. / Savage Cary R. / Fischman Alan J. / Jenike Michael A. / Pitman Roger K. (1996): A symptom provocation study using positron emission tomography and skript driven imagery. Archives of General Psychiatry, 53, 380-387.

Rausch, Günter (1998): Gemeinschaftliche Bewältigung von Alltagsproblemen – Gemeinwesenarbeit in einer Hochhaussiedlung, Münster: LIT.

Reddemann, Luise / Sachsse, Ulrich (1997): Stabilisierung. Persönlichkeitsstörung 3, S.113-147.

Rogge, Mary (2003): The future is now. Social Work, Disaster Management, and Traumatic Stress in the 21th Century. In: Journal of social service research 30(2), 1-6.

Schröder, Kerstin E.E. / Schwarzer, Ralf (1998) Bewältigungsressourcen. In: Clemens Tesch-Römer / Christel Salewski / Gudrun Schwarz [Hg.]Psychologie der Bewältigung, S. 174-195.Weinheim: Beltz.

Smith, Martin / Lees, David / Clymo, Kay (2003): The readiness is all. Planning and training for post-disaster support work. Social Work Education 33(5), 517-528.

Striening, Frank-Herbert (2004): Neue Wege der Opferhilfe: Kooperation Opferhilfe Duisburg/ Niederrhein. In: Christian Lüdke / Karin Clemens [Hg.]Vernetzte Opferhilfe. Handbuch der psychologischen Akutinterventionen,S. 283-290.Bergisch-Gladbach: Humanistische Psychologie.

Ungerer, Dietrich (1999): Streß und Stressbewältigung im Einsatz. Stuttgart: Kohlhammer.

Van der Kolk, Bessel A. / Burbridge, Jennifer A. / Suzuki, Joji (1997): The psychobiology of traumatic memory: Clinical implications of neuroimaging studies. In: Alexander C. McFarlane / Rachel Yehuda (Eds.) Annals of the New York Academy of Sciences (Bd. 281): Psychobiology of posttraumatic stress disorder. New York: Academy of Sciences.

Von Spiegel, Hiltrud (2004): Methodisches Handeln in der Sozialen Arbeit. Grundlagen und Arbeitshilfen für die Praxis. München: Reinhardt.

Voosen, Ulrich (2004): Die Berufsgenossenschaft für den Einzelhandel. In: Christian Lüdke / Karin Clemens [Hg.] Vernetzte Opferhilfe. Handbuch der psychologischen Akutinterventionen, S. 269-282. Bergisch-Gladbach: Humanistische Psychologie.

Waterstraat, Frank (2004): Einsatz: Notfallseelsorge. Grundlagen – Inhalte – Arbeitsformen. Hannover: Lutherisches Verlagshaus.

Wendt, Wolf R. (2001) Case-Management im Sozial- und Gesundheitswesen: Eine Einführung. Freiburg: Lambertus.

Zeller, Susanne / Yanay, Uri (2004) „Sozialarbeit spielt [k]eine Rolle?" In: Forum SOZIAL 3/2004, 7-11.

Und wer pflegt? Zur Schattenseite der demographischen Entwicklung bei Armut und Pflegebedürftigkeit

Margret Flieder

1 Einleitung und Problemaufriss

Die demographische Entwicklung ist eine der großen gesellschaftlichen Herausforderungen mit mittel- und langfristigen Auswirkungen auf die sozialen Sicherungssysteme. Diese betreffen bei Hilfe- und Pflegebedürftigkeit auf der professionellen Seite vor allem die Pflege- und Sozialberufe, zu deren Aufgabe die Ausgestaltung eines tragfähigen Handlungsrahmens für die häusliche oder institutionelle Versorgung gehört. Der folgende Text befasst sich insbesondere mit dem Handlungsfeld der Pflegeberufe.
Immer mehr Menschen werden immer älter. Diese Tatsache steht im Fokus gesellschaftlicher Öffentlichkeit. Bei der zunehmenden Anzahl älterer Menschen handelt es sich jedoch nicht nur um gut situierte Personen mit eigener Rente, sondern zunehmend auch um Menschen mit besonderen Problemlagen, die am Rande der Gesellschaft leben bzw. durch Krankheit und Pflegebedürftigkeit an diesen Rand geraten sind. Gemeint ist das pflegebezogene berufliche Handlungsfeld für benachteiligte bzw. von Armut und Pflegebedürftigkeit betroffene Menschen. Dieses Handlungsfeld nimmt als spezifischer Seiteneffekt in Folge der demografischen Entwicklung quantitativ und auch in Bezug auf die damit verbundene Komplexität der Anforderungen an die Beteiligten qualitativ zu, ohne dass geeignete Steuerungsinstrumente hinreichend entwickelt bzw. etabliert sind. Das hier thematisierte professionelle Pflegeverständnis bezieht sich auf „Care" als umfassendes interprofessionelles Versorgungskonzept bei Hilfs- und Pflegebedürftigkeit. Die aktuelle Karte der Versorgungslandschaft weist hier deutliche weiße Flecken auf. Diese ein wenig mit Farbe zu füllen ist ein Ziel dieses Beitrags.

2 Selbstbestimmte Lebensführung vs. Pflegerisiko

In den Medien und in der Werbung zeigt sich derzeit eine Trendwende: Als interessante Ziel-(=KonsumentInnen-)gruppen tauchen gutaussehende, ältere Menschen zunehmend in Werbespots auf. Unabhängig von den beworbenen Produkten vermitteln diese Menschen ein Bild von finanzieller Unabhängigkeit, von Lebensfreude trotz Einschränkungen und von Entscheidungskraft trotz Handicaps. Pflegebedürftigkeit oder Krankheit zu bewältigen erscheint für diese Zielgruppe(n) machbar. Gemäß einem „optimistischen Modell bleiben diese Menschen bei gesunder Lebensweise und Ernährung, verbesserter

Hygiene und Arbeitsschutzbestimmungen und bei medizinisch-technischen besseren Verfahren und Behandlungsweisen länger oder ganz von funktionalen Einschränkungen bis ins hohe Alter verschont" (Stiehr 2004, 96). Sie spiegeln primär die finanziell gut gestellte gehobene Mittelschicht der aktiven „jungen Alten", um die sich verschiedene Branchen (z.B. Pharmaindustrie, Medizinproduktehersteller, Bauträger von Mehrgenerationenhäusern etc.) gern bemühen.
Ein anderes Bild in den Medien hat weitaus weniger optimistisch stimmende Züge. Gemeint sind alte Menschen in desolaten Wohnverhältnissen, mit chronischen, oftmals unzureichend behandelten Erkrankungen und Pflegebedürftigkeit, mit geringen Einkommen sowie mit instabilen oder fehlenden sozialen Netzen. Auch diese Menschen erfahren gelegentlich ein öffentliches Forum in den Medien, allerdings nicht als Werbeträger, sondern als bedauernswerte Mitmenschen bei Nothilfe- oder Weihnachtshilfe-Aktionen.
Prospektiv lässt sich annehmen, dass die erstgenannte Gruppe der aktiven, gut gebildeten, „jungen" Alten im Fall von Pflegebedürftigkeit entweder auf familiäre Unterstützung zählen oder sich externe Hilfen hinzukaufen wird. Bei der zweiten Gruppe hingegen schichten sich Krankheit und Pflegebedürftigkeit auf die bereits hoch belastete Lebenslage auf und verstärken das Szenario (vgl. Beiträge zur Gesundheitsberichterstattung des Bundes 2005, 40 f.). Die Lebenslagen dieser Menschen enthalten pflegewissenschaftlich relevante Problemkomponenten, die jedoch erst in Ansätzen Eingang gefunden haben in pflegebezogene Steuerungsinstrumente.
Wenn es um selbstbestimmte Lebensführung im Alter geht, steht die Frage nach den Wohnverhältnissen zunächst im Vordergrund. Im Alter werden meist die Wohnung und das unmittelbare Nachbarschaftsgebiet zum zentralen Aktionsraum, in dem sich das gesamte Leben abspielt. Krankheitsbedingt eingeschränkte Mobilität in Verbindung mit Pflegebedürftigkeit sowie mit Seh- und Hörbehinderung können jedoch zu einer Zuspitzung in der Form führen, dass diese Menschen ihre Wohnungen so gut wie nicht mehr verlassen können. *„Alltag im Alter heißt vor allem Wohnalltag"* (Saup/Reichert 1997, 4). Die Folgen geringer bzw. nachlassender körperlicher Mobilität zeigen sich auf der körperlichen und auch auf der sozialen Ebene. Wer Treppen kaum mehr bewältigen kann, verlässt die eigene Wohnung seltener, geht nur einkaufen, wenn es sein muss, sucht den Arzt nicht in der Praxis auf, geht nicht zur Kirche, Besuche entfallen weitgehend. Die Summe der Kontakte geht nachhaltig zurück, Isolation, Einsamkeit und Depression sind die bekannten Folgen. Im Zuge der rückläufigen Begegnungen mit anderen Menschen und auch zu Kontaktpersonen des Gesundheitswesens können sich Pflegeprobleme entwickeln die, wenn sie rechtzeitig erkannt und angegangen würden, das Maß an selbstbestimmter Lebensführung nur vorübergehend beeinträchtigt hätten. Als Beispiel sei hier nur kurz auf die Sturzproblematik hingewiesen. Sturzrisiken in der eigenen Wohnung werden selbst von gebildeten, einsichtsfähigen Menschen nur selten erkannt und auch bei primärpräventiver Beratung durch einen Hausbesuch (vgl. Boß 2006) nur bedingt verändert. Wenn kognitive Einsicht auf der Basis von Vorbildung der Schlüssel zu Verhaltensänderung ist, muss bei benachteiligten Menschen ein

neuer Weg gefunden werden. Möglicherweise lässt sich bei Menschen mit geringem Bildungsniveau Einsicht nur über ein gewisses Maß an Betroffenheit erreichen. Bei einem konstatierten Zusammenhang von Bildung und Armut greift Primärprävention in armutsgeprägten Lebenszusammenhängen kaum.

Die Chancen auf ein selbstbestimmtes und erfülltes Leben werden weiterhin stark von den sozialräumlichen Ressourcen eines Stadtteils mit beeinflusst. Für die Bewältigung von Pflegebedürftigkeit wichtige außerfamiliäre informelle Unterstützungsformen wie Nachbarschaftshilfe oder ehrenamtliche Besuchsdienste lassen sich in Vierteln mit geringer Bewohner-Fluktuation leichter entwickeln als in Hochhaussiedlungen (vgl. Heusinger 2007, 4).

Erschwerend hinzu kommt, dass diese Menschen i.d.R. zu den bildungsfernen Zielgruppen gehören, die im Verlauf ihrer Biografie auf einem unteren Bildungsniveau verblieben sind und deren Chancen auf selbstbestimmte, adäquate Gesundheitsversorgung im Alter damit einhergehend ungünstig sind und bleiben. *„Hohes Bildungsniveau und Einkommen verbinden sich häufiger mit gesunder und präventiver Lebensführung und der Partizipation an medizinischem Fortschritt. Für Angehörige unterer Schichten hingegen trifft häufiger zu, dass sie chronische Krankheiten in früheren Jahren erwerben und im Alter von Multimorbidität betroffen sind"* (Stiehr 2004, 96; vgl. GBE 2006, 85).

Zahlreiche alte, pflegebedürftige Menschen verbleiben dennoch erstaunlich lange in ihren desolaten Wohnverhältnissen – und entwickeln dabei für Profis überraschende Bewältigungspotenziale. Diese Menschen kommen i.d.R. erst spät im Verlauf von Krankheit oder Pflegebedürftigkeit in Kontakt mit den Institutionen des Gesundheitswesens, sind dann oft in besonders schlechtem Gesundheitszustand. Im für sie günstigen Fall treffen sie auf hilfreiche Profis mit einem differenzierten Verständnis für die Prämisse „ambulant vor stationär", die sich um Rückkehr in die häusliche Wohnung trotz armutsgeprägter Verhältnisse bemühen und nicht vorschnell eine Heimunterbringung veranlassen. Im für sie ungünstigen Fall werden vorhandene Ressourcen und informelle soziale Netzwerke nicht als solche erkannt, desolate hygienische Verhältnisse festgestellt und nach kurzer Zeit eine Entscheidung für eine institutionelle Unterbringung getroffen.

3 Altersarmut, Pflegebedürftigkeit und Zuzahlungsmarkt

„Materieller Wohlstand, Macht, Prestige und Bildung sind Dimensionen sozialer Ungleichheit." (Hradil 1999, 27). Die meisten alten Menschen leben heute in finanziell gut gesicherten Verhältnissen, das Armutsrisiko wird für die Altersgruppe der über 60jährigen insgesamt als gering bewertet (vgl. Statistisches Bundesamt 2006, 616 f.). Diese Tatsache ist erfreulich, wird sich aber tendenziell in Zukunft verändern, denn Ungleichheit und Armutsrisiken haben zugenommen (vgl. Gesundheitsberichterstattung des Bundes 2006, 83). Anlass dafür ist vor allem die steigende Entwicklung von Zuzahlungen zu Gesundheitsleistungen, die in armutsgeprägten Lebenszusammenhängen zur Verschärfung der Notlage führen. Für diese Notlagen gibt es bei den Kassen Sonderkonditionen

und Befreiungsregelungen von der Zuzahlungspflicht. Doch gerade die Menschen in Notlagen wissen oftmals nicht um diese Möglichkeiten. Sie wären anspruchsberechtigt, jedoch ohne externe Hilfen nicht in der Lage, ihre Ansprüche geltend zu machen. Die Informationen (Broschüren, Internetauftritt o.ä.) dringen nicht bis zu ihnen durch.
Akute oder chronische Krankheit ist oftmals Auslöser für eine Abwärtskaskade des Lebensverlaufs, begleitet viele Menschen in Notlagen und bringt die Betroffenen in Kontakt mit Institutionen. Im Zuge ökonomischer Zwänge in den Kliniken wird von den Betroffenen und den Angehörigen aktives gesundheitsförderliches Verhalten erwartet, was bei Armut und sozialen Notlagen unrealistisch ist. Stellt sich zudem noch dauerhafte Pflegebedürftigkeit als Folge ein, so sind familiäre und auch außerfamiliäre Repertoires schnell erschöpft.
Professionelles Case Management kann hier eine Antwort bieten auf die Frage nach akzeptablen Zugangswegen sowie nach Erfolgsfaktoren gelingender Interventionen für einen Verbleib im häuslichen Umfeld. Dazu bedarf es der Erprobung neuartiger zugehender Strukturen (aufsuchende Pflegeberatung), um anstehende Pflegebedürftigkeit rechtzeitig zu erkennen und intervenieren zu können.

4 Zur Bedeutung des sozialen Netzwerkes für das Verbleiben im häuslichen Umfeld

Die meisten Menschen wünschen sich im Falle von Hilfs- und Pflegebedürftigkeit vertraute Personen aus der eigenen Familie in ihrer Nähe, von ihnen möchten sie möglichst gepflegt werden. Häusliche Pflege ist sozial hoch geschätzt und volkswirtschaftlich gewollt. Die Angehörigen *„bilden eine tragende Säule der Versorgung, ohne die ein Verbleib in der häuslichen Umgebung und eine ambulante Versorgung schwerlich aufrechterhalten werden können. Angehörige – meist Ehefrauen, Töchter und Schwiegertöchter – erbringen einen Großteil der im Fall von Krankheit, Hilfe- und Pflegebedürftigkeit erforderlichen Betreuungsleistungen und stellen dabei eine enorme Flexibilität, Anpassungs- und Hilfsbereitschaft unter Beweis. In eigentümlicher Dissonanz dazu steht die Wahrnehmung informeller Helfer und betreuender Angehöriger im Versorgungsalltag von bzw. durch Institutionen. Hier werden sie oft eher als Störfaktor, denn als soziale Ressource wahrgenommen und in ihrer Relevanz für die Versorgung minderbewertet“* (Lüders 1994, Klie 2001, Schaeffer 2000, zit. n. Schaeffer/Ewers 2001, 19).
Kontakt und Unterstützung werden i.d.R. im Rahmen des familiären Netzes geleistet. Doch auch dieses Netz erreicht seine Grenzen, wenn eine längerfristige und/oder besonders beanspruchende Betreuung erforderlich ist. Die Chancen auf ein Verbleiben in der eigenen Wohnung sinken bei Menschen mit einem stark ausgedünnten sozialen Netz.

5 Ein typisches Fallbeispiel

Frau Wilke[1] ist 67 Jahre alt und lebt allein in einer Zweizimmerwohnung in einem Mehrfamilienhaus in einem sozialen Brennpunktviertel in Frankfurt. Sie ist zweimal geschieden, hat drei Kinder aus der ersten Ehe. Die Möbel in der Wohnung sind alt, die Wohnung ist insgesamt in schlechtem Zustand. Das Bad ist zwar benutzbar, aber stark verschmutzt, in der Badewanne lagert die zu waschende Wäsche, die Waschmaschine ist seit längerer Zeit defekt, eine Reparatur kann sich Frau Wilke nicht leisten.

Frau Wilke ist übergewichtig, hat eine Herzinsuffizienz und zu hohen Blutdruck. Sie hat Probleme mit Krampfadern in den Beinen, hatte schon öfters ein Ulcus Cruris. Ihre Wegstrecke ist kurz geworden, meist schafft sie es gerade bis zum nächsten Supermarkt. Kürzlich hatte sie Kreislaufprobleme und Schwindelgefühle, ist im Supermarkt gestürzt. Dabei ist auch ihre Brille zu Bruch gegangen. Sie ist stark kurzsichtig, eine Brille benötigt sie schon seit vielen Jahren. Derzeit hat sie keine Brille, kann sich schlecht zurecht finden, für eine neue Brille fehlt ihr das Geld. Sie kocht jetzt nicht mehr und ernährt sich überwiegend von Brot und Wurst.

Sie steht früh auf, da sie wegen des Ulcus Cruris nicht gut lange liegen kann. Lesen kann sie wegen der fehlenden Brille zur Zeit nicht, der Fernseher läuft fast den ganzen Tag. Bei gutem Wetter sitzt sie am geöffneten Fenster.

Ihre Kinder sieht sie nur selten. Eine Tochter ist verheiratet, wohnt in München, die Lebensverhältnisse sind schwierig, da Tochter und Schwiegersohn Alkoholprobleme haben. Manchmal ruft Frau Wilke an, gegenseitige Besuche gab es in der Vergangenheit etwa alle ein bis zwei Jahre. Der ältere Sohn lebt ebenfalls in Frankfurt, er ist geschieden, leidet als Folge von Drogenkonsum unter chronischer Hepatitis, wohnt derzeit in einer betreuten WG. Von ihm hat sie vor einem Jahr zuletzt gehört. Der jüngere Sohn lebt in Österreich, wo er als Fernfahrer arbeitet. Zwei bis drei Mal jährlich kommt er vorbei. Zu anderen Verwandten besteht seit Jahren kein Kontakt.

Frau Wilke erhält Geld vom Sozialamt und bekommt eine kleine Rente, sie hat früher als Putzfrau bei einem Reinigungsunternehmen gearbeitet. Einmal im Monat kommt Frau Peters, eine Sozialarbeiterin des Sozialamtes, um Angelegenheiten mit ihr zu regeln. Bis vor sechs Monaten hatte sie regelmäßig Kontakt zu einer Nachbarin, die inzwischen verstorben ist. Eine andere Nachbarin, mit der sie einmal wöchentlich Kaffee getrunken hat, ist wegen Pflegebedürftigkeit zu ihren Kindern gezogen. Frau Wilke hat so gut wie keine weiteren Kontakte, es gibt kaum deutschsprachige Familien und die russischen Nachbarn sind ihr zu laut. Ihre Wohnung ist im dritten Stock, sie schafft es kaum, ihre Einkäufe zu transportieren. Den Vorschlag von Frau Peters auf Umzug in eine betreute Wohngruppe hat sie vehement abgelehnt. Die Sozialarbeiterin ist seit dem Tod der Nachbarin die einzige kontinuierliche Kontaktperson. Frau Peters bespricht mit Frau Wilke einen Arztbesuch, da sie an einem Bein wieder eine offene Stelle (Ulcus Cruris) bemerkt, auch der Augenarzt soll aufgesucht werden, denn ohne Brille kann

1 Alle Namen sind fiktiv.

Frau Wilke ihre Wunde nicht selbst versorgen. Frau Wilke willigt widerstrebend ein. Der Hausarzt kennt die Patientin und regt die Einstufung in eine Pflegestufe an, denn Frau Wilke ist derzeit zur Körperpflege nicht selbst in der Lage und auch das Ulcus Cruris benötigt professionelle Wundversorgung. Der Augenarzt rezeptiert eine neue Brille, Frau Peters beantragt die Kostenbefreiung. Für die regelmäßige Versorgung beauftragt sie einen Pflegedienst. Als die leitende Pflegekraft zum Erstbesuch kommt, ist sie entsetzt über die hygienischen Verhältnisse in der Wohnung und über den körperlichen Zustand von Frau Wilke. Aus ihrer Sicht ist ein Verbleiben in der Wohnung mit der gesundheitlichen Situation nicht vereinbar, sie lehnt die Pflege ab und empfiehlt eine Heimunterbringung.

6 Hürden der Steuerungsarbeiten versus Steuerungspotenziale

Die Geschichte von Frau Wilke lenkt den Blick auf eine Lebenswelt, in der es an sozialem Netzwerk, an Mitteln und an Informationen fehlt. Ohne die Sozialarbeiterin als einzige strukturgebende externe Person wäre die Situation möglicherweise schon früher eskaliert. Durch die hinzu gekommenen und kaum bewältigbaren Gesundheits- und Pflegeprobleme hat sich eine Dynamik entwickelt, die neben der krankheitsbezogenen eine pflegebezogene Intervention erforderlich macht.

Hier bewusst und frühzeitig gegensteuern zu lernen ist eine anspruchsvolle Aufgabe, die für Pflegewissenschaft und Pflegepraxis mit neuartigen Herausforderungen verbunden ist. Diese Herausforderungen können sich zu kaum bewältigbaren Hürden entwickeln, wenn das berufliche Handlungsrepertoire überwiegend institutionenbezogen ausgerichtet ist.

Kompetente akademisch und/oder beruflich ausgebildete Pflegende kennen Steuerungsarbeiten als Element verlaufsbezogener Aushandlungen mit Betroffenen und Angehörigen. Allerdings gehen diese Aushandlungsprozesse i.d.R. aus von einem vorhandenen familiären Netzwerk mit Angehörigen in gut erreichbarer Entfernung, die ggf. aktiviert bzw. geschult werden können (z.B. in Pflegekursen) oder für die ein Umzug eine zufriedenstellende Möglichkeit darstellt. Armutsgeprägte Lebenslagen bringen jedoch andere Voraussetzungen mit sich: Angehörige sind vielleicht vorhanden, befinden sind jedoch selbst in problembehafteten Lebenslagen mit Alkohol-, Gewalt- und Drogenproblematik. Pflegekurse oder ein Umzug wären keine Lösung.

Präventive Pflegeberatung, aufsuchende Beratung, Netzwerkarbeit und Case Management zur frühzeitigen Gegensteuerung und Bewältigungsförderung sind adäquate professionelle Steuerungsinstrumente. Mit der ambulanten Betreuung pflegebedürftiger Menschen in benachteiligten Lebensverhältnissen gibt es derzeit noch wenig Erfahrungen[2]. Ein reguläres pflegebezogenes Dienstleistungsangebot, z.B. in Form eines spe-

2 Vgl. *www.diakonie-kestorf.de*, dort spezielles Angebot für wohnungslose alte Menschen unter *www.diakonie-dhk.de/Seniorenwohnen.1084.html*, Abruf am 18.07.2007.

zialisierten Pflegedienstes oder eines speziellen Case Managements für diese Zielgruppe ist bislang noch nicht in Sicht, die Problematik erst in Ansätzen bekannt.
Für Kenntnisse der Lebenslagen und Bewältigungspotenziale benötigen Pflegende differenzierte Einblicke in die Lebenswelten dieser Menschen. Sie benötigen weiterhin Eigeninitiative, Mut und Engagement für neue Kooperationen und präzise Kenntnisse der Unterstützungssysteme. Diese Lebenswelten zum Gegenstand eines professions- und kooperationsbezogenen Diskurses zu machen ist eine gemeinsame Aufgabe der mit diesen Problemlagen arbeitenden Berufsgruppen.

7 Fazit

Krankheit, Pflege- und Hilfsbedürftigkeit im Alter erfordern eine bedarfsgerechte und ausbalancierte Versorgung. Die genannten Defizite der pflegebezogenen Versorgung beziehen sich auf ausgedünnte soziale Netzwerke, auf fehlendes Wissen sowie auf Lücken im gesellschaftlichen Informations- und Hilfesystem. Pflege unter dem Einfluss von Armut in der Gesellschaft und der Umgang mit damit verbundenen Abhängigkeiten stellt ein bislang eher wenig bekanntes Problem mit neuen Optionen für Pflege und Public Health dar.
Die Selbsthilfekompetenzen der von Pflegebedürftigkeit und Armut Betroffenen kennen zu lernen, sie als Ressource anzunehmen und zu unterstützen sowie neuartige Steuerungselemente zu entwickeln sind für die Pflegewissenschaft zukunftsbezogene Ziele. Dazu muss sie sich an die lokalen Verhältnisse anpassen, fragmentierte Versorgungsstrukturen überwinden und gemeinsam mit kooperierenden Berufsgruppen initiativ werden, um sich parteiisch für die benachteiligten SeniorInnen einzusetzen.

Literatur:

Boß, Elke (2006): Vorbeugen statt pflegen. Präventive Hausbesuche für längere Selbständigkeit im Alter. In: Pflegen ambulant (1), 24-26.

Heusinger, Josefine (2007): Professionelle Steuerung im Hilfesystem als Voraussetzung für ein selbstbestimmtes Leben im Alter. Vortrag beim 1. Fachgespräch im Netzwerk SONG, Köln, 6. Februar 2007. Unveröff. Manuskript.

Heusinger, Josefine & Klünder, Monika (2005): „Ich lass mir nicht die Butter vom Brot nehmen!" Aushandlungsprozesse in häuslichen Pflegearrangements, Frankfurt/M.: Mabuse Verlag.

Hradil, Stefan (1999): Soziale Ungleichheit in Deutschland. 7. Aufl., Opladen: Leske und Budrich Verlag.

Meyer, Martha (2006): Pflegende Angehörige in Deutschland. Ein Überblick über den derzeitigen Stand und zukünftige Entwicklungen, Hamburg: Lit Verlag.

Reißmann, Anja (2005): Pflegebedürftigkeit und Institutionalisierung. Chancen und Grenzen häuslicher Pflege, Oldenburg: Paolo Freire Verlag.

Robert-Koch-Institut (2005): Beiträge zur Gesundheitsberichterstattung des Bundes: Armut, soziale Ungleichheit und Gesundheit, Berlin: Robert Koch Institut.

Robert-Koch-Institut (2006): Gesundheitsberichterstattung des Bundes (GBE). Gesundheit in Deutschland, Berlin: Robert Koch Institut.

Saup, Winfried & Reichert, Monika (1997): Die Kreise werden enger. Wohnen und Alltag im Alter. Funkkolleg Altern, Studienbrief 6, Studieneinheit 15, Tübingen: DIFF, 4-41.

Schaeffer, Doris & Ewers, Michael (2001): Ambulantisierung. In: Zeitschrift GGW (1), 13-20.

Statistisches Bundesamt (2006) [Hg.]: Datenreport 2006. Auszug aus Teil II., 610-623.

Stiehr, Karin (2004): Lebenslagen älterer Menschen. In: Frevel, Bernhard [Hg.]: Herausforderung demografischer Wandel, Wiesbaden: VS Verlag für Sozialwissenschaften, 89-103.

Internetquellen:

www.diakonie-kestorf.de, dort spezielles Angebot für wohnungslose alte Menschen unter *www.diakonie-dhk.de/Seniorenwohnen.1084.html* (18.07.2007).

www.destatis.de/jetspeed/portal/cms/Sites/destatis/Internet/DE/Content/Publikationen/Querschnittsveroeffentlichungen/Datenreport/Downloads/DEinkommmen,property=file.pdf (19.07.2007).

Public Health Nursing
Ein neues Tätigkeitsfeld in der deutschen Pflege

Marianne Brieskorn-Zinke

1 Public Health Nursing in Europa

Public Health Nursing ist ein Tätigkeitsfeld, welches sich auf pflegespezifische Möglichkeiten zur Lösung von Problemen der Bevölkerungsgesundheit bezieht. Der Begriff wird international verwendet, das Aufgabengebiet wird durch ihn aber nicht präzise und international einheitlich beschrieben. Die Ursprünge von Public Health Nursing gehen auf die amerikanische Gesundheitsbewegung (Sanitary Movement) an der Wende vom 19. zum 20. Jahrhundert (Buhler-Wilkerson 1993) zurück. Dort wurde das Arbeitsgebiet als „aufsuchende Gesundheitsarbeit" erstmalig beschrieben und später in die Entwicklung der professionellen Pflege der anderen angelsächsischen Länder und nach Skandinavien transportiert. Auf diesem Wege hat das Tätigkeitsfeld sehr unterschiedliche Ausprägungen bekommen: von der Armenpflege zur Hygieneaufklärung Anfang des letzten Jahrhunderts und von der Assistenz bei der medizinischen Prävention zur Gesundheitsförderung und Gemeinwesenarbeit in der zweiten Hälfte des Jahrhunderts. Heute zeigt sich international eine verwirrende Vielfalt pflegerischer Berufsprofile und Berufsbezeichnungen mit Public Health Bezug, wie community health nurse, district nurse, health visitor, maternal and child nurse, family health nurse, public health nurse, school nurse, occupational nurse. Diese Situation fordert dazu heraus, konzeptionelle und begriffliche Grundlagen für das Arbeitsfeld zu schaffen.
Europa hat mit ca. sechs Millionen ausgebildeten Pflegenden und Hebammen eine zentrale Ressource sowohl für die Krankenbehandlung als auch für die Gesundheitssicherung (Salvage 1997). Im Sinne einer europäischen Gesundheitssicherung hat der Chief Nursing Officer der EU im Mai 1998 die Initiative ergriffen und die europäische Diskussion über eine mögliche neue Ausgestaltung der Rolle der Pflegenden und Hebammen in public-health-relevanten Aufgabenbereichen angestoßen: *„Therefore, armed with the experience of 100 years, nurses and midwives of Europe, through their intimate daily contact with individuals, families, communities, nations and global networks, must critically review the past and forge a new vision for the future in respect to their public health role"* (WHO Europa 2001, 1).
Einen wichtigen Schritt zur internationalen Aufarbeitung und Darstellung bisheriger Aspekte dieser Rolle stellte vor einiger Zeit eine Literaturrecherche dar mit dem Titel: „Public Health Nursing: Past and Future. A Review of the Literature", in Auftrag gegeben von der WHO. Sie offenbart das Theoriedefizit dieses wichtigen pflegerischen Aufgabenbereichs und verweist auch auf den mangelnden Informationsaustausch über Public Health Nursing zwischen den Experten der einzelnen Länder. Der Autor resümi-

ert: *„The review illustrates that, while there is a growing interest in both public health and public health nursing, there is a dearth of information on public health nursing in Europe*" (WHO Europa 2001, 15).

Vor diesem Hintergrund hat die EU ein europäisches Pflege-Projekt gefördert, in dem es um die Entwicklung eines Weiterbildungskonzepts für Public Health in der Pflege ging. Auch in dieser Gruppe zeigte sich eine große Vielfalt pflegerischer Vorstellungen zu den Tätigkeitsfeldern Public Health Nursing, pflegerischer Gesundheitsförderung und Prävention. Einer breit gestreuten Praxis steht aus pflegewissenschaftlicher Sicht Konzeptionslosigkeit gegenüber.

Als Mitglied der Arbeitsgruppe hat die Autorin daraufhin in zehn europäischen Ländern Public Health orientierte pflegerische Arbeitsfelder exemplarisch untersucht, um eine konzeptionelle Verortung bestehender Public Health bezogener pflegerischer Arbeitsfelder in Europa zu ermöglichen. Die handlungsleitenden Forschungsfragen waren:

- In welchen Feldern und in welcher Art leisten Pflegende in Europa Beiträge zu public-health-orientierter Arbeit?
- Wie lässt sich diese Arbeit professionsspezifisch konzeptualisieren?

Die spezifischen Fragestellungen dieser explorativen Studie waren:

- Welches sind typische Handlungsfelder public–health-orientierter Arbeit in ausgewählten Ländern der EU?
- Welche Methoden/Strategien kommen zur Anwendung?
- Welche konzeptionellen Überlegungen spielen eine Rolle?
- Wie ist der Ausbildungshintergrund?

1.1 Konzepte von Public Health Nursing in Europa

Aus den Ergebnissen dieser Studie und vor dem Hintergrund einer Literaturrecherche konnten vier unterschiedliche Konzepte oder Ansätze von Public Health Nursing in den europäischen Ländern differenziert werden.

Traditioneller Ansatz: Public Health Nursing

Public Health Nursing ist ein Tätigkeitsbegriff, der an die ambulante Krankenversorgung und die aufsuchende Gesundheitsarbeit speziell in unterversorgten Gebieten oder Bezirken gebunden ist. Hier ist die körperbezogene pflegerische Arbeit gekoppelt mit Gesundheitsaufklärung und der Vermittlung von weiteren Diensten. Die Krankenschwester gilt in diesem Verständnis als „starting point" in einem Gesundheitswesen, in dem die Basisversorgung nach den Prinzipien von Primary Health Care gemeindenah organisiert ist. Voraussetzung für diese Form von Public Health Nursing war und ist eine fundierte Krankenpflegeausbildung und dazu einerseits breites hygienisches und medizinisches Wissen sowie andererseits gute Kenntnisse aller örtlichen psychosozialen und medizinischen Dienstleistungen. Die gute gesundheitliche Versorgung aller Gemeindemitglieder und die Prävention von Krankheiten stehen im Zentrum der Arbeit. Es gibt dabei in einigen Ländern zielgruppenspezifische Differenzierungen (Kleinkinder mit ihren Eltern, Schulkinder, Arbeiter, sozial Benachteiligte, alte Menschen), auf die Spezialausbildungen und -titel zugeschnitten sind. In der Regel verbindet sich aber mit diesem Ansatz die traditionelle Vorstellung der pflegerischen Begleitung eines Menschen von der Wiege bis zur Bahre ohne konkrete Trennung kurativer und präventiver Aufgaben. Begrifflich wird dieses pflegerische Aufgabenfeld auch mit Community Nursing umschrieben.

Administrativer Ansatz: Die Public Health Nurse

Bei diesem Begriff geht es um eine Berufsbezeichnung vor allem im Hinblick auf Leitungs- und Organisationsfunktionen. Es werden Daten gesammelt, Konzepte entwickelt, Programme geschrieben und politisch verteidigt sowie Qualitätssicherungsmaßnahmen angeregt. Dieses eher administrative und programmatische Tätigkeitsprofil setzt eine Krankenpflegeausbildung und ein Public-Health-Studium voraus. Vor diesem Hintergrund arbeiten Public Health Nurses zusammen mit anderen Berufsgruppen an unterschiedlichen Aufgaben der öffentlichen Gesundheitsfürsorge, um nationale Programme zu entwickeln und anzustoßen.

Empowerment Ansatz: Gesundheitsförderung in der Pflege

Hier geht es um den Oberbegriff für alle präventiven und gesundheitsbezogenen pflegerischen Tätigkeiten in allen pflegerischen Arbeitsbereichen unabhängig von Geh- oder Kommstrukturen. Die gesundheitsbezogene Arbeit wird aus der pflegerischen Arbeit mit zumeist chronisch kranken Menschen abgeleitet und beinhaltet vor allem Aufklärung über gesundheitsbezogene Möglichkeiten im Umgang mit der Erkrankung und Unterstützung beim Selbstmanagement. Sie kann sowohl individuumszentriert als Gesundheitsberatung als auch gruppenzentriert als Gesundheitsbildung durchgeführt werden. Sie findet in der Regel innerhalb gesundheitsbezogener Einrichtungen (z. B. Krankenhaus, Rehabilitationsklinik, Altenpflegeeinrichtung) statt. Zielgruppen sind chronisch Kranke, Menschen mit spezifischen Risikofaktoren und ihre Angehörigen. Eine solche auf Selbstverantwortung gerichtete Kompetenzförderung, in der den Patienten eine aktive Rolle zugewiesen wird, ist zwar mittlerweile ein integraler Bestandteil eines modernen Pflegeverständnisses, wird aber im Alltag der Pflege mehrheitlich als additives Konzept begriffen. Zusätzlich zum Versorgen geschehen das Vorbeugen und Fördern in dafür eigens geschaffenen Strukturen.

Integrativer Ansatz: Public Health in Nursing

Dieses Konzept ist nur in einem wichtigen Punkt eine Erweiterung des vorhergehenden Konzepts. Die allgemeinen gesundheitsförderlichen pflegerischen Tätigkeiten erhalten hier eine professionell bewusste Public-Health-Dimension. Pflegende denken und handeln in diesem Ansatz sowohl auf das Individuum bezogen als auch public-health-orientiert. So ist der pflegerische Blick zunächst auf die Symptome, Risiken und Potenziale von Individuen oder auch Gruppen gerichtet mit dem Ziel, pflegerische Unterstützung zu leisten. Zugleich ist dieser Blick aber in ein erweitertes Verständnis von Krankenversorgung eingebettet, das Systemgestaltung und gesundheitliche Prävention mit einschließt: Was ist der soziale Anteil an einer Erkrankung? Was steht hinter den Symptomen? Wo gibt es immer wiederkehrende Gesundheitsprobleme, die andere Lösungen verlangen? Wie können diese Erkenntnisse für die Prävention von Erkrankungen genutzt werden? Public Health in Nursing ist in diesem Sinne als professionelle Haltung zu verstehen, als Teil öffentlicher Gesundheitsfürsorge in pflegerischen Arbeitsbereichen.

Traditioneller Ansatz: Public Health Nursing
- Tätigkeitsbezogenes Konzept für die aufsuchende Gesundheitsarbeit in der Gemeinde
- Verbindung körperlicher Pflege mit gesundheitlicher Aufklärung und Information
- Pflege als ‚starting point' und Vermittlungsinstanz im Gesundheitswesen
- Gebunden an eine starke Position der Pflege in der ambulanten Versorgung (Primary Health Care)

Administrativer Ansatz: Die Public Health Nurse
- Berufsbezogenes Konzept für konzeptionelle und steuernde Pflege- und Gesundheitsarbeit
- Mitarbeit an Präventions- und Gesundheitsförderungsprogrammen
- Pflege als eigenständiger Gesundheitsfachberuf
- Gebunden an eine akademische Ausbildung und eigene Verantwortungsbereiche

Empowerment Ansatz: Gesundheitsförderung in der Pflege
- Gesundheitsbezogene Erweiterung pflegerischer Tätigkeiten
- Kompetenzförderung speziell bei chronisch Kranken und Menschen mit Beeinträchtigungen
- Die Pflegeperson als Unterstützerin und Beraterin für Gesundheitsfragen
- Gebunden an ein erweitertes (ressourcenorientiertes) Pflegeverständnis

Integrativer Ansatz – Public Health in Nursing
- Gesundheitsförderung und Prävention in allen pflegerischen Arbeitsfeldern
- Niederschwellige Konzeptentwicklung und Umsetzung
- Die Pflegeperson als Mitgestalterin der Gesundheitsversorgung
- Gebunden an eine bevölkerungsbezogene Horizonterweiterung in der Pflege

Abbildung 1 Konzepte von Public Health Nursing in Europa

2 Zur Situation in Deutschland

Wenn nachfolgend von Pflege gesprochen wird, so wird Pflege verstanden als ein in sich differenziertes System aus Pflegenden, Pflegeinstitutionen und Pflegewissenschaft. Der Begriff „Public Health Nursing“ hat im deutschsprachigen Raum keine Tradition. Die Gründe hierfür liegen in dem stark auf die Kuration zentrierten Berufsprofil der deutschen Pflege und in der unterschiedlichen Versorgungsgestaltung der Gesundheitssysteme der europäischen Länder. Aus Deutschland ist zwar noch die Tradition der Gemeindekrankenschwester bekannt, die im Tätigkeitsfeld Gemeindepflege zum Teil auch gemeindeorientierte Gesundheitsarbeit geleistet hat (Meyer 2006), aber auch dieser Ansatz wurde im Zuge der Etablierung der Sozialstationen aufgeben. Auch in der DDR übernahm die Gemeindeschwester Aufgaben der Gesundheitserziehung. Heute erscheinen in der Gesundheitsversorgung der BRD Prävention und Pflege häufig als Gegensatz: Gesundheitsförderung und Prävention stehen am Anfang der Versorgungskette und die Pflege am Ende.
Die Entwicklungen in der Pflegewissenschaft gehen allerdings einen anderen Weg. Ströbel und Weidner wenden sich gegen dieses traditionelle Modell der Gesundheitsarbeit und stellen in ihrem erweiterten Modell der Gesundheitsarbeit die Prozesse der bedingten Gesundheit in den Mittelpunkt. Pflege wird darin nicht als Alternative zu den Strategien der Gesundheitsarbeit betrachtet, sondern als Disziplin, „mit unterschiedlichen Strategien und eigenständigen Möglichkeiten und Zielen“ auf allen Ebenen der Gesundheitsversorgung (Ströbel 2003, 246). Auch die intensive Auseinandersetzung mit dem Konzept der Selbstmanagementförderung bei chronischer Krankheit (Haslbeck / Schaeffer, D. 2007) verdeutlicht die Richtung, in der die Pflegewissenschaft zukünftig eigenständig Akzente in der Gesundheitsversorgung setzen will.
So gibt es zum Thema Prävention und Pflege seit wenigen Jahren auch im deutschsprachigen Raum zunehmend mehr Veröffentlichungen, in denen die Möglichkeiten, die Machbarkeit, die Schulungsnotwendigkeiten und die Effektivität pflegerischer Gesundheitsförderung und Prävention vorgestellt werden. Meines Erachtens fehlt es aber nach wie vor an Präzisierungen und Konkretisierungen, die deutlich machen, wie die spezifischen Tätigkeitsfelder pflegerischer Gesundheitsförderung aussehen.
Auf der konzeptionellen Ebene sind zwei Bereiche zu differenzieren, die nachfolgend ausgeführt werden. Der eine betrifft die Gesundheitspflege in Abgrenzung zur Krankenpflege. Er ist individuumszentriert und bleibt auf die bestehenden Pflegeeinrichtungen bezogen. Der andere Bereich betrifft die bevölkerungsorientierte Prävention und Gesundheitsförderung außerhalb pflegerischer Einrichtungen, in dem die Pflege zukünftig mehr als bisher Position beziehen könnte und sollte.

2.1 Gesundheitsförderung im Sinne der Gesundheitspflege

Dieser Bereich umfasst originär pflegerische Konzepte, die ressourcen- und patientenorientiert ausgerichtet sind. Begriffe wie Gesundheitspflege, aktivierende Pflege, patientenorientierte Pflege, Patientenedukation, gesundheitsfördernde Pflege überschneiden sich in diesen Inhalten. Es geht ganz zentral um Strategien zur Kompetenzförderung von Patienten im Sinne der aktivierenden Pflege mit dem Ziel der autonomen Bewältigung des Alltags.

Das Kompetenzförderungsmodell von Brieskorn-Zinke stellt einen Versuch der Systematisierung dar, um den Bereich der pflegerischen Kompetenzförderung spezifischer als bisher auszuweisen (Brieskorn-Zinke 2004). Kompetenzförderung in der Pflege ist demnach verhaltensorientierte Gesundheitsförderung und richtet ihren Fokus auf Patienten, Pflegebedürftige und möglicherweise auch deren Angehörige, mit dem Ziel der Prävention von Folgeerkrankungen und der Stärkung der Patientensouveränität. Gesundheitsförderung im Sinne der Gesundheitspflege arbeitet auf unterschiedlichen Ebenen und mit unterschiedlichen Methoden: Aktivierende Pflege setzt direkt an körperlichen Prozessen an und unterstützt und fördert die Körperwahrnehmung und die Bewegungsfähigkeiten als Ausgangspunkt für Selbständigkeit. Information und Aufklärung setzt an der kognitiven Ebene an mit dem Ziel der Stärkung der Patientensouveränität. Schulung oder Anleitung intensivieren die Wissensvermittlung und zielen auf Handlungsfähigkeit im Umgang mit krankheitsbedingten Einschränkungen. Gesundheitsberatung zielt auf „maßgeschneiderte" Lösungen, die nur im dialogischen Prozess mit Patienten gefunden werden können, um neben der Krankheitsverarbeitung auch wieder gesundheitsbezogene Lebensqualität möglich zu machen. Pflegesituationen sind überwiegend Face-to-face-Beziehungen, obwohl gerade in Schulungen auch mit Gruppen gearbeitet wird. Pflegesituationen richten sich zudem in der Regel an bereits erkrankte Menschen. Insofern ist diese Art Gesundheitspflege den Bereichen Sekundär- und Tertiärprävention zu zuordnen mit dem Ziel der Erhaltung und Förderung der Restgesundheit.

Präventive Pflegeaufgaben im Sinne der populationsbezogenen Vermeidung von Krankheiten und der populationsbezogenen Förderung von Gesundheit werden damit aber nicht erfüllt.

2.2 Bevölkerungsorientierte Prävention und Gesundheitsförderung

Pflege besitzt über ihren Wissens- und Erfahrungsbereich großes primärpräventives Potential. Um dieses zu entfalten, braucht es einen weiteren Tätigkeitsbereich „Prävention und Gesundheitsförderung", der hier als Public Health Nursing bezeichnet wird, da er an diese Tradition anschließt. „Volksgesundheitspflege" ist als Begriff in Deutschland nicht mehr möglich.

Public Health Nursing zielt auf einen dezidierten Bevölkerungsbezug und weist über das Krankenbett hinaus. Entscheidend dabei ist die Öffnung der traditionellen pflegerischen Arbeitsbereiche hin zu den sogenannten gesunden Menschen außerhalb der Versorgungseinrichtungen. Dass das in Kooperation mit den anderen Berufsgruppen geschehen muss, ist selbstverständlich. Zentral ist der Aspekt, dass die Pflegeberufe ihre spezifischen präventiven Bemühungen zukünftig nicht mehr allein auf Patienten beziehen werden (Sekundär- und Tertiärprävention). Sie wird mit ihren Erfahrungen und Kenntnissen auch heraus gehen aus dem Bereich herkömmlicher Versorgung von Menschen mit Gesundheitsstörungen und damit heraus aus ihren pflegespezifischen Institutionen, um in öffentlichen Bereichen – in Ministerien, Gesundheitsämtern, Krankenkassen, Beratungseinrichtungen, Volkshochschulen, Familienbildungsstätten, Schulen, Kindergärten, Betrieben, Familien – primärpräventiv tätig zu werden. Pflegespezifische Beiträge zur Primärprävention erwachsen aus den Aktivitäten des täglichen Lebens und betreffen Themen wie Schlafen, Verdauen, Essen und Trinken, Sicherheit, Hygiene, Umgang mit Wunden usw. Sie sind auf alle unterschiedlichen Lebensphasen zu beziehen, in denen Pflege aktiv ist:

Das Kindesalter: Die Kinderpflege kann z. B. durch ihren Erfahrungs- und Anknüpfungshintergrund auf die Vermeidung von Gesundheitsproblemen wie Verletzungen, Unfälle, plötzlicher Kindstod, Krankheiten durch Nährstoffmangel, Milchzahnkaries, Infektionen durch mangelnde Hygiene usw. hinwirken.

Das Jugendalter: Die psychiatrisch geschulte Pflegefachkraft kann ihren Erfahrungshintergrund nutzen, um bei der Vermeidung von Essstörungen oder Depressionen im Jugendalter mit zu wirken.

Das Erwachsenenalter: Hier gibt es aus der Erfahrung im Umgang mit Patienten und dem Wissensfundus über die Bedeutung der Aktivitäten des täglichen Lebens Anknüpfungspunkte an die klassischen Gesundheitsthemen wie Essen und Trinken, Schlafen, Bewegung, Hygiene, Entspannung.

Das Alter: Altenpfleger und Altenpflegerinnen wissen um die gesundheitlichen Bruchstellen im Alter (wie Inkontinenz, Stürze, Inaktivität, Vereinsamung). Sie machen sich dieses Wissen und ihre Erfahrungen für die Primärprävention nutzbar.

Um für solche pflegespezifischen Themen analytische und projektbezogene Kompetenzen entwickeln zu können, braucht die Pflege eine Horizonterweiterung, die in den Hochschulen begonnen wurde und die über Praxiskonzepte in die praktische Pflege übertragen werden muss. Wichtige pflegerische und Public Health bezogene Kernelemente sind:

- Bevölkerungsbezug
- Gesundheitsorientierung
- Soziallagenbezug (geschlechtsspezifisch und sozialspezifisch)
- Interdisziplinarität und Zusammenarbeit
- Interventionen

Weitere Ausführungen dazu finden sich bei Brieskorn-Zinke 2007.
Mit diesen Elementen findet die Pflege Anschluss an die nationale und internationale Public Health Debatte und an das lebensweltorientierte Konzept „Gesundheitsförderung“ der WHO.

3 Zusammenfassung

Wenn wir jetzt zum Abschluss das System Pflege wieder in seine Bestandteile ausdifferenzieren, nämlich in Pflegende, Pflegeinstitutionen und Pflegewissenschaft, dann kann unter Bezugnahme auf die europäischen Ansätze eine Beteiligung aller Subsysteme an der Ausgestaltung von Public Health Nursing in Deutschland folgendermaßen differenziert und präzisiert werden.

Systembezogener Ansatz: Pflegewissenschaftliche Beiträge zu gesundheitsbezogenen Bedarfsanalysen, Mitwirkung bei der Entwicklung von Programmen zur Gesundheitsförderung und Prävention und zur patientenorientierten Versorgungsgestaltung, Leitungs- und Steuerungsfunktionen in der Umsetzung von Programmen und Veränderungen. Hier handelt es sich vorwiegend um Arbeitsfelder für Pflegende mit einer pflegeorientierten Hochschulausbildung zum Beispiel bei Kostenträgern (Kranken- und Pflegekassen), der öffentlichen Verwaltung (Ministerien), bei Leistungserbringerverbänden und in Forschungseinrichtungen.

Gemeindebezogener Ansatz: Pflegespezifische Beiträge zur gemeindenahen Gesundheitsförderung im Sinne der aufsuchenden Gesundheitsarbeit: Familiengesundheitsschwester, der präventive Hausbesuch für ältere Menschen, Care- und Casemanagement. Hier geht es um eine Erweiterung der ambulanten Pflege in Richtung „Community health nursing".

Patientenorientierter Ansatz: Es geht um salutogenetisch orientierte Gesundheitsförderung, Prävention, Schulung und Beratung als alte und neue gesundheitsbezogene Arbeitsfelder in der Pflege. Ziel einer solchen präventiven und gesundheitsförderlichen Pflege ist Patientensouveränität, die Erhaltung der Selbstständigkeit und Gesundheit von Patienten und ihren Angehörigen und die Vorbeugung von Pflegebedürftigkeit und Folgeerkrankungen. Aktivierende Pflege, Prophylaxen, Patientenedukation und Kompetenzförderung sind die entsprechenden Strategien. Es handelt sich um eine gesundheits- und ressourcenorientierte Erweiterung pflegerischer Handlungsfelder im ambulanten und stationären Bereich.

Bevölkerungsorientierter Ansatz: Alle pflegerischen Tätigkeiten erhalten in diesem Ansatz eine professionell bewusste Public Health Dimension. Pflegende denken und handeln zugleich individuumsbezogen und Public Health orientiert. Sie stellen Pflegebedürftigkeit, Erkrankungen und Risikofaktoren in ihre lebensweltlich beeinflussten Zusammenhänge und entwickeln vor diesem Hintergrund aus ihrer täglichen Arbeit heraus niederschwellige und lebensweltorientierte Präventionskonzepte, die auch in der Primärprävention zum Tragen kommen. Sie verlassen dazu die pflegebezogenen Institutionen und werden zusammen mit anderen Berufsgruppen in unterschiedlichen Settings der Gesundheitsförderung tätig. Public Health in der Pflege ist in diesem Sinne eine professionelle Haltung mit dem Ziel, präventive Aufgaben auch in der öffentlichen Gesundheitsfürsorge wahrzunehmen.

Die vorgestellten Ansätze sind nicht scharf voneinander zu trennen. Sie ermöglichen jedoch konzeptionelle Differenzierungen und Zuordnungen, die auch vor dem Hintergrund von Ausbildungserfordernissen relevant sind.
Zusammenfassend ist festzuhalten: Die Pflege in den deutschsprachigen Ländern ist auf dem Weg, ihre Rolle in der Public Health Gemeinschaft inhaltlich auszufüllen und damit berufsspezifische Beiträge zu den Public Health Herausforderungen der heutigen Zeit zu leisten. Ein solches erweitertes berufliches Selbstverständnis kann jedoch weder allein aus der Akademisierung der Pflege noch allein aus politischen und gesetzlichen Vorgaben und auch nicht allein aus Initiativen der Pflegepraxis heraus geschehen. Es bedarf der Horizonterweiterung, der Anstrengung und der Neuerung des gesamten Systems Pflege.

Literatur:

Brieskorn-Zinke, Marianne (2007): Public Health Nursing – Der Beitrag der Pflegeberufe zur Bevölkerungsgesundheit. Stuttgart: Kohlhammer.

Brieskorn-Zinke, Marianne (2004): Gesundheitsförderung in der Pflege. Ein Lehr- und Lernbuch zur Gesundheit. 2. vollständig überarbeitete Auflage, Stuttgart: Kohlhammer.

Buhler-Wilkerson, Karen (1993): Public Health Then and Now. Bringing Care to People: Lillian Wald's Legacy to Public Health Nursing. American Journal of Public Health, Dec. 1993, Vol. 83, No. 12, 1778-1786.

Clark, Mary Jo (2003): Community health nursing: caring for populations – 4th ed., Upper Saddle River, N.J. : Prentice Hall.

Craig, Pauline M. (2000): The nursing contribution to public health. In: Nursing for Public Health. Population-based Care. Edited by Craig, P.M. & Lindsay, G.M.; Edinburgh: Churchill Livingstone.

Meyer, Martha (2006): Von der Gemeindepflege zur Pflegeversicherung: zur Dekonturierung präventiver pflegerischer Aufgaben in der gemeindenahen Pflege. In: Hasseler, M. & Meyer, M. [Hg.]: Prävention und Gesundheitsförderung – Neue Aufgaben für die Pflege. Grundlagen und Beispiele. Hannover: Schlütersche, 13-33.

Salvage, Jane. [Hg.] (1997): Nursing in Europa. A ressource for better health. Copenhagen: WHO, Regional Office for Europe.

Smith, Claudia M. & Maurer, Frances A. (1995): Community Health Nursing: Theory and Practice. Philadelphia: W.B. Saunders Company.

Swanson, Janice (1993): Community Health Nursing: Promoting the Health of Aggregates. Philadelphia: W.B. Saunders Company.

WHO Europa (2001): Public Health Nursing: Past and Future (EUR/01/5019258) prepared by Professor Gay Edgecombe.

IV Gesundheitsförderung und -gefährdung

Geiz ist geil? Geiz macht krank!
Betrachtungen zum Zusammenhang von Werten und Gesundheit[1]

Marianne Baier-Hartmann

1 Einleitung

Der Werbeslogan „Geiz ist Geil" bietet Anlass zur Beschäftigung mit den davon betroffenen Werten. Der Zusammenhang von Bedürfnissen mit Werten und deren Relationen zu individueller Gesundheit sollen im Folgenden erarbeitet werden. Der erste Zusammenhang von Geiz und Gesundheit offenbart sich in der Verknüpfung von Geiz und (psychischer) Erkrankung. Es stellt sich die Frage: Warum entwickelt der Mensch eine geizige Verhaltensweisen? Welche Grund-Bedürfnisse der Menschen sind dabei involviert? Aus gesundheitswissenschaftlicher Perspektive stelle wird ein Konzept vorgestellt, das die Sinnfrage aufgreift und somit die Frage nach den Werten und dem Zusammenhang zur Gesundheit herstellt.

2 Der Werbespruch

Dieser Werbeslogan hat Aufmerksamkeit auf sich gezogen in einer Werbelandschaft, die uns mit den vielfältigsten Botschaften überschwemmt und in der die Werbung für Produkte wirklich boomt. Dem Slogan ist es gelungen, herauszustechen und uns Menschen in unserer Meinung dazu zu polarisieren. Einige finden ihn überwältigend super, andere lehnen ihn vehement und mit Inbrunst ab. Genau dieser Umstand lässt die Werbebranche jubilieren, es ist aus Sicht der Wirtschaft gelungen, dass wir Menschen aufhorchen und ein Werbeprodukt wahrnehmen.
Aber warum wird der Werbeslogan wahrgenommen? Der Werbeslogan trifft einen Nerv der Zeit: Er provoziert, indem er mit den Werten und Normen, die unser gesellschaftliches Zusammenleben bestimmen, spielt.
Aus dem Religionsunterricht ist bekannt, dass der Geiz keineswegs eine günstige Eigenschaft darstellt, sondern im Gegenteil eine der Kardinalsünden ist und irritiert nicht

1 Erstveröffentlichung in: Wilhelm Schwendemann/Reiner Marquard [Hg.] (2007): 450 Jahre Reformation in Baden, Münster: LIT, S. 62-72.

auch das Wort „geil“, das als rein sexuell ausgerichtet und ordinär empfinden wird? Der Werbespruch spielt mit Tabus und provoziert?
Werbesprüche spiegeln auf prägnante Art und Weise den Zeitgeist und können nur zu einem bestimmten Zeitpunkt und in einer bestimmten gesellschaftlichen Konstellation wirken. Positiv gesehen zeigt uns dieser Spruch, dass die Fragen nach Werten aufgenommen werden sollte. Der Slogan greift den Zeitgeist auf, die Stimmung, die zu Beginn dieses Jahrtausends unsere Gesellschaft prägt:
Wir haben nichts zu verschenken. Jeder hat zu sehen, dass er auf seine Kosten kommt. Je besser es uns gelingt, mit unserem Einsatz maximalen Nutzen zu erzielen, desto erfolgreicher werden wir wahrgenommen und empfinden wir uns. Der Konsum stellt einen wichtigen Faktor in unserem Leben dar. Je mehr wir konsumieren können, desto besser können wir auch am gesellschaftlichen Leben teilhaben, denn Teilhabe am gesellschaftlichen Leben setzt heutzutage auch finanzielle Mittel voraus. Ist es da nicht ein Wert an sich, wenn wir in der Lage sind, clever und äußerst raffiniert zu sparen?
Ein Blick ins Internet verdeutlicht, in welcher Relation gesellschaftliche Themen behandelt werden. Eine kleine und sehr einfache Internetrecherche zum Suchwort „Geiz“ erbringt bei Google (im Sommer 2006) mehr als 2 Millionen Seiten, allein im deutschsprachigen Raum. Zum Begriff „Evangelium“ finden sich fast genauso viele Treffer, allerdings liegt der Geiz um etwa 100.00 Treffer vorne!
Und da im vergangenen Jahr der 150. Geburtstag Sigmund Freuds gefeiert wurde, ermöglicht dies einen Vergleich, wie der Zeitgeist auch diese Begebenheit aufgreift. Zum Suchwort „Freud“ finden sich 2.500.000 Einträge, und er ist somit Spitzenreiter dieser Recherche.
Linguistik und Sprachgeschichte können Bedeutungen von Begriffen aufgrund ihrer Herkunft und ihrer historischen Verwendung erhellen.
Geiz: Ethymologisch leitet sich das Wort „Geiz“ vom Wort „Gier“ ab, mit Geiz bezeichnet man zwanghafte oder übertriebene Sparsamkeit, damit auch verbunden den Unwillen, Güter zu teilen. Geiz bezeichnet eine übertriebene, abstoßend wirkende Sparsamkeit „Jemand ist vom Geiz besessen“ oder „der Geiz ist die Wurzel allen Übels“. Der Geiz hat aber neben dieser Bedeutung vom Mittelalter ausgehend noch eine weitere, positiv konnotierte Bedeutung: Der Geiz steht für „heftiges Verlangen“, „mit Inbrunst Begehrtes“. Schiller lässt Maria Stuart sagen: „mich locket nicht des eitlen Ruhmes Geiz“. Der Geiz, die avaritia, die Habsucht, gehört im christlichen Verständnis zu den Hauptsünden, die wir Menschen begehen können und diese wiederum werden als die Wurzeln der Todsünden betrachtet. Dieser Bedeutungsgehalt des Begriffes eröffnet die Überleitung zur späteren Wertediskussion.
Geil: Nach dem Wörterbuch der deutschen Sprache meint das Adjektiv „geil“: abwertend nach Geschlechtsgenuss gierig. Dies wird drastisch versinnbildlicht im Ausdruck „geiler Bock“. Synonyme für geil sind liebestoll, lüstern, triebhaft. Diese Bedeutung lässt uns vor dem Wort zurückschrecken – oder auch nicht: Hier zeigt sich die Generationengrenze. Geil ist ein fester Bestandteil des Wortschatzes der Jugendlichen und diese

reagieren mit großer Ablehnung auf Erwachsene, die sich ihrer Sprache bedienen, Jugendliche erleben dies als anbiedernd und grenzüberschreitend, wie eine Studie belegt. Eine zweite Wortbedeutung gibt es auch hier: Im deutschen Wörterbuch von Jakob und Wilhelm Grimm (1854) versteht man unter geil „lustig, ausgelassen, übermütig". Im Englischen zeugt der Mädchenname „Gail", die Fröhliche von dieser Abstammung. In diesem Lichte und daher im eigentlichen Sinne bedeutet die heutige Redewendung „das ist ´ne geile Party", nichts anderes als „fröhlich, ausgelassen und supergut ist es hier."

3 Geiz und Krankheit

In der Medizin werden Krankheiten nach definierten Klassifikationssystemen diagnostiziert. Im DSM-IV, dem Diagnostischen und Statistischen Manual der American Psychiatric Association (Saß & Houben, 2001), werden unter anderem Persönlichkeitsstörungen beschrieben. Darunter wird auch die sogenannte zwanghafte Persönlichkeitsstörung aufgeführt. Sie wird definiert als *„Ein tief greifendes Muster von starker Beschäftigung mit Ordnung, Perfektion und psychischer sowie zwischenmenschlicher Kontrolle auf Kosten von Flexibilität, Aufgeschlossenheit und Effizienz. Der Beginn liegt im frühen Erwachsenenalter ..."* Als eines der von fünf Kriterien kann gelten: *„Der Mensch ist geizig sich selbst und anderen gegenüber; Geld muss im Hinblick auf befürchtete künftige Katastrophen gehortet werden"*.
Geiz im Sinne übertriebener Sparsamkeit ist also krank, ein Zeichen einer krankhaften Persönlichkeitsstörung. Historisch geht dies zurück auf das Konzept der Psychoanalyse, in der die Instanzen Über-Ich, Ich und Es eine Rolle spielen und in diesem Zusammenhang den so genannten „Analen Charakter widerspiegeln, wie er von Sigmund Freud beschrieben wurde. Er fand, dass übertriebene Ordentlichkeit, übertriebene Sparsamkeit und übertriebener, trotziger Eigensinn oft bei Menschen auftrat, die an einer Zwangsneurose erkrankt waren.
Eine Erklärung dafür findet er in seiner Triebtheorie (Freud, 1996). Die Erziehung zur Sauberkeit ist demnach eine wichtige Phase für die Ausbildung der Art und Weise, wie das Ich mit den Triebregungen umgeht. In der Sauberkeitserziehung lerne das Kind unmittelbare Triebbefriedigung zurückzustellen und Rücksicht auf die kulturellen, erwachsenen Anforderungen zu nehmen. Die Konsequenz aus dieser Theorie heißt, das Kind erlangt in der geglückten Bewältigung dieser Aufgabe Kontrolle über seine Darmentleerung und im übertragenen Sinne, das Kind erlangt Integration unterschiedlicher Strebungen in sich selbst.
Geiz kann in diesem Kontext symbolhaft als trotziges Zurückhalten des Geldes verstanden werden, und das wiederum kann als Ausdruck für die Autonomiebestrebung der Person gesehen werden kann.
Krankhafter Geiz tritt aber auch als Symptom bei weiteren Erkrankungen auf. Er kann im Rahmen einer Psychose oder auch im hohen Alter auftreten. Hier sprechen wir vom Verarmungswahn.

Nun ist es bei der aktuellen Entwicklung der Renten nicht ganz abwegig, sich um seine Alterssicherung Sorgen zu machen. Hat die Angst vor Verarmung aber keine realistische Basis und ist sie auch bei Betrachtung der realen finanziell-günstigen Situation nicht korrigierbar, so sprechen wir von Wahn.
Die zwanghafte Persönlichkeitsstörung und der Verarmungswahn sind zwei Beispiele, dafür, dass der Geiz als Krankheitssymptom gesehen werden kann.
In beiden Fällen kann man als individuelles Motiv des Geizes Angst unterstellen. Die Angst vor einer Katastrophe soll durch zwanghaftes Verhalten gebändigt werden, der Geiz wird als angemessenes Mittel zur Abwendung der Katastrophe erlebt. Beim Verarmungswahn sieht der betroffene Mensch im Sparen eine Lösung, die Kontrolle über die künftige Situation herzustellen. Die Lebensweisheit „Spare in der Zeit, dann hast du in der Not" wird auf die Spitze getrieben, gelegentlich bis zu sozialen Isolation. Das Gleiche gilt für einen Menschen mit einer zwanghaften Persönlichkeitsstörung, auch er sieht im zwanghaften Sparen die Möglichkeit zur Kontrolle seiner Welt, die ihn bedrängt.

Geiz kann also auch als ein Versuch der Bewältigung von Angstsituationen verstanden werden Die Angst kann realistische Anteile haben, aber auch neurotischen Ursprunges sein. Der Wunsch nach Bewältigung von Schwierigkeiten, das Streben nach Meistern der Lebensumstände kann im positiven Sinne als ein menschliches Bedürfnis nach Kontrolle des eigenen Lebens aufgefasst werden Wie später gezeigt werden wird, ist dies Bedürfnis nach Kontrolle ein menschliches Grundbedürfnis.

4 Exkurs: Ökonomie des Geizes

Wirtschaftskritiker beklagten, dass sich durch den Slogan „Geiz ist geil" eine neue Mentalität breit gemacht habe. Diese Mentalität stehe für übertriebene Sparsamkeit von Käufern, insbesondere privaten Verbrauchern. Diese führe zu einem verstärkten Preiswettbewerb der Hersteller und Händler, der zu aggressiver Marktpolitik, Dumpingpreisen und ruinösem Wettbewerb führe. Die Volkswirtschaft leide als Ganzes, insbesondere werde die ohnehin nicht starke Binnenkonjunktur durch übermäßiges Sparen weiter geschwächt.
Ein US-Börsenspekulant prägte das Motto „Greed is good" (Gier ist gut). Dies entsprach dem Zeitgeist der New Economy-Ära der 80er Jahre. „Gier ist gut" idealisiert die Verschwendung und das Streben nach Reichtum. Dies ist der Zeitgeist des Booms, der Internet-Euphorie, der explodierenden Aktienkurse. Börsenmakler verwenden für diese Wirtschaftphase auch das Symbol des Bullen.
„Geiz ist geil" passt gut zum Zeitgeist nach dem Zusammenbruch der Internet-Spekulations-Blase, dem Zwang zur Sparsamkeit. Dies ist der Zeitgeist der Rezession, mit dem Wappentier des Bären als Symbol.
Die Bullen-Börsenmakler setzen auf steigende Kurse, kaufen gierig Aktien auf. Die Bären-Makler setzen auf fallende Kurse, halten vorsichtig ihr Geld zusammen.

Gier und Geiz sind in diesem Kontext nur Extreme einer ökonomisch, zweckrational handelnden Person, die auf die eine oder andere Art und Weise ihren Wohlstand mehren will – eines homo oekonomicus.
Aber „Geiz ist geil“ auf Seiten des Verbrauches findet kein Wohlwollen bei Wirtschafts-Managern, wie dem folgenden Ausschnitt eines Interviews der Zeit (2005) mit dem Porschemanager Wiedeking zu entnehmen ist:

- **ZEIT:** Ist die Werteskala abhanden gekommen?
- **Wiedeking:** Unsere Gesellschaft lebt davon, dass man sich orientieren kann, dass man eine Werteskala hat und dass man weiß, dass es ein gesellschaftliches Grundverständnis gibt. Dieses Grundverständnis scheint verloren gegangen zu sein. Nehmen Sie den Satz »Geiz ist geil«. Geiz ist eine Todsünde, und Geiz zerstört die Werteskala und schafft dann Desorientierung.
- **ZEIT:** Welche Werte gehen kaputt?
- **Wiedeking:** »Geiz ist geil« heißt nichts anderes als »Billig ist gut«, und billig zerstört die gesellschaftliche Anerkennung für Arbeit. Wer als Werker täglich suggeriert bekommt, dass das, was er mit seiner Hände Arbeit schafft, nur durch Verramschen zu etwas Kleingeld gemacht werden kann, verliert jegliches Wertegefühl. Konkret: Es geht eine Werteordnung kaputt, in der Arbeit eine wichtige Rolle spielt.

Dieser Auszug aus dem Interview eröffnet noch einmal eine ganz andere Perspektive zur Wertediskussion, nämlich die, die Arbeit als Möglichkeit, zu sehen, den Selbstwert eines Menschen mitzubestimmen.

5 Resumée von „Geiz“ und „Geil“

Geiz in Verbindung mit individueller Krankheit kann man auch als einen Versuch der Bewältigung von Angst verstehen. Die Bewältigung von Schwierigkeiten, das Meistern der Lebensumstände muss man nicht nur als Abwehr von Angst interpretieren. Im positiven Sinne steckt dahinter ein menschliches Bedürfnis nach Kontrolle des eigenen Lebens.
Geil zu sein bedeutet im gebräuchlichen Sinn, sexuelle Bedürfnisse am Rande des Kontrollverlustes zu erleben. Die andere, historische Bedeutung von „geil“ ist verbunden mit positiver Konnotierung, wie tolle Stimmung, Ausgelassenheit, Fröhlichsein. Im positiven Sinne steckt dahinter ein allgemeines menschliches Bedürfnis: das Lustprinzip (Libido).
Geiz und Geilheit in ihren negativen Ausprägungen kann man somit auch als übertriebene Manifestationen menschlicher Bedürfnisse begreifen, als unmäßige, unkontrollierte, irrationale Manifestationen oder neurotische Befriedigung von Bedürfnissen.
Hier stellt sich nun die Frage, welche Bedürfnisse Menschen überhaupt haben und inwiefern deren Befriedigung, oder deren Frustration Auswirkungen auf die Gesundheit haben.

6 Exkurs Menschliche Grundbedürfnisse

Nach Grawe (2004) lassen sich fünf unabhängige Bedürfnisse des Menschen unterscheiden. Dies sind die Bedürfnisse nach Bindung, Orientierung und Kontrolle, Selbstwerterhöhung und Selbstwertschutz, Lustgewinn und Unlustvermeidung sowie nach Konsistenz und Konsistenzregulation.

Klaus Grawe entwickelte diese Systematik mithilfe eines Reviews zum Stand der Forschung in allgemeiner Psychologie, Entwicklungspsychologie, klinischer Psychologie und aus dem Kenntnis-Stand der Hirnforschung im Jahr 2004. Er war bis zu seinem plötzlichen Tod im Jahr 2005 ein unermüdlich arbeitender Psychotherapieforscher und sein Buch über Neuropsychotherapie, ist nun zu seinem intellektuellen Vermächtnis geworden.

In dem von ihm entwickelten Modell werden die biologischen Grundbedürfnisse des Menschen nach Essen, Trinken, Ruhe und Sicherheit vorausgesetzt, Es geht in diesem Modell vor allem um die seelischen Grundbedürfnisse.

Anhand von drei Bedürfnissen, dem Bindungsbedürfnis, der Kontrollbedürfnis und dem Bedürfnis nach Lustgewinn sollen nun Zusammenhänge von Bedürfnisbefriedigung, Werten und Gesundheit aufgezeigt werden.

6.1 Das Bedürfnis nach Bindung

Freud sah das Bindungsbedürfnis des Menschen abgeleitet aus dem Lustprinzip. Anders sieht man das heute: das Bindungsbedürfnis gilt es als ein unabhängiges Bedürfnis. Die bekanntesten Bindungsforscher sind Bowlby (Grossmann et al., 2003), der Gründer der Bindungstheorie und Ainsworth (Bowlby & Ainsworth, 2001), die individuelle Bindungsstile empirisch untersucht und nachgewiesen hat. Bowlby spricht von unterschiedlichen Bindungsstilen, die sich in der frühen Kindheit herausbilden, und unser späteres Bindungsverhalten bestimmen. Wenn Kinder die frühe Beziehung zu ihrer Bezugsperson als unberechenbar, chaotisch und wenig einfühlsam erleben, dann hat dies negative und einschränkende Auswirkungen auf ihre Möglichkeiten mit Menschen Bindungen einzugehen. Diese Kinder entwickeln entweder einen unsicher-vermeidenden, einen unsicher-ambivalenten oder einen unsicher-desorganisierten Bindungsstil. Im Gegensatz dazu erleben sicher gebundene Kinder eine konstante, verlässliche Beziehung zur Bezugsperson und können so besser Widerstandsressourcen gegen mögliche Belastungen entwickeln. Die Resilienzforschung hat hier ihre Grundlagen und ihr weites Feld.

Verletzungen des Bindungsbedürfnisses haben neurophysiologische Auswirkungen, die im Extremfall zu schwerer körperlicher Krankheit und Tod führen können. Forschungsergebnisse belegen, dass psychische Erkrankungen mit unsicherem Bindungsstil in Zusammenhang stehen.

Dies bedeutet auch, dass eine Gesellschaft, die mit der Befriedigung des Bindungsbedürfnisses der Kinder und Eltern geizt, sich selbst einen Bärendienst erweist. Wenn jungen Eltern zu viel Energie, Mobilität und Flexibilität im Arbeitsleben abverlangt wird, dann wirkt das oft auf ihre Beziehungen zu ihren Kindern. An dieser Stelle wird deutlich, dass geltende Werte in der Gesellschaft einen großen Einfluss auf die Möglichkeiten zur Verwirklichung von Grundbedürfnissen haben und diese Verwirklichung von Grundbedürfnissen in engem Zusammenhang mit der Gesundheit stehen.

6.2 Das Bedürfnis nach Orientierung und Kontrolle

Menschen streben nach Erkenntnis, nach dem Verstehen der Welt. Wenn ein Mensch eine Situation zu verstehen glaubt, dann ist dies mit einem subjektiven Gefühl der Sicherheit verbunden.
Dahinter steckt der Wunsch nach der Kontrolle der eigenen Lebensbedingungen. Verstehen wir Zusammenhänge nicht, so erleben wir Verwirrung, Desorientierung und Depression. Der Verlust von Kontrolle bedeutet panischer Schreck, Furcht oder Angst. In Situationen, in denen wir uns unsicher fühlen, reagieren wir auch körperlich: Symptome wie Erschrecken, Verwirrung, Schweißausbrüche, erhöhter Herzschlag, Blutdruckschwankungen und andere psychosomatische Symptome können auftreten. Wenn solche Zustände chronisch wirken, dann können sie zu körperlichen Erkrankungen führen. Die dauerhafte oder wiederholte Verletzung des Bedürfnisses nach Orientierung und Kontrolle führt mit einiger Sicherheit zu einer Beeinträchtigung der Gesundheit. Da es auch vom gesellschaftlichen Kontext abhängt, wie viel Kontrolle wir über unser eigenes Leben und unser Umfeld haben können, findet sich auch hier der Zusammenhang vom Gesellschaftsbedingungen und Gesundheit.

6.3 Das Bedürfnis nach Lustgewinn und Unlustvermeidung

Keines der menschlichen Motivationssysteme erscheint so offensichtlich und so weit verbreitet in Wissenschaft, Kultur und Gesellschaft, wie das von Freud so genannte „Lustprinzip“. Beim Säugling schon erkennen wir seine Wirkungsweise und Funktion. Die angenehmen Zustände der Sättigung und Wärme werden angestrebt, unangenehme Zustände des Hungers, des Schmerzes, der Kälte werden durch Schreien, ein „Herbeirufen“ der Bezugsperson beendet. Wir sprechen heutzutage vom kompetenten Säugling, der aktiv sein Grundbedürfnis nach Lustgewinn und Beziehung gestaltet.
Die Verhaltenstherapie reagiert auf dieses Bedürfnis nach Lustgewinn und Unlustvermeidung mit dem Konzept der belohnenden, positiven Verstärker und der negativen Verstärker (vereinfacht ausgedrückt: der Bestrafung).
Dieses Bedürfnis hat in der modernen und neurowissenschaftlich basierten Psychologie von Grawe nicht mehr den Stellenwert wie das Lustprinzip bei Freud. Es wir dicht mehr als das eine, grundlegende Bedürfnis angesehen, aus dem alles andere sich ableitet. Vielleicht ist es „primus inter pares“, aber nicht mehr Herrscher allen Wollens.
Verletzungen des Bedürfnisses nach Lustgewinn können ebenfalls körperliche und seelische Erkrankungen nach sich ziehen. Menschen, die unausweichlicher körperlichen Schmerzzuständen ausgesetzt waren, etwa unter Folter oder schwerer körperlicher Er-

krankung ohne Schmerzbehandlung, leiden später häufig an einer Posttraumatischen Belastungsstörung oder an Depressionen und Angstzuständen.

7 Resumee zu seelischen Bedürfnissen und Gesundheit

Die Befriedigung der Bedürfnisse steht in engem Zusammenhang mit Gesundheit. Im sozialen Austausch werden Bedürfnisse befriedigt und „ausgehandelt“. Werte und Normen bestimmen den Umgang mit Bedürfnissen und ihrer Befriedigung

8 Das Salutogenesemodell

„Das Salutogenesemodell geht auf Aaron **Antonovsky** zurück und geht der Frage nach: Was hält Menschen gesund? Das ist die Grundfrage der Gesundheitswissenschaften. Natürlich gibt es dazu die klassische Antwort: „Halte dich fern von dem, was krank macht!“ Und doch: es gibt ein unvermeidliches Risiko, eine unvermeidliche Exposition mit krankmachenden Faktoren, sei es auch nur deshalb, weil wir nicht alle Risikofaktoren kennen oder beeinflussen können. Deshalb ist die Fragestellung von Aaron Antonovsky so interessant. Er fragt sich: „Was ist das Besondere an Menschen, die trotz extremster Belastungen gesund bleiben?“ Er untersuchte überlebende Frauen des Holocaust und fand heraus, dass einige trotz dieser Katastrophe bei guter Gesundheit alt wurden. Seine Forschungen mündeten in ein theoretisches Modell, das ich Ihnen nun gerne vorstellen möchte. Sein Modell ist das Salutogenesemodell, ein Gesundheitsmodell.
Salutogenese ist eine Wortschöpfung von Antonovsky, die er im Kontrast zur in der Medizin üblichen Pathogenese formulierte. Der Salutogenese-Begriff ist also ein Neologismus, zusammengesetzt aus *Salus,* lat.: Unverletztheit, Heil, Glück und *Genesis,* griech.: Entstehung. Er steht im Gegensatz zum Begriff der Pathogenese, von *Pathos*, griech.: das Leiden *Genesis,* griech.: Entstehung
Antonovsky postuliert, dass der gesundheitliche Zustand eines Menschen von einer inneren Haltung beeinflusst wird. Diese Haltung nennt er das **das Kohärenzerleben: Sense of Coherence.**
Was versteht man unter dem Kohärenzerleben?
Antonovsky sagt, des ist die Grundhaltung eines jeden Menschen, die er gegenüber der Welt. und dem eigenen Leben hat. Dieses Gefühl drückt aus, in wie weit jemand ein durchdringendes, überdauerndes und dynamisches Gefühl des Vertrauens in sich und die Welt erlebt.
Dieses Vertrauen drückt sich darin aus, dass der Mensch glaubt, dass die Anforderungen aus der inneren oder äußeren Erfahrenswelt im Verlauf des Lebens strukturiert, vorhersagbar und erklärbar sind. Dieses Vertrauen drückt sich darin aus, dass der Mensch glaubt, dass die Ressourcen zur Verfügung stehen, die nötig sind, um den Anforderungen des Lebens gerecht zu werden.

Und dieses Vertrauen drückt sich darin aus, dass der Mensch glaubt, dass die Anforderungen des Lebens Herausforderungen sind, die ein Engagement verdienen.
Diese drei Aspekte des Kohärenzerlebens führt Antonovsky weiter aus.
Mit dem Gefühl der Verstehbarkeit *(sense of comprehensibility)* beschreibt er die Erwartung bzw. die Fähigkeit von Menschen, Stimuli – auch unbekannte – als geordnete, konsistente, strukturierte Informationen verarbeiten zu können. Das heißt, nicht mit Reizen konfrontiert zu sein, die chaotisch, willkürlich, zufällig und unerklärlich sind.
Mit dem Gefühl der Handhabbarkeit *(sense of manageability)* beschreibt er die Überzeugung eines Menschen, dass Schwierigkeiten lösbar sind. Antonovsky nennt dies auch instrumentelles Vertrauen und definiert es als das *„Ausmaß, in dem man wahrnimmt, daß man geeignete Ressourcen zur Verfügung hat, um den Anforderungen zu begegnen“*
Der dritte und nach Antonovskys Ansicht wichtigste Aspekt ist das Gefühl von Sinnhaftigkeit *(sense of meaningfulness)*. Diese Dimension beschreibt das *„Ausmaß, in dem man das Leben als emotional sinnvoll empfindet: Dass wenigstens einige der vom Leben gestellten Probleme und Anforderungen es wert sind, dass man Energie in sie investiert, dass man sich für sie einsetzt und sich ihnen verpflichtet, dass sie eher willkommene Herausforderungen sind, als Lasten, die man gerne los wäre“*. Ohne die Erfahrung von Sinnhaftigkeit und ohne positive Erwartungen an das Leben ergebe sich trotz einer hohen Ausprägung der anderen beiden Komponenten kein hoher Wert des gesamten Kohärenzgefühls.
Je stärker nun das gesamte, aus allen drei Komponenten zusammengesetzte Kohärenzgefühl ist, desto besser gelingt es nach der Ansicht Antonovskys dem Menschen, gesund zu bleiben.
Gesundheit versteht Antonovsky nicht als einen Zustand, der den anderen Pol von Kranksein darstellt, er versteht Gesundheit als Kontinuum, das die körperliche, seelische, geistige und soziale Begebenheit des Menschen berücksichtigt. So ist ein behinderter Mensch im Sinne Antonovskys ebenso gesund wie ein nicht behinderter Mensch es sein kann, Gesundheit im Sinne von Wohlbefinden kommt diesem Verständnis nah.
Das Salutogenese-Modell kann nicht erfasst werden, wenn nicht auch die Dimension der Werte mit berücksichtigt wird!
Nehmen wir den sense of comprehensibility, das Gefühl der Verstehbarkeit: Antonovsky gibt in seinem Modell vor: respektiere den Wunsch nach Verstehbarkeit in deinem Leben und trachte danach, möglichst viel davon in deinem Leben zu realisieren, denn das stärkt dein Kohärenzgefühl, das dich bei gutem Wohlbefinden altern lässt. Dieser Wunsch nach großer Verstehbarkeit in unserem Leben stellt Ansprüche an unser eigenes Vermögen, Verstehbarkeit im Alltag herzustellen. Da wir alle in gesellschaftlichen Rahmenbedingungen leben ist unsere Möglichkeit, diese Verstehbarkeit für uns zu erlangen, gekoppelt mit den Wertevorstellungen, die gesellschaftlich verankert sind.
Ein Beispiel dazu: Arbeitnehmer bekommen von Ihrem Arbeitgeber ihre Gehaltsabrechnung. Sie müssen so oder so Ihre Abgaben bezahlen. Aber nicht erst, wenn sie glauben ihre gehaltsabrechnende Verwaltung mache einen Fehler, tut es ihnen gut, zu verstehen,

was Ihnen zusteht und was Sie für welche Zwecke und unter welchen Normvorstellungen für gesellschaftliche, gemeinschaftliche oder wohltätige Verwendung abtreten. Ebenfalls kann der sense of manageability nicht umgesetzt werden ohne die Werte des Einzelnen und auch der Gesellschaft zu berücksichtigen
Beispiel: Der Leiter einer Beratungsstelle möchte die Abläufe unter der Maxime des Qualitätsmanagements umgestalten. Dazu könnte auch die Steigerung der Effizienz irgendeines Arbeitsbereiches gehören. Es ist für den individuellen Sense of Manageability gut, wenn er seime Vorstellungen umsetzen kann. Bei reflektierter Umsetzung seiner Ideen könnte er aber hinterfragen, ob der gesellschaftliche Wert der Effizienz „freiwillig" angestrebt werden sollte und, ob er damit konkurrierende Werte wie Arbeitnehmerrechte verletzt.
Am deutlichsten aber zeigt sich die Notwendigkeit, Werte zu kennen und zu berücksichtigen beim sense of meaningfulness: Wie kann ich meine persönliche Sinnhaftigkeit stärken, wenn ich mich nicht gleichzeitig mit den Werten beschäftige, die die Sinnhaftigkeit meines Lebens ausmachen! Das Salutogenese-Modell gibt keine Antwort auf die Frage, welche Werte es sind, die Sinn stiften, aber ganz deutlich fordert das Modell: Beschäftige dich mit der Sinnfrage und den dazugehörigen Werten, denn dies trägt zu deiner Gesundheit bei, zu deinem Wohlbefinden!

9 Zusammenfassung

Menschen suchen ihre Bedürfnisse zu befriedigen. Geiz und Geilheit sind mit zwei der menschlichen Grundbedürfnisse verknüpft. Geiz mit dem Bedürfnis nach Kontrolle, Geilheit mit dem Lustprinzip. Beide jedoch stellen in ihren Extremen krankhafte oder verformte Arten der Bedürfnisbefriedigung dar, insofern machen sie nicht krank, sondern „sind krank". Bedürfnisbefriedigung und Gesundheit sind miteinander verknüpft: Negativ verknüpft, da starke Verletzung der Grundbedürfnisse Krankheit hervorrufen kann und positiv verknüpft, da gelingende Bedürfnisbefriedigung Gesundheit stärkt. Das Salutogenesemodell bestätigt den Zusammenhang von befriedigtem Kontrollbedürfnis und Gesundheit durch den Sense of Manageability. Antonovsky geht aber über ein reines Bedürfnismodell hinaus, indem er im Sense of Meanigfulness, die Sinn- und Wertedimension des Lebens fokussiert. So sind gesellschaftliche Werte mit Gesundheit verbunden: einerseits durch das Regeln von Bedürfnisbefriedigung durch Werte und Normen, andererseits durch die Notwendigkeit der Auseinandersetzung mit Werten und Normen zur Etablierung eines gesundheitsförderlichen Sense of Coherence.

Literatur

Bowlby, John / Ainsworth, Mary D. (2001): Frühe Bindung und kindliche Entwicklung / John Bowlby. Mit einem Vorw. von Manfred Endres und einem Beitr. von Mary D. Salter Ainsworth. [Übers. von Ursula Seemann] (Beiträge zur Kinderpsychotherapie; 13). 4., neugestaltete Aufl., München/Basel: E. Reinhardt.

Freud, Sigmund (1996): Drei Abhandlungen zur Sexualtheorie, Einleitung von Reimut Reiche, Frankfurt am Main: Fischer-Taschenbuch-Verlag.

Grawe, Klaus (2004): Neuropsychotherapie, Göttingen/Bern [u.a.]: Hogrefe.

Grimm, Jacob / Grimm, Wilhelm (1854): Deutsches Wörterbuch. Leipzig: Hirzel.

Grossmann, Klaus E. / Bowlby, John / Ainsworth, Mary D. [Hg.](2003): Bindung und menschliche Entwicklung: John Bowlby, Mary Ainsworth und die Grundlagen der Bindungstheorie, Stuttgart: Klett-Cotta.

Saß, Henning [Bearb.] / Houben, Isabel [Red.] American Psychiatric Association (2001): Diagnostisches und statistisches Manual psychischer Störungen DSM-IV: übersetzt nach der 4. Aufl. des Diagnostic and statistical manual of mental disorders der American Psychiatric Association. 3., unveränd. Aufl. Göttingen / Bern u.a.: Hogrefe.

Soziale Integration und Beantwortung des Pflegebedarfs pflegebedürftiger Menschen – Bedarf und Chancen[1].

Baldo Blinkert und Thomas Klie

Die aktuelle Diskussion um die Weiterentwicklung des Pflegeversicherungsrechtes ist geprägt von einer medizinisch-fachlichen Perspektive: Die Pflegequalität gilt es zu verbessern, die besonderen Bedarfe Demenzkranker zu berücksichtigen. Was bei der Anlage der Pflegeversicherung insgesamt zu kurz kommt, ist die Frage der sozialen Integration, der sozialen Netzwerke und familiaren Solidaritätsstrukturen, auf die sie sich aufbaut. In dem Modellprojekt PFLEGEBUDGET, das vom Arbeitsschwerpunkt Gerontologie und Pflege an der Evangelischen Fachhochschule Freiburg durchgeführt wird, werden Fragen der Lebens- und Versorgungsqualität pflegebedürftiger Menschen thematisiert. Dabei wird sehr deutlich, dass die soziale Integration, die soziale Netzwerkqualität von ausschlaggebender Bedeutung ist, als Parameter der Lebensqualität, aber auch der quantitativen Versorgungsqualität. Das macht einmal mehr deutlich, wie wichtig Dimensionen sozialer Gesundheit und sozialer Integration sind, die leicht vernachlässigt werden, wenn eine medizinisch-pflegerische Perspektive dominiert.

Die Sicherung der Pflege in der Zukunft gehört zu den großen gesellschafts- und sozialpolitischen Themen der nächsten Jahrzehnte. In den aktuellen gesundheits- und pflegepolitischen Diskussionen steht die Sicherung der Pflegeversicherung insbesondere auf der fiskalischen Seite und die moderate Anpassung leistungsrechtlicher Art im Mittelpunkt. Die grundlegende Frage, wie sich die Versorgungssituation in den nächsten Jahrzehnten entwickeln wird, bleibt weiterhin ausgespart.[2] Um die zentralen Probleme für die Zukunft in den Blick zu nehmen, muss man zum Teil sehr einfache Fragen stellen. So gibt es im Wesentlichen zwei Perspektiven, wovon die Versorgungssituation pflegebedürftiger Menschen abhängt: Die eine – nennen wir sie die „naive Perspektive“ – geht davon aus, dass die Versorgungssituation vom Bedarf bestimmt ist. Eine andere Sichtweise könnte man vielleicht als „subversive Perspektive“ bezeichnen. Ihr zufolge wird die Versorgungssituation durch ganz andere Bedingungen beeinflusst, also nicht vom Bedarf, sondern von Bedingungen, die etwas mit der Verteilung gesellschaftlicher Chancen, mit dem Fehlen oder Vorhandensein von Ressourcen zu tun hat. Wir sind der Meinung, dass beide Sichtweisen zutreffend sind und werden das in diesem Aufsatz be-

1 Dieser Aufsatz beruht auf einer Veröffentlichung in der Zeitschrift für Gerontologie und Geriatrie 06/2006, 39. Jg., S. 423-428.

2 Klie, Th. (2007).

gründen und auch durch die Ergebnisse unserer Forschungen belegen.[3] Sie sind für die Architektur der Pflegesicherung in Deutschland von grundlegender Bedeutung: basiert sie doch im Wesentlichen auf gesellschaftlichen Voraussetzungen, auf der Familienpflegebereitschaft, die so für die Zukunft nicht mehr gelten werden.

1 Versorgungssituation pflegebedürftiger Menschen: Pflegearrangements

Versorgungssituationen ergeben sich aus den gewählten oder auferlegten Pflegearrangements. Eine erste und sehr grundlegende Unterscheidung bezieht sich auf den Ort der Pflege: ob die Versorgung in einem Heim durchgeführt wird oder ob es sich um eine häusliche Versorgung handelt. Zurzeit beruht die Versorgung pflegebedürftiger Menschen noch immer ganz wesentlich darauf, dass nahe Angehörige - vor allem Ehe-/ Lebenspartner und Kinder - bereit sind, entsprechende Verpflichtungen zu übernehmen. Der Anteil der zu Hause Versorgten liegt bei rund 70 % und von den helfenden Familienangehörigen nehmen auch nur rund zwei Drittel professionelle Hilfen in Anspruch. Und wenn wir die Menschen fragen, dann wird deutlich, dass die häusliche Versorgung auch immer noch als Idealform der Versorgung betrachtet wird. Demgegenüber wird die Versorgung durch ein Pflegeheim eher negativ beurteilt und gilt als Ersatzlösung. Häusliche Versorgung und stationäre Versorgung sind die Extreme – dazwischen liegen verschiedene Formen der teilstationären und temporär-stationären Versorgung wie z.B. die Kurzzeitpflege und die Tagespflege, die jedoch noch immer keinen großen Zuspruch finden. Bei der häuslichen Pflege lässt sich noch unterscheiden, wie und in welchem Umfang verschiedene Akteure und Sektoren beteiligt sind: informeller Sektor 1 (Angehörige), informeller Sektor 2 (Nachbarn, Bekannte, Freunde, Ehrenamtliche), formeller Sektor 1 (Pflegefachkräfte und –dienste), formeller Sektor 2 (sonstige berufliche bzw. kommerzielle Anbieter von Leistungen). Diese Sektoren und Akteure bringen jeweils ihre eigene Qualität in die Gestaltung des Pflegearrangements ein: Professionelle mit ihrem Fachwissen und ihrer handwerklichen aber auch hermeneutischen Kompetenz; sonstige berufliche bzw. kommerzielle Anbieter, die zur Bewältigung von Alltagsproblemen erforderlichen Dienste, die Angehörigen mit ihrer spezifischen Kenntnis und Nähe zum Pflegebedürftigen und der lebensweltlichen Vertrautheit, Nachbarn und Ehrenamtliche mit ihrem Interesse an der Person des Pflegebedürftigen und in der von ihnen herzustellenden sozialen Teilhabe des Pflegebedürftigen in soziale Kontexte der Gesellschaft. Die quantitativen und qualitativen Verschränkungen der beschriebenen

3 Die Forschungen wurden im Zeitraum von 1998 bis 2007 im Kontext des „Freiburger Forschungsverbunds soziale Sicherheit im Alter" durchgeführt. An diesem Forschungsverbund beteiligt sind das Institut für Soziologie an der Universität Freiburg - Prof. Dr. Baldo Blinkert, Prof. Dr. Thomas Klie und der Arbeitsschwerpunkt Gerontologie und Pflege (AGP) an der Evangelischen Fachhochschule und das Freiburger Institut für angewandte Sozialwissenschaft (FIFAS).

Sektoren werden in etwas anderen Kategorien analytisch und strategisch im Welfare-Mix Ansatz thematisiert.[4]

Pflegearrangements

stationäre Versorgung	häusliche Versorgung

Beteiligte Sektoren und Akteure		
Sektoren	**Typische Akteure**	**Beispiele**
Informeller Sektor 1	Angehörige, Familie	Tochter, Sohn, Ehefrau, Schwiegertochter, Schwiegersohn, Neffe, Nichte, Vater...
Informeller Sektor 2	Freunde, Bekannte, Nachbarn, Ehrenamtliche	Eine gute Freundin, der Nachbar Herr X, Hand in Hand e.V., ...
Formeller Sektor 1	Professionelle Pflegekräfte, -dienste, sonstige prof. Anbieter	Pflegefachkraft, Krankenschwester, Physiotherapeut...
Formeller Sektor 2	Sonstige berufliche und/oder kommerzielle Anbieter	Ich-AG, polnische Haushaltshilfe, Putzfrau, Frisör, Menüdienst ...

Abbildung 1

Wie sind nun Pflegearrangements erklärbar? Wovon hängt es ab, welches Arrangement gewählt wurde bzw. sich ergeben hat?

2 Unterscheidung zwischen Mikro- und Makro-Ebene

Um die Frage nach Erklärungen zu beantworten, ist es zunächst sinnvoll, zwischen einer Makro- und einer Mikro-Ebene zu unterscheiden. Wenn wir die Makro-Ebene im Blick haben, berücksichtigen wir zur Erklärung *Strukturen* und das Explanandum sind Quoten oder Häufigkeiten von verschiedenen Pflegearrangements – z.B. der Anteil oder die Anzahl der in Heimen Versorgten. Wenn es uns um die Mikro-Ebene geht, interessieren wir uns für *Entscheidungen* von Individuen oder Haushalten und für ihre *Praktiken*. Wir wollen dann wissen, wie und unter welchen Bedingungen sich Pflegebedürftige, bzw.

4 Klie (2007a), Klie/Ross (2005).

deren Angehörige für die eine oder andere Form der Versorgung entscheiden und wie die konkrete Praxis der Versorgung aussieht.[5].

Es lässt sich zeigen, dass man für beide Ebenen zu brauchbaren Erklärungen kommt, wenn drei Faktoren, bzw. „Faktorbündel" berücksichtigt werden:
1. der Bedarf,
2. Chancen oder Opportunitätsstrukturen und
3. die institutionellen-, im Wesentlichen die sozialgesetzlichen Rahmenbedingungen.

3 Makroebene: Bedarf und Chancen im Prozess des gesellschaftlichen und demographischen Wandels

Zunächst einige Überlegungen und Ergebnisse zur Makro-Ebene: Wie lassen sich Quoten für bestimmte Arrangement-Typen erklären, z.B. die Heimquote, d.h. der Anteil der stationär versorgten Pflegebedürftigen? Mit welchen Entwicklungen ist für die nächsten Jahre zu rechnen? Dazu konnten wir ein Simulationsmodell entwickeln.[6] Das Modell zeigt, wie sich unter den Bedingungen des demographischen und sozialen Wandels und bei konstanten institutionellen Bedingungen Bedarf und Chancen (also Opportunitätsstrukturen) und damit auch der Anteil von Arrangementtypen verändern könnten.
Der Bedarf ergibt sich aus der erwartbaren Zahl von Pflegebedürftigen. Die voraussichtliche Entwicklung ist allgemein bekannt: Aufgrund demographischer Veränderungen können wir erwarten, dass die Zahl der pflegebedürftigen Menschen bis 2050 ungefähr um den Faktor 2 zunehmen wird – von jetzt rund 2 Mio. auf dann ca. 4 Mio.
Wie sich die Chancen entwickeln könnten ist etwas schwieriger abzuschätzen – wir gehen von der folgenden Annahme aus:[7]

5 Natürlich hängen Makro- und Mikro-Ebene zusammen. Strukturen schaffen Restriktionen und eröffnen Chancen auf der Handlungs- bzw. Entscheidungsebene und durch Handlungen/Entscheidungen bzw. durch die Kumulation von Handlungen und durch die Entscheidungen von Akteuren mit „datensetzender Macht" entstehen Strukturen. Für eine grundlegende Diskussion des Zusammenhangs von Makro- und Mikro-Ebene vgl. A.Giddens: The Constitution of Society, Cambridge 1984. Zum Konzept der „datensetzenden Macht" vgl. H.Popitz: Phänomene der Macht, Tübingen 1992.

6 Vgl. dazu Blinkert/ Klie: Zukünftige Entwicklung des Verhältnisses von professioneller und häuslicher Pflege bei differierenden Arrangements und privaten Ressourcen bis zum Jahr 2050. Expertise im Auftrag der Enquete-Kommission Demographischer Wandel des Deutschen Bundestages, hektogr. Man. Berlin/Freiburg, 2001.

7 Vgl. dazu Blinkert/ Klie: Solidarität in Gefahr? Hannover 2004.

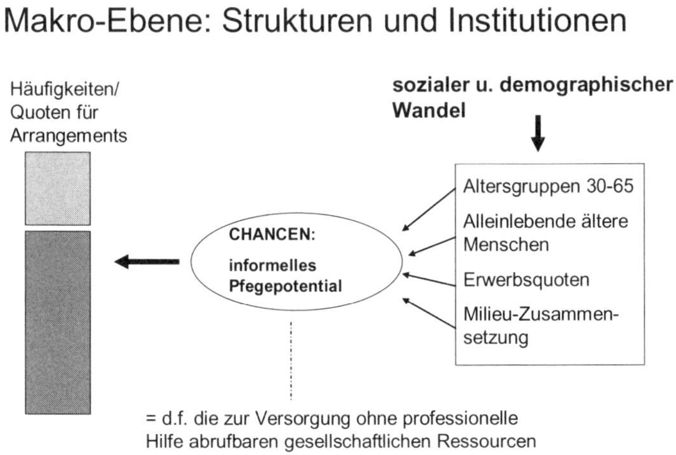

Abbildung 2

Die Chancen für eine häusliche Versorgung ergeben sich aus dem in der Gesellschaft vorhandenen „informellem Pflegepotential“: das sind die zur Versorgung ohne professionelle Hilfe abrufbaren gesellschaftlichen Ressourcen. Diese Ressourcen verändern sich durch den sich ändernden Altersaufbau, durch eine sich verändernde (sicher zunehmende) Zahl von älteren Menschen, die allein leben, durch steigende Erwerbsquoten vor allem von Frauen und durch eine Abnahme der quantitativen Bedeutung von sozialen Milieus, die eine starke Präferenz für die häusliche Pflege haben.

Wenn diese Faktoren berücksichtigt werden, ist mit der folgenden Entwicklung zu rechnen:

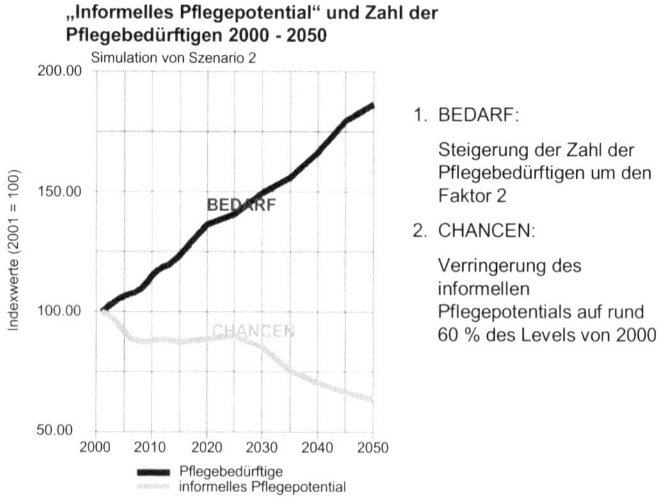

Abbildung 3

Während die Zahl der Pflegebedürftigen – also der auf der Makro-Ebene beschreibbare Bedarf - um den Faktor 2 steigen könnte, würde sich das „informelle Pflegepotential“ – also die Chancen – auf rund 60 % des Niveaus von 2000 reduzieren. Erwartbar ist also, dass sich die Schere öffnet.

Auf die Quote verschiedener Pflegearrangements könnte das folgende Auswirkungen haben:

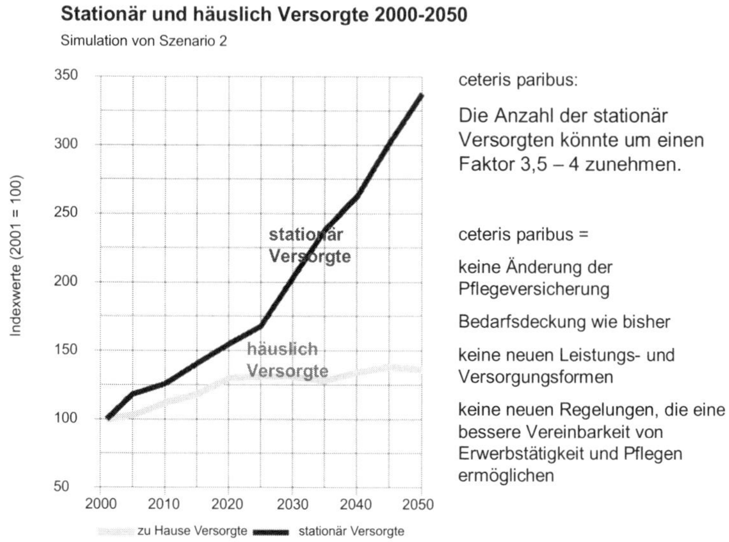

Abbildung 4

Die Anzahl der in Heimen Versorgten könnte gegenüber dem Jahr 2000 um den Faktor 3.5 bis 4 zunehmen. Natürlich gilt das „ceteris paribus“, d.h. wenn die Rahmenbedingungen sich nicht ändern: wenn es nicht zu einer Änderung der Pflegeversicherung kommt, wenn die Bedarfsdeckung so erfolgt wie bisher, wenn es keine neuen Leistungsformen gibt, wenn es nicht zu einer verbesserten Vereinbarkeit von Beruf und Pflegen kommt etc.

4 Mikro-Ebene des Entscheidens: stationäre oder häusliche Versorgung - „Pflegekulturelle Orientierungen“ und soziale Milieus

Betrachten wir nun die Mikro-Ebene: Wie sind Präferenzen für Pflegearrangements und damit auch Entscheidungen verteilt? Wovon hängen solche Präferenzen ab? Dazu haben wir verschiedene Untersuchungen durchgeführt – im ländlichen Raum, in einer Großstadt, in den alten und neuen Bundesländern.[8] Es ging dabei immer um die Frage nach den „pflegekulturellen Orientierungen“ in der für dieses Thema besonders wichtigen und sensiblen Altersgruppe der 40- bis 65-Jährigen. Dabei hat uns u.a. interessiert, wie

8 Blinkert / Klie: Pflegekulturelle Orientierungen und soziale Milieus. In: Sozialer Fortschritt Jg. 49 (2000), S. 237-245; dies.: Solidarität in Gefahr? Hannover 2004; dies.: Pflegekulturelle Orientierungen. Die Annaberg-Unna-Studie, hekt. Man. 2006.

man einen nahen Angehörigen versorgen würde, der plötzlich pflegebedürftig wird. Wir haben die folgenden Präferenztypen unterschieden:

1. häusliche Versorgung ohne professionelle Hilfe
2. häusliche Versorgung mit professioneller Unterstützung
3. eher stationäre Versorgung
4. definitiv stationäre Versorgung

Ein Ergebnis aus diesen Forschungen ist für die Erklärung von Versorgungspräferenzen besonders wichtig: die erstaunliche und sehr deutliche Verankerung von Präferenzen in sozialen Milieus:[9]

9 Soziale Milieus wurden durch die Achsen „sozialer Status" und „Lebensentwurf" klassifiziert. Der soziale Status wurde über die Indikatoren Einkommen, Schulbildung und Berufsausbildung gemessen. Der Lebensentwurf wurde auf dem Kontinuum „vormodern...modern" eingestuft. Dazu wurden Statements über die Definition der Frauenrolle berücksichtigt, in denen auf der einen Seite ein auf Familie, Haushalt und Kinderbetreuung ausgerichtetes Frauenbild zum Ausdruck gebracht wurde und auf der anderen Seite eine Vorstellung von der Frauenrolle, die deutlich auf Selbständigkeit und Beruf ausgerichtet ist. Die Indices bzw. Skalen basieren auf Indikatoren, die auch in den repräsentativen ALLBUS-Studien verwendet werden. Auf diese Weise waren Vergleiche mit den Verhältnissen in einer repräsentativen Stichprobe möglich und auch Untersuchungen über die Veränderung des Anteils verschiedener Milieus im Zeitverlauf. Genauere Erläuterungen dazu finden sich in Blinkert/Klie: Solidarität in Gefahr? a.a.O. Zum Milieu-Konzept allgemein vgl. S. Hradil: Soziale Milieus – eine praxisorientierte Forschungsperspektive Aus Politik und Zeitgeschichte, 44-45 (2006), S. 3-10.

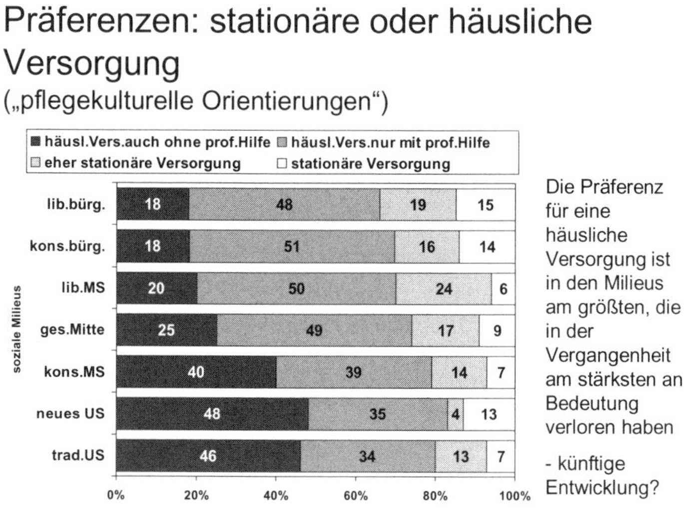

Abbildung 5

Erläuterung:	
trad.US	traditionelles Unterschicht-Milieu
neues US	neues Unterschicht-Milieu
kons.MS	konservatives Mittelschicht-Milieu
ges.Mitte	gesellschaftliche Mitte
lib.MS	liberales Mittelschicht-Milieu
kons.bürg.	konservativ-bürgerliches Milieu
lib.bürg.	liberal-bürgerliches Milieu

Die Untersuchungen in allen Regionen kommen immer wieder zu dem gleichen Ergebnis: Die geringste Bereitschaft zum Selberpflegen lässt sich im „liberal-bürgerlichen Milieu" beobachten: also bei der Kombination eines relativ hohen sozialen Status mit einem modernen Lebensentwurf. Die größte Bereitschaft zum Selberpflegen besteht dagegen in den „Unterschicht-Milieus": Fast 50 Prozent würden dieser Versorgungsform den Vorzug geben.[10]

Betrachtet man die uns bis jetzt bekannte Richtung des sozialen Wandels, so lässt sich folgendes feststellen: Die Präferenz für eine häusliche Versorgung ohne Inanspruchnahme professioneller Hilfen ist in den Milieus am stärksten ausgeprägt, die in der Vergangenheit am meisten an Bedeutung verloren haben und die als die „Verlierer" von Modernisierungsprozessen gelten können.

Für diese milieuspezifische Verteilung von Pflegepräferenzen gibt es natürlich Gründe. Der entscheidende Punkt ist, dass aus unseren Untersuchungen hervorgeht, dass mora-

10 Das berichtete Ergebnis bezieht sich auf die 2006 durchgeführten Annaberg-Unna-Studien mit einer Stichprobe von 1004 Personen im Alter von 40 bis 65 Jahre.

lische Erwägungen bei der Wahl eines Arrangements durchweg eine sehr viel geringere Bedeutung haben als Kostenerwägungen. In den statushöheren Milieus haben besonders „Opportunitätskosten“ eine große Bedeutung: das sind die Kosten, die entstehen, wenn man durch die Übernahme von Pflegeverpflichtungen auf attraktive berufliche und soziale Möglichkeiten verzichten muss.[11]

5 Mikro-Ebene der Praktiken - Beteiligung von Sektoren und Akteuren am Pflegearrangement

Unsere Begleitforschung zur Einführung eines persönlichen Pflegebudgets[12] hat weitere Erkenntnisse über Pflegearrangements und über ihre Abhängigkeit von Bedarf und Chancen erbracht. Vor allem konnten wir im Rahmen dieser Forschung Informationen über die Praktiken gewinnen, d.h. über die tatsächlich realisierten Pflegearrangements – und nicht nur über Präferenzen.

Wir haben gefragt, ob und wie die eingangs unterschiedenen vier Sektoren an den Pflegearrangements häuslich versorgter pflegebedürftiger Menschen beteiligt sind. Um Arrangements der häuslichen Versorgung zu beschreiben, ist es zwar vereinfachend, aber doch sinnvoll, sich auf die zur Versorgung investierte Zeit dieser Sektoren zu konzentrieren und auf die Geldzuwendungen, die an diese Sektoren fließen.[13]

Pflegearrangements wurden von uns als die je spezifischen Kombinationen der vier Sektoren unter Zeit- und Geldgesichtspunkten untersucht. Ein „durchschnittliches Pflegearrangement“ lässt sich durch die folgenden Zeit- und Geld-Werte beschreiben[14]:

11 Vgl. dazu Blinkert/Klie, Solidarität in Gefahr? a.a.O.

12 Das Modellprojekt zur Einführung eines persönlichen Pflegebudgets mit integriertem Case Management in sieben Regionen von Deutschland und die dazu durchgeführte Begleitforschung werden von den Spitzenverbänden der Pflegekassen gefördert.

13 Blinkert/ Klie: Die Zeiten der Pflege, in: Zeitschrift für Gerontologie und Geriatrie, 39 (2006), S. 202-210.

14 Die Daten beruhen auf der persönlich-mündlich Befragung von 510 pflegebedürftigen Personen und deren Angehörigen, die im Rahmen der Begleitforschung zur Einführung eines persönlichen Pflegebudgets durchgeführt wurden. Für die Auswertung wurde eine gewichtete Stichprobe berücksichtigt. Die Gewichte wurden so gewählt, dass die Verteilung der Leistungsarten Geld-, Sach- und Kombileistungen der Verteilung in der Grundgesamtheit der häuslich Versorgten in Deutschland entspricht. Aufgrund des Forschungsdesigns sind in der Ausgangsstichprobe Geldleistungsempfänger unterrepräsentiert und Sachleistungsempfänger überrepräsentiert. Hinsichtlich anderer relevanter Merkmale wie Pflegestufe und Alter gab es keine Unterschiede zur Grundgesamtheit. Die hier berichteten Zahlen weichen von anderen Veröffentlichungen aus der Begleitforschung ab, weil für diese Veröffentlichungen ungewichtete Stichproben berücksichtigt wurden.

Bei häuslicher Versorgung: Beteiligung von Sektoren an der Pflege
– „durchschnittliches Pflegearrangement"

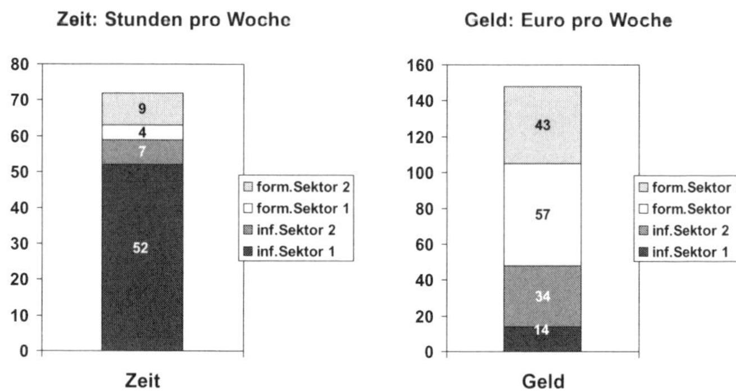

Abbildung 6

Von diesen Durchschnittswerten gibt es nun ganz erhebliche Abweichungen. Und die interessante Frage ist natürlich, wie sich Unterschiede zwischen Pflegearrangements erklären lassen. Wovon hängt der in die Versorgung investierte Zeitaufwand ab? Wovon hängt es ab, welchen Zeitbeitrag die Sektoren leisten? Wovon hängen die Geldzahlungen insgesamt und an die Sektoren ab?
Um diese Fragen zu beantworten, haben wir ein allgemeines Erklärmodell vorgeschlagen:

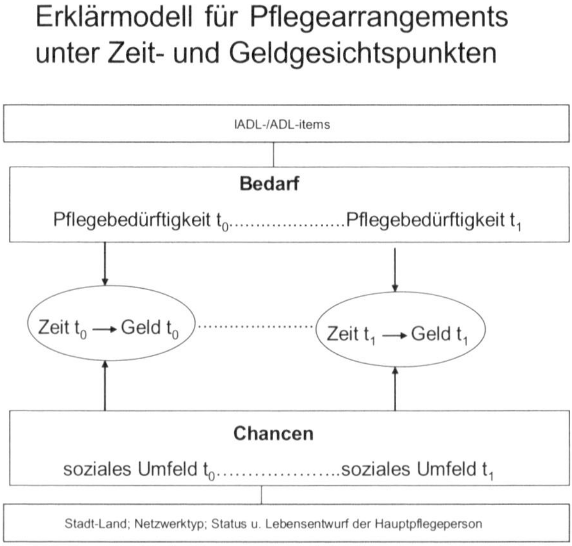

Abbildung 7

Zu erklären sind „Pflegearrangements", also typische Kombinationen der Leistungen und Beiträge von Sektoren und Akteuren im Versorgungsprozess, was sich letztlich (zum Teil zumindest) im Zeitvolumen, in den Zeitbeiträgen der Sektoren und in den Geldzahlungen manifestiert.

Die erklärenden Bedingungen sind einerseits der Bedarf – gemessen über den Grad der Pflegebedürftigkeit – und andererseits die durch das soziale Umfeld bestimmten Chancen für eine häusliche Versorgung – gemessen über einen Index, der die Merkmale Netzwerkstabilität, Stadt-Land, Status und Lebensentwurf der Hauptpflegeperson zusammenfasst.

In das Modell gehen die folgenden Annahmen ein:

- Die für die Versorgung an einen Sektor getätigten Geldzahlungen hängen im Wesentlichen vom zeitlichen Versorgungsaufwand ab.
- Der zeitliche Versorgungsaufwand wird vom Bedarf (vom Grad der Pflegebedürftigkeit) bestimmt – aber ebenso
- von den im sozialen Umfeld vorhandenen oder fehlenden Chancen für die Durchführung einer häuslichen Versorgung.
- Diese Chancen variieren mit dem Regionstyp, mit der Netzwerkstabilität und mit dem sozialen Milieu der Hauptpflegeperson (Status und Lebensentwurf).
- Das zu einem Zeitpunkt t0 realisierte Pflegearrangement reproduziert sich für künftige Zeitpunkte t1, t2, usw., in dem Maße, in dem die konstitutiven Bedingungen – Bedarf

und Chancen – unverändert bleiben und sich die gesetzlichen Rahmenbedingungen für Leistungen der Pflegeversicherung nicht verändern.

Das Modell wurde überprüft und hat sich recht gut bewährt. Für die von Angehörigen (informeller Sektor 1) und von Pflegefachkräften/-diensten (formeller Sektor 1) in die Versorgung investierte Zeit ergeben sich die folgenden Ergebnisse:[15]
Ergebnis einer multivariaten Analyse: Abhängigkeit der von Angehörigen (informeller Sektor 1) und von professionellen Anbietern (formeller Sektor 1) in die Versorgung investierte Zeit vom Bedarf (Grad der Pflegebedürftigkeit) und von den Chancen (soziales Umfeld) - signifikante beta-Koeffizienten und multiple Korrelationen -

Prädiktoren	Kriterien: Zeitbeiträge	
	vom informellen Sektor 1 (von Angehörigen) investierte Zeit	vom formellen Sektor 1 (von professionellen Anbietern) investierte Zeit
Bedarf (Grad der Pflegebedürftigkeit, Skala)	0,38	0,40
Chancen (soziales Umfeld, Index)	0,42	-0,17
multiple Korrelation (R)	0,67	0,40

Abbildung 8

Die Ergebnisse zeigen, dass Bedarf und Chancen[16] für das von Angehörigen investierte Zeitvolumen eine erhebliche Bedeutung haben und ihre Effekte ungefähr in der gleichen Größenordnung liegen, wobei die Chancen etwas mehr zur Erklärung des Zeitbeitrags leisten

15 Die Analysen beruhen auf der aus Programm- und Vergleichsgruppe zusammengefassten gewichteten Stichprobe von 510 Pflegebedürftigen und 383 Hauptpflegepersonen aus der Ersterhebung. Die Analysen wurden als kategoriale Regressionen durchgeführt. Dabei wurden alle Variablen diskretisiert, und als Ordinalskalen nach der Methode der optimalen Skalierung in den Berechnungen berücksichtigt. Die Effektgrößen, d.h. die Koeffizienten wurden durch ein Iterationsverfahren geschätzt. Gegenüber der linearen OLS-Regression hat die kategoriale Regression den Vorteil, dass sie auch bei Variablen anwendbar ist, die nicht als Intervallskalen betrachtet werden können. Es werden nur die Resultate für den informellen Sektor 1 und für den formellen Sektor 1 berichtet. Die beiden anderen Sektoren besitzen in der gewichteten Stichprobe eine relativ geringe Bedeutung. Ihr Beitrag am Pflegearrangement ist weniger gut erklärbar als der Beitrag der genannten Sektoren.

16 Die erklärenden Variablen „Bedarf“ und „Chancen“ wurden in der folgenden Weise gemessen: Der Bedarf wurde über eine auf der Grundlage von IADL/ADL-items entwickelten Skala eingestuft. Die Chancen wurden durch einen Index klassifiziert, in den die Merkmale Stadt-Land, Netzwerkstabilität, sozialer Status und Lebensentwurf eingegangen sind. Die einzelnen Merkmale korrelieren so hoch, dass eine Zusammenfassung sinnvoll war und auch notwendig, um das Problem der Multikolinearität bei den Prädiktoren zu vermeiden.

als der Bedarf.[17] Die Abhängigkeit der vom informellen Sektor 1 geleisteten Zeit von Bedarf und Chancen zeigt auch eine etwas anschaulichere Ergebnisdarstellung:

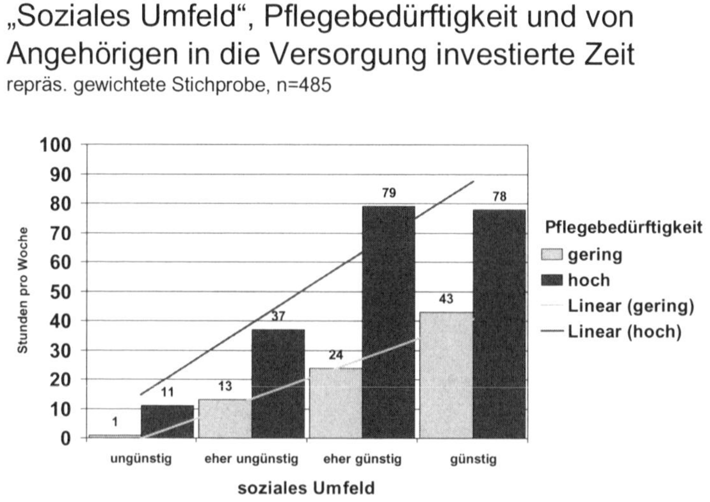

Abbildung 9

Die pro Woche von der Familie investierte Zeit erhöht sich mit steigendem Bedarf – d.h. mit steigender Pflegebedürftigkeit. Und bei jedem Grad der Pflegebedürftigkeit wird unter „günstigen Umfeld-Bedingungen" – also bei günstigen Chancen – deutlich mehr Zeit investiert als unter „ungünstigen Bedingungen". „Günstige Bedingungen" liegen dann vor, wenn jemand in einer ländlichen Region lebt, wenn er über ein stabiles Unterstützungsnetzwerk verfügt, wenn die Hauptpflegeperson einen niedrigen Sozialstatus und einen eher vormodernen Lebensentwurf hat. Die Ergebnisse zeigen natürlich, wie relativ die Bedeutung von Begriffen wie „günstig" und „ungünstig" ist. „Günstig" unter dem Gesichtspunkt der häuslichen Versorgung einer pflegebedürftigen Person sind eher solche Bedingungen, die unter dem Gesichtspunkt von sozialer Anerkennung und Angepasstheit an moderne Lebensbedingungen „ungünstig" sind.

Eine interessante Frage ist dabei, ob die durch das soziale Umfeld hervorgerufenen Benachteiligungen im Zeitaufwand für die Versorgung in irgendeiner Weise durch den professionellen Sektor – den formellen Sektor 1 – kompensiert werden. Die Frage muss mit „nein" beantwortet werden. Das ergibt sich aus der Regressionsanalyse: Die Effektgröße (beta) für die Abhängigkeit der Zeit des formellen Sektor 1 vom sozialen Umfeld

17 Die „Effektgrößen" sind beta-Koeffizienten von kategorialen Regressionen. Ein beta-Koeffizient beschreibt die relative Bedeutung eines Prädiktors, wenn die übrigen Prädiktoren „konstant gehalten" werden. R ist die multiple Korrelation und gibt an, wie gut sich eine Kriteriumsvariable auf der Basis der berücksichtigten Prädiktoren schätzen lässt.

ist zwar negativ und signifikant, hat aber nur eine relativ geringe Größe. Deutlich wird das auch in der folgenden Abbildung: bei Kontrolle der Pflegebedürftigkeit variiert die vom professionellen Sektor in die Versorgung eingebrachte Zeit kaum mit dem sozialen Umfeld.

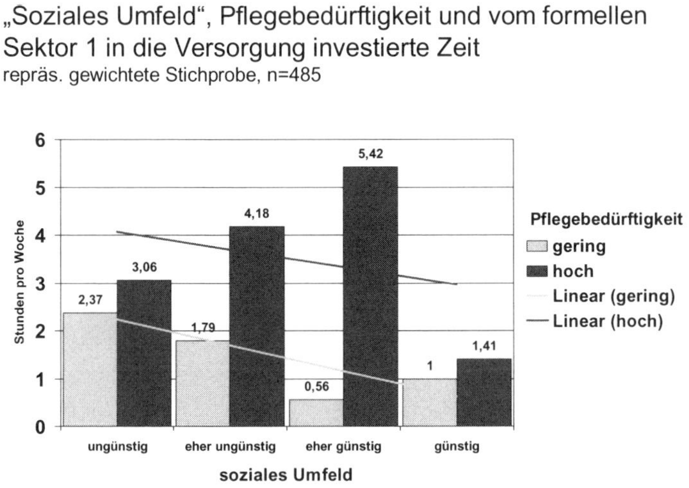

Abbildung 10

6 Abschließende Bemerkungen

Unsere Vorschläge zur Beschreibung und Erklärung von Pflegearrangements und die dargelegten Ergebnisse empirischer Forschungen möchten wir abschließend wie folgt kommentieren:

1. Im Mittelpunkt der Reformdiskussion der Pflegeversicherung steht eine Überarbeitung des Pflegebedürftigkeitsbegriffs. Dabei geht es im Wesentlichen um die Frage, wie bislang vernachlässigt Personengruppen mit weniger somatisch geprägtem Pflegebedarf in den Pflegebedürftigkeitsbegriff mit aufgenommen werden können. Für die tatsächliche Bewältigung und Gestaltung von Pflegebedarfen darf ihre Bedeutung jedoch nicht überschätzt werden. Bedarfsorientierte Erklärungen von Pflegearrangements sind durchaus zutreffend – aber sie greifen zu kurz. Ebenso wichtig sind gesellschaftliche Strukturen, die sich im Laufe von Modernisierungsprozessen verändern und von denen es abhängt, ob und in welchem Umfang das von den meisten Menschen präferierte Arrangement einer häuslichen Versorgung realisierbar ist. Die in sozialen Strukturen verankerten Chancen und Restriktionen gehen auch in die Entscheidungen der pflegebedürftigen Menschen und ihrer Angehörigen

ein und die Effekte sozialer Strukturen lassen sich auch in den ganz konkreten Versorgungsarrangements pflegebedürftiger Menschen nachweisen.

2. Dabei deutet vieles darauf hin, dass sich für ältere pflegebedürftige Menschen ein Trend zur Umkehr gesellschaftlicher Privilegierungen abzeichnet. Günstige Bedingungen für eine häusliche Versorgung sind am ehesten in den sozialen Milieus zu erwarten, die eher zu den Verlierern von Modernisierungsprozessen zählen: bei einem niedrigen Sozialstatus und einem vormodernen Lebensentwurf. Mit eher ungünstigen Bedingungen müssen dagegen diejenigen rechnen, die aufgrund ihrer sozialen Lage zu den Gewinnern gehören.
3. Die im 7. Familienbericht der Bundesregierung zentral thematisierte Frage „who cares?“ stellt sich in sehr vergleichbarer Weise für die Fälle der Fürsorge für Kinder wie für ältere und pflegebedürftige Menschen. Care oder „Fürsorge“ erscheinen als knappe Ressource in modernen Gesellschaften. Wie es gelingen kann, Kernmodelle im gesellschaftlichem Wandel so weiterzuentwickeln, dass Fürsorge auch in modernen Familienbeziehungen einen Platz findet, sodass der Chancenfaktor bei modernen Lebensentwürfen nicht als dramatisch degressiv prognostiziert werden muss, gehört zu den großen mit dem Pflegethema verbundenen familienpolitischen Herausforderungen.18 Pflegepolitik darf daher nicht primär als eine sozialpolitische Herausforderung sondern muß eben auch als eine familienpolitische bzw. allgemein gesellschaftspolitisch angenommen werden. Die Pflegeversicherung setzt auf einem vormodernen Solidaritätskonzept auf, ohne sich um die Voraussetzungen der Leistungsfähigkeit von Familien und Sozialnetzwerken in zentraler Weise zu bemühen. Genau hierin liegt letztlich aber auch die Voraussetzung für die Finanzierbarkeit einer sozialen Pflegesicherung, die ohne eine Neuakzentuierung von Genderfragen auch in der Pflege nicht gelingen wird.
4. Die Makro- und Mikro-Analysen machen deutlich, dass dann, wenn die institutionellen Bedingungen unverändert bleiben bereits mittelfristig mit Sicherheit aber langfristig mit einer Entwicklung zu rechnen ist, die alle Beteiligten überfordert und auch für die Qualität der Pflege hochproblematische Konstellationen erwarten lässt. Das gilt auch für die Finanzierbarkeit der Absicherung von Pflegebedürftigkeit.
5. Wenn wir die demographischen und sozialen Veränderungen betrachten, wird aber auch deutlich, dass diese Entwicklungen ein unterschiedliches Tempo haben. Bis ungefähr 2010 ist eher mit einer im Grunde noch überschaubaren und moderaten Veränderung der Verhältnisse zu rechnen: die Zahl der Pflegebedürftigen steigt zwar, bleibt aber in einer noch einigermaßen “vertrauten” Dimension. Das “informelle Pflegepotential” sinkt zwar, aber der Bedarf nach einer stationären Versorgung steigt nur relativ langsam und auch die Nachfrage nach beruflichen Hilfen durch ambulant Versorgte nimmt in einer noch durchaus überschaubaren Weise zu. Erst

18 Bundesministerium für Familie, Senioren, Frauen und Jugend (Hrsg.): 7. Familienbericht, Bundestagsdrucksache 16/1360, Seite 254 ff. Berlin.

ab 2015/2020 wird deutlich, dass sich die Verhältnisse grundlegend und dramatisch ändern. Dieser Verlauf der Entwicklung ist mit Chancen und Gefahren verbunden. Die Chancen bestehen darin, dass es ausreichend Zeit für eine "geordnete Anpassung" geben wird, die Gefahren sehen wir darin, dass die noch einigermaßen erträglichen mittelfristigen Veränderungen zu Illusionen Anlass geben und zu der Einschätzung, dass die im Grunde genommen erforderlichen grundlegenden Anpassungen an zu erwartende Veränderungen nicht erforderlich sind. Auf keinen Fall darf man sich also der Illusion hingeben, dass alles doch nicht so schlimm kommen wird.

6. Unsere Modellberechnungen und empirischen Studien zeigen aber, dass die Situation keineswegs hoffnungslos ist, wenn alle relevanten Akteure diese Entwicklungen rechtzeitig erkennen und ihre Ressourcen und Phantasie einsetzen, um in einer geeigneten Weise gegenzusteuern. Den sozialen und demographischen Wandel wird man nicht verhindern können. Aber man kann Strukturen schaffen, die auch unter veränderten Bedingungen eine qualitativ hochwertige und humane Versorgung von Pflegebedürftigen ermöglichen. Dazu gehört u.a. eine verbesserte Vereinbarkeit von Beruf und Pflegen und der Ausbau bzw. die Neuerfindung von Infrastrukturen, die das unterstützen und gemischte Pflegearrangements fördern. Von der Einführung eines persönlichen Pflegebudgets, das derzeit in sieben Modellregionen in einem Sozialexperiment erprobt wird, kann man sich nicht die Lösung aller Probleme versprechen. Die bis jetzt erkennbaren Wirkungen zeigen aber, dass diese Innovation ein Schritt in die richtige Richtung ist. Die Pflegearrangements von Budgetnehmern – gemessen über die Zeitbeiträge der Sektoren - lassen eine bessere Passfähigkeit zwischen Leistung, Bedarf und Bedürfnissen erkennen. Deutlich zeichnet sich auch der Trend ab, dass die pflegenden Angehörigen von Budgetnehmern mit ihrer Lebensqualität zufriedener sind als die pflegenden Angehörigen von Pflegebedürftigen aus der Kontrollgruppe.
7. Die Ergebnisse unserer Forschung legen nahe, die Grammatik der Pflegesicherung in Deutschland zu überdenken und neu zu formulieren. Es muss darum gehen, die Chancensituation Pflegebedürftiger mehr als bislang in den Blick zu nehmen. Dies kann etwa durch entsprechende Assessments und die Infrastruktur von Care- und Case Management geschehen, mit dem Ziel, die Versorgungssituation im Sinne eines Welfare-Mixes zu gestalten. Hinsichtlich der Leistungen der Pflegeversicherung wird man sich lösen müssen von protonormistischen Bedarfsfestlegungen und wird sich stärker an spezifischen Bedarfskonstellationen aber auch an Ressourcen ausrichten müssen. Damit ist das Konzept der Sachleistungen zumindest für den Care-Bereich grundlegend in Frage gestellt. Aktuell wird ein hybrides System in vielfältigen Formen der Qualitätssicherung für qualitativ marginale Leistungsanteile häuslicher Pflege aufrechterhalten und perfektioniert. Der Anteil an reinen Sachleistungsnehmern in der häuslichen Pflege liegt weit unter 30 %, etwa bei 15 % und ist nicht in der Lage, eine ungünstige Chancenkonstellation zu kompensieren. Das Verhältnis von Infrastrukturentwicklung in allen Welfare-Mix-Sektoren, die Weiterentwicklung von Professionalität und Aufgabenprofilen, die Neuordnung eines geregelten Care-

und Dienstleistungssektors (mit abgesenkten Attraktivitätsniveaus von illegaler Pflege) sowie die Unterstützung der Herausbildung moderner Solidaritätsformen sowohl in Familien als auch auf kommunaler Ebene gehören zu den zentralen Herausforderungen künftiger Pflegesicherung, die auf die pflegepolitische Agenda gesetzt werden müssen.

Für den kirchlichen und diakonischen Bereich sind die Ergebnisse der Begleitforschung zum Pflegebudget von großer Bedeutung: Unterstreichen sie doch, wie bedeutsam wohnortnahe Angebote zur Stützung und Qualifizierung der Familienpflegebereitschaft und tragfähige Strukturen bürgerschaftlichen Engagements sind. Genau hier liegen die Traditionen der Diakonie und gerade hier liegt der in einem subsidiären Sozialstaatsverständnis angelegte unverwechselbare Beitrag der freien Wohlfahrtspflege. Die Herausforderung für Diakonie und Kirche liegen weniger in einem engen pflegefachlichen Beitrag zur Pflegesicherung als vielmehr in einem, der auf Weiterentwicklung der sozialen Architektur im demografischen und sozialen Wandel setzt.

Literatur

Blinkert, Baldo./ Klie, Thomas (2006): Die Zeiten der Pflege, in: Zeitschrift für Gerontologie und Geriatrie, 39 , S. 202-210.

Blinkert, Baldo / Klie, Thomas (2000): Pflegekulturelle Orientierungen und soziale Milieus, in: Sozialer Fortschritt Jg. 49.

Blinkert, Baldo/ Klie, Thomas (2006): Pflegekulturelle Orientierungen. Die Annaberg-Unna-Studie, hekt. Man.

Blinkert, Baldo / Klie, Thomas (2004): Solidarität in Gefahr? Hannover: Vincentz Network.

Blinkert, Baldo / Klie, Thomas (2001): Zukünftige Entwicklung des Verhältnisses von professioneller und häuslicher Pflege bei differierenden Arrangements und privaten Ressourcen bis zum Jahr 2050. Expertise im Auftrag der Enquéte-Kommission Demographischer Wandel des Deutschen Bundestages, hekt.Man., Berlin/Freiburg.

Giddens, Anthony (1984): The Constitution of Society, Cambridge: Polity Press.

Hradil, Stefan (2006): Soziale Milieus – eine praxisorientierte Forschungsperspektive, in: Aus Politik und Zeitgeschichte, 44-45, S. 3-10.

Klie, Thomas / Spermann, Alexander [Hg.](2004): Persönliche Budgets – Aufbruch oder Irrweg? Hannover: Vincentz Network.

Klie, Thomas / Ross, Paul-Stephan (2005): Wie viel Bürger darf's denn sein!? Bürgerschaftliches Engagement im Wohlfahrtsmix - eine Standortbestimmung in acht Thesen. In: Archiv für Wissenschaft und Praxis der sozialen Arbeit. 36. Jg., 04/2005. Frankfurt a. M.

Klie, Thomas (2007): Prüfsteine für nachhaltige Pflegepolitik. Vortrag zum Fachgespräch „Pflege menschenwürdig gestalten. In: Bundestagsfraktion Bündnis 90/ Die Grünen [Hg.](2007): Pflege menschenwürdig gestalten - Strukturen nutzerorientiert reformieren. Dokumentation des Fachgesprächs vom 22.11.2006 im Deutschen Bundestag. Berlin. S. 11-27.

Klie, Thomas (2007a): Engagementpotentiale im Pflegebereich. In: Neue Soziale Bewegung. Forschungsjournal: Themenschwerpunkt Bürgergesellschaft - Wunsch und Wirklichkeit" eine Nachbereitung des WZB-Kongresses. i.E.

Popitz, Heinrich (1992): Phänomene der Macht, Tübingen: Mohr.

Nachbarschaftshilfe an einer Ökumenischen Sozialstation als Unterstützung und Betreuung von SeniorInnen.

Eine Studie zur Konzeption und Evaluation von Nachbarschaftshilfen im Gesundheitswesen

Patrick Schupp und Wolfgang Krieger

Der folgende Beitrag stellt ausgewählte Ergebnisse einer Evaluationsstudie zu einem (staatlich-geförderten) Modellprojekt in freier Trägerschaft aus dem Bereich der Betreuung demenzkranker SeniorInnen vor und diskutiert dieses als eine innovative Form der Selbsthilfe im Gesundheitswesen.

Bei dem zugrundeliegenden Modellprojekt handelt es sich um eine Angebotsform, welche sich als „organisierte Selbsthilfe" charakterisieren lässt und in erster Linie der Prävention und Bearbeitung psycho-sozialer Problemlagen (z.B. durch „Aktivierung") und grundlegender Alltagsbedürfnisse dient. Der Beitrag gliedert sich in drei Teile:

1. "Nachbarschaftshilfe" ist – als professionell organisierte und erbrachte Betreuungsform – sowohl auf begrifflicher wie auch auf praktisch-konzeptueller Ebene ein noch relativ neues und daher noch diffuses Konzept, welches von seiner Idee her stark auf Elemente der (Hilfe zur) Selbsthilfe rekuriert. Die Stärke dieser Hilfekonzepte scheint dabei vor allem in ihrer starken Anlehnung an die Prinzipien einer „subsidiären" Hilfeerbringung und der Möglichkeit zur Aktivierung „bürgerschaftlicher Partizipation" und Förderung „ehrenamtlichen Engagements" zu liegen. Daher soll im folgenden Abschnitt zunächst eine allgemeine Abgrenzung verschiedener Formen der Erbringung und Organisation von Selbsthilfeaktivitäten im Gesundheits- und Sozialbereich vorgestellt werden, um – davon ausgehend – die Spezifika des konkreten Nachbarschaftshilfeprojekts aufzuzeigen.
2. Aufgrund der Neuartigkeit müssen Nachbarschaftshilfekonzepte zunächst noch erprobt und ihre spezifischen Stärken herausgearbeitet werden. Vor diesem Hintergrund werden in einem zweiten Teil die Ergebnisse der Evaluation des erwähnten Nachbarschaftshilfeprojekt in Form von Stärken und Schwächen besprochen. Als Grundlage für die Evaluation wurde dabei eine Befragung der an der (Dienst-)Leistungserstellung beteiligten Akteure (KundInnen, Organisation, Personal) zu Aspekten der Struktur-, Prozess- und Ergebnisqualität gewählt.
3. Auf Grundlage der dargestellten Ergebnisse soll abschließend auf mögliche Perspektiven und Restriktionen der Etablierung von Selbsthilfeaktivitäten im Gesundheits- und Sozialbereich eingegangen werden.

1 Nachbarschaftshilfe als Konzept

Der Begriff „Nachbarschaftshilfe“ wird mittlerweile in der Praxis der gesundheitlichen und häuslichen Versorgung mit verschiedenen konzeptuellen Ansätzen in Verbindung gebracht.
In der Regel ist damit zunächst einmal die Betreuung und Unterstützung Hilfebedürftiger durch informelle oder ehrenamtliche Netzwerke gemeint (unabhängig davon, ob es sich dabei um unentgeltlich oder gegen ein geringes Entgelt erbrachte ehrenamtliche Unterstützungsleistungen handelt).
Entsprechende Hilfeangebote sind damit eher auf niederschwelliger Ebene angesiedelt, wobei die Solidarisierung mit Hilfebedürftigen und soziales Engagement eine wesentliche motivationale und ressourcenmäßige Grundlage bilden.

1.1 Mögliche Zielsetzungen von Nachbarschaftshilfen

Als Hilfekonzept kann die „Nachbarschaftshilfe“ wiederum die Grundlage zur Realisierung verschiedener fachlicher oder gesellschaftlicher Zielsetzungen bilden:

- Als Konzept der Stadtteil- oder Sozialraumentwicklung bezieht es sich in erster Linie auf die Eigenorganisation von Hilfen (durch die Bewohner) als Bestandteil eines integrierten Stadtteil- oder Wohnkonzepts (z.B. in Form von Tauschringen oder von gemeinschaftlichem Wohnen).
- Als Konzept der Förderung bürgerschaftlichen Engagements steht es im Zusammenhang mit der Forderung alternativer Handlungsansätze im Rahmen der „Krise des Sozialstaats“ und der Umgestaltung desselben hin zum „aktivierenden Sozialstaat“. Gleichzeitig bietet es einen Ansatzpunkt für berufliche (Weiter-) Qualifikation und Sinnfindung.
- Als Entlastungsangebot dient es in erster Linie der Entlastung von in die Pflege bzw. Betreuung von Angehörigen involvierten Familienmitgliedern.
- Als Konzept der Selbsthilfe dient es der Aktivierung und der Vermeidung von Heim- und Pflegeaufenthalten und soll damit dazu beitragen, die Selbstständigkeit und Lebensqualität der Betroffenen zu erhalten oder wiederherzustellen („Hilfe zur Selbsthilfe“).

1.2 Nachbarschaftshilfe zwischen Selbst- oder Fremdorganisation

Nachdem Nachbarschaftshilfen im vorherigen Abschnitt als spezifische Formen der Betreuung, Hilfe und des sozialen Engagements charakterisiert wurden, die verschiedene sozial(räumlich)e, politische oder fachliche Zielsetzungen verfolgen können, soll nun geklärt werden, unter welchen Bedingungen „Nachbarschaftshilfen“ mit Konzepten der

Selbsthilfe korrespondieren.[1] In Anlehnung an Thiel (1993) werden hierzu zunächst verschiedene organisatorische Formen der Selbsthilfe unterschieden. Das dem vorliegenden Beitrag zugrundliegende Nachbarschaftshilfeprojekt lässt sich dabei am Besten als „organisierte Selbsthilfe" oder – gemäß Thiel – als „Selbsthilfeorganisation" beschreiben. Darunter versteht er Zusammenschlüsse von Betroffenen, Förderern und Interessenten, die auf professioneller Basis arbeiten, dabei hauptamtliche Mitarbeiter beschäftigen, bürokratische Strukturen etablieren und auf finanzielle Fördermittel zurückgreifen können (vgl. Thiel 1993, 286).

Dabei sind Selbsthilfeaktivitäten zunächst einmal grundlegend abzugrenzen von:
1. professionellen bzw. marktorientierten Dienstleistungsangeboten, die »Selbsthilfe« nur im Namen führen, in Wirklichkeit aber Fremdhilfe- bzw. Versorgungsangebote sind;
2. anderen Formen nicht-professionelle Hilfe und Arbeit (nachbarschaftliche oder ehrenamtliche Hilfe, Laienhilfe, wechselseitige Hilfe unter Arbeitskollegen und im Familien- oder Freundeskreis);
3. allgemeinem sozialen oder politischen Engagement." (Thiel 1993, 285)

Als Selbsthilfekonzept wäre „Nachbarschaftshilfe" somit abzugrenzen gegenüber informellen Hilfeangeboten sowie Hilfeangeboten in Form von Fremdhilfe und Fremdorganisation.

1 Damit wäre gleichzeitig eine zweite Dimension der Selbsthilfe angesprochen, welche – im Gegensatz zur fachlichen Dimension der „Hilfe zur Selbsthilfe" – die organisatorische Dimension hervorhebt. In diesem Kontext können darüber hinaus grundsätzlich drei verschiedene Ebenen betrachtet werden, welche letztlich alle das Prinzip der Subsidiarität betreffen: *A. Organisationsform (Subsidiarität als Vorrangigkeit der Eigenorganisation):*
Aus einer ideengeschichtlichen Perspektive kann man – vor dem Hintergrund des Subsidiaritätsprinzips – von einer konzentrischen Anordnung von Hilfe- und Unterstützungssystemen um den Hilfebedürftigen ausgehen. Dabei wäre eine eigenständige (gelingende) Problemlösung durch Eigenorganisation von Hilfebedürftigen oder durch Rückgriff auf Nachbarschaft oder Familie einer „fremdorganisierten" (professionellen) Hilfe gegenüber vorzuziehen. *B. Die Trägerdimension (Subsidiarität als Funktionsschutz freier Träger):*
Die Trägerebene betrifft das Verhältnis zwischen öffentlichen und freien Trägern bei der Leistungserstellung bzw. Finanzierung von Leistungen. Das Subsidiaritätsprinzip kommt hier als sozialrechtliches Prinzip zur Geltung: Es räumt den freien Trägern bei der Erstellung von Hilfeleistungen einen bedingten Vorrang gegenüber öffentlichen Trägern ein und fordert die öffentlichen Träger zur Unterstützung der freien Wohlfahrtspflege auf. Bedingt bedeutet: Solange die freien Träger Aufgaben aus dem Bereich der Wohlfahrtspflege aus eigener Kraft bewältigen können, soll der Staat von der Schaffung eigener Angebote absehen. *C. Die fachliche Dimension (Subsidiarität zwischen Hilfebedürftigem und Helfendem):*
Die fachliche Dimension weist die Kompetenz denjenigen Hilfeangeboten (bzw. Organisationen) zu, die den Hilfebedürftigen zu einer möglichst eigenständigen Problemlösung befähigen bzw. zurückführen und die näher an der Lebenswelt der Hilfeempfänger liegen.

Wir wollen an dieser Stelle eine Erweiterung dieser engen Abgrenzung vorschlagen. Dabei wird davon ausgegangen, dass Fremdorganisation nicht zwangsläufig mit „Selbsthilfe" im Konflikt steht und eine „organisierte Selbsthilfe" nicht den Prinzipien der Selbsthilfe widersprechen muss. Wichtig ist dabei, dass ein Angebot bürgerschaftliches Engagement aktiviert (auf Solidarität aufbaut) und gegenüber den Bedürftigen Maßnahmen des Empowerment im Mittelpunkt stehen. Die Fremdorganisation beschränkt sich damit auf die Bereitstellung eines organisatorischen Rahmens, welcher die Vermittlung, Koordination und Verwaltung von Hilfen ermöglicht.

Eine Erweiterung der Perspektive scheint v.a. vor dem Hintergrund der folgenden Punkte sinnvoll:
Hinsichtlich Punkt 1 der Abgrenzung von Thiel ist anzumerken, dass (wie bereits im ersten Abschnitt erwähnt) gerade in jüngster Zeit verstärkt solche Formen der Leistungserbringung staatlich eingefordert und gefördert werden, welche gezielt bürgerschaftliches Engagement nutzbar machen. Daher sind zunehmend auch „marktorientierte" Dienstleistungsangebote auf „Selbsthilfe"-Aktivitäten angewiesen. In dieser Hinsicht scheint zumindest eine Vernetzung mit bestehenden formellen Angebotsformen bzw. eine formelle organisatorische Unterstützung und Erprobung förderlich. So kommen z.B. Hasseler und Görres hinsichtlich der „künftigen Bedarfskonstellation pflegebedürftiger Menschen" zu folgendem Urteil:
„Die Vernetzung von informellen und formellen pflegerischen Angeboten durch systematische Programme ist in Deutschland noch rudimentär entwickelt. ... Vernetzungen von ambulanten Diensten und niedrigschwelligen Hilfen wie bspw. Nachbarschaftshilfen sollten in spezifischen Modellprojekten gefördert und deren Wirksamkeit überprüft werden." (Hasseler & Görres 2004, 84)
In Bezug auf Punkt 2 wäre zu hinterfragen, ob die Bereitschaft für soziales Engagement und Familien-, Freundschafts- oder nachbarschaftliche Solidarität tatsächlich in ausreichendem Maße vorhanden sind oder ob nicht auch hier eine zunehmende Entlastung oder zumindest ein Anstoß von Außen notwendig ist (vgl. hierzu z.B.: Hackert & Mutz 2002).
Der dritte Punkt weist schließlich auf ein wichtiges Kriterium zur Unterscheidung zwischen Gruppen, deren primäres Ziel in der politischen Interessenvertretung besteht, und Formen der „Selbsthilfe" hin, welche sich primär auf die solidarischen Bearbeitung gesundheitlicher oder sozialer Probleme von Hilfebedürftigen richten (wobei die Problembearbeitung sowohl durch die Hilfebedürftigen selbst als auch in Unterstützung und Vernetzung mit Experten erfolgen kann).
In Abbildung 1 werden in dieser Hinsicht zwei Formen der Selbsthilfe unterschieden, welche sich typischerweise auf politische Interessenvertretung „spezialisieren": Initiativen und soziale Bewegungen. Gemeinsam ist ihnen, dass sich auf die Öffentlichmachung eines spezifischen Problems ausgerichtet sind, hinsichtlich dessen Handlungsbedarf besteht. Dabei sind Initiativen eher auf die Beeinflussung von Öffentlichkeit und Politik in Bezug auf eine spezifische Einzelfrage durch die unmittelbare persönliche

Zusammenarbeit einer überschaubaren Gruppe von Betroffenen gekennzeichnet und weisen eher einen lokalen Bezug auf. Zusammengefasst mit Rudzio *„ergänzen Bürgerinitiativen die Interessenverbände, ja erfüllen lokal die Funktion spezifisch kommunaler Interessengruppen.“* (Rudzio 2006, 88; Hervorhebungen im Original)
Soziale Bewegungen bestehen dagegen aus einem mehr oder weniger anonymen oder unüberschaubaren Netzwerk aus Aktivisten: Es sind soziale Systeme, die sich in Bewegung befinden (kollektiv handeln) und deren Bewegungsaktivität keine identischen Mitglieder benötigt (vgl. Esser 2000, 104). Dabei thematisieren sie typischerweise eher gesamtgesellschaftliche, zum Teil auch gesellschaftsübergreifende Zusammenhänge (sind also nicht auf die lokale Ebene fixiert). Ihr hauptsächliches Mittel und Ressource der Interessendurchsetzung sind Mobilisierung und Protest.
Von diesen zwei Grundtypen der Selbsthilfe, welche eher durch politische Aktivität gekennzeichnet sind, lassen sich zwei weitere Formen der Selbsthilfe abgegrenzen, welche sich auf die handfeste Hilfe und Bearbeitung von Problemen spezialisieren: Selbsthilfegruppen und Formen der organisierten Selbsthilfe. Selbsthilfegruppen sind – wie der Name schon sagt – wiederum gruppenförmig organisiert und leben geradezu von ihrer geringen Mitgliederzahl, welche persönliche Kommunikation zulässt (Gesprächskreise, vgl. Thiel 1993, 286). Ebenso benötigen sie kaum fixierte bzw. formale Organisationsstrukturen. Da sie sich auf die Generierung von Unterstützung von emotionalem und pychosozialem Rückhalt spezialisieren, ist eine Betonung der Informalität und Personalität für diese Organisationsform sowie eine gewisse „Öffentlichkeit“ teilweise sogar sehr förderlich.
Selbsthilfeorganisationen oder Formen der organisierten Selbsthilfe schließlich sind dadurch gekennzeichnet, dass sie fixierte organisatorische Strukturen einrichten. Sie setzen damit zwangsläufig weniger auf Personalität. Sie organisieren die Hilfe, sind dabei aber auf bürgerschaftliches Engagement angewiesen, ohne das kein Angebot zustandekommen würde. Die erstellten Dienstleistungen richten sich auch an Nicht-Mitglieder; in der Regel handelt es sich dann aber um Privatgüter, welche gegen Entgelt entrichtet werden.[2]
Die folgende Abbildung fasst die verschiedenen Formen der Selbsthilfe nochmals anhand der wesentlichen organisatorischen Grunddimensionen zusammen und grenzt sie

2 Sämtliche Leistungen, welche durch die anderen Konzepte der Selbsthilfe produziert werden, lassen sich dagegen der Gruppe der Kollektivgüter zuordnen. Kollektivgüter sind in ihrer reinsten Form durch zwei Eigenschaften gekennzeichnet:
1. *Nicht-Ausschließbarkeit im Konsum:* Dritte können nicht vom Konsum des produzierten Gutes ausgeschlossen werden. Ein Sonderfall stellt in dieser Hinsicht die staatliche Förderung der Nutzung eines Gutes dar, durch die eine preisliche Exklusion von Dritten verhindert werden soll. Ebenso betreffen die Ergebnisse (externen Effekte) der Güterproduktion prinzipiell alle Gesellschaftsmitglieder. So partizipieren beispielsweise auch die Nicht-Beteiligten an den Folgen eines politischen Protests.
2. *Nicht-Rivalität im Konsum:* Die Qualität des produzierten Gutes sinkt nicht durch das Auftreten zusätzlicher Konsumenten. Die Qualität eines Protestes sinkt i.d.R. nicht durch die Teilnahme zusätzlicher Aktivisten.

voneinander ab. Dabei wird grundsätzlich davon ausgegangen, dass Initiativen und soziale Bewegungen in ihrer Aktivität von eher temporärer Dauer sind und wenig formale Strukturen aufweisen. Im Laufe ihres Bestehens können Selbsthilfegruppen oder -initiativen sowie Teilbereiche von Bewegungen jedoch in verfestigtere Formen der Hilfeerbringung übergehen. Eine Voraussetzung hierfür ist, dass die Nachfrage nach einer

		organisierte Selbsthilfe	**Selbsthilfe-gruppen**	**(Bürger-) Initiativen**	**Soziale Bewegungen**
Ziele	**politische Aktivität** (VS primär Problemsensibilisierung / Interessenvertretung)	–	–	+	+
Ziele	• **Solidarische Hilfe**	+	+	–	–
Struktur	• **dauerhafter Bestand**	+	+	–	–
Struktur	• **Formalität** (VS Informalität, geringe Rollendifferenzierung)	+	–	–	–
Struktur	• **Personalität** (VS Anonymität durch Mitgliedervielfalt und Formalisierung)	–	+	+	–
Output	• **Erstellung von Kollektivgütern** (VS primär Privatgüter)	–	+	+	+
Output	• **Primäre Leistungen**	Dienstleistungen	Unterstützung	Artikulation	Protest

Aktivität auf dem entsprechenden Themengebiet dauerhaft weiterbestehen wird.

Abbildung 1 Typologie unterschiedlicher organisatorischer Formen der Selbsthilfe

1.3 Nachbarschaftshilfe konkret

Das Konzept der „Nachbarschaftshilfe“, in der Weise, wie es im konkreten Modellbeispiel durch den Träger der „organisierten Selbsthilfe“ konzipiert wurde, lässt sich inhaltlich folgendermaßen charakterisieren:

A Ziele und Adressatengruppe

Mit dem Modellprojekt „Nachbarschaftshilfe“ sollte eine neue Betreuungsform erprobt werden, welche es älteren und behinderten Menschen ermöglichen soll, eine weitgehend selbstbestimmte Lebensführung mit Verbleib in der eigenen Häuslichkeit aufrechtzuerhalten. Deren Angehörige sollen durch die Nachbarschaftshilfe entlastet werden;

gleichzeitig soll die Teilhabe am gesellschaftlichen Leben gefördert und dem Bedürfnis älterer Menschen nach Sicherheit und sozialen Kontakten Rechnung getragen werden.

B Leistungsinhalte (Output)

Als mögliche Einsatzgebiete der Nachbarschaftshilfe wurden folgende Bereiche festgelegt:

- Beaufsichtigung,
- Begleitung (z.B. Begleitung bei Veranstaltungen, Spaziergängen oder wichtigen Erledigungen),
- Freizeitgestaltung / aktivierende Tätigkeiten (Gespräche, Spiele, vorlesen …),
- Hilfestellungen im Alltag (z.B. Einkäufe tätigen, Post / Zeitung holen, Blumen gießen, kleine Wartungsarbeiten durchführen, Unterstützung bei Familienfeiern, Hilfe beim Ausfüllen von Formularen leisten),
- Beratungs- und Vermittlungsaktivitäten (z.B. Beratung zur Lebenssituation, Vermittlung von seelsorgerischen Gesprächen),
- Abwesenheitsservice,
- Schlüsselverwaltung,
- regelmäßiger Sicherheitsbesuch.

Da pflegerische und hauswirtschaftliche Tätigkeiten somit explizit ausgeschlossen wurden, tritt das Angebot bei pflegebedürftigen Personengruppen dabei eher als ein niederschwelliges Ergänzungsangebot mit stark betreuerischen und aktivierenden Schwerpunkten auf.

C Organisation (Struktur)

In Abbildung 2 ist eine (ideal)typische Leistungskette aufgeführt, welche die zur Erstellung des Betreuungsangebots eingerichteten Strukturen und erforderlichen Leistungen bzw. aneinander anschließenden Prozesse aufzeigt.
Anhand des dargelegten Ablaufschemas lassen sich die folgenden Aspekte der Organisation bzw. Durchführung des Modellprojekts „Nachbarschaftshilfe" verdeutlichen:
Die Betreuung der KundInnen erfolgt auf administrativer Seite durch eine reguläre Fachkraft und in Person einer fachkundigen Einsatzleitung. Auf „operativer" Ebene wurde ein Kreis ehrenamtlicher (Nachbarschafts)HelferInnen aufgebaut, welche eine sozialversicherungsfreie Aufwandsentschädigung von 5,50 € pro Stunde erhalten und über den Träger der Nachbarschaftshilfe unfall- und haftpflichtversichert sind. Diese wurden in Grund- und Weiterbildungsseminaren geschult und in verschiedenen methodischen Aspekten wie z.B. Validation weitergebildet. Darüber hinaus wurden monatliche Grup-

pentreffen eingerichtet, welche von der Einsatzleitung moderiert wurden und dem Erfahrungsaustausch und der Klärung offener Fragen dienten.

	Strukturen / Regelungen	Prozesse / Leistungen
A.	Werbung / Öffentlichkeitsarbeit	Erstellung und Veröffentlichung von Faltblättern, Plakaten, Annoncen
	⇩	
	KundIn meldet sich bei der Ökumenischen Sozialstation	
	⇩	
B.	Hausbesuch durch Einsatzleitung	Feststellung des individuellen Bedarfs
	⇩	
C.	Abschluss des Betreuungsvertrags	Beratung und Vereinbarung des Leistungsinhalts und -umfangs, Information über Kosten und Finanzierung
	⇩	
D.	Personalrekrutierung und -auswahl durch die Einsatzleitung	Aktualisierung / Verwaltung der Helferliste, Auswahl des passenden Personals
	⇩	
E.	Erster Hausbesuch der Nachbarschaftshelferin, gemeinsam mit Einsatzleitung	Aushändigung der Informationsmappe, Erläuterung der Abrechnungsmodalitäten, abschließende Besprechung der Einsätze
	⇩	
F.	Leistungsdokumentation und -kontrolle	Leistungserbringung, Dokumentation anhand von Leistungs- und Zeiterfassungsbögen, Gegenzeichnung durch KundIn

Abbildung 2 Ablaufschema der im Rahmen der Organisation der Nachbarschaftshilfe eingerichteten Strukturen und Prozesse

Im Anschluss an ein gezieltes Beratungsgespräch und anschließende Leistungsabsprache wird ein Betreuungsvertrag abgeschlossen, welcher die Leistungsinhalte der Nachbarschaftshilfe spezifiziert.

Abschließend wird – entsprechend der Wohnortnähe und der Vorqualifikation – eine Nachbarschaftshelferin zugeteilt, wobei auch die unmittelbare Auswahl einer spezifischen Nachbarschaftshelferin durch die Hilfebedürftigen möglich ist. Auf Wunsch wird auch ein fester Vertreter, eine feste Vertreterin für die Nachbarschaftshelferin benannt.

Die durch die Nachbarschaftshelferinnen erbrachten Leistungen wurden anhand von Leistungs- und Arbeitszeitnachweisen dokumentiert und in einer Informationsmappe hinterlegt, welche außerdem auch die wichtigsten Telefonnummern für Notfälle enthält.

2 Evaluation der Nachbarschaftshilfe

Da ein umfassendes Evaluationskonzept sämtliche an einem Modellvorhaben beteiligten Akteure in die Beurteilung mit einbeziehen sollte, wurden im vorliegenden Fall sowohl die Hilfebedürftigen und auch die Helfenden sowie die Sozialstation als Träger der Hilfe als Untersuchungseinheiten in der Evaluation mit berücksichtigt.
Das methodische Konzept basierte auf einer Mischung aus einer eher offenen (qualitativen) und einer stärker standardisierten und quantitativ ausgerichteten Vorgehensweise. Die folgende Tabelle (Abbildung 3) soll die methodische Vorgehensweise zusammenfassend verdeutlichen. Demgemäß kann grob zwischen drei Phasen des Evaluationsprojekts bzw. Zeitpunkten der Analyse (ex ante, prozessbegleitend, ex post) und drei Bezugspunkten der Analyse (Ebene: Kunden-Ebene, Mitarbeiter-Ebene, Ebene der Organisation) unterschieden werden:

Ebene: / Zeitpunkte:	**Hilfebedürftige**	**HelferInnen**	**Träger**
Ex ante **Situationsanalyse**		semi-standardisierte Gesprächsrunden bzgl. Motivation, Erwartungen und Qualifikation	offene Gesprächsrunden bzgl. Motivation, Erwartungen und Zielsetzungen
Prozess-begleitend **Prozess- und Qualitätsanalyse**	standardisierte mündliche Interviews bzgl. Bedürfnissen, Erwartungen, Zufriedenheit	schriftliche Dokumentation der Leistungserbringung	offene Gesprächsrunden bzgl. organisatorischen Veränderungen bzw. Problemen
Ex post **Qualitäts- und Strukturanalyse**		semi-standardisierte Gesprächsrunden bzgl. Wirksamkeit und Problemen der Leistungserstellung	abschließende Evaluationsgespräche zur Beurteilung der organisatorischen Probleme, der Zielerreichung und der Verbesserungsmöglichkeiten

Abbildung 3 Forschungsdesign der Evaluationsstudie

2.1 Die Befragung der NachbarschaftshelferInnen und Hilfebedürftigen

Da die Evaluationsstudie im Wesentlichen der Beurteilung der Qualität der Nachbarschaftshilfe als innovatives Betreuungsangebot dienen sollte, stellte die Evaluation der

Zufriedenheit der Hilfebedürftigen mit den Inhalten und der Durchführung des Hilfeangebots das methodische Kernkonzept der dargestellten Evaluationsstudie dar.
Darüber hinaus wurden qualitative Interviews bzw. Gesprächskreise mit den NachbarschaftshelferInnen durchgeführt, mit dem inhaltlichen Ziel, einen Eindruck bezüglich der Motive und Erwartungen, der organisatorischen und tätigkeitsbezogenen Probleme sowie der professionellen (Handlungs-)Kompetenzen der HelferInnen zu erlangen.
Um einen Eindruck über die Betreuungsaktivitäten zu erhalten, welche im Rahmen der Nachbarschaftshilfe typischerweise durch die HelferInnen erbracht werden, wurden diese außerdem regelmäßig anhand von standardisierter Arbeitsverwendungsbögen erfasst. Diese Leistungsnachweise enthielten neben Angaben zur zeitlichen Intensität der erbrachten Leistungen auch Informationen über Probleme, welche im Betreuungsablauf auftraten.
Zur Befragung der Hilfebedürftigen wurde – aufbauend auf einem in der Praxis bereits erprobten Instrument zur „Kundenbefragung im Bereich der ambulanten Pflege" von Knäpple et al. (1997) – ein standardisierter Fragebogen entwickelt. Von der Grobstruktur („Makroplanung") her war das Befragungsinstrument dabei so konzipiert, dass drei Aspekte erfasst werden konnten:

A. Die Gründe der Inanspruchnahme der Nachbarschaftshilfe
B. Die aktuelle Betreuungssituation der Hilfebedürftigen
C. Die Zufriedenheit mit der Nachbarschaftshilfe

Was die Mikroplanung anbelangt, so konzentrierte sich der zweite Teil (B) des Fragebogens inhaltlich darauf, ein möglichst detailliertes Bild der aktuellen Betreuungssituation der Befragten zu erhalten. Das grundsätzliche Ziel bestand dabei darin, bestimmte Typen von Hilfebedürftigen identifizieren zu können. Hilfebedürftigkeit wurde dabei als ein Zustand definiert, in dem der/die Betroffene bestimmte Tätigkeiten nicht mehr selbstständig ausführen kann. Die verschiedenen Teildimensionen, entlang derer die Betreuungssituation erfasst werden sollte, waren:

a. das soziale Betreuungsumfeld in Form von sozialen Netzwerken aus Freunden, Verwandten oder anderen Bezugspersonen, welche für Entlastung im Alltag der Befragten sorgen,
b. die Leistungen, welche durch dieses Betreuungsumfeld erbracht werden,
c. das professionelle Betreuungsumfeld: sämtliche sozialen oder privat-gewerblichen Einrichtungen, die gegen Bezahlung personenbezogene Dienstleistungen erbringen. Dabei wurde zwischen (zusätzlichen) häuslichen Pflegediensten, Mahlzeitendiensten, Putz- und Haushaltshilfen unterschieden.

Die Erfassung der subjektiven Zufriedenheit mit dem Betreuungsangebot (C) kann grob in zwei Ebenen untergliedert werden:

a. die Zufriedenheit mit den erbrachten Leistungen (Ergebnisqualität),
b. die Zufriedenheit mit der Organisation des Betreuungsangebots – der Einrichtung von verbindlichen Strukturen – sowie der Einrichtung von verbindlichen und qualitativ

hochwertigen Leistungsprozessen (Struktur- und Prozessqualität).

Die Begriffe der Prozess-, Struktur- und Ergebnisqualität wurden erstmals von Avedis Donabedian als Kriterien zur Messung von Qualitätsprozessen im Gesundheitsbereich verwendet (vgl. Donabedian 1982 sowie die nachfolgende graphische Darstellung von Seigner 1997).

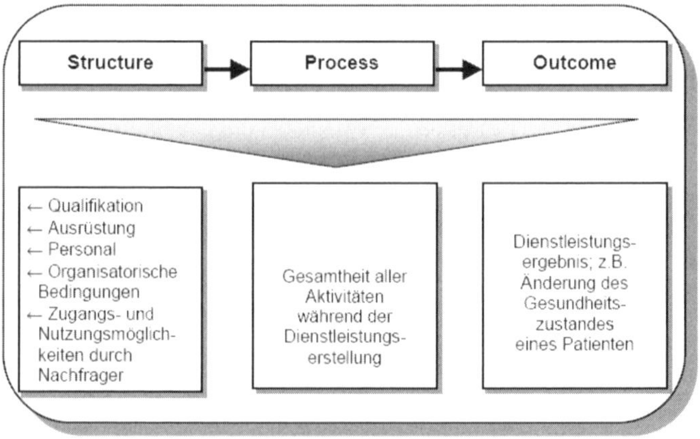

Abbildung 4 Struktur-, Prozess-, und Ergebnisqualtität, Quelle: Seigner (1997, 72)

Der Aspekt der Prozessqualität bezieht sich dabei schwerpunktmäßig auf die Planung, Umsetzung und Kontrolle von Leistungen. Im Hinblick auf die Evaluation des konkreten Nachbarschaftshilfeprojekts wurden zur Einschätzung der Prozessqualität auf der einen Seite der Einbezug der Hilfebedürftigen in die Planung der Betreuungsinhalte und des Betreuungsablaufs wie auch – auf der andere Seite – die Qualität der Leistungserbringung durch die NachbarschaftshelferInnen betrachtet. Da es sich in unserem Fall um personenbezogene Dienstleistungen handelt, wurden dabei vor allem die Aspekte der Zuverlässigkeit Professionalität, Freundlichkeit, Informationsverhalten und Kritikfähigkeit sowohl des Trägers als auch der NachbarschaftshelferInnen, thematisiert. Ein weiterer Gesichtspunkt waren die geleisteten Aktivierungsprozesse („Hilfe zur Selbsthilfe“) und die Mitwirkungsmöglichkeiten der Hilfebedürftigen als Koproduzenten der Leistung.

Unter Strukturqualität werden Parameter wie die Ausstattung einer Organisation mit materiellen und personellen Ressourcen (finanzielle Möglichkeiten, Personalvolumen, Personalqualifikation) zusammengefasst, die zur Verfügung stehenden baulichen und räumlichen Möglichkeiten, wie auch die Qualität und das Ausmaß der Arbeitsmittel. Gemäß Evers handelt es sich dabei um *„im Zeitablauf relativ konstante Charakteristika des Leistungserbringers, der zur Verfügung stehenden Mittel und Ressourcen der physischen und organisatorischen Umgebung ... Auch menschliche, technische und finanzielle Voraussetzungen der Arbeit werden dazugezählt. ... Die Strukturkategorie spiegelt*

eher die Möglichkeit wieder, eine bestimmte Qualität erbringen zu können, weniger die Qualität selbst." (Evers 1996, 3)
Da der Großteil dieser Aspekte keiner subjektiven Erfassung bedarf bzw. subjektiv nur schwer bewertet werden kann, wurden bei der Befragung lediglich die Strukturdimensionen der Zuverlässigkeit organisatorischer Regelungen evaluiert.
Die Ergebnisqualität schließlich beschäftigt sich mit dem Ergebnis, also mit der Wirksamkeit und dem Erfolg der Leistung. Dies betrifft neben der subjektiven Wahrnehmung des Erfolgs oder Misserfolgs einer Leistung durch die Hilfebedürftigen auch die Zufriedenheit des beteiligten Personals. Letztlich tangiert der Aspekt der Ergebnisqualität damit implizit immer auch die Prozess- und Strukturqualität, da diese eine Voraussetzung für eine positive oder negative Ergebnisqualität bilden (vgl. Schubert & Zink 2001, 6).
Der wichtigste Ansatzpunkt zur Beurteilung der Ergebnisqualität bildete in dieser Hinsicht ein Set von Indikatoren, welches sich aus einer Abfolge von verschiedenen expressiven Aussagen zusammensetzte. Diese Aussagen bezogen sich auf das Ausmaß, in dem die Erwartungen der KundInnen an das Angebot erfüllt wurden, ferner das Ausmaß, in dem das Angebot zu Entlastungen im Leben der KundInnen – im Sinn von emotionalem Rückhalt, zeitlicher Entlastung und Hilfe zur Selbsthilfe – führt, und schließlich das Ausmaß, in dem sich eine qualitative Veränderung im Leben der Befragten eingestellt hat.

2.2 Zentrale Ergebnisse der Evaluation

Als wesentliches Ergebnis der Auswertung der soeben dargestellten Befragung lässt sich zunächst festhalten, dass auf den verschiedenen Dimensionen der Struktur-, Prozess- und Ergebnis-Qualität der Leistungserbringung sehr ausgeprägte und hohe Zufriedenheitswerte zu verzeichnen waren.
Insgesamt konnten vor dem Hintergrund der durchgeführten Befragung die folgenden Aspekte herausarbeitet werden, welche die besondere Qualität und Merkmale des dargestellten Hilfeangebots ausmachen:

- Als ein wichtiger Vorteil des erprobten Hilfeangebots erwies sich dessen flexible Einsetzbarkeit. Dies zeigte sich insbesondere beim Eintreten ungeplanter Ereignisse (gesundheitliche Notstände, „plötzliche" Einschränkungen der Mobilität oder Ausfall von Betreuungspersonal und Angehörigen) und dementsprechend in Situationen, in denen ein Abfedern von „Betreuungsnotständen" notwendig ist.
- Die Auswertung der Arbeitsverwendungsbögen ergab, dass aktivierende Leistungen im Vordergrund des Betreuungsangebots standen.
- Von Seiten der Hilfebedürftigen wurde außerdem der Aspekt „Hilfe im Alltag" als besonders wichtiger Inhalt des Hilfeangebots benannt. Hierzu zählten Tätigkeiten wie Blumen gießen, den Hof kehren, die Mülltonne leeren, die Post holen, einkaufen, die Begleitung bei Arztgängen.
- In dieser Hinsicht liegt eine Stärke dieses neuen Betreuungsangebots – was den „outcome" der Leistungserbringung anbelangt – vor allem darin, „Abwechslung in

der Tagesgestaltung“ zu gewährleisten sowie die „Bewahrung der Eigenständigkeit“ der betreuten Personen zu fördern. Letzteres gilt in gewisser Weise auch für betreuende Angehörige, welche ebenfalls Entlastung durch die neuen Angebotsform erfahren. In dieser Hinsicht wäre über eine stärkere Ausdehnung des Angebots auf andere mögliche Zielgruppen (z.B. Kinderbetreuung oder Betreuung von Personen mit Behinderung) nachzudenken.
- Obwohl sich das Angebot (vom Titel und Anspruch her) stark auf die zwischenmenschlichen Aspekte bezieht, beinhaltete es nur wenige Ansatzpunkte für Krisenbewältigung oder die Stärkung emotionalen Rückhalts.

Die anfangs erwähnte Flexibilität des neuen Hilfeangebotes muss jedoch differenziert bewertet werden. So führte die Befragung der NachbarschaftshelferInnen zu den folgenden wichtigen (und wohl eher negativ zu bewertenden) Ergänzungen dieser Perspektive:
- Es bestanden Unklarheiten hinsichtlich der korrekten Vorgehensweise in Situationen, in denen – über betreuende Aktivitäten hinausgehende – pflegerische Tätigkeitsinhalte gefordert bzw. notwendig werden. Leistungen wie Toilettengang oder einfache Körperpflege wurden sehr oft implizit erwartet oder explizit von beteiligten Angehörigen oder Einrichtungen eingefordert.
- in dieser Hinsicht wurden vor allem auch Bedenken von Seiten der NachbarschaftshelferInnen geäußert, als „billige Arbeitskräfte“ eingesetzt zu werden und in Konkurrenz zu „professionellen Pflegekräften“ zu treten.

3 Zusammenfassende Schlussfolgerungen

Am Anfang des vorliegenden Beitrags wurde der Vorschlag unterbreitet, organisierte Selbsthilfe (beim Vorliegen bestimmter Kriterien) als eine spezifische Form der Selbsthilfe zu betrachten.
Vor dem Hintergrund des evaluierten Nachbarschaftshilfeprojekts scheinen zusammenfassend folgende Aspekte wichtig:
1. Organisierte Selbsthilfe benötigt einen Kreis an solidarischen und dadurch motivierten Helfern. Dieser Kreis geht im Rahmen einer „organisierten Selbsthilfe“ allerdings nicht zwangsläufig aus Eigenorganisation hervor und beruht damit auch nicht notwendigerweise auf einem gruppenförmigen Zusammenhalt.
2. Diese Fremdorganisation von Hilfewilligen und Hilfsbedürftigen und ganz allgemein die Bereitstellung eines organisatorischen Rahmens und einer formellen Struktur zur Bearbeitung von Problemen kann dabei dem „Träger“ der Selbsthilfe überlassen sein. Wichtig ist allerdings, dass eine eigenständige inhaltliche Ausgestaltung der Hilfe durch den beteiligten Helferkreis erfolgt.
3. Der Fakt, dass bei einer „organisierten Selbsthilfe“ - im Vergleich zu „originären“ Selbsthilfeformen - zunehmend der Kollektivgutcharakter der erstellten Leistungen

verloren geht, war in dem beschriebenen Modellprojekt mit zwei Konsequenzen verbunden: Erstens wurde das Hilfeangebot nun durch die Hilfebedürftigen entweder nicht mehr als solidarische (informelle) Hilfe wahrgenommen oder aber - im umgekehrten Fall - die Leistungen überstiegen die (preislichen oder inhaltlichen) Leistungsabsprachen. Zweitens scheint es uns in dieser Hinsicht von Bedeutung, dass die angebotenen Leistungen vor allem Ergänzungscharakter aufweisen - also Versorgungslücken schließen oder als Zusatzangebot, nicht aber als (kostengünstigere) Konkurrenz zu bestehenden Angeboten fungieren. Von daher sollte im Vorfeld der „Organisation" von Selbsthilfe zunächst geklärt werden, ob das zu erprobende Konzept, von seiner grundsätzlichen Zielrichtung her, tatsächlich „Selbsthilfe" (in Form einer Aktivierung bürgerschaftlichen Engagements und einer Befähigung zur „Hilfe zur Selbsthilfe") oder aber die Ersetzung bestehender Betreuungs- bzw. Pflegeangebote (durch kostengünstigere Angebote) zum Inhalt hat.

Literatur:

Donabedian, Avedis (1982): The Criteria and Standards of Quality, Ann Arbor (Mich.): Health Administration Press.

Esser, Hartmut (2000): Die Konstruktion der Gesellschaft. Soziologie. Spezielle Grundlagen. Band 2, Frankfurt a. M. u.a.: Campus.

Evers, Anne (1996): Qualitätssicherung als zunehmende Forderung innerhalb der ambulanten Suchtkrankenhilfe. In: Partner-Magazin 30. Dokumentation Ambulanztagung 1995. Gesamtverband Suchtkrankenhilfe.

Hacket, Anne & Mutz, Gerd (2002): Empirische Befunde zum bürgerschaftlichen Engagement, In: ApuZ B9/2002, Bonn: BpB, 39-46.

Hasseler, Martina & Görres, Stefan (2004): Gutachten zum Thema „Künftige Bedarfskonstellationen pflegebedürftiger Menschen" für die Enquetekommission „Situation und Zukunft der Pflege in NRW", Bremen: iap.

Rudzio, Wolfgang (2006): Das politische System der Bundesrepublik Deutschland. 7. aktualisierte und erw. Aufl., Wiesbaden: VS.

Schubert, Hans-Joachim & Zink, Klaus J. (2001): Qualitätsmanagement im Gesundheits- und Sozialwesen, 2. Aufl., Neuwied/Kriftel: Luchterhand.

Seigner, Jörg (1997): Anforderungen an ein erfolgreiches Qualitätsmanagement in Beratungsunternehmen, Kissing: Verlag Recht und Praxis.

Thiel, Wolfgang (1993): Selbsthilfe und „informeller Sektor" auf der lokalen Ebene. In: Roth, Roland und Wollmann, Helmut [Hg.]: Kommunalpolitik. Politisches Handeln in den Gemeinden, Bonn: BpB, 281- 295.

Organisationales Lernen in Gesundheitsnetzen

Dorothea Greiling[1]

1 Problemstellung und Forschungsfrage

Bedingt durch eine intensive gesetzgeberische Förderung und eine Anschubfinanzierung der gesetzlichen Krankenkassen sowie eine deutliche Zunahme der Wettbewerbsdynamik für ambulante und stationäre Gesundheitsdienstleister gewinnen Gesundheitsnetze an Bedeutung. Gesundheitsnetze gelten aus der Perspektive der Gesundheitspolitik als Instrument der Prozessoptimierung und Qualitätsverbesserung. Modellvorhaben und Strukturverträge (nach § 63 bzw. § 73 a SGB V) des 2. GKV Modernisierungsgesetzes im Jahre 1997 bildeten den Ausgangpunkt des gesetzgeberischen Bemühens, um Schwachstellen einer mangelnden Verzahnung zwischen stationärer und ambulanter Versorgung zu reduzieren. Wenn man heute von Gesundheitsnetzen spricht, sind damit insbesondere die Integrierten Versorgungsverträge und Disease Management Programme gemeint, die im Rahmen des Gesundheitsreformgesetzes im Jahr 2000 eingeführt wurden, sowie medizinische Versorgungszentren und die hausarztzentrierte Versorgung, die es seit dem Gesundheitsmodernisierungsgesetz aus dem Jahre 2004 gibt. Gemäß der Registrierungsstelle für die Integrierte Versorgung gab es im Mai 2007 rund 3500 Verträge zur integrierten Versorgung, circa 9000 Disease Management Programme und rund 700 Medizinische Versorgungszentren. Darüber hinaus nahmen rund 4,6 Millionen Versicherte (Stand Mai 2006) an Programmen der hausarztzentrierten Versorgung teil. Die Intensität der Vernetzung ist am lockersten bei der hausarztzentrierten Versorgung, bei der sich der Hausarzt bzw. die Hausärztin als Lotse des Patienten bzw. der Patientin betätigt. Eine intensive Zusammenarbeit erfolgt dagegen bei den nach unternehmerischen Prinzipien zu führenden Medizinischen Gesundheitszentren, in denen fachgebietsübergreifend unterschiedliche medizinische Fachgebiete eng verzahnt unter einem Dach zusammen arbeiten. Während integrierte Versorgungsverträge für ein breites Spektrum an Diagnosen geschlossen werden können, konzentrieren sich die Disease Management Programme als so genannte Chronikerprogramme auf sechs Volkskrankheiten (Asthma bronchiale und chronisch obstruktive Lungenerkrankungen, Brustkrebs, Diabetes mellitus Typ 1 und Typ 2, sowie koronare Herzkrankheiten). Eine Studie von Ernst & Young (2005) prognostiziert, dass der Kern der Leistungen des Gesundheitswesens im Jahre 2020 durch große Netze von Leistungsanbietern erbracht wird. Damit gewinnen Gesundheitsnetze weiter an Bedeutung.

---

1 Der Beitrag stellt eine überarbeitete Version eines Vortrags im Rahmen des Habilitationskolloquiums der Verfasserin im März 2007 an der Universität Mannheim dar. Aus Platzgründen konzentriert sich der Beitrag auf einen Vortragsausschnitt. Ich danke Frau Prof. Dr. Kubon-Gilke für die hilfreichen Anmerkungen zu diesem Beitrag.

Aus den vielfältigen betriebswirtschaftlichen Fragestellungen im Zusammenhang mit Gesundheitsnetzen konzentriert sich der nachfolgende Beitrag auf einen Aspekt, dem des *Lernens in Gesundheitsnetzen*. Gesetzliche Vorgaben verpflichten Gesundheitsnetze zunehmend nach evidenzbasierten Leitlinien als Standards der good practice zu arbeiten. Dieser hohe Qualitätsanspruch ist in einem Feld mit ausgeprägten Spezialisierungen, einem hohen professionellen Autonomiebedürfnis und einer immer geringeren Halbwertzeit des medizinischen Wissens einzulösen. Die Verpflichtung, nach evidenzbasierten Standards zusammen zu arbeiten, stellt hohe Anforderungen an die Aktualität des Wissens und die Bereitschaft der Leistungsanbieter sich in Gesundheitsnetzen mit neuen wissenschaftlichen Erkenntnissen auseinander zu setzen. Ohne eine große Lernbereitschaft der Netzwerkakteure sowohl auf der individuellen wie auch auf der (inter-) organisationalen Ebene besteht die Gefahr, dass der Anspruch, nach evidenzbasierten Leitlinien zu arbeiten, schnell zur Makulatur wird. § 95 d SGB V legt fest, dass die zur kassenärztlichen Versorgung zugelassenen Vertragsärzte sich in dem Umfang fortzubilden haben, wie dies zum Erhalt und der Fortentwicklung ihrer zur Berufsausübung notwendigen Fachkenntnisse erforderlich ist. Die Zusammenarbeit in den Gesundheitsnetzen bedingt zudem die Entwicklung abgestimmter, netzwerkspezifischer medizinischer Behandlungspfade (clinical pathways), die der Koordination der Zusammenarbeit der Leistungserbringer in Gesundheitsnetzen dienen. Sowohl die Entwicklung als auch die Anwendung solcher Behandlungspfade erfordern strukturelle interorganisationale Lernprozesse.

Vor dem Hintergrund der nicht zu vernachlässigenden Relevanz von Lernprozessen in Gesundheitsnetzen widmet sich der Beitrag speziell der Frage der *Ausgestaltung der interorganisationalen Lernprozesse*. Unter Rückgriff auf theoretische Diskurse zum interorganisationalen Lernen sollen im Folgenden Eckpunkte identifiziert werden, wie das interorganisationale Lernen in Gesundheitsnetzen aussehen könnte. Gesundheitsnetze werden dabei als lerntheoretischer Anwendungsfall von Expertennetzwerken gesehen, in denen Spezialisten verschiedener Professionen arbeitsteilig und abgestimmt im Interesse einer optimalen bzw. bestmöglichen Patienten- und Patientinnenbehandlung zusammenarbeiten.

Hinsichtlich der verschiedenen Ebenen des Lernens (individuelles Lernen, organisationales Lernen und interorganisationales Lernen) konzentriert sich der Beitrag auf das interorganisationale Lernen in Gesundheitsnetzen. Die Betrachtung von Lernprozessen einzelner Leistungsanbieter und der am Gesundheitsnetz beteiligten Organisationen bleiben ebenso außen vor wie das in Gesundheitsnetzen teilweise intensiv geförderte Patientenlernen.

In Abschnitt II. wird der Vorstellung eines Verfahrens zu interorganisationalen Lernen zunächst eine Charakterisierung von Gesundheitsnetzen unter Rückgriff auf den Netzwerkansatz und den Aussagen von Mintzberg zu Expertenorganisationen vorangestellt. Die Übertragung der idealtypischen Beschreibung von Expertenorganisationen durch Mintzberg bietet sich deswegen an, weil in Gesundheitsnetzen Spezialisten verschiedener medizinischer Professionen ihr Wissen einbringen. Auf Basis behavioristischer

Lerntheorien zum interorganisationalen Lernen stellt Abschnitt III. einen Vorschlag eines behandlungspfadzentrierten Modells des interorganisationalen Lernens in Gesundheitsnetzen vor. Dieser Vorschlag berücksichtigt, dass zeitökonomische Restriktionen der Leistungserbringer in Gesundheitsnetzen in Bezug auf ein gemeinsames Lernen bestehen. Eine Zusammenfassung und ein Ausblick zu Verfeinerungen des vorgeschlagenen Modells schließen den Beitrag ab.

2 Charakteristika von Gesundheitsnetzen

In Anlehnung an Sydow (1992 und 2005) bilden Gesundheitsnetze eine intermediäre Organisationsform ökonomischer Aktivitäten zwischen Markt und Hierarchie, die sich durch komplex-reziproke Beziehungen zwischen rechtlich selbständigen Leistungsanbietern im Gesundheitswesen auszeichnet. Leistungsanbieter unterschiedlicher medizinischer Professionen sollen, so die offizielle Zielsetzung, in abgestimmter Form arbeitsteilig zusammenarbeiten im Interesse einer bestmöglichen Patienten- und Patientinnenversorgung. Von der Anlage her handelt es sich um Expertennetzwerke.
Überträgt man die Ausführungen von Mintzberg zur Expertenorganisation (Mintzberg 1989, 174ff.) auf Gesundheitsnetze, zählen zu deren Merkmalen, dass das Wissen und die Fähigkeiten der jeweiligen Experten die zentrale Rolle spielen, der Autonomiespielraum der Experten hoch ist und es kaum mittlere Hierarchieebenen gibt. Von der Organisationsstruktur her sind Expertenorganisationen nach Mintzberg tendenziell dezentral bürokratisch. Die Innovationsneigung bezeichnet Mintzberg als eher gering. Administrativen Einheiten kommt eine dienende Funktion zu. Weitere Merkmale von Expertenorganisationen, zu denen auch Krankenhäuser und Universitäten zählen, bilden nach Mintzberg (1989, 175ff.), dass die Experten einen großen diskretionären Freiraum beanspruchen, eine große Loyalität zur eigenen Profession besteht und die Experten klientenzentriert arbeiten, aber die Kopplung (und Kontrolle) untereinander eher lose ist. Die Beziehungen der Spezialisten schwanken zwischen Kollegialität und Grabenkämpfen. Im Konfliktfall fehlt ein Koordinationsmechanismus, was Mintzberg als Koordinationsproblem bezeichnet. Außerdem neigen nach Mintzberg Experten zu schnellen Kategorisierungen (pigeoning) im Sinne der Klassifikation von individuellen Problemen in Standardprogrammen.
Diese Charakteristika von Expertenorganisation finden ihren Niederschlag in den folgenden idealtypischen *Verhaltensannahmen* in Bezug auf die Netzwerkakteure in Gesundheitsnetzen:

- *Ausgeprägter Autonomieanspruch*: Ausdruck findet dieser hohe Autonomieanspruch in sachlicher Hinsicht beispielsweise im hohen Stellenwert der Therapiefreiheit. Aus der Expertenmacht resultiert außerdem ein Anspruch auf einen großen diskretionären Entscheidungsspielraum bei den Leistungsanbietern. Diesem wird auch durch die Individualität des jeweiligen Krankheitsfalles Vorschub geleistet. Die beteiligten Akteure wachen intensiv darüber, dass ihre individuellen Freiheitsgrade erhalten bleiben. Sie neigen dazu, ihr Wissen als Spezialist für einen Behandlungsbereich dafür zu nutzen, ihre Entscheidungskompetenzen auch auf andere Bereiche auszudehnen.

- *Geringes Maß an Kontrolle und lose Koppelung*: Die medizinischen Experten in den Gesundheitsnetzen arbeiten patientenzentriert relativ unabhängig voneinander. Die jeweilige, teilweise über Jahrzehnte erworbene fachliche Spezialisierung wirkt als allgemeines Signal für die anderen Akteure des Gesundheitsnetzes, welchen Teil der Patientenversorgung der jeweilige Spezialist erbringen kann. Der direkte Kontakt der einzelnen Spezialisten nimmt einen relativ geringen Anteil an der Gesamtarbeitszeit ein und beschränkt sich beispielsweise auf sporadisch stattfindende Netzkonferenzen und Qualitätszirkel. Die direkte einzelfallbezogene Abstimmung ist häufig gering, die Kopplung der Behandlungsabläufe zumindest in der Gründungsphase der Gesundheitsnetze eher lose.
- *Hohe Identifikation mit der eigenen Profession*: Sowohl im ambulanten wie im stationären Bereich spielt die berufsständische Prägung nach wie vor eine wichtige Rolle. Die eigene berufliche Sozialisation übt einen prägenden Einfluss aus. Es findet eine Orientierung an fachlichen Standards und dem Reputationssystem der eigenen Profession statt.
- *Kooperationsbeziehungen im Spannungsfeld zwischen Kollegialität und Eigeninteresse*: Die Netzwerkteilnehmer überprüfen in regelmäßigen Abständen, ob die Vorteile des Verbleibs im Gesundheitsnetz als Form der freiwilligen Kooperation größer ausfallen als Einschränkungen ihrer Freiheitsgrade durch notwendige Abstimmungen. Tendenziell wird ein kollegiales Miteinander in dem Ausmaß gepflegt, in dem es sich mit den Eigeninteressen vereinbaren lässt. Hinsichtlich der Charakterisierung des Entscheidungsverhaltens geht Mintzberg davon aus, dass bei kollektiven Entscheidungsprozessen in Expertenorganisationen häufig das Politikmodell oder das Mülleimermodell anzutreffen sind (Mintzberg 1989, 189f.).
- *Neigung zur schnellen Kategorisierung und Anwendung von Standardprozeduren*: Zu den Merkmalen der Expertenorganisation zählt nach Mintzberg, dass Experten zu schnellen Kategorisierungen neigen, die es gestatten, mit einem standardisierten Ablauf auf eine individuelle Problemlage zu reagieren. Bei aller Individualität des Patienten findet in Gesundheitsnetzen - auch als Mittel zur Komplexitätsbewältigung - eine schnelle Kategorisierung in diagnosebezogene Behandlungsroutinen statt. Mintzberg unterstellt auf Grund der Antwort auf Probleme mit Standardprozeduren, dass Expertenorganisationen tendenziell eher zögerlich im Bezug auf Innovationen sind (Mintzberg 1989, 174).

Experten haben auf Grund ihrer Orientierung an professionellen Standards tendenziell ein geringes Interesse an administrativen Aufgaben. In Gesundheitsnetzen wird die Netzwerkkoordination teilweise auf Managementgesellschaften ausgelagert, die tendenziell eine dienende Funktion haben. Von der Grundausrichtung zählen Gesundheitsnetze zu den stark polyzentrischen Netzwerken und weisen eine ausgeprägte Neigung zur Disaggregation auf, was neben dem deutlichen Autonomiestreben auch an den gesetzlichen

Rahmenbedingungen liegt. Bei vielen Gesundheitsnetzen ist unklar, ob sie nach Auslaufen der Anschubfinanzierung nach dem Jahre 2009 durch die Sozialversicherungsträger ökonomisch auf eigenen Füßen stehen können.

3 Gestaltungsempfehlungen für das interorganisationale Lernen in Gesundheitsnetzen

Ein Blick auf die Publikationen zum interorganisationalen Lernen (z. B. Grunwald 2003, Child 2004, Sydow 2005) zeigt, dass der Beitrag mit dem Betrachtungsgegenstand "Gesundheitsnetze" Neuland betritt, da bisher aus empirischer wie theoretischer Sicht vor allem strategische Allianzen, internationale Projektgruppen und neuerdings regionale Netzwerke im Zentrum stehen. Bei der theoretischen Herangehensweise an das interorganisationale Lernen gibt es zwei dominante Ansätze: eine kognitive Ausrichtung (z.B. Müller-Stewens & Osterloh 1996, Child 2004, Prange 2006), die bei komplexeren Lernformen auf das Entwickeln gemeinsamer mind-sets und ein intensives cross-learning setzt sowie eine behavioristische Ausrichtung (March & Olson 1975, Kieser & Koch 2000, Grunwald 2003), Koch 2004), die unter Annahme der begrenzten Rationalität bei Beachtung der jeweiligen Spezialisierung auf eine Minimierung des cross-learning ausgerichtet ist. Das Ausmaß des gemeinsam geteilten Wissens fällt im behavioristischen Lernverständnis wesentlich geringer aus. Die gemeinsame Wissensbasis dient lediglich dazu, es zu ermöglichen, dass sich die beteiligten Spezialisten über bestimmte Entscheidungsprobleme austauschen können und ihre Erfahrungen im Interesse der zu bewältigenden Aufgabe integrieren können (Koch 2004, 128). Lernen erfolgt primär in Form eines realen oder gedanklichen Erfahrungslernens.

Nicht zuletzt angesichts bestehender Zeitrestriktionen, der ausgeprägten Spezialisierung und der losen Kopplung der medizinischen Experten in Gesundheitsnetzen erscheint es einleuchtender, auf ein Lernmodell zu setzen, dass kein intensives cross-learning erfordert. Damit kommt eher ein Lernmodell in Frage, dass in einer behavioristischen Tradition steht.

Der im folgenden vorgestellte Vorschlag des behandlungspfadzentrierten organisationalen Lernens in Gesundheitnetzen stellt eine Adaption eines von Kieser und Koch entwickelten Modells des *transaktiven organisationalen Lernens* (Kieser & Koch 2000, Koch 2004) auf den Untersuchungsgegenstand „Gesundheitsnetz“ dar. Die Adaption berücksichtigt, dass es sich bei Gesundheitsnetzen um ein polyzentrisches Expertennetzwerk handelt. Das von Kieser und Koch entwickelte Modell strebt an, die Notwendigkeit des cross-learning zu minimieren. Dieses lehnen sie schon auf Grund der Annahme der begrenzten Rationalität, begrenzter kognitiver Aufnahmefähigkeiten und bestehender Sprachbarrieren zwischen den jeweiligen Spezialisten ab. Kieser und Koch fragen danach, wie neues Wissen entstehen kann, ohne die Vorteile der jeweiligen Spezialisierung aufzuheben und unter Beachtung einer Minimierung des gemeinsamen Lernens. Ihrem Modell liegt die Suche nach einem Koordinationsmechanismus zu Grunde, der verstreutes, spezialisiertes Wissen unaufwendig koordiniert. Diesen Mechanismus finden sie in organisationalen Regeln, die für sie als Speicher- und Koordinationsmedium fungieren. Inhaltlich knüpfen Kieser und Koch zudem an das sozialpsychologische Modell des transactive memory (z.B. Wegner et al. 1991, Wegner 1995) an, das davon ausgeht, dass in Gruppen eine gesteigerte Gedächtnisleistung möglich sein kann, in dem anhand eines geteilten Verzeichniswissens ein gemeinsames Gedächtnis gewissermaßen simuliert werde (Koch 2004, 131). Nicht alle Gruppenmitglieder müssen alles wissen, vielmehr ist es relevant, dass ein Metawissen darüber existiert, wer der jeweilige Spezialist für den angesprochenen Aspekt ist. Von der Art des Lernens bezieht sich ein solches Lernen primär auf die Kombination und die Ausbeutung bereits vorhandener Wissensreserven.

Überträgt man den Ansatz von Kieser und Koch auf den Anwendungsfall eines polyzentrischen Gesundheitsnetzes, bieten sich *medizinische Behandlungspfade als Wissensspeicher- und Koordinationsmedium* an. Ein medizinischer Behandlungspfad beschreibt den optimalen bzw. bestmöglichen Weg eines speziellen Patiententyps in Bezug auf die relevanten diagnostischen und therapeutischen Leistungen und deren zeitliche Abfolge. Interdisziplinäre und interprofessionelle Aspekte finden ebenso Berücksichtigung wie Elemente zur Umsetzung, Steuerung und ökonomischen Bewertung. In Anlehnung an den Ansatz des transaktiven organisationalen Lernens von Kieser und Koch lassen sich die medizinischen Behandlungspfade als interorganisationale Regeln interpretieren, die eine relativ unaufwendige Koordination der verschiedenen Spezialisten ohne ein intensives cross-learning ermöglichen. Interorganisationales Lernen findet dabei in Form der Entwicklung und Revision medizinischer Behandlungspfade statt.

Ausgangspunkt des in Abbildung 1 dargestellten Lernkreislaufes bildet das jeweilige Wissen der an der Entwicklung eines medizinischen netzwerkspezifischen Behandlungspfades beteiligten Spezialisten (*Experten als Wissensträger*). Deren diagnostisches und therapeutisches Wissen wird im Rahmen der netzwerkspezifischen Adaption bzw. Modifikation von bestehenden diagnosebezogenen Behandlungspfaden rekombiniert. Dies kann auf Basis realer Erfahrungen oder auf Grundlage eines simulierten trial-and-error-Prozesses in Form eines Gedankenexperiments (*Prototyping*[2] *und reales Erfahrungslernen zur Wissensrekombination*) erfolgen. In den Wissensrekombinationsprozess fließt das jeweilige, im Laufe ihrer Berufstätigkeit angesammelte Erfahrenswissen der am Netzwerk beteiligen medizinischen Akteure ein.

2 Kieser und Koch bezeichnen das Lernen durch Gedankenexperimente als Prototyping.

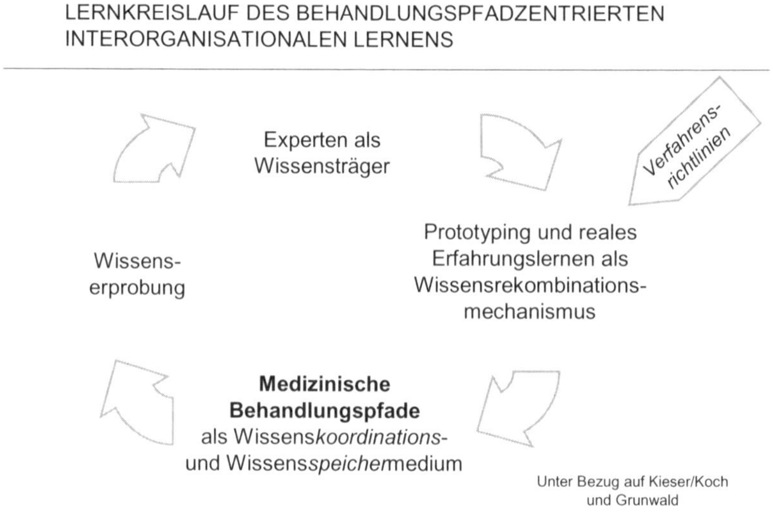

Abbildung 1 Lernkreislauf

Auf Grund der derzeitig bestehenden Ausprägungen der Gesundheitsnetze als stark polyzentrische Netzwerke sind *Verfahrensrichtlinien* für den Wissensrekombinationsprozess nötig. Die Koordination qua Hierarchie, wie sie organisationsintern zur schnelleren Bewältigung von Entscheidungssituationen eingesetzt wird, spielt in Gesundheitsnetzen eine nachrangige Rolle, da die Entscheidungsstrukuren eher durch eine demokratische Konsensfindung unter autonomen Experten geprägt sind. Anhaltspunkte für konsensfähige Verfahrensrichtlinien lassen sich aus den Gütekriterien zur Entwicklung der wissenschaftlichen Leitlinien für den medizinischen und pflegerischen Bereich gewinnen. Schaut man sich die Verfahren zur Entwicklung der Leitlinien der medizinisch-wissenschaftlichen Fachgesellschaften an, zeigt sich, dass bereits mehrere Verfahren zur Steuerung eines dezentral angelegten Wissensrekombinationsprozesses existieren (z.B. Delphi-Technik, Glaser-Technik, nominaler Gruppenprozess nach Delbecq).
Um dieses so rekombinierte Wissen zu speichern, bedarf es eines *Speichermediums*. Hierfür kommen organisationale Regeln in Frage. Diese sind dann sinnvoll, wenn Größe und Arbeitsteilung ein Ausmaß erreichen, bei der eine Koordination durch geteiltes, informelles Wissen die individuellen kognitiven Grenzen übersteigen würde (Koch 2004, 136). Im Fall von Gesundheitsnetzen eignen sich dafür die *medizinischen Behandlungspfade*. Ein netzwerkspezifischer medizinischer Behandlungspfad kodifiziert den Behandlungsablauf und die interdisziplinäre Arbeitsteilung. Hinsichtlich der Wissensspeicherung ermöglicht ein medizinischer Behandlungspfad die Speicherung einer Menge von Wissen, die über das individuelle Gedächtnis der arbeitsteilig zusammenwirkenden Spezialisten hinausgeht. Die medizinischen Behandlungspfade stellen in diesem

Sinne ein transactive memory oder ein simuliertes gemeinsames Gedächtnis dar. Als gemeinsames Gedächtnis gestattet es ein Behandlungspfad, relevantes Wissen zu identifizieren und zu lokalisieren, ohne dass ein intensives Lernen von einander notwendig ist. Hinsichtlich der gemeinsam geteilten Wissensbasis muss diese jeweils nur so groß sein, dass eine gemeinsame sprachliche Verständigung möglich ist und ein Verzeichniswissen über die jeweiligen Spezialisierungen der am Netzwerk beteiligten Leistungserbringer existiert. Vorteile der Spezialisierung in der jeweiligen medizinischen Profession bleiben bestehen, ohne dass es zu einem extensiven Ausmaß an knowledge sharing kommt. Neben der Funktion als Speichermedium kommt den medizinischen Behandlungspfaden auch die Funktion eines *Koordinationsmediums* zu, da sie Transparenz über die vereinbarte netzwerkspezifische Arbeitsteilung schaffen.
Sind die netzwerkspezifischen Behandlungspfade verabschiedet, schließt sich im vorgestellten Lernkreislauf eine Erprobungsphase an (*Wissenserprobung*). Patientenurteile fließen hier ebenso ein wie die Selbstbewertung der medizinischen Spezialisten (z. B. in Qualitätszirkeln) oder die Ergebnisse wissenschaftlicher Begleitstudien. Neue Überzeugungen entstehen durch die Interpretation der Erfahrungen mit den implemtierten Behandlungspfaden. Dabei handelt es sich darum, auf Grund von Schwierigkeiten Ereignisse aus der Netzwerkumwelt korrekt zu deuten oder kausale Ursache-Wirkungsketten herzustellen, also ein *Lernen unter Ambiguität* (im Sinne des Lernkreislaufs von March und Olson (March & Olson 1975, 39). Zu dieser Ambiguität tragen Unterschiede in der Patienten-Compliance bei. Die mit aller Ambiguität gewonnenen Erkenntnisse aus der netzwerkspezifischen Erprobungsphase der Behandlungspfade fließen in die Revision und Weiterentwicklung der medizinischen Behandlungspfade ein. Ausgangspunkt für diesen Prozess bildet, dass die jeweiligen medizinischen Experten ihr jeweiliges Wissen re-evaluieren und dadurch ein neuer Wissensrekombinationsprozess in Gang kommt.

4 Zusammenfassung und Ausblick

Zusammenfassend lässt sich feststellen, dass der Beitrag theoriegeleitete Überlegungen zur Ausgestaltung interorganisationaler Lernprozesse in Gesundheitsnetzen als Beispiel für ein polyzentrisches Expertennetzwerk auf der Basis eines behavioristischen Lernverständnisses enthält. Er geht davon aus, dass kognitive und zeitliche Restriktionen dazu führen, dass kein intensives cross-learning in Gesundheitsnetzen stattfindet. Der Vorschlag beinhaltet ein Procedere, das mit einem möglichst geringen Aufwand die Kombination von Wissen medizinischer Spezialisten in einem Gesundheitsnetz gestattet. Als nächster Schritt böte sich an, vor dem Hintergrund der Kennzeichnung von Gesundheitsnetzen als Expertennetze die Annahme zu relativieren, dass eine uneingeschränkte Bereitschaft der einzelnen Experten ihr Wissen einzubringen besteht, da ein spezifisches Handlungswissen auch eine Quelle zur Absicherung von Expertenmacht und der Sicherung eines kompetitiven Vorteils sein kann.

Literatur:

Child, John (2004): Learning through Strategic Alliances. In: Dierkes & Meinold et al. [Hg.]: Organizational Learning and Knowledge, 2. edition, Oxford: Oxford University Press, 656-680.

Ernst & Young (2005): Szenario „Konzentriert. Marktorientiert. Saniert – Gesundheitsversorgung 2020“, Berlin.

Grunwald, Roman (2003): Inter-organisationales Lernen, Wiesbaden: Deutscher Universitäts-Verlag.

Kieser, Alfred & Koch, Ulrich (2000) Organizational Learning through Rule Adaptation: From the behavioral Theory to Transactive Organizational Learning, Sonderforschungsbereich 504, No. 00-08, Universität Mannheim.

Koch, Ulrich (2004): Regelbasiertes Lernen in Organisationen, Diss. Universität Mannheim.

March, James & Olson, James P. (1975): The uncertainty of the past: Organizional learning under ambiguity. In: European Journal of Policy Research, Vol. 3, 147-171.

Mintzberg, Henry (1989): Mintzberg on Management: Inside Our Strange World of Organizations, New York/London: The Free Press.

Müller-Stewens, Günter & Osterloh, Margrit (1996): Kooperationsinvestitionen besser nutzen: Interorganisationales Lernen als Know How Transfer oder Kontext-Transfer. In: Führung + Organisation, Vol. 65, No. 1.

Prange, Christiane (2006): Interorganisationales Lernen. In: Sydow, Jörg [Hg.]: Management von Netzwerkorganisationen, 4. Auflage, Wiesbaden: Gabler und VS Verlag, 188-213.

Sydow, Jörg (1999): Strategische Netzwerke: Evolution und Organisation, Wiesbaden: Gabler.

Sydow, Jörg [Hg.] (2006): Management von Netzwerkorganisationen, 4. Auflage, Wiesbaden: Gabler und VS Verlag.

Wenger, Daniel M. (1995): A Computer Network Model of transactive Memory. In: Social Cognition, Vol. 13, No. 3, 319-339.

Wenger, Daniel M. & Paula Raymond & Erber, Ralph (1991): Transactive Memory in close Relationships. In: Journal of Personality and Social Psychology, Vol. 6, No. 16, 923-929.

Resilienz-Stärkung in der Kindertageseinrichtung
Ein Beitrag zur Förderung von Chancengerechtigkeit und (psycho-) sozialer Gesundheit

Klaus Fröhlich-Gildhoff / Maike Rönnau / Tina Dörner / Gabriele Kraus-Gruner

1 Einleitung

In diesem Beitrag wird ein Projekt vorgestellt, welches das Ziel hat, systematisch die Resilienz, also die seelische und körperliche Widerstandsfähigkeit von Kindern in Kindertageseinrichtungen (KiTas) zu stärken. Die Fähigkeit, mit Belastungen und Krisen erfolgreich umzugehen, stellt einen wesentlichen Aspekt (psycho)sozialer Gesundheit dar – die Entwicklung dieser Fähigkeit ist für Kinder (und Eltern) in spezifischen Problemlagen und benachteiligten Lebenszusammenhängen von besonderer Bedeutung.
Im ersten Schritt wird ein Überblick über gestiegene Problemlagen und Belastungen für Kinder und ihre Familien gegeben; dabei wird spezifisch auf empirische Zusammenhänge zwischen (sozioökonomischer) Lebenslage und Fähigkeitsentwicklung eingegangen.
Anschließend wird der Paradigmenwechsel der Entwicklungswissenschaft hin zu einer ressourcenorientierten, die Schutzfaktoren besonders beachtenden Perspektive beschrieben und es werden Studienergebnisse der Resilienzforschung referiert.
Das Projekt „Kinder Stärken! – Resilienzförderung in der Kindertageseinrichtung", das vom Zentrum für Kinder- und Jugendforschung an der EFH Freiburg realisiert und in einem Kontrollgruppendesign evaluiert wird, wird danach in seiner Struktur beschrieben; die ersten Untersuchungsergebnisse werden vorgestellt.
Diese Ergebnisse geben Hinweise auf gute Möglichkeiten der Stabilisierung von (psycho)sozialer Gesundheit, aber auch der Förderung der kognitiven Entwicklung. So ergeben sich Wege und Chancen zur systematischen Verbesserung der Teilhabe am gesellschaftlichen Alltag und zur Verhinderung von Exklusion.

2 Ausgangslage: Gestiegene Problemlagen und Belastungen für Kinder und ihre Familien

Es lassen sich eine Reihe von Problemlagen, Störungen oder Auffälligkeiten feststellen, die sich bereits im Vorschulalter zeigen und die als Form der „Weltbegegnung" stabil bleiben, wenn keine gezielten, unterstützenden pädagogischen oder therapeutischen Hilfen eingesetzt werden und „greifen".

Als *Schlaglichter* seien in diesem Zusammenhang genannt (eine ausführlichere Darstellung findet sich z.B. bei Fröhlich-Gildhoff 2007):

- Ca. 18% der Kinder im Vorschulalter weisen diagnostizierbare Verhaltensauffälligkeiten auf (Ihle / Esser 2002; Lösel et al. 2004, Erhart et al. 2006, Coutant 2005).
- Aggressives / gewalttätiges Verhalten als durchgängiges Merkmal der Weltbegegnung ist ab dem 5. Lebensjahr stabil (Krahè 2001, Essau / Conradt 2004).
- Die Ergebnisse von Einschulungsuntersuchungen zeigen, dass der Anteil von Erstklässlern mit Sprachstörungen bzw. -auffälligkeiten bei durchschnittlich 13% liegt, wobei dieser Prozentsatz bei Kindern aus sozial benachteiligten Familien noch höher ist (Mersmann 1998; Gesundheitsamt der Landeshauptstadt Düsseldorf 2003).
- Der durchschnittliche Fernsehkonsum beträgt bei Kindern im Vorschulalter ca. 70 Minuten, im Grundschulalter sehen die Kinder im Schnitt 1,5 Stunden fern (Feierabend / Klingler 2004).
- Langzeitstudien zeigen, dass „Vielseher" schlechtere Ausbildungsabschlüsse haben: „Wer im Alter zwischen fünf und fünfzehn Jahren viel fernsieht, erreicht mit sechsundzwanzig ein deutlich geringeres Bildungsniveau als andere – und zwar unabhängig vom IQ und vom Einkommen der Familie" (Spitzer 2005).
- Der soziale Status bestimmt die Bildungsfähigkeit, die Bildungsmöglichkeiten und die späteren Schulabschlüsse (z.B. OECD 2001, 2004, Conger et al. 1997, Patterson et al. 1990); 26% aller Kinder aus psychosozial schwer belasteten Familien sind schulunreif oder fallen schon in der 1. Klasse durch, aus Familien ohne solche Belastungen aber nur 8,5 % (Laucht, Esser / Schmidt 1999).

Die Ursachen für die gestiegenen Problemlagen lassen sich nur multifaktoriell beschreiben; es handelt sich um ein Zusammenspiel aus

- biologischen Faktoren (z.B. Temperamentsunterschieden von Kindern; vgl. Zusammenstellung in Petermann et al. 2004),
- sozialen Zusammenhängen (v.a. stärker verunsicherte oder überforderte Familien, denen es schwerer fällt, mit den Bedingungen der multioptionalen und pluralisierten Welt umzugehen [vgl. Keupp 2006]; aber auch die Veränderung von Lebenswelten und sozioökonomischen Bedingungen) und
- psychischen Faktoren (wie z.B. erworbenen Bewältigungsfähigkeiten) (zur Komplexität eines bio-psycho-sozialen Modells zur Erklärung der Entstehung von Verhaltensauffälligkeiten vgl. Fröhlich-Gildhoff 2007).

Im Zusammenhang mit dem Thema des vorliegenden Buches sollen schwerpunktmässig noch einmal einige Studienergebnisse zur Bedeutung der sozioökonomischen Rahmenbedingungen referiert werden:

- Die große Vergleichsstudie "BELLA" (Deutschland) zeigt auf der Grundlage der der Untersuchung von 7600 Kindern: "12% of the respondents with high socio-economic status (SES), 17% of those with middle SES and 21% of those with low

SES had mental health problems. Migrants are more frequently affected than non-migrants" (Erhart et al. 2006, 1228).

- Ein zentrales Ergebnis der "Mannheimer Risikostudie" ist: „Kinder, die in schwierigen, belasteten Familienverhältnissen aufwachsen, schneiden langfristig sowohl im Bereich kognitiver Leistungsfähigkeit als auch im Bereich sozio-emotionaler Entwicklung deutlich schlechter ab als psychosozial unbelastete Kinder" (Fooken 2005, 48).
- Die englische Langzeit Studie "National Child Development Study (NCDS)" verfolgte die Entwicklung von 1958 geborenen Personen und belegte die Fortdauer und intergenerationale Verbindung von Benachteiligung über die Lebensspanne (Gregg et al. 1999); das Ausmaß der Armut ist dabei ein zentraler Einflussfaktor (ebd.).
- Zum Schulstart kann man deutliche Unterschiede in Sprach- und Ausdrucksfähigkeiten, sozialen Kompetenzen, Fähigkeiten der Emotionsregulation, der Leistungsmotivation und der kognitiven Entwicklung abhängig vom sozioökonomischen Status feststellen (vgl. Smith et al. 1997, Pagani et al. 1997, Duncan / Brooks-Gunn 1997, Walker et al. 1994).
- McDonald / Moberg (2000) zeigten, dass Kindern aus Familien mit hohem Stress-Potential in benachteiligten Umwelten weniger Fähigkeiten erlernen, um die Anforderungen in Leistungs- und Bildungssituationen erfolgreich zu bewältigen.

3 Resilienz, Schutzfaktoren und Salutogenese

In den letzten Jahren hat in Theoriebildung und Forschung ein Paradigmenwechsel stattgefunden: Eine zunehmende Aufmerksamkeit ist auf Schutz- und Risikofaktoren für die kindliche Entwicklung gerichtet worden. Die bisherige defizitorientierte Betrachtung wurde durch die gezieltere Analyse von Schutzfaktoren und Variablen ergänzt, die zur Ausbildung und Erhaltung seelischer Gesundheit wesentlich beitragen; die Blickrichtung wechselt von der Pathogenese zur Salutogenese (Antonovsky 1997). Ein wichtiger Hintergrund hierfür waren Studien, die das Aufwachsen unter schwierigen Bedingungen auch im Langzeitverlauf untersucht haben und Variablen für risikomildernde Entwicklungsverläufe identifizieren konnten (eine Zusammenstellung dieser Studien, der Kauai-Längsschnittsstudie [vgl. Werner 1999, 2000], der Mannheimer Risikokinderstudie [vgl. z.B. Laucht et al. 2000] oder der Bielefelder Invulnerabilitätsstudie [vgl. Bender / Lösel 1997,1998] findet sich bei Wustmann 2004, 86ff). So werden nicht nur die Defizite, sondern auch die Ressourcen und Kompetenzen zur Bewältigung (von Belastungen) eingehend betrachtet.

Die Fähigkeit von Individuen, erfolgreich mit belastenden Lebensereignissen umzugehen, wird als Resilienz bezeichnet: „Resilienz meint eine psychische Widerstandsfähigkeit von Kindern gegenüber biologischen, psychologischen und psychosozialen Entwicklungsrisiken" (Wustmann 2004, 18). Resilienz umfasst damit „nicht nur die Ab-

wesenheit psychischer Störungen, sondern den Erwerb altersangemessener Fähigkeiten (Kompetenzen) vor dem Hintergrund der normalen kindlichen Entwicklung, zum Beispiel die Bewältigung altersrelevanter Entwicklungsaufgaben trotz aversiver Umstände“ (Petermann et al. 2004, 344).
Die Resilienzforschung betrachtet im Wesentlichen drei zentrale Aspekte:
- „Die positive gesunde Entwicklung trotz andauerndem hohen Risikostatus...
- die beständige Kompetenz unter akuten Stressbedingungen...
- die positive beziehungsweise schnelle Erholung von traumatischen Erlebnissen“ (Wustmann 2004, 19).

Es geht also darum, dass es Kindern (und später Erwachsenen) gelingt, mit konkreten belastenden Ereignissen umzugehen, aber auch die Entwicklungsaufgaben in verschiedenen Lebensabschnitten (vgl. z.B. Schmidtchen 2001, Havighurst 1982) angemessen zu bewältigen. Die positive Bewältigung von Krisen, Belastungen und Entwicklungsaufgaben – eine besondere Bedeutung haben hier Übergänge, zum Beispiel von der Familie in den Kindergarten oder vom Kindergarten in die Schule – wirkt sich positiv auf die weitere Entwicklung aus.

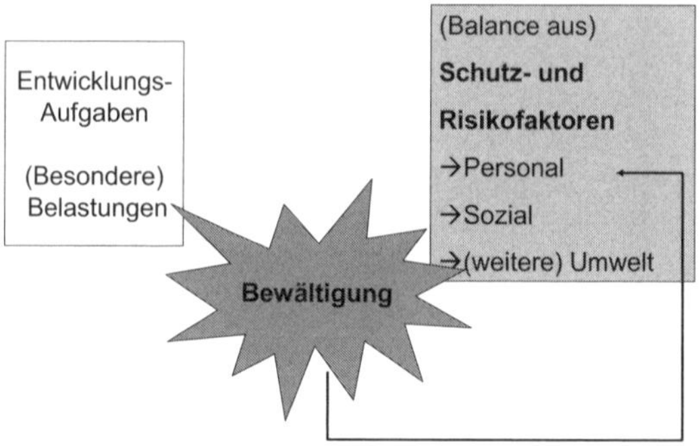

Abbildung 1 Bewältigungsperspektive

Resilienz ist keine angeborene Persönlichkeitseigenschaft, sondern wird im Verlauf des Lebens entwickelt; von besonderer Bedeutung sind dabei die frühen Lebensjahre. Die Resilienzforschung zeigt, dass es sich um eine dynamische Eigenschaft handelt. Das Kind wird als aktiver „Bewältiger“ und (Mit-)Gestalter seines Lebens gesehen; die Fähigkeit der seelischen Widerstandskraft entwickelt sich aus der Interaktion mit den Bezugspersonen und realen positiven Bewältigungserfahrungen. Es handelt sich bei „Resilienz um eine dynamische Kapazität..., die sich über die Zeit im Kontext der Mensch- und Umweltinteraktion entwickelt“ (Petermann et al. 2004, 345).
Hier finden sich sehr wichtige Ansatzpunkte für die Förderung der psychosozialen Gesundheit von Kindern!

Es gibt eine Reihe von „relativ breit wirksamen protektiven Faktoren, [die]… als allgemeine Ressourcen für eine gesunde Entwicklung angesehen werden [können], da sie teilweise sowohl bei geringem als auch bei hohem Risiko die kompetente Entwicklung von Kindern fördern“ (Lösel / Bender 2007, 59).
Empirisch lassen sich folgende wesentliche Schutzfaktoren beschreiben:

- Mindestens eine stabile emotionale Beziehung zu einer primären Bezugsperson (das ist im optimalen Fall ein Elternteil, allerdings können auch andere Personen aus dem Umfeld wie z.B. Großeltern, andere nahe Verwandte, aber auch professionelle ErzieherInnen diese Funktion erfüllen).
- Bindungsfähigkeit und die Realisierung ‚feinfühligen' Verhaltens durch die Bezugspersonen, um sicheres Bindungsverhalten zeigen zu können.
- Emotional warmes, offenes, aber auch klar strukturierendes Erziehungsverhalten der Bezugspersonen (eine besonders positive Bedeutung hat hier ein autoritativer bzw. demokratischer Erziehungsstil) (vgl. Wustmann 2004, 108ff, Petermann et al. 1998, 2004).
- Soziale Unterstützung außerhalb der Familie.
- Soziale Modelle, die angemessenes Bewältigungsverhalten in Krisensituationen zeigen, Kinder ansprechen und ermutigen.
- Frühe Möglichkeiten, Selbstwirksamkeitserfahrungen machen zu können und so entsprechend positive internale Kontrollerwartungen/-überzeugungen herauszubilden, damit verbunden: Selbstvertrauen, positiver Selbstwert, positives Selbstkonzept.
- Dosierte soziale Verantwortlichkeit.
- Kognitive Kompetenzen, die angemessen angeregt werden müssen.
- Selbststeuerungs- bzw. Selbstregulationsfähigkeiten, die mit Unterstützung durch Bezugspersonen (vor allem bei der Affektregulation) herausgebildet werden.
- Das Erfahren und das Erleben eines Sinns und einer Bedeutung der eigenen Existenz; hier kann Glaube eine wichtige Bedeutung haben.
- Gute oder zumindest sichere sozio-ökonomische Bedingungen (vgl. hierzu insgesamt: Egle et al. 1997, Bender / Lösel 1998, Petermann et al. 1998, 2004, Opp et al. 1999, Opp / Fingerle 2007, Werner 2000, Dornes 2000, Wustmann 2003, 2004).

Eine zentrale Erkenntnis aus Resilienzforschung, Entwicklungswissenschaften (vgl. Petermann et al. 2004), Bindungsforschung (vgl. z.B. Brisch 2003, Großmann / Großmann 2004, Ziegenhain et al. 2004), empirischer Säuglingsforschung (z.B. Stern 1995, Dornes 2000) und Neurobiologie (vgl. z.B. Hüther 2005, Gebauer / Hüther 2004) besteht darin, dass die ersten Lebensjahre eine sehr große Bedeutung für die Entwicklung seelischer und geistiger Gesundheit, für die Entwicklung des Selbstvertrauens, der sozialen Kompetenzen, der Ausdifferenzierung und Regulation von Emotionen haben (s.a. zusammenfassend Fröhlich-Gildhoff 2007). Daher ist es sinnvoll, in diesen frühen Lebensjahren präventive Programme zu etablieren.

4 Multimodale Resilienzförderung in der Kindertageseinrichtung (KiTa) – ein Weg zur Verbesserung von Chancengleichheit und sozialer Gerechtigkeit

4.1 Bedeutung der KiTa als zentraler Sozialisationsinstanz

Kindertageseinrichtungen (KiTas) sind diejenigen gesellschaftlichen Institutionen, welche Kinder als erste und über längere Zeiträume in ihrer Entwicklung systematisch begleiten; zugleich haben KiTas die Chance, Zugänge zu den Eltern / Familien zu erhalten – KiTas werden zu immer wichtigeren Sozialisationsinstanzen (vgl. z.B. Fried et al. 2003, Fthenakis 2003, Sylva et al. 2004). ErzieherInnen sind für die Eltern nach dem / der jeweiligen PartnerIn die zweitwichtigsten AnsprechpartnerInnen in Erziehungsfragen – vor KinderärztInnen, Großeltern, FreundInnen… (Fröhlich-Gildhoff et al. 2006). Es erscheint daher durchaus sinnvoll und aussichtsreich, ein Programm zur Förderung der physischen und psychosozialen Gesundheit in Kindertageseinrichtungen umzusetzen und die ErzieherInnen systematisch in die Arbeit einzubeziehen – auch um eine Verankerung des Programms im „Alltag" der KiTa zu erreichen und um die Nachhaltigkeit zu sichern.

Bestehende Programme

Es gibt mittlerweile eine Reihe von Programmen zur Prävention und Unterstützung von Kindern und Eltern; diese Programme lassen sich nach drei ‚Zielrichtungen' bzw. Ansatz-Ebenen unterscheiden:

2. Programme, die direkt Kinder stärken wollen. Diese Programme sind v.a. in und für die Arbeit in Kindertagesstätten entwickelt worden und haben sehr unterschiedliche Differenzierungs- und Strukturierungsgrade. So gibt es Programme zur Verbesserung der Sprach-, Sozial-, Stressbewältigungs- oder kognitiven Kompetenzen; solche zur Förderung der emotionalen Ausdrucksfähigkeit und des Selbstwerts und ‚ganzheitlichere' Programme, die an mehreren Funktionsbereichen ansetzen (z.B. das Konzept „Fit und stark für's Leben", Asshauer et al. 2002, FREUNDE, Essau / Conrat 2003 „Prävention und Resilienz in Kindertageseinrichtungen" PRiK, Fröhlich-Gildhoff et al. 2007; vgl. auch die Zusammenstellungen bei Lösel et al. 2004).
3. Programme, die das Ziel haben, Eltern in ihrer Erziehungs- und Beziehungsfähigkeit zu stärken, um Fehlentwicklungen bei den Kindern zu verhindern. Beispiele hierfür sind Unterstützungen für Eltern mit Kleinstkindern („Schreisprechstunde") oder Programme zur Verbesserung von Erziehungskompetenzen (z.B. „Triple P", vgl. Turner et al. o.J.; „Starke Eltern - Starke Kinder", Honkanen-Schoberth 2003; „Kölner Eltern Training" KET, Lauth o.J.; Zusammenstellungen bei: Warnke et al. 2001, Heinrichs et al. 2002, Lösel et al. 2004, Beelmann / Lösel 2004). In einem umfangreichen Projekt der Liga der freien Wohlfahrtspflege wurden im Zeitraum von 2003 - 2005 in Baden-Württemberg in 136 Kindertagesstätten unterschiedliche

Ansätze und Modelle der Stärkung elterlicher „Erziehungskraft" realisiert (vgl. Fröhlich-Gildhoff et al. 2006).

4. Programme oder Konzepte, die auf Vernetzung abzielen und so bessere Strukturen im Sozialraum schaffen wollen und einen schnellen und unkomplizierten Austausch zwischen Professionellen (z.B. LehrerInnen, ErzieherInnen, BeratungsstellenmitarbeiterInnen ...) und anderen Personen im Sozialraum (PfarrerInnen, TrainerInnen im Sportverein usw.) gewährleisten sollen.

In einer jüngst veröffentlichten Studie mit Kontrollgruppendesign konnten Lösel et al. (2004, 2006 Programm EFFEKT) nachweisen, dass sich durch eine Kombination von Präventionstrainings mit Eltern und Kindern in Kindertagesstätten Entwicklungsstörungen und Verhaltensauffälligkeiten bei den Kindern signifikant reduzieren lassen.
Auf diesen Grundlagen erscheint es sinnvoll, ein umfassendes, präventives und ressourcenorientiertes Programm zu realisieren, das konsequent und multimodal auf den Ebenen (1) Arbeit mit den Kindern, (2) Arbeit mit den Eltern, (3) Arbeit mit den ErzieherInnen und (4) sozialräumliche Vernetzung der Institution KiTa ansetzt.

4.5 Projekt „Kinder Stärken!" – Vorgehen und Ergebnisse

Aufbau, Konzept

Das Ziel des Projektes besteht darin, den Kindern präventiv unterschiedliche Wege aufzuzeigen, wie sie mit belastenden Situationen erfolgreich umgehen und diese meistern können.
Das Projekt verfolgt einen ganzheitlichen Ansatz und setzt auf den dargestellten vier Ebenen an:

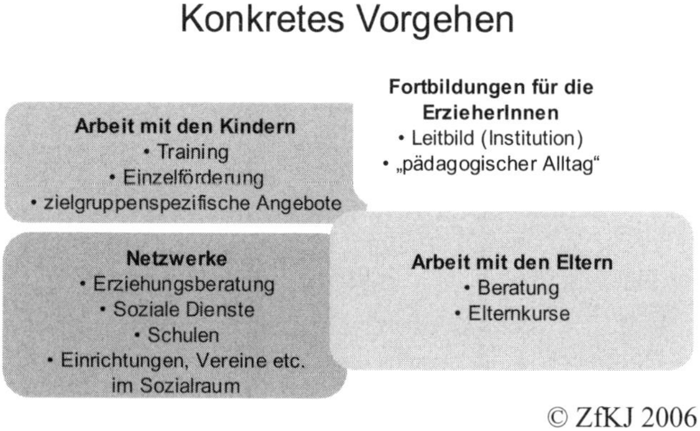

Abbildung 2 Die vier Ebenen des Projektes „Kinder Stärken!"

Das Projekt wird in jeweils zwei Kindertagesstätten der Stadt Freiburg und im Landkreises Breisgau-Hochschwarzwald innerhalb von zwei Jahren umgesetzt. Finanziert wird das Konzept von der „Aktion Mensch", der Stadt Freiburg und dem Landkreis Breisgau-Hochschwarzwald.

Alle *Kinder* in den beteiligten vier Kindertageseinrichtungen nehmen innerhalb der Laufzeit des Projektes jeweils in Kleingruppen von 8-10 Kindern an einem 10-wöchigen Trainingsprogramm teil, das von je einer Sozialpädagogin in Kooperation mit einer Erzieherin durchgeführt wird. Die Kinder werden dabei gezielt in verschiedenen Bereichen gefördert, wie z.B. in ihrer Selbstwahrnehmung und -wirksamkeit, beim Lösen von Problemen, aber auch im Umgang mit anderen.

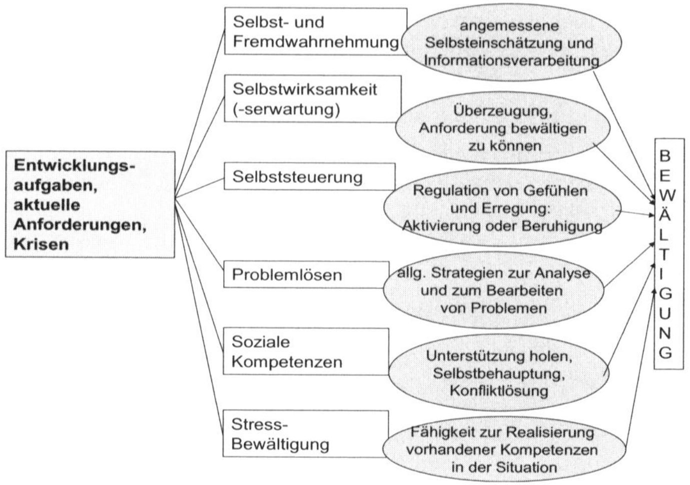

Abbildung 3

Im Mittelpunkt des Trainings stehen die Ressourcen und Stärken der Kinder. Ihre Entwicklung wird während des Trainings kontinuierlich beobachtet und dokumentiert sowie an die Eltern und ErzieherInnen zurückgemeldet (zum Konzept des Kurses: Fröhlich-Gildhoff et al. 2007).

Um mit den *Eltern* in Kontakt und in einen Austausch kommen zu können, wurde von den Sozialpädagoginnen zum einen eine wöchentliche „offene Familiensprechstunde" eingerichtet, die für einen Informationsaustausch und für Beratungsgespräche genutzt werden kann. In regelmäßigen Abständen steht auch die regional zuständige Erziehungsberatungsstelle als Ansprechpartner zur Verfügung.
Zum anderen werden von den Sozialpädagoginnen in Zusammenarbeit mit den Erzieherinnen der Kitas „Elternkurse" angeboten, die sechs Mal, in der Regel einmal in der Woche, stattfinden. Struktur und einzelne Elemente der Elternkurse orientieren sich an

vergleichbaren, mehr oder weniger gut evaluierten Programmen (vgl. z.B. Heinrichs et al. 2002, 2006, Grimm / Mackowiak 2006, Tschöpe-Scheffler 2003, 2006), die das Ziel haben, Eltern in ihrer Erziehungs- und Beziehungsfähigkeit zu stärken, um Fehlentwicklungen bei den Kindern zu verhindern oder die Erziehungskompetenzen der Eltern zu verbessern. Diese Kurse sollen den Blickwinkel der Eltern verändern, auch hier wird systematisch an den Stärken und den Ressourcen der Eltern angesetzt (zum Konzept des Kurses: Fröhlich-Gildhoff et al. i.V.).

Die *ErzieherInnen* werden von Beginn an in die Arbeit einbezogen. Sie erhalten Fortbildungen zum Thema Resilienzförderung, also dazu, wie sie die Stärken und Fähigkeiten der Kinder in der Alltagsarbeit und als Institution unterstützen und fördern können; Ziel ist auch hier die Förderung einer ressourcenorientierten Sichtweise und Haltung. Sie begleiten darüber hinaus die dafür zusätzlich eingesetzten Sozialpädagoginnen in den Kursen für Kinder und Eltern. Außerdem finden einmal im Monat Fallsupervisionen mit den beteiligten / zuständigen Erziehungsberatungsstellen statt, in denen fokussierter auf besondere Fragestellungen eingegangen werden kann.
Durch die Qualifizierung der ErzieherInnen und das unmittelbare Anknüpfen am Alltag der Kindertageseinrichtung wird die Nachhaltigkeit gesichert.
Zusätzlich werden die Kindertagesstätten darin unterstützt, sich mit weiteren Einrichtungen im Stadtteil / der Gemeinde zu *vernetzen*, um die Angebotsprofile abzustimmen und ein systematisches Hilfesystem aufzubauen.

Ergebnisse

Das Projekt wird kontinuierlich wissenschaftlich evaluiert und zwar in Form einer Ergebnis- und Prozessevaluation mit quantitativen und qualitativen Forschungsmethoden im Kontrollgruppendesign.
Die Stichprobengröße liegt bei der Durchführungsgruppe (DG) bei insgesamt 278 Kindern und 44 ErzieherInnen, in der Kontrollgruppe (KG) sind es 188 Kinder und 51 ErzieherInnen.
Die Ergebnisse werden durch eine vergleichende Reihe von Vor- und Nachtests auf verschiedenen Ebenen erfasst:
Insgesamt gibt es im Rahmen des Projektes drei Erhebungszeitpunkte:
Die Anfangserhebung bei allen Kindern (t0), eine weitere Erhebung nach 6 Monaten bei den Kindern, die in die Schule kommen (t1), und die Enderhebung nach insgesamt 18 Monaten bei allen Kindern (t2).
Wirkungen, die im Verlauf des Projekt-Prozesses auftreten, werden erfasst durch vertiefende Interviews mit Eltern und ErzieherInnen, durch teilnehmende Beobachtung sowie durch eine standardisierte Dokumentation der Trainings mit den Kindern, der Elternkurse, der offenen Familiensprechstunden und der Fallbesprechungen. Zusätzlich werden Gruppendiskussionen mit den Teams in den beteiligten KiTas der Durchführungsgruppe durchgeführt.

Im Verlauf des Projekts wurden in den Einrichtungen der Durchführungsgruppe bis zum Erhebungszeitpunkt t1 (nach 6 Monaten Laufzeit) folgende Angebote durchgeführt: 20 Trainings mit 159 Kindern, 10 Elternkurse mit 72 Eltern, 86 Elterngespräche in der Familiensprechstunde, drei Fortbildungen für ErzieherInnen und jeweils monatliche Fallbesprechungen.

Es liegen erste Ergebnisse über den Vergleich von t0 und t1 vor. Nach 6 Monaten wurden die 144 Kinder, die eingeschult wurden, erstmalig erneut mit den unterschiedlichen Instrumenten untersucht und von Eltern sowie ErzieherInnen mittels standardisierter Tests eingeschätzt. Der Rücklauf dieser Fragebögen für Eltern und ErzieherInnen ist mit einem Durchschnitt zwischen 76% (DG) und 96% (KG) sehr positiv zu werten, da er auf ein hohes Interesse beider Gruppen an der Thematik des Projektes schließen lässt.

Die erhobenen Daten wurden mithilfe des Statistikprogramms SPSS (Version 15.0) analysiert. In einem ersten Schritt wurden – getrennt für DG und KG – t-Tests durchgeführt. Um zu untersuchen, ob das Projekt auf der Ebene der Kinder Wirkung zeigt, wurden zweifaktorielle Varianzanalysen mit Messwiederholung berechnet. Ein bedeutsamer Effekt drückt sich dabei in einer signifikanten Wechselwirkung (Gruppe x Zeit) aus.

Bereits innerhalb des ersten, relativ kurzen Erhebungszeitraums konnten positive Wirkungen des Projektes bei den Kindern der Durchführungsgruppe im Vergleich zur Kontrollgruppe festgestellt werden:
Die „Schulkinder", die ein halbes Jahr an dem Projekt teilgenommen haben, profitierten vor allem im Bereich der kognitiven Entwicklung vom Projekt. Im Entwicklungstest WET (Wiener Entwicklungstest, Kastner-Koller / Deimann, 2002) ergaben sich in vier der sechs Untertests signifikante Wechselwirkungen; dies weist darauf hin, dass sich in diesen Untertests in der Durchführungsgruppe Verbesserungen zwischen t0 und t1 ergaben, wohingegen die Kinder der Kontrollgruppe zu t1 keine Veränderungen aufwiesen. Bei der Auswertung des Fragebogens zum Selbstkonzept für Vorschulkinder (SKF, neunormiert in Anlehnung an den FKSI nach Deusinger i.V.) zeigte sich ein signifikanter Wechselwirkungsfaktor in der Skala „Selbstwert", was bedeutet, dass sich die Kinder der Durchführungsgruppe im Gegensatz zu den Kindern der Kontrollgruppe in diesem Bereich zwischen t0 und t1 verbessert haben. In den übrigen drei Skalen des SKF ergaben sich allerdings keine signifikanten Wechselwirkungen.
Auf der Verhaltensebene, erfasst über den VBV (Verhaltensbeurteilungsbogen für Vorschulkinder nach Döpfner et al. 1993; Einschätzung der ErzieherInnen und Eltern), konnten bei der Auswertung der Varianzanalyse keine statistisch signifikanten Effekte des Trainings bei den Kindern der Durchführungsgruppe beobachtet werden. Die dezidiertere Analyse der Mittelwertsvergleiche weist darauf hin, dass zum Zeitpunkt t1 die Kinder der Durchführungsgruppe – im Unterschied zur Ausgangssituation – signifikant (Erzieherinnen: $p< 0,05$; Eltern $p = 0,001$) als weniger „emotional labil" (VBV) beschrieben werden. Die Kinder der Durchführungsgruppe zeigen zum Zeitpunkt t1

eine höhere Spielausdauer, ihre Selbststeuerung wird von Eltern und ErzieherInnen als besser erlebt. Die Effekte sind nicht in dieser Ausprägung bei den Kindern der Kontrollgruppe beobachtet worden

Durch die Studie werden die Ergebnisse anderer, ähnlicher Untersuchungen auf diesem Gebiet bestätigt (vgl. Lösel et al. 2004, 2006) und darüber hinaus übertroffen: Durch das Programm konnten – den ersten Ergebnissen zufolge – vor allem die kognitiven Fähigkeiten der Kinder, die am Programm teilgenommen haben, signifikant verbessert werden. Dies weist darauf hin, dass das Programm die Kinder insgesamt fördert und Entwicklungsrückstände kompensieren kann. Das multimodale Konzept des Projektes (Arbeit mit Kindern, ErzieherInnen, Eltern und der Einrichtung als soziales Netzwerk) erweist sich als tragfähig. Im ersten halben Jahr der Projektlaufzeit wurde eine große Anzahl von Eltern in drei von vier Einrichtungen durch dieses Konzept erreicht. Es hat sich gezeigt, dass der niederschwellige Zugang des Projektes einen schnelleren Kontakt zu sozial benachteiligten Familien ermöglicht, so dass diese bessere Unterstützungsmöglichkeiten bekommen können. Allerdings müssen in einer (städtischen) Kindertageseinrichtung weitergehende Möglichkeiten einer zugehenden „Eltern-Zusammenarbeit“ entwickelt und realisiert werden.

5 Zusammenfassende Schlussfolgerungen

Das Projekt „Kinder Stärken!“ zeigt, dass es möglich ist, mit einem systematisch abgestimmten, multimodalen Konzept präventiv die (psycho)soziale Gesundheit von Kindern zu verbessern; darüber hinaus gelingt es, die kognitiven Fähigkeiten zu verbessern: Offensichtlich hat die Stärkung des Selbstwirksamkeitserlebens, der Stressbewältigungskompetenz, und der Selbst- und Fremdwahrnehmung zur Folge, dass die Kinder der Durchführungsgruppe offener, angstfreier und lernmotivierter an die angebotenen Inhalte der „Bildungsinstitution“ KiTa herangehen – die Nachhaltigkeit dieser Effekte muss weiter verfolgt werden. Wenn sich die ersten Ergebnisse bestätigen, so kann das Programm eine gute Grundlage zur Verbesserung der Chancengerechtigkeit darstellen, weil über den Mehr-Ebenen-Ansatz alle Kinder der KiTa erreicht werden.
Im Projekt ist es gleichfalls gelungen, einen großen Teil der Eltern – in enger Kooperation mit den ErzieherInnen – so zur Mit- und Zusammenarbeit zu motivieren, dass sie die (zusätzlichen) Angebote von sich aus in Anspruch genommen haben. Hier liegt gleichfalls ein großes Potential, Familien nachhaltig zu stützen, Stressfaktoren im Zusammenleben zu reduzieren und auf diese Weise den Kindern bessere Entwicklungschancen zu ermöglichen.

Literatur

Antonovsky, Aaron (1997): Salutogenese, Tübingen: DGVT-Verlag.

Asshauer, Martin / Burow, Fritz / Ahrens-Eipper, Sabine (2002): Fit und stark fürs Leben. Aggressionsabbau und Suchtprävention durch Persönlichkeitsförderung, Stuttgart: Klett-Cotta.

Beelmann, Andreas / Lösel, Friedrich (2004): Elterntraining zur Förderung der Erziehungskompetenz, München: Juventa.

Bender, Doris / Lösel, Friedrich (1997): Risiko- und Schutzfaktoren in der Genese und Bewältigung von Misshandlungen und Vernachlässigung. In: Egle, Ulrich Tiber / Hoffmann, Sven Olaf / Joraschky, Peter [Hg.]: Sexueller Missbrauch, Misshandlung, Vernachlässigung, Stuttgart: Schatthauer, S. 35-53.

Bender, Doris / Lösel, Friedrich (1998): Protektive Faktoren der psychisch gesunden Entwicklung junger Menschen: Ein Beitrag zur Kontroverse um saluto- und pathogenetische Ansätze. In: Margraf, Jürgen / Siegrist, Johannes / Neumer, Simon [Hg.]: Gesundheits- oder Krankheitstheorie? Saluto- vs. pathogenetische Ansätze im Gesundheitswesen, Berlin: Springer, S. 117-145.

Brisch, Karl-Heinz (2003): Von der Bindungsstörung zur Therapie. Stuttgart: Klett Cotta.

Conger, Rand.D. / Conger, Katherine J / Elder, George H. Jr. (1997): Family economic hardship and adolescent adjustment: Mediating and moderating processes. In: Duncan, G. / Brooks-Gunn, J. [Eds.]. Consequences of growing up poor. New York: Russell Sage Press, p. 288-310.

Coutant, Isabelle (2005): Lélit de jeunesse. La justice face aux quartiers. Paris: La Découverte.

Deusinger, Ingrid M. (i.V.): Das Frankfurter Kinder-Selbstkonzept-Inventar (FKSI), Göttingen: Hogrefe.

Döpfner, Manfred / Berner, Walter / Fleischmann, T. / Schmidt, Martin (1993): Verhaltensbeurteilungsbogen für Vorschulkinder (VBV 3-6), Weinheim: Beltz.

Duncan, Greg J. / Brooks-Gunn, Jeanne (1997): Consequences of growing up poor, New York: Russell Sage Press.

Dornes, Martin (2000): Die emotionale Welt des Kindes, Frankfurt/M.: Fischer.

Egle, Ulrich Tiber / Hoffmann, Sven Olaf / Steffens, M. (1997): Pathogene und protektive Entwicklungsfaktoren in Kindheit und Jugend als Prädisposition für psychische Störungen im Erwachsenenalter. Gegenwärtiger Stand der Forschung. In: Egle, Ulrich Tiber / Hoffmann, Sven Olaf / Joraschky, Peter [Hg.]: Sexueller Missbrauch, Misshandlung, Vernachlässigung. Erkennung und Behandlung psychischer und psychosomatischer Folgen früher Traumatisierungen, Stuttgart und New York: Schattauer, S. 3-20.

Erhart, Michael / Hölling, Heike / Schlack, Robert / Ravens-Sieberer, Ulrike (2006): Verhaltensprobleme und –stärken. In: Bundesgesundheitsblatt - Gesundheitsforschorschung - Gesundheitsschutz 2006, 49, p. 1225–1232. URL: *www.kiggs.de/experten/downloads/dokumente/KiGGS_Bundesgesblatt_Abstracts_Ergebnisbroschuere.pdf* (07.05.2007).

Essau, Cecilia A. / Conradt, Judith (2004) : Aggression bei Kindern und Jugendlichen, München, Basel: Ernst Reinhardt.

Essau, Cecilia A. / Conradt, Judith (2003): FREUNDE: Trainingsprogramm gegen Angst und Depression, München: Reinhardt.

Feierabend, Sabine / Klingler, Walter (2004): Was Kinder sehen. Eine Analyse der Fernsehnutzung Drei- bis 13-Jähriger 2003. In: Media Perspektiven, 4, S. 151-179.

Fooken, Insa (2005): FAST (Families and Schools Together) - Ein Programm zur Stärkung von Kindern an der Schnittstelle zwischen Jugendhilfe, Schule und Familie. In: Bohn, Irina [Ed.]. Dokumentation der Fachtagung „Resilienz – was Kinder aus armen Familien stark macht". Frankfurt: ISS-aktuell 2/2006, p. 47-60.

Fried, Lilian / Dippelhofer-Stiem, Barbara / Honig, Michael-Sebastiann / Liegle, Ludwig (2003): Pädagogik der frühen Kindheit, Weinheim: Beltz.

Fröhlich-Gildhoff, Klaus (2007): Verhaltensauffälligkeiten bei Kindern und Jugendlichen, Stuttgart: Kohlhammer.

Fröhlich-Gildhoff, Klaus / Rönnau, Maike / Dörner, Tina (2007): PRiK – Trainingprogramm zur Prävention und Risilienzförderung in Kindertageseinrichtungen, München: Reinhardt.

Fröhlich-Gildhoff, Klaus / Kraus-Gruner, Gabriele / Rönnau, Maike (2006): Gemeinsam auf dem Weg. Eltern und ErzieherInnen gestalten Erziehungspartnerschaft. In: Kindergarten heute, 10, S. 6-15.

Fröhlich-Gildhoff, Klaus / Rönnau, Maike / Dörner, Tina (i.V.): Eltern Stärken! Resilienzförderliche Elternkurse und Elternberatung, Zentrum für Kinder- und Jugendforschung, EFH Freiburg.

Fthenakis, Wassilios (2003): Zur Neukonzeptualisierung von Bildung in der frühen Kindheit. In: Fthenakis, Wassilios [Hg.]: Elementarpädagogik nach PISA, Freiburg: Herder, S. 18-37.

Gebauer, Karl / Hüther, Gerald (2004): Kinder brauchen Vertrauen. Erfolgreiches Lernen durch starke Beziehungen, Düsseldorf: Walter.

Gesundheitsamt der Landeshauptstadt Düsseldorf [Hg.] (2003): Gesundheit und Familie, Familienbericht Düsseldorf, Düsseldorf: Stadt-Druckerei.

Gregg, Paul / Harkness, Susan / Machin, Stephen (1999): Child Development and Family Income, New York: Joseph Rowntree Foundation.

Grimm, Katja / Mackowiak, Katja (2006): Kompetenztraining für Eltern sozial auffälliger und aufmerksamkeitsgestörter Kinder. In: Praxis der Kinderpsychologie und Kinderpsychiatrie, 55. (5), 363-383.

Großmann, Karin / Großmann, Klaus E. (2004): Bindung – das Gefüge psychischer Sicherheit, Stuttgart: Klett-Cotta.

Havighurst, Robert J. (1982): Developmental tasks and education (first ed. 1948), New York: Longman.

Heinrichs, Nina / Hahlweg, Kurt / Bertram, Heike / Kuschel, Annett / Naumann, Sebastian / Harstick, Sylvia (2006): Die langfristige Wirksamkeit eines Elterntrainings zur universellen Prävention kindlicher Verhaltensstörungen. Ergebnisse aus Sicht der Mütter und Väter. In: Zeitschrift für klinische Psychologie und Psychotherapie, 35 (2), 82-96.

Heinrichs, Nina / Saßmann, Heike / Hahlweg, Kurt / Perrez, Meinrad (2002): Prävention kindlicher Verhaltenstörungen. In: Psychologische Rundschau, Jg. 53, S. 170-183.

Honkanen-Schoberth, Paula (2003): Starke Kinder brauchen starke Eltern. Der Elternkurs des Deutschen Kinderschutzbundes, 2. Aufl. Berlin: Eigendruck Deutscher Kinderschutzbund., s. auch: *www.elternkurs-schulung.de.*

Hüther / Gerald (2005): Die Macht der inneren Bilder. Wie Visionen das Gehirn den Menschen und die Welt verändern, Göttingen: Vandenhoeck und Rupprecht.

Ihle, Wolfgang / Esser, Günther (2002): Epidemiologie psychischer Störungen im Kindes- und Jugendalter: Prävalenz, Verlauf, Komorbidität und Geschlechtsunterschiede. In: Psychologische Rundschau, 53 (4), p.159-169.

Kastner-Koller, Ursula / Deimann, Pia (2002): Wiener Entwicklungstest, Göppingen: Hogrefe.

Krahé, Barbara (2001): The Social Psychology of Aggression, Philadelphia: Psychology Press Ltd.

Keupp, Heiner (2006): Identitätskonstruktionen: Das Patchwork der Identitäten in der Spätmoderne, Reinbek bei Hamburg: Rowohlt-Taschenbuch-Verlag.

Lauth, Gerhard W. (o. J.). Kölner Elterntraining KET, Köln: Manuskript der Fakultät Heilpädagogik an der Universität Köln.

Laucht, Manfred / Schmidt, Martin H. / Esser, Günter (2000): Risiko- und Schutzfaktoren in der Entwicklung von Kindern und Jugendlichen. In: Frühförderung interdisziplinär, 19 (3), S. 97-108.

Laucht, Manfred / Esser, Günter / Schmidt, Martin H. (1999): Was wird aus den Risikokindern? Ergebnisse der Mannheimer Längsschnittstudie im Überblick. In: Opp, Günther / Fingerle, Michael / Freytag, Andreas [Hg.]. Was Kinder stärkt: Erziehung zwischen Risiko und Resilienz. München: Reinhardt.

Lösel, Friedrich / Bender, Doris (2007): Von generellen Schutzfaktoren zu spezifischen protektiven Prozessen: Konzeptuelle Grundlagen und Ergebnisse der Resilienzforschung. In: Günther Opp / Michael Fingerle [Hg.]: Was Kinder stärkt. Erziehung zwischen Risiko und Resilienz (2. Auflage), S. 57-78. München: Reinhardt.

Lösel, Friedrich / Beelmann, Andreas / Stemmler, Mark / Jaursch, Stefanie (2006): Prävention von Problemen des Sozialverhaltens im Vorschulalter. Evaluation des Eltern- und Kindertrainings EFFEKT. In: Zeitschrift für Klinische Psychologie und Psychotherapie, 35, S. 127-139.

Lösel, Friedrich / Beelmann, Andreas / Stemmler, Mark / Jaursch, Stefanie (2004): Soziale Kompetenz für Kinder und Familien – die Erlangen-Nürnberger Studie, Universität Erlangen-Nürnberg.

Mc Donald, Lynn / Moberg, Paul (2000): Families and Schools Together: FAST strategies for increasing involvement of all parents in school and preventing drug abuse. In: Hansen, William B. / Giles, Steven M. / Fearnow-Kenney, Melodie D. (eds.). Improving prevention effectiveness, p. 235-250. Greensboro, N.C.: Tanglewood research.

Mersmann, Heiner (1998): Gesundheit von Schulanfängern – Auswirkungen sozialer Benachteiligungen. In: Bundeszentrale für gesundheitliche Aufklärung [Hg.]: Gesundheit von Kindern – Epidemiologische Grundlagen, S. 60-78. Köln: Bundeszentrale für gesundheitliche Aufklärung.

OECD [Hg.] (2004): Die Politik der frühkindlichen Betreuung, Bildung und Erziehung in der Bundesrepublik Deutschland. Ein Länderbericht der Organisation für wirtschaftliche Zusammenarbeit und Entwicklung (OECD). *www.bmfsfj.de/bmfsfj/generator/RedaktionBMFSFJ/Pressestelle/Pdf-Anlagen/oecd-studie-kinderbetreuung,property=pdf.pdf* [Zugriff: 15.03.2007].

OECD [Hg.](2001): Starting Strong. Early Childhood Education and Care. *www1.oecd.org/publications/e-book/9101011e.pdf*. [Zugriff: 15.03.2007].

Opp, Günter / Fingerle, Michael / Freytag, Andreas [Hg.] (1999): Was Kinder stärkt. Erziehung zwischen Risiko und Resilienz, München: Reinhardt.

Opp, Günter / Fingerle, Michael [Hg.] (2007): Was Kinder stärkt. Erziehung zwischen Risiko und Resilienz (2. Auflage). München: Reinhardt.

Pagani, Linda / Boulerice, Bernard / Tremblay, Richard E. (1997): The influence of poverty on children's classroom placement and behaviour problems. In: Duncan, Greg J. / Brooks-Gunn, Jeanne (Eds.). Consequences of growing up poor, p. 311-339. New York: Russell Sage Press.

Patterson, Charlotte J. / Kupersmidt, Janis B. / Vaden, Nancy A. (1990): Income level, gender, ethnicity and household composition as predictors of children's school-based competence. In: Child Development, 61, p. 485 – 494.

Petermann, Franz / Niebank, Kay / Scheithauer, Herbert (2004): Entwicklungswissenschaft. Entwicklungspsychologie – Genetik – Neuropsychologie, Berlin: Springer.

Petermann, Franz / Kusch, Michael / Niebank, Kay (1998): Entwicklungspsychopathologie. Ein Lehrbuch, Weinheim: PVU.

Schmidtchen, Stefan (2001): Allgemeine Psychotherapie für Kinder, Jugendliche und Familien, Stuttgart: Kohlhammer.

Smith, Judith R. / Brooks-Gunn, Jeanne / Klebanov, Pamela K. (1997): Consequences of living in poverty for young children's cognitive and verbal ability and early school achievement. In: Duncan, Greg J., Brooks-Gunn, Jeanne (Eds.). Consequences of growing up poor, p. 132-189. New York: Russell Sage Press.

Spitzer, Manfred (2005): Vorsicht Bildschirm, Stuttgart: Klett.

Stern, Daniel N. (1995): Die Lebenserfahrung des Säuglings, Stuttgart: Klett Cotta.

Sylva, Kathy / Melhuish, Edward / Sammons, Pam / Siraj-Blatchford, Iram / Taggart, Brenda (2004): Effective Pre-school Education [EPPE] Project, London: University of London, Institute of Education

Tschöpe-Scheffler, Sigrid (2003): Elternkurse auf dem Prüfstand. Wie Erziehung wieder Freude macht, Opladen: Leske und Budrich.

Tschöpe-Scheffler, Sigrid (2006): Konzepte der Elternbildung – Eine kritische Übersicht, Opladen: Budrich.

Turner, Karen M.T. / Sanders, Matthew R. / Markie-Dadds, Carol (o.J.): Triple P. Kleine Helfer für Kleinkinder, Münster: PAG Institut für Psychologie AG.

Walker, Dale / Greenwood, Charles / Hart, Betty / Carta, Judith (1994): Predicition of school outcomes based on early language production and socioeconomic factors. In: Child Development, 65, p. 606 – 621.

Warnke, Andreas / Beck, Norbert / Hemminger, Uwe (2001): Elterntrainings. In: Borg-Laufs, Michael [Hg.]: Verhaltenstherapie mit Kindern und Jugendlichen. Ein Lehrbuch. Band 2 Interventionsmethoden, S. 631-656. Tübingen: DGVT-Verlag.

Werner, Emmy E. (2000): Protective factors and individual resilience. In: Shonkoff, Jack P. / Meisels, Samuel J. (Eds.). Handbook of early childhood intervention, p. 115-132. Cambridge: Cambridge University Press.

Werner, Emmy E. (1999): Entwicklung zwischen Risiko und Resilienz. In: Günter Opp / Michael Fingerle / Andreas Freytag [Hg.]: Was Kinder stärkt. Erziehung zwischen Risiko und Resilienz, S. 25-36. München: Ernst Reinhardt.

Wustmann, Corina (2004): Resilienz: Widerstandsfähigkeit von Kindern in Kindertageseinrichtungen fördern, Weinheim: Beltz.

Wustmann, Corina (2003): Was Kinder stärkt – Ergebnisse der Resilienzforschung und ihre Bedeutung für die pädagogische Praxis. In: Wassilios E. Fthenakis [Hg.]. Elementarpädagogik nach PISA. Wie aus Kindertagesstätten Bildungseinrichtungen werden können, S. 106-135. Freiburg: Herder.

Ziegenhain, Ute / Fries, Mauri / Bütow, Barbara (2004): Entwicklungspsychologische Beratung für junge Eltern. Grundlagen und Handlungskonzepte für die Jugendhilfe. Weinheim: Juventa.

Männergesundheit und die Gewalt gegen Männer – ein verleugnetes gesundheitspolitisches Problem

Hans-Joachim Lenz

Einer der stärksten Risikofaktoren für die Gesundheit von Männern ist die gegen sie gerichtete Gewalt. Erstaunlich ist, dass diese Gewaltübergriffe weder in der Medizin, noch speziell in der Andrologie, noch überhaupt im zäh sich entwickelnden Diskurs um Männergesundheit bislang Beachtung finden und nach wie vor verleugnet werden (vgl. hierzu Jungnitz / Lenz, 2004). Zudem werden keine Statistiken über die geschlechtsspezifische Gewaltbelastung von Männern geführt. Eine Männergesundheitsforschung, die Gewalt als Gesundheitsrisiko aufgreifen könnte, existiert nicht. Ein bundesdeutscher Männergesundheitsbericht analog dem Frauengesundheitsbericht (BMFSFJ, 2001), der Gewalt als ein wesentliches Gesundheitsrisiko für Männer mit einschließen könnte, ist bisher nicht in Sicht. Das Gesundheitswesen als Ganzes scheint nicht auf das Erkennen und die angemessene Reaktion auf Gewalt gegen Männer vorbereitet zu sein. Teilweise trägt es selbst zur Gewaltausübung bei (z. B. sexuelle Übergriffe von medizinisch-therapeutischem Personal. Vgl. Jungnitz / Lenz, 2007a).

Im Kontrast zur gegen Frauen gerichteten Gewalt, die seit der Entstehung der neuen Frauenbewegung der Ausgangspunkt ihres geschlechter- und gesundheitspolitischen Engagements war, wird Gewalt gegen Männer von vielen Betroffenen und den Abenteuern im Gesundheitssystem nach wie vor verleugnet und gesellschaftlich bislang so gut wie nicht als soziales und schon gar nicht als politisches Problem wahrgenommen. Die Sozialarbeit hat in der Vergangenheit als ein Spiegel der Gesellschaft die gegen Männer gerichtete Gewalt ebenfalls übersehen. Gewalttätige Übergriffe gegen Männer sind kein explizites sozialpolitisches oder sozialarbeiterisches Thema, obwohl sozialarbeiterisches Handeln häufig auf die von männlichen Klienten ausgelösten sozialen Probleme (z.B. Suchtverhalten, Gewalttätigkeit, Wohnungslosigkeit ....) reagiert. Die gegen Männer gerichtete Gewalt scheint erst dann sozial und politisch auf Aufmerksamkeit zu stoßen, wenn der Betroffene gewalttätig oder zumindest sozial auffällig („verhaltenskreativ") in Erscheinung tritt. Dann reagiert eine Vielzahl an staatlichen Einrichtungen, von der Polizei über die Justiz bis zur Sozialarbeit. Unterhalb dieser Schwelle bleibt der viktimisierte Mann in seiner Not auf sich alleine zurückgeworfen. Die Gültigkeit und Wirkung der kulturellen Muster zur Ausblendung der gegen Männer gerichteten Gewalt findet sich nicht nur in den Helferprofessionen (Lenz, 1999), sondern auch in der Gesetzgebung, dem staatlichen Verwaltungshandeln und der Rechtssprechung aber auch in den Fachwissenschaften (wie der Kriminologie und Viktimologie) wieder. (Lenz, i.V., 2007b)

Diese Erkenntnis der Verleugnung der Gewaltübergriffe, der Männer ausgesetzt sind, verweist auf grundlegendere Fragen des Diskurses um Männergesundheit: Was wird unter Männergesundheit verstanden? Wie wird Gesundheit und was wird als Gesundheit bzw. Krankheit in einer von Geschlechterklischees geprägten Medizin bei Betroffenen und dem Fachpersonal überhaupt wahrgenommen? Im Sinne einer konstruktivistischen Perspektive ließe sich auch fragen, welche Geschlechterklischees werden in dem Diskurs um Männergesundheit konstruiert, dass die Gewaltübergriffe gegen Männer verborgen bleiben?

Die Vermutung besteht, dass in diesem Diskurs überwiegend tradierte Männlichkeitsklischees bedient werden, sodass die andere, verletzliche Seite von Männern ignoriert oder vernachlässigt bleibt.

Die Wirkung der Geschlechterklischees macht selbst vor der neuerlich aufscheinenden Männergesundheitsforschung nicht Halt. In diesem Zusammenhang erscheint der Hinweis von Hurrelmann und Kolip in neuem Licht, der besagt, dass die bisherige Gesundheitsforschung männerlastig war und das biologische und soziale Geschlecht als bedeutsamen Faktor in der Untersuchung von Bedingungen des Gesundheitsverhaltens und Strukturen der Gesundheitsversorgung ignoriert habe. „Durch den impliziten Androzentrismus, also die Annahme einer männlichen Sichtweise als Standard für Studienergebnisse, methodische Anlage und Interpretation entsteht noch keine Männergesundheitsforschung, die die spezifischen Gesundheitsprobleme von Männern sensibel und profiliert herausarbeitet. Im Gegenteil wird durch eine unbewusst parteiliche Forschung gerade der Blick auf die Besonderheiten des männlichen Geschlechts im Umgang mit Körper und Psyche und bei der Auseinandersetzung mit sozialen und physischen Umweltbedingungen verstellt“ (Kolip / Hurrelmann, 2002, 16). Dieser Hinweis ist zu verbinden mit dem Wirken des kulturellen Systems der Zweigeschlechtlichkeit und der daraus sich ergebenden Geschlechterstereotypisierungen, in dem die Verletzlichkeit als weiblich konnotiert phantasiert wird, während die Verletzlichkeit von Männern hinter vermeintlich „männlicher Stärke“ versteckt wird. Die Folge ist, dass der Zusammenhang zwischen Männergesundheit und ihrer Gefährdung durch die gegen Männer gerichtete Gewalt verborgen bleibt.

Obwohl die gesundheitlichen Folgen von Gewalt und der Umgang des Gesundheitssystems mit betroffenen Männern nur am Rande erhoben werden konnten, bietet die von 2002-2004 im Auftrag des *Bundesministeriums für Familie, Senioren, Frauen und Jugend* durchgeführte Pilotstudie *Gewalt gegen Männer in Deutschland. Personale Gewaltwiderfahrnisse von Männern in Deutschland (Forschungsverbund (2004))* wichtige Erkenntnisse, um diese gravierende Erkenntnislücke hinsichtlich der Männergesundheit zumindest ansatzweise beheben zu können. Mit dieser Studie wurde weitgehend öffentliches Neuland betreten, indem über Strafrechtsverstöße hinausgehende körperliche, sexuelle und psychische Übergriffe gegen Männer und damit die „andere“, verletzliche Seite von Männern in den Blick genommen wurde. Sie war der erste Versuch, die Viktimisierung von Männern auf einer politischen und wissenschaftlichen Ebene explizit präsent und sichtbar zu machen. Der Blick auf die von Männern als Gewalt wahrgenommenen und erlebten Handlungen eröffnet eine Chance, das öffentlich gehandelte Klischeebild von einer Männlichkeit der Stärke in Frage zu stellen und durch die gewonnenen Erkenntnisse eine weniger mit Vorurteilen beladene Sicht auf Männer und deren durch Gewalt ausgelöste Viktimisierung zu ermöglichen.

Die Durchführung der Studie wurde einem außeruniversitären Forschungsverbund „Gewalt gegen Männer" übertragen. Die Ergebnisse liegen seit kurzem als Buchfassung vor (Jungnitz / Lenz u.a., 2007a).
Ein zentrales Ziel der Pilotstudie war es, den derzeitigen Forschungs- und Erkenntnisstand sowie unterschiedliche Forschungsmethoden zu beschreiben und zu bewerten. Mit Hilfe qualitativer Interviews sollte ein Instrument für eine repräsentative Studie zu Ausmaß, Relevanz, Hintergründen und Folgen von Gewalt gegen Männer entwickelt und erprobt, und es sollten – wo möglich – erste zahlenmäßige Schätzungen vorgestellt werden. Zudem wurde der aufgefundene Erkenntnisbedarf skizziert und bisherige Wissenslücken aufgezeigt. Die Studie konzentrierte sich auf die Erforschbarkeit, das Ausmaß und die Formen der Gewalt gegen Männer. Zudem sollten vertiefende Erkenntnisse über die Gewaltwiderfahrnisse von Männern im häuslichen wie im außerhäuslichen Bereich durch die Befragung von in Deutschland ansässigen Männern gewonnen werden. Im Hinblick auf die Vorbereitung einer repräsentativen Befragung von Männern hatte die Pilotstudie ebenfalls die Frage zu beantworten, ob „das Thema reif ist" für eine repräsentative Befragung der in Deutschland lebenden Männer, das heißt, ob die Voraussetzungen für die Durchführung einer solchen Untersuchung auf Seiten der Theoriebildung, der Forschungsmethodologie und auch auf Seiten der zu Befragenden gegeben sind.
Das in der Studie vorausgesetzte Verständnis von Gewalt umfasste die Bereiche physischer, psychischer und sexueller Gewalt, wobei es nicht immer möglich war, die Grenzen zwischen den einzelnen Bereichen eindeutig zu ziehen. Die zugrunde gelegte, für den Zweck dieser evaluativen Untersuchung bewusst weit gefasste und subjektive Gewaltdefinition lautete: *„Personale Gewalt ist jede Handlung eines anderen Menschen, die mir Verletzungen zufügt und von der ich annehme, dass sie mich verletzen sollte oder zumindest dass Verletzungen billigend in Kauf genommen wurden."* Damit sollten auf der Basis des Konzepts der „Verletzungsoffenheit" (Popitz) von Männern die Befragten der Studie möglichst breit beschreiben können, was sie selbst als gewalttätiges und verletzendes Verhalten im Verlauf ihres Lebens wahrgenommen haben.
Die Studie wurde in verschiedenen Stufen realisiert: Zunächst erfolgte eine Beschreibung und Bewertung des derzeitigen Forschungs- und Erkenntnisstandes sowie der unterschiedlichen Forschungsmethoden zur Erfassung von Gewalt gegen Männer. Nach einer Phase der Literaturauswertung und Definition der Gewaltfelder fanden bundesweit 23 qualitative Interviews mit Experten und Expertinnen aus Beratungs- und Hilfsangeboten statt. In leitfadengestützten mehrstündigen biografischen Interviews wurden zudem 32 Männer befragt, die zur Hälfte zufällig und zur anderen Hälfte gezielt ausgewählt worden waren.
Die quantitativen Ergebnisse der Studie beruhen auf standardisierten mündlichen Interviews mit 266 im Bundesgebiet repräsentativ ausgewählten Männern und der Anwendung eines schriftlichen Zusatzbogens zu häuslicher Gewalt, den 190 Befragte ausgefüllt haben. Die Daten bieten erste Anhaltspunkte für eine fundiertere Einschätzung des Ausmaßes von Gewalt gegen Männer in Deutschland.

Eine wichtige Erkenntnis der Studie ist: In der Normalität des Alltags von Männern finden sich vielfältige Zwänge, deren Übergänge zur Gewalt als fließend wahrgenommen werden können. Zudem wurde deutlich, dass viele Übergriffe verborgen bleiben und nicht aufgedeckt werden, weil sie entweder als „normal" gelten oder sich der Betreffende ihrer schämt. Die Vermutung besteht, dass Männer über die ihnen widerfahrene Gewalt häufig aus Scham schweigen.
Die vom Auftraggeber vorgegebene Begrenzung auf personale Gewalt führte dazu, dass strukturelle, institutionelle und kulturell-symbolische Gewalt in der Studie ausgespart werden mussten (vgl. Lenz, 2007b), was im Verlauf des Forschungsprozesses schwer durchzuhalten war. Wesentliche Dimensionen der gegen Männer gerichteten Gewalt konnten damit nicht näher untersucht werden. Die Folgen und insbesondere die daraus entstandenen gesundheitlichen Belastungen waren zudem vom Auftrag her ausgespart. Dies würde weitere groß angelegte qualitative und quantitative Studien erfordern.

Was ist zu tun?

Im Gesundheitswesen und in den Gesundheitsberufen ist ein geschlechtsdifferenzierender Perspektivenwechsel notwendig, zu dem auch eine spezifische Sensibilisierung für Gewaltübergriffe gehört, die gegen Jungen und Männer gerichtet sind. „Im Zentrum einer solch veränderten Sichtweise steht, dass die noch verborgene Problemstellung männlicher Opfererfahrungen überhaupt als soziale Problemlage wahrgenommen und damit in ihrer gesundheitlichen und gesundheitspolitischen Brisanz anerkannt wird." (Hagemann-White / Lenz 2002, 479) In den gegenwärtigen Diskussionen im Feld der gesundheitlichen Versorgung über Qualitätsmaßstäbe und -sicherung haben Erkenntnisse der geschlechtsspezifischen Lebenslagen und Lebensbelastungen kaum eine Bedeutung. Eine wünschenswerte Professionalität im Umgang mit alltäglicher Gewalt kann nicht auf eine Auseinandersetzung mit der Wirkung von Geschlechterkonstrukten im Gesundheitswesen und bei den Gesundheitsberufen verzichten. Damit die „Verletzungsoffenheit" von Männern eine Chance erhält, ist zudem die Überwindung der reduktionistisch-biologischen Sichtweise auf Männergesundheit unabdingbar. Stattdessen ist eine bio-psycho-soziale integrative Sicht erforderlich.
Aus der Frauengewaltbewegung und -forschung ist bekannt, dass Gewalt ein verborgener Hintergrund bei Gesundheitsproblemen von Frauen ist (BMFSFJ 2001, 259 ff.). Lange Zeit wurden Gewalterfahrungen auch bei Frauen nicht als gesundheitliche Schädigung wahrgenommen. Für männliche Gewaltopfer dürfte Entsprechendes gelten. Beispielsweise finden sich in dem von Egle, Hoffmann und Joraschky herausgegebenen Handbuch (Egle / Hoffmann / Joraschky 2005, 247-500) folgende Krankheitsbilder in der Folge von sexuellem Missbrauch, Misshandlung und Vernachlässigung in der Kindheit: Psychische und psychosomatische Erkrankungen wie Angsterkrankungen, depressive Störungen und Suizidalität, posttraumatische Belastungsstörungen, Konversionsstörungen, anhaltende somatoforme Schmerzstörungen, Pelipathie, Fibromyalgie, Somatisierung und Somatisierungsstörungen, Sexuelle Störungen und Verhaltensauf-

fälligkeiten, dissoziative Störungen, Borderline-Persönlichkeitsstörungen, offene und heimliche Selbstbeschädigung, Suchtverhalten wie Essstörungen und Drogen- und Alkoholmissbrauch und Beziehungs- und Kommunikationsstörungen. Nicht zu vergessen die psychischen Erkrankungen im Alter (als Folge nicht verarbeiteter Kriegstraumen; Lenz, 2006b). Die geschlechtsdifferenzierende Erforschung dieser Krankheitsbilder als Ausdruck von erlittener Gewalt steht erst am Anfang. (Gahleitner 2003, 217-230)
Politisch bedeutsam wäre zudem eine Quantifizierung der gesellschaftlichen und ökonomischen Kosten von Gewalttaten, die gegen Männer/Jungen ausgeübt werden. Hierzu müssen zunächst einmal die zu untersuchenden Arten von Gewalt und die zu berücksichtigenden Kostenbereiche definiert werden. Hinsichtlich der ökonomischen Folgekosten von Gewalt gegen Frauen, gibt es bereits internationale Studien.
Neben einem erheblichen Forschungsbedarf (Lenz, 2006a)um an gesicherte Daten zu kommen, gibt es dringenden Bedarf, die Problematik der Gewalt gegen Männer in die Aus- und Fortbildung von Gesundheits- und Sozialberufen aufzunehmen. Denn „in Anbetracht auch vorsichtiger Prävalenzschätzungen sollte ärztliches ebenso wie pflegerisches Handeln von dem Bewusstsein geleitet werden, in der Praxis jeden Tag mindestens eine Frau und einen Mann zu sehen, dessen Leben nachhaltig durch Gewalt beeinträchtigt wurde.“ (Hagemann-White / Lenz 2002, 481)

Literatur

Bundesministerium für Familie, Senioren, Frauen und Jugend [Hg.] (2001): Bericht zur gesundheitlichen Situation von Frauen in Deutschland. Eine Bestandsaufnahme unter Berücksichtigung der unterschiedlichen Entwicklung in West- und Ostdeutschland, Stuttgart: Kohlhammer-Verlag, S. 245-274.

Egle, Ulrich Tiber, Hoffmann Sven Olaf, Joraschky Peter (2005): Sexueller Missbrauch, Misshandlung Vernachlässigung, Stuttgart: Schattauer, S. 247-500.

Forschungsverbund „Gewalt gegen Männer“ (2004): Gewalt gegen Männer - Personale Gewaltwiderfahrnisse von Männern in Deutschland - Abschlussbericht der Pilotstudie. Im Auftrag des Bundesministeriums für Familie, Senioren, Frauen und Jugend. Berlin: Bundesministerium für Familie, Senioren, Frauen und Jugend, verfügbar unter: *www.bmfsfj.de/*

Gahleitner, Silke Britta (2003), Geschlechtsspezifische Aspekte sexueller Gewalterfahrungen. In: Hilbig A, Kajatin, C, Miethe, I [Hg.]: Frauen und Gewalt. Interdisziplinäre Untersuchungen zu geschlechtsgebundener Gewalt in Theorie und Praxis. Würzburg: Königshausen & Neumann, S. 217-230.

Hagemann-White, Carol; Lenz, Hans-Joachim (2002): Gewalterfahrungen von Männern und Frauen. In: Hurrelmann, Klaus; Kolip, Petra [Hg.]. Geschlecht und Gesundheit. Stuttgart-Bern: Haupt-Verlag.

Hurrelmann, Klaus; Kolip, Petra [Hg.] (2002): Geschlecht und Gesundheit. Stuttgart-Bern: Haupt-Verlag.

Jungnitz, Ludger / Lenz, Hans-Joachim / Puchert, Ralf, u.a. [Hg.] (2007a): Gewalt gegen Männer. Personale Gewaltwiderfahrnisse von Männern in Deutschland. Opladen: Budrich-Verlag.

Lenz, Hans-Joachim (i.V. 2007b) Mann oder Opfer? - Jungen und Männer als Opfer von Gewalt. In: Gabriele Kawamura-Reindl/ Lydia Halbhuber-Gassner [Hg.]: Gender Mainstreaming – Ein Konzept für die Straffälligenhilfe? Freiburg: Lambertus-Verlag (i.V.).

Lenz, Hans-Joachim (2006a): Gewalt gegen Männer als neues Thema in Forschung und Gesellschaft. In: Wilhelm Heitmeyer /Monika Schröttle [Hg.]: Gewalt. Beschreibungen, Analysen, Prävention. Bonn: Bundeszentrale für politische Bildung, S. 98-116.

Lenz, Hans-Joachim (2006b): Männer und die Widerfahrnisse des Krieges. In: Penkwitt, Meike [Hg.]: Erinnern und Geschlecht. BdI. In: Freiburger Frauen Studien, Vol19, Freiburg: Jos-Fritz Verlag, S. 169-202

Lenz, Hans-Joachim (2005): Die verdrängte Seite der Männergesundheit: Gewalt gegen Männer - Ergebnisse der deutschen Pilotstudie In: Blickpunkt der Mann. Wissenschaftliches Journal für Männergesundheit. Gablitz / Österreich 2005, S. 37-42. *www.kup.at/kup/pdf/5554.pdf*

Lenz, Hans-Joachim / Jungnitz, Ludger (2004): Männergesundheit und die verborgene Gewalt gegen Männer. In: Bundesministerium für soziale Sicherheit, Generationen- und Konsumentenschutz, Männerpolitische Grundsatzabteilung [Hg.]. Psychosoziale und ethische Aspekte der Männergesundheit. Wien: Bundesdruckerei, S. 111-119

Lenz, Hans-Joachim (2003): Gewalt gegen Männer - eine grundlegende Herausforderung für Männerforschung. In: Paul M. Zulehner [Hg.]: MannsBilder. Ein Jahrzehnt Männerentwicklung. Ostfildern: Schwabenverlag, S. 209-220.

Lenz, Hans-Joachim (1999): Männer als Opfer - ein Paradox? Männliche Gewalterfahrungen und ihre Tabuisierung bei Helfern. In: Organisationsberatung Supervision Clinical Management. Jg. 6/1999 Heft 2, Opladen: Leske + Budrich. Verfügbar unter: *www.europrofem.org/02.info/22contri/2.02.de/4de.viol/04de_vio.htm*

Predigt zu Mt 25, 35-36 anlässlich der Übernahme des Rektorats der Evangelischen Fachhochschule Freiburg am 26. März 2007 in der Maria Magdalena Kirche in Freiburg

Reiner Marquard

Denn ich bin hungrig gewesen, und ihr habt mir zu essen gegeben. Ich bin durstig gewesen, und ihr habt mir zu trinken gegeben. Ich bin ein Fremder gewesen, und ihr habt mich aufgenommen. Ich bin nackt gewesen, und ihr habt mich gekleidet. Ich bin krank gewesen, und ihr habt mich besucht. Ich bin im Gefängnis gewesen, und ihr seid zu mir gekommen (Matthäus 25,35-36).

Das Jahr 2007 ist ein Elisabeth-Jahr. 1207 war sie geboren worden. 24jährig ist Elisabeth von Thüringen gestorben. Als vierjährige wurde sie mit Ludwig IV. verlobt und an den Hof ihres künftigen Ehemanns auf die Wartburg bei Eisenach gebracht. 1221 heiratete die vierzehnjährige Elisabeth Ludwig. Der glücklichen Ehe entstammen drei Kinder. Das dritte Kind wird 1227 geboren. Ludwig war vor der Geburt auf dem 5. Kreuzzug im italienischen Otranto an einer Seuche gestorben (Gössmann 1983, 303-316; Dinkler von Schubert 1982, 513ff.; Vogt 2006; Römer 2006).
Immer wieder hatte sie die Wartburg verlassen – die Künstler des Mittelalters stellen sie gerne mit Kanne und Spitzbrot dar. 1228 ist sie endgültig heruntergekommen - sie verlässt die Wartburg und kommt nach Marburg zu einem zur Wartburg gehörigen Witwengut. Elisabeth ist die ‚heruntergekommene' Heilige. 1228 gründete Elisabeth in Marburg das Franziskushospital. Sie widmet sich der Diakonie an Kranken und Ausgegrenzten. Ihre ersten Biographen rühmen an ihr die Verschränkung von Kontemplation und Aktion, von Gebetskraft und diakonischer Profession. Sie hat die Armut vom Makel des Schicksalhaften befreit und den Armen Gesichtern und Namen geben. Pfingsten 1235 verkündet Papst Gregor IX. die Erhebung der verstorbenen Landgräfin Elisabeth zur Ehre der Altäre.
Eine ‚heruntergekommene' Heilige. Heilige – so meinen wir – sind uns enthoben, sie sind empor gewendet. Elisabeth ist sozusagen ‚emporgesunken'. Mein Rechtschreibprogramm hat mich an dieser Stelle gemahnt, korrigierend einzugreifen. ‚Emporsinken' ginge nicht. Ich bleibe dabei. Elisabeth ist emporgesunken. Sie ist heruntergekommen und als Heruntergekommene hat sie Menschen aufgerichtet. Elisabeth übt das Diakonat der *compassion* aus, des Mitleidens. Dieses Diakonat gehört zum biblischen Urgestein. Ein barmherziger Gott wird durch Barmherzigkeit bezeugt – nicht durch imperiales, klerikales oder paternalistisches Gehabe – weshalb auch die Reformation daran festhielt, „dass man der Heiligen gedenken soll, auf dass wir unsern Glauben stärken, so wir se-

hen, wie ihnen Gnad widerfahren, auch wie ihnen durch Glauben geholfen ist." (BSLK 1967). [1]

In einer syrischen Kirchenordnung des 5. Jahrhunderts heißt es: „Wenn der Diakon in einer Stadt tätig ist, die am Meer liegt, so soll er sorgsam das Ufer absuchen, ob nicht die Leiche eines Schiffbrüchigen angeschwemmt worden ist. Er soll sie bekleiden und bestatten." (Plöger u.a. 1980, 266). Der Diakon muss jeweils seine Kirche verlassen, um das Ufer absuchen zu können. Er muss herunterkommen an den Strand. Würde er es nicht tun – würde er sozusagen oben bleiben – dort wo die Kirche sicher vor dem Hochwasser steht - wäre die Kirche sich selbst zum Zweck erbaut worden. Sie erfüllt aber ihren Zweck nur, indem aus ihr heraus eine Kraft generiert wird, die sich jenen zuwendet, die ganz unten sind. Selbst die Toten sollen fürsorglich bestattet werden.
Von Diakonie kann eigentlich immer nur dann geredet werden, wenn sie als christliche Wesensäußerung im *Außenbezug* der Kirche existiert und wahrgenommen wird (Starnitzke 2005, 97f.). Menschen außerhalb der Kirche erfahren durch diakonische Zuwendung etwas von der Glaubwürdigkeit des barmherzigen Gottes. Elisabeth hat sich nicht auf den Innenbezug von Kirche reduziert.
Man darf die Diakonie des Mittelalters nicht als Rührstück missverstehen. Was die Friedrich-Ebert-Stiftung ‚autoritätsorientierte Geringqualifizierte', oder ‚das abgehängte Prekariat', nennt[2], sind in der Ikonographie mittelalterlicher Gemälde z.B. die vom Ergotismus Gezeichneten, die durch Geburt oder Krankheit, Unfall oder Gewalttat Entstellten. Sie gehörten nicht dazu. Heinrich Raspe, der Bruder des verstorbenen Landgrafen und Ehemanns Elisabeths, untersagte Elisabeth sofort nach dessen Tode ausdrücklich die aufwändige Form der Armenpflege. Priorisierung nennt man das heute. Elisabeth priorisierte umgekehrt: „Das Kreuz rät zur Barmherzigkeit, wo der Verstand für Härte plädiert."(Barié 2007, 215).
Wie weit sind *wir* heruntergekommen? Das Syndrom z.B. des ‚prekären Wohlstandes', der ‚sozialen Netzwerkarmut', des mangelnden Institutionenvertrauens ist Anzeichen für eine grassierende soziale Exklusion. Über Einkommen wird nicht nur die materielle Daseinsfristung gewährleistet, sondern auch die kulturelle Teilhabe sichergestellt. Wo die kulturelle Teilhabe aber weg bricht, drohen Desintegration und Desorientierung. Soziale Verwerfungen sind nicht schön, sie sind hässlich zu nennen. Vom Hässlichen geht kein Reiz aus. Es wendet sich ihm niemand zu, sondern man wendet sich ab.
In der *Legenda aurea* wird von Elisabeth gesagt, dass sie in ihrer Hingabe unter Tränen und Schmerzen zu Gott betete „und freuete sich der Schmerzen, und ward ihr Angesicht von dieser Freude mit Schönheit gezieret." (de Voragine 1993, 877). Was ist Schönheit? Joseph Carey Merrick (1862-1890) wurde im Viktorianischen Zeitalter bekannt als der ‚Elefantenmensch'. Von Geburt an litt er unter schwersten Deformationen seines Kör-

1 Die Augsburgische Konfession (1530) XXI.
2 *www.fes.de/inhalt/Dokumente/061016_Gesellschaft_im_Reformprozess.pdf.*

pers[3], die seine Gestalt und sein Gesicht völlig entstellten. Als ihm einmal eine Frau ohne Abscheu begegnete und sogar seine Hand nahm, soll er von Emotionen so überwältigt gewesen sein, dass er fast einen Herzanfall erlitt. Joseph Carey Merrick wurde auf Jahrmärkten in England und Belgien als ‚Monster' zur Schau gestellt: Die (persönliche) Katastrophe wird als inszenierte Katastrophe für die Zuschauenden erträglich, denn in der inszenierten Erschütterung darf ich mir als Zuschauender erleichternd gewiss sein, selbst kein Betroffener zu sein. Wer aber die Rolle des Zuschauenden ablegt und sozusagen übergriffig sich zu dem Betroffenen stellt, riskiert sich selbst. Wer es tut, opfert seine einseitig auf Verschonung ausgerichtete Ästhetik, bzw. er teilt sie und indem er sie in der Geste der Zuwendung teilt, öffnet sich die Ästhetik dem Hässlichen.

Elisabeth treibt diesen Gedanken auf die Spitze. Im Erniedrigten und Beleidigten begegnet sie auch sich selbst in einer radikalen Form. Der Leidende wird zum Verbündeten. Diakonie erfährt ihre eigentliche Zumutung im Begriff der Barmherzigkeit Gottes, die ausnahmslos allen zugewendet ist. Indem sie allen zugewendet ist, kann man selbst nicht gönnerhaft Barmherzigkeit gegenüber anderen praktizieren, sondern ist selbst der Barmherzigkeit bedürftig. Elisabeth repräsentiert in aller Radikalität diese Selbst-Bedürftigkeit in ihrer Person. Die Legenden der Elisabeth berichten von Berührungsgeschichten. Nicht nur dass sie leidende Menschen berührte, sondern dass sie selbst sich in diesen Berührungen als Berührte erfuhr ist die Pointe christlicher Diakonie. Das Schöne ist bei Elisabeth also mehr als im Sinne von Goethe das Edle und Hilfreiche (Goethe o.J., 150). Schön wird der Mensch nicht als Beziehungs-Waise, sondern indem er beziehungsreich lebt (Marquard 2007, Art. 443ff.).

Was also ist das der christlichen Perspektive eigene? Die Legende vom Rosenwunder berichtet, dass Elisabeth mit einem Korb voller Brot heimlich auf dem Weg von der Wartburg zu den Bedürftigen unterwegs war. Da kreuzte ihr Schwiegervater Landgraf Hermann I. ihren Weg. Der Landgraf verlangt, in den Korb schauen zu dürfen. Elisabeth nahm zu einer Ausrede Zuflucht, es seien nur Rosen darin. Als der Landgraf das Abdecktuch zur Seite schlug, war der Korb voller Rosenblüten. Eine wunderbare Legende. Sie stellt *Erleben* und *Erfahren* zueinander. Das Brot als gespendetes Brot verwandelt sich als Zeichen der Zuwendung in Rosen. Rosen verschwenden sich. Sie haben keinen anderen Zweck, als sich zu verschwenden.

Dieser Gedankengang sichert nicht die verharmlosende Beschönigung der Leiden, sondern darum geht es, „etwas anderes in ihnen zu sehen." (Dalferth 2006, 32) Elisabeth sieht in den Leiden den gegenwärtigen Christus. Die Gegenwart Christi im Leiden verhilft ihr dazu, nicht beim Erlebnis des Leidens zu erstarren, sondern dem Erleben des Leidens einen Sinn abzuschauen, der sie auf das Leiden bezieht. Das *Erleben* von leidenden Menschen führt sie zu einer *Erfahrung* des barmherzigen Gottes. Um im Erleben des Leidens nicht zu verzweifeln und im Erfahren des Barmherzigkeit Gottes sich nicht vom Leiden zu entfremden, steht das Kreuz Jesu auf der Schnittstelle zwischen

3 Proteus-Syndrom. Vgl. *http://de.wikipedia.org/w/index.php?title=Spezial:ISBN-Suche&isbn=-080184357X.*

Erleben und Erfahren! Christus selbst *erlebt* das Leiden und *erfährt* an sich die zugewendete Barmherzigkeit Gottes als Auferweckung von den Toten. Auferweckung bedeutet, dass Gott sich mit dem Menschen – mit dem leidenden, dem getöteten Menschen identifiziert. Indem Gott sich mit dem getöteten Christus identifiziert ist Gott in diesem Menschen zur Welt gekommen.

Wer Gott sucht, kann ihn nicht einfach auf der Seite des Schönen und Guten finden, er wird im Zeichen des Kreuzes zum Grenzgänger im *borderline*. Und er findet ihn und damit sich dort, wo er selbst hungrig, durstig und gesättigt ist, ein Fremder und aufgenommen, nackt und gekleidet, krank, im Gefängnis und besucht. Die himmlische Ästhetik des Hässlichen vermag Brot in Rosen zu verwandeln. Die dieser Wahrheit angemessene Ausdrucksform ist aber nicht die Rede, sondern der Gesang:

1. Wenn das Brot, das wir teilen, als Rose blüht
und das Wort, das wir sprechen, als Lied erklingt,
dann hat Gott unter uns schon sein Haus gebaut,
dann wohnt er schon in unserer Welt.
Ja, dann schauen wir heut schon sein Angesicht
in der Liebe, die alles umfängt,
in der Liebe, die alles umfängt.

2. Wenn das Leid jedes Armen uns Christus zeigt
und die Not, die wir lindern, zur Freude wird,
dann hat Gott unter uns schon sein Haus gebaut,
dann wohnt er schon in unserer Welt.
Ja, dann schauen wir heut schon sein Angesicht
in der Liebe, die alles umfängt,
in der Liebe, die alles umfängt.

3. Wenn die Hand, die wir halten, uns selber hält
und das Kleid, das wir schenken, auch uns bedeckt,
dann hat Gott unter uns schon sein Haus gebaut,
dann wohnt er schon in unserer Welt.
Ja, dann schauen wir heut schon sein Angesicht
in der Liebe, die alles umfängt,
in der Liebe, die alles umfängt.

4. Wenn der Trost, den wir geben, uns weiter trägt
und der Schmerz, den wir teilen, zur Hoffnung wird,
dann hat Gott unter uns schon sein Haus gebaut,
dann wohnt er schon in unserer Welt.
Ja, dann schauen wir heut schon sein Angesicht
in der Liebe, die alles umfängt,
in der Liebe, die alles umfängt.

5. Wenn das Leid, das wir tragen, den Weg uns weist
und der Tod, den wir sterben, vom Leben singt,
dann hat Gott unter uns schon sein Haus gebaut,
dann wohnt er schon in unserer Welt.
Ja, dann schauen wir heut schon sein Angesicht
in der Liebe, die alles umfängt,
in der Liebe, die alles umfängt.[4]

4 Das Lied spielt in der ersten Strophe auf das Rosenwunder bei Elisabeth von Thüringen an. Text: Claus-Peter März (1981) 1985; Melodie: Kurt Grahl (1981) 1985. Vgl. Wo wir dich loben, wachsen neue Lieder. Ein Angebot für die Gemeinden. Hrsg. v. den Ev. Landeskirchen in Baden und Württemberg, der Ev. Kirche der Pfalz und den Églises Réformée et Luthérienne d'Alsace et de Lorraine, München 2006, Nr. 86.

Literatur

Barié, Helmut (2007): Kreuz predigen. – In : PB 3/2007, S. 215-219.

Gössmann, Elisabeth (1983): Elisabeth von Thüringen. In: Martin Greschat [Hg.] (1983): Gestalten der Kirchengeschichte Band 13 (Mittelalter I), S.303-316, Stuttgart u.a: Kohlhammer.

Dalferth, Ingolf U. (2006): Leiden und Böses. Vom schwierigen Umgang mit Widersinnigem, Leipzig: Ev. Verlagsanstalt.

Die Bekenntnisschriften der evangelisch-lutherischen Kirche (1967): herausgegeben im Gedenkjahr der Augs-burgischen Konfession 1930, 6., durchges. Aufl., Göttingen: Vandenhoeck & Ruprecht.

Dinkler-von Schubert, Erika (1982): Elisabeth von Thüringen (1207-1231). – In: TRE 9 (1982), S. 513-520.

Balthasar Fischer (1980): Dienst und Spiritualität des Diakons. Das Zeugnis einer syrischen Kirchenordnung des 5. Jahrhunderts. In: Josef G. Plöger /H. Johannes Weber: Der Diakon. Wiederentdeckung und Erneuerung seines Dienstes, S. 263-273, Freiburg i.Br. u.a.: Herder.

Goethe, Johann Wolfgang (o.J.): Das Göttliche („Edel sei der Mensch, / hilfreich und gut! / Denn das allein / Unterscheidet ihn / Von allen Wesen, / Die wir kennen."). In: Gesammelte Werke in sieben Bänden, hrsg. Bernt von Heiseler, Erster Band. Gedichte, S.150-152, Gütersloh: Bertelsmann.

Marquard, Reiner (2007): Ethik in der Medizin. Eine Einführung in die evangelische Sozialethik, Stuttgart: Calwer.

Römer, Jürgen [Hg.] (2006): Krone Brot und Rosen. 800 Jahre Elisabeth von Thüringen. Begleitband zur Ausstellung der Evangelischen Kirchen und Diakonischen Werke in Hessen in Kooperation mit dem Hessischen Staatsarchiv Marburg, München u.a.: Deutscher Kunstverlag.

Vogt, Monika [Hg.] (2006): Weil wir wie das Schilfrohr im Flusse sind. Begegnungen mit der Heiligen Elisabeth in Hessen und Thüringen, Regensburg: Schnell&Steiner.

Starnitzke, Dierk (2005): Diakonie als Außenbezug der Kirche. Neutestamentliche Beobachtungen. – In: Wort und Dienst 2005. Jahrbuch der Kirchlichen Hochschule Bethel 28. Band 2005, hrsg. V. Francois Vouga, S. 89-98, Bielefeld: Kirchl. Hochschule.

Voragine, Jacobus de (1993): Legenda aurea. Aus dem Lateinischen übersetzt von Richard Benz, 11. Aufl., Darmstadt: Wissenschaftliche Buchgesellschaft.

Internetadressen:

www.fes.de/inhalt/Dokumente/061016_Gesellschaft_im_Reformprozess.pdf.

Proteus-Syndrom. Vgl. *http://de.wikipedia.org/w/index.php?title=Spezial:ISBN-Suche&isbn=080184357X.*

Publikationen der vier Evangelischen Fachhochschulen

Darmstadt

Roland Anhorn

(2006). „Critical Social Work". Zur Geschichte und zum emanzipatorischen Potenzial einer kritischen Perspektive auf die Soziale Arbeit. In: Dungs, S., Gerber, U., Schmidt, H., Zitt, R. (Hrsg.): Soziale Arbeit und Ethik im 21. Jahrhundert, Leipzig: Evangelische Verlagsanstalt, 304-318 (zusammen mit Stehr, Johannes).

(Hrsg.) (2007). Foucaults Machtanalytik und Soziale Arbeit. Eine kritische Einführung und Bestandsaufnahme, Wiesbaden: VS Verlag für Sozialwissenschaften (zusammen mit Bettinger, Frank und Stehr, Johannes).

(2007). Vorwort. In: Anhorn, Roland; Bettinger, Frank; Stehr, Johannes (Hrsg.): Foucaults Machtanalytik und Soziale Arbeit. Eine kritische Einführung und Bestandsaufnahme, Wiesbaden: VS Verlag für Sozialwissenschaften, 7-12.

(2007). „,... wir schmieden alle unsere Ketten von inwendig und verschmähen die, so man von außen anlegt." – Johann Hinrich Wicherns Sozialpädagogik des Rauhen Hauses und die Macht der Individualisierung. In: Anhorn, Roland; Bettinger, Frank; Stehr, Johannes (Hrsg.), Foucaults Machtanalytik und Soziale Arbeit. Eine kritische Einführung und Bestandsaufnahme, Wiesbaden: VS Verlag für Sozialwissenschaften, 321-343.

Patricia Bell

(2007). "Residents, regulators, and risk in two industrial towns". In: Environment and Planning C: Government and Policy, Volume 25 (1), 73-89 (zusammen mit Phillimore, Peter; Schlüter, Achim und Pless-Mulloli, Tanja).

Birgit Bender-Junker

(2006). Ethik in der Sozialen Arbeit zwischen Gerechtigkeit, Anerkennung und Sorge. Ein Blick auf Vermittlungsdilemmata, ethische Haftpunkte und begriffliche ethische Reflexion in der Sozialen Arbeit. In: Susanne Dungs u.a. (Hrsg.): Soziale Arbeit und Ethik im 21. Jahrhundert, Leipzig: Evangelische Verlagsanstalt, 51-61.

(2006). Implizite Ethiken der Inter-Kulturalität. In: Götzelmann, Arnd & Schwendemann, Wilhelm in Zusarb. m. Köhler-Offierski, Alexa & Opdenhoff, Hanns-Eckart (Hrsg.), Inter-Kulturalität (Evangelische Hochschulperspektiven Bd. 2), Freiburg i.Br.: FEL-Verlag, 15-23.

Marianne Brieskorn-Zinke

(2006). Gesundheitsförderung in der Pflege zwischen Anspruch und Realität, Teil 1: Von der Krankenschwester zur Gesundheitsschwester. In: Pflegezeitschrift 7/2006, 399-343.

(2006). Gesundheitsförderung in der Pflege zwischen Anspruch und Realität, Teil 2: Bewegung – ein Kennzeichen für Leben und Lebendigkeit. In: Pflegezeitschrift 8/2006, 482-488.

(2006). Gesundheitsförderung in der Pflege zwischen Anspruch und Realität, Teil 3: Essen und Sinnlichkeit. In: Pflegezeitschrift 9/2006, 552-556.

(2006). Gesundheitsförderung in der Pflege zwischen Anspruch und Realität, Teil 4: Rhythmus und Wohlbefinden. In: Pflegezeitschrift 11/2006, 677-681.

(2006). Gesundheitsförderung in der Pflege zwischen Anspruch und Realität, Teil 5: Gesundheit zwischen Genuss und Risiko – vom alltäglichen Umgang mit Genussmitteln. In: Pflegezeitschrift 12/2006, 768-772.

(2007). Gesundheitsförderung in der Pflege zwischen Anspruch und Realität, Teil 6: Frauen und Gesundheit. In: Pflegezeitschrift 1/2007, 24-28.

(2007). Pflege und Gesundheit. Beispiele zur salutogenetisch orientierten Gesundheitsbildung. Arbeitspapiere aus der Evangelischen Fachhochschule Darmstadt, Nr. 1- März 2007.

Katja Erdmann-Rajski

(2005). (Tanz-)Bewegungen als Ausdruck der Lebenseinstellung des Menschen und Einsatzmöglichkeiten in diesem Zusammenhang in der Sozialen Arbeit. In: Musik-, Tanz- und Kunsttherapie. Zeitschrift für künstlerische Therapien im Bildungs-, Sozial- und Gesundheitswesen 16, 7-18.

Margret Flieder

(2006). Rezension vom 28.01.2007 zu: Bubolz-Lutz, Elisabeth: Pflege in der Familie. Perspektiven, Freiburg: Lambertus Verlag. 2006. 224 S. In: socialnet Rezensionen, verfügbar unter *www.socialnet.de/rezensionen/4192.php*, Datum des Zugriffs 25.07.2007.

(2006). Rezension vom 08.02.2007 zu: Rheintaler, R. & Ropat-Krenn, R.: Gewachsene Sichtweisen der Pflegesituation. Vom Erleben, Erkennen und gescheiterten Veränderungsvorhaben hin zu Reflexion und Supervision der Pflegesituation im Hinblick auf (er)lebbare Qualität. Wien, München, Bern: Maudrich Verlag. 2006. 270 S., In: socialnet Rezensionen verfügbar unter *www.socialnet.de/rezensionen/4075.php*, Datum des Zugriffs 25.07.2007.

(2006). Rezension vom 28.04.2007 zu: Hiemetzberger, M.: Zwischen Leben und Tod - Pflegende als Grenzgänger. Eine Studie zur Pflege hirntoter Menschen. Wien: Facultas Verlag. 2006. 139 S. In: socialnet Rezensionen verfügbar unter *www.socialnet.de/rezensionen/4155.php*, Datum des Zugriffs 25.07.2007.

(Hrsg.) (2006). Praxishandbuch Palliativpflege und Schmerzmanagement (8/2006), Merching: Forum Verlag, 320 S. (zusammen mit Jansen, J.-P.).

(2006). Modelle der Anleitung und Einarbeitung in der Palliativpflege (11/2006). In: Flieder, M., Jansen, J.-P. (Hrsg.): Praxishandbuch Palliativpflege und Schmerzmanagement, Merching: Forum Verlag, Kap. 9.2.5, 22-23.

(2007). Praxisanleitung und Kooperation (2/2007). In: Flieder, M., Jansen, J.-P. (Hrsg.): Praxishandbuch Palliativpflege und Schmerzmanagement, Merching: Forum Verlag, Kap. 3.4, 1-20.

(2007). Arbeit mit Angehörigen (2/2007). In: Flieder, M., Jansen, J.-P. (Hrsg.): Praxishandbuch Palliativpflege und Schmerzmanagement, Merching: Forum Verlag, Kap. 8.2.2.2, 10-13.

(2007). Schulung zu Rückmelde-, Beurteilungs- und Kritikgesprächen (2/2007). In: Flieder, M., Jansen, J.-P. (Hrsg.): Praxishandbuch Palliativpflege und Schmerzmanagement, Merching: Forum Verlag, Kap. 9.2.6, 23-28.

(2007). Schulungen für spezielle Situationen in der Palliativpflege: Aufbauthema Chronisches Erschöpfungssyndrom und Fatigue Teil I und II: „Immer bin ich so müde!“ Eine Fortbildung für den Umgang mit erschöpften PatientInnen (5/2007). In: Flieder, M., Jansen, J.-P. (Hrsg.): Praxishandbuch Palliativpflege und Schmerzmanagement, Merching: Forum Verlag, Kap. 9.3.1, 1-10.

Marlies W. Fröse

(2006). Vive la difference - Managing Diversity. In: Götzelmann, Arnd & Schwendemann, Wilhelm in Zusarb. m. Köhler-Offierski, Alexa & Opdenhoff, Hanns-Eckart (Hrsg.), Inter-Kulturalität (Evangelische Hochschulperspektiven Bd. 2), Freiburg i.Br.: FEL-Verlag, 169-180.

(Hrsg.) (2007). Organisationsentwicklung und Konfliktmanagement. Innovative Konzepte und Methoden, Bern, Stuttgart, Wien: Haupt Verlag (zusammen mit Ballreich, Rudi und Piber, Hannes).

(2007). Organisationsentwicklung und Konfliktmanagement. Biographische Meilensteine im Leben von Friedrich Glasl. In: Fröse, Marlies W.; Ballreich, Rudi; Piber, Hannes (Hrsg.): Organisationsentwicklung und Konfliktmanagement. Innovative Konzepte und Methoden, Bern, Stuttgart, Wien: Haupt Verlag, 495-571.

(2007). Einleitung. In: Fröse, Marlies W.; Ballreich, Rudi; Piber, Hannes (Hrsg.): Organisationsentwicklung und Konfliktmanagement. Innovative Konzepte und Methoden, Bern, Stuttgart, Wien: Haupt Verlag, 5-7.

(2007). Bearbeitung und Konzeption der Beiträge von Friedrich Glasl. In: Fröse, Marlies W.; Ballreich, Rudi; Piber, Hannes (Hrsg.): Organisationsentwicklung und Konfliktmanagement. Innovative Konzepte und Methoden, Bern, Stuttgart, Wien: Haupt Verlag, 571-602.

Dorothea Greiling

(2006). Performance Measurement – a remedy for increasing the efficiency of public services? In: International Journal of Productivity and Performance Management (IJPPM), Vol. 55, No. 6, 448-479.

(Hrsg.) (2007). Stand und Perspektiven der Öffentlichen Betriebswirtschaftslehre II, Festschrift für Prof. Dr. Dr. h.c. mult. Peter Eichhorn anlässlich der Emeritierung. Berlin: Berliner Wissenschaftsverlag, 857 S. (zusammen mit Bräunig, Dietmar).

(2007). Der Beitrag von Peter Eichhorn zur Öffentlichen Betriebswirtschaftslehre. In: Bräunig, Dietmar & Greiling, Dorothea (Hrsg.): Stand und Perspektiven der Öffentlichen Betriebswirtschaftslehre II, Festschrift für Prof. Dr. Dr. h.c. mult. Peter Eichhorn anlässlich der Emeritierung. Berlin: Berliner Wissenschaftsverlag, 17-32.

Volker Herrmann

(Hrsg.) (2007). Diakonische Konturen im Neuen Testament (DWI-Info Sonderausgabe 9). Heidelberg: Diakoniewissenschaftliches Institut (zusammen mit Schmidt, Heinz).

(Hrsg.) (2007). Johann Hinrich Wichern – Erbe und Aufgabe. Stand und Perspektiven der Forschung (VDWI 30). Heidelberg: Universitätsverlag Winter (zusammen mit Gohde, Jürgen und Schmidt, Heinz).

(2007). „Innere Mission" und „Diakonie" bei Johann Hinrich Wichern. Eine Entwicklungsskizze seines Denkens. In: Herrmann, V. u.a. (Hrsg.): Johann Hinrich Wichern – Erbe und Aufgabe. Stand und Perspektiven der Forschung. Heidelberg: Universitätsverlag Winter, 130-166.

(2007). Wichern als Prediger – einige Gesichtspunkte. In: Herrmann, V. u.a. (Hrsg.): Johann Hinrich Wichern Erbe und Aufgabe. Stand und Perspektiven der Forschung. Heidelberg: Universitätsverlag Winter, 206-209 (zusammen mit Schäfer, Gerhard K.).

(2007). Johann Hinrich Wichern. Leben, Werk und Wirkung. In: Herrmann, V. u.a. (Hrsg.): Johann Hinrich Wichern – Erbe und Aufgabe. Stand und Perspektiven der Forschung. Heidelberg: Universitätsverlag Winter, 344-352.

(2007). „Durch Tradition innovativ" – Perspektiven zum Wichern-Jahr 2008. In: Herrmann, V. u.a. (Hrsg.): Johann Hinrich Wichern – Erbe und Aufgabe. Stand und Perspektiven der Forschung. Heidelberg: Universitätsverlag Winter, 355-356 (zusammen mit Schmidt, Heinz).

Ulrike Höhmann

(2007). Editorial "Paradoxe Wirkungen von Innovationen". In: Pflege & Gesellschaft 3, 195-196.

(2007). Das Assessment im Spannungsfeld zwischen face to face Interaktionen und Programmzielen. In: Case Management, 4, (1), 5-14.

Heino Hollstein-Brinkmann

(2006). Soziale Arbeit: ein (systemischer) Kommentar zu professionellem Handeln. In: Meyer, Bernhard (Hrsg.): Multiperspektiven. Zum Beispiel Jason W., 14 S., CD-ROM, Darmstadt.

Gabriele Kleiner

(2007). Perspektiven einer Gemeinwesenorientierung in der sozialen Altenarbeit. In: Soziale Arbeit, 56. Jg., Heft 6/2007, 207–212.

Alexa Köhler-Offierski

(2006). Migration, Identität und psychische Störung. In: Götzelmann, Arnd & Schwendemann, Wilhelm in Zusarb. m. Köhler-Offierski, Alexa & Opdenhoff, Hanns-Eckart (Hrsg.), Inter-Kulturalität (Evangelische Hochschulperspektiven Bd. 2), Freiburg i.Br.: FEL-Verlag, 67-74.

(2006). Verbundstudiengang Erziehung und Bildung im Kindesalter. In: Zühlke, E., Elsenbast, V. (Hrsg.): Sozialpolitisch bilden. Reflexionen und Perspektiven evangelischer ErzieherInnenausbildung, Münster: Comenius-Institut; Kassel/Korbach: Evangelisches Fröbelseminar, 75-83 (zusammen mit Wegener, Claudia).

(2006). Grußwort. In: DemenzForumDarmstadt (Hrsg.): „Die ambulant betreute Wohngemeinschaft als neue Wohnform für demenziell erkrankte Menschen – Stand und Perspektiven in Hessen", Tagungsband, 10-12.

(2006). Besprechung zu: Benita von Eberstein: Gesundheitssystem und Gesundheit in Deutschland. 2005. Frankfurt: VAS-Verlag. In: Dr. med. Mabuse Nr. 163, 31. Jg., S. 77.

Gisela Kubon-Gilke

(2006). „Globalisierung, Ungleichheit und strukturelle Gewalt. Zur Interdependenz ökonomischer und politischer Entscheidungen". In: Jahrbuch Gerechtigkeit II, 87-92.

(Hrsg.) (2006). Wi(e)der Elitebildung. Bildung aus ökonomischer Perspektive, Marburg: Metropolis, 316 S.

(2006). „Umweltgerechtes und soziales Wirtschaften in Marktökonomien. Institutionelle Reputationsinstrumente für nachhaltigen, fairen Handel am Beispiel der Gesellschaft zur Förderung der Partnerschaft mit der Dritten Welt". Arbeitspapiere aus der Evangelischen Fachhochschule Darmstadt, Nr. 5 - November 2006 (zusammen mit Nowka-Zincke, Anita).

(2007). Vorwort. In: Jahrbuch Normative und institutionelle Grundfragen der Ökonomik 6, 7-12.

(2007). „Religion prägt Wirtschaft, Wirtschaft prägt Religion – zur Interdependenz von Ökonomie und Religion. In: Jahrbuch Normative und institutionelle Grundfragen der Ökonomik 6, 13-36.

Willehad Lanwer

(2006). Assistenz oder Unterstützung? Anforderungen an die Lebensbegleitung von Menschen mit schweren Behinderungen. In: Bundesvereinigung Lebenshilfe für Menschen mit geistiger Behinderung (Hrsg.): Schwere Behinderung – eine Aufgabe für die Gesellschaft, Marburg: Lebenshilfe Verlag, 81-102.

(2006). Von der Möglichkeit zur Wirklichkeit – Anmerkungen zum Studium „Inclusive Education". In: Dederich/Greving/Mürner/Rödler (Hrsg.): Inklusion statt Integration. Heilpädagogik als Kulturtechnik, Gießen: Psychosozial-Verlag, 86-97 (zusammen mit Stein, Anne-Dore).

(2006). Teilhabe und sozialer Ausschluss – Aspekte des inneren Zusammenhanges von Segregation und Integration. In: Behindertenpädagogik 45 (2006) 4, 381-408.

(2006). Pädagogische Unterstützung ist keine Assistenz. In: Orientierung 3 (2006), 10-13.

Cornelia Mansfeld

(2006). Familien setzen sich mit Wandel auseinander – Überlegungen zum Forschungsstand zu Familien mit und ohne Migrationshintergrund in der Bundesrepublik Deutschland anhand der Ergebnisse des 6. und des 7. Familienberichtes. In: Götzelmann, Arnd & Schwendemann, Wilhelm in Zusarb. m. Köhler-Offierski, Alexa & Opdenhoff, Hanns-Eckart (Hrsg.), Inter-Kulturalität (Evangelische Hochschulperspektiven Bd. 2), Freiburg i.Br.: FEL-Verlag, 94-103.

Ingrid Miethe

(2006). Eine Frage der Perspektive. Ostdeutsche Frauenbewegung in den Theorien sozialer Bewegungen. In: Weckwert, Anja & Wischermann, Ulla (Hrsg.): Das Jahrhundert des Feminismus. Streifzüge durch nationale und internationale Bewegungen und Theorien, Königsstein: Ulrike Helmer Verlag, 61-75.

(2006). „So mochte es gehen, aber nur so, im Sturm". Die Geschichte der Arbeiter-und-Bauern-Fakultät (ABF) der Universität Greifswald. In: Alvermann, Dirk & Spieß, Karl-Heinz: Festschrift zur 550-Jahrfeier der Universität Greifswald, 331-363 (zusammen mit Lippmann, Enrico).

(2006). Vorstudienabteilungen und Arbeiter-und-Bauern-Fakultäten (ABF) als „Brückenköpfe" der SED-Hochschulpolitik? Das Bespiel der Studentenratswahlen an der Universität Greifswald (1947 – 1951). In: Zeitgeschichte Regional, 9. Jg., Heft 1, 46-54.

(2006). Die Arbeiter-und-Bauern-Fakultäten (ABF) als Forschungsgegenstand der Bildungs- und Hochschulgeschichte der DDR. Eine Bestandsaufnahme. In: die Hochschule, Heft 1, 15. Jg., 170-183.

(Hrsg.) (2007). Fallverstehen und Fallstudien. Interdisziplinäre Beiträge zur rekonstruktiven Sozialarbeitsforschung. Rekonstruktive Forschung in der Sozialen Arbeit, Bd. 1, Opladen & Farmington Hills: Barbara Budrich (zusammen mit Giebeler, Cornelia; Goblirsch, Martina; Fischer, Wolfram; Riemann, Gerhard).

(2007). Mehr Fragen als Antworten – Überlegungen zu einem selbstkritischen Umgang mit forschungsethischen Problemstellungen. In: Giebeler, Cornelia; Goblirsch, Martina; Fischer, Wolfram; Miethe, Ingrid; Riemann, Gerhard (Hrsg.): Fallverstehen und Fallstudien. Interdisziplinäre Beiträge zur rekonstruktiven Sozialarbeitsforschung, Leverkusen: Barbara Budrich, 219-236 (zusammen mit Riemann, Gerhard).

(Hrsg.) (2007). Rekonstruktion und Intervention. Interdisziplinäre Beiträge zur rekonstruktiven Sozialarbeitsforschung. Rekonstruktive Forschung in der Sozialen Arbeit, Bd. 4, Opladen & Farmington Hills: Barbara Budrich. (zusammen mit Giebeler, Cornelia; Goblirsch, Martina; Fischer, Wolfram; Riemann, Gerhard).

(2007). Bildung und soziale Ungleichheit in der DDR. Möglichkeiten und Grenzen einer gegenprivilegierenden Bildungspolitik in der DDR, Leverkusen: Budrich-Verlag.

(Hrsg.) (2007). Bildung und soziale Ungleichheit. Herausforderungen für Gesellschaft und Gewerkschaften, Peter Lang Verlagsgruppe (zusammen mit Sünker, Heinz).

(2007). Die subtile Macht des „Bildungsmonopols“. Ein Plädoyer für den Einbezug machtpolitischer Dimensionen in die Analyse sozialer Ungleichheit. In: Sünker, Heinz & Miethe, Ingrid (Hrsg.): Bildung und soziale Ungleichheit. Herausforderungen für Gesellschaft und Gewerkschaften, Peter Lang Verlagsgruppe, 67-86.

(2007). Der Mythos der Chancengleichheit. Die Bildungspolitik der DDR zwischen Gegenprivilegierung, Machtsicherung und Reproduktion von Ungleichheit. In: Zeitschrift des Forschungsverbundes SED-Staat, Nr. 21, 135-155.

(2007). Modularisierung und forschendes Lernen. Erfahrungen und hochschuldidaktische Konsequenzen. In: neue praxis, Heft 3, 246-260 (zusammen mit Stehr, Johannes).

Angela Moré

(2006). Die Bindungstheorie und ihre Bedeutung für die Geburtshilfe. In: Cignacco, Eva (Hrsg.): Hebammenarbeit. Assessment, Diagnosen und Interventionen bei (patho)physiologischen und psychosozialen Phänomenen, Bern: Huber, 23-48.

(2006). Zur Geschlechtsspezifik transgenerationaler Übertragungen – unter besonderer Berücksichtigung ethnischer Konflikte. In: Götzelmann, Arnd & Schwendemann, Wilhelm in Zusarb. m. Köhler-Offierski, Alexa & Opdenhoff, Hanns-Eckart (Hrsg.), Inter-Kulturalität (Evangelische Hochschulperspektiven Bd. 2), Freiburg i.Br.: FEL-Verlag, 117-123.

(2006). Gefühlserbschaften – die stumme Sprache zwischen den Generationen. In: kuckuck – notizen zur alltagskultur, 21. Jg., Heft 1, 46-51.

(2006). Gefühlserbschaften – die stumme Sprache zwischen den Generationen. In: Gestalttherapie 20. Jg., 88-96 (unveränderter Nachdruck aus: kuckuck 21: 2006).

(2006). Esoterik, Spiritualität und die neue Suche nach Transzendenz. Erklärungsversuche. In: Psychologie & Gesellschaftskritik Nr. 119/120, 30. Jg., 111-132.

(2007). „Bis ins dritte und vierte Glied“ – Erklärungen und Mechanismen der transgenerationalen Übertragung. In: gruppenanalyse 17, Heft 1, 29-50.

(2007). Besprechung zu: King, Vera & Flaake, Karin (Hrsg.): Männliche Adoleszenz. Sozialisation und Bildungsprozesse zwischen Kindheit und Erwachsensein. Frankfurt/M., New York: Campus. 2005. In: Kinderanalyse 15: 2007, Heft 2, 150-153 und in: SGAZette – Jahreszeitschrift des Seminars für Gruppenanalyse, Zürich, Nr. 22/2007, 38f.

Albrecht Rohrmann

(2006). Normalisierung und Selbstbestimmung. Entwicklungspfade der Behindertenhilfe zwischen Sparzwängen und Qualitätsanforderungen. In: Blätter der Wohlfahrtspflege 152, 2006, Heft 5, 179-181.

(2006). Behinderung und Armut. In: Siegen: Sozialmagazin 11:2006, Heft 2, 37-44.

(2007). Offene Hilfen und Individualisierung. Perspektiven sozialstaatlicher Unterstützung für Menschen mit Behinderung, Bad Heilbrunn: Klinkhardt Verlag.

(2007). Kinder mit Behinderungen – behinderte Kindheit. In: Eller, Friedhelm & Wildfeuer, Armin G. (Hrsg.): Problemfelder kindlicher Entwicklung. Beiträge aus der Sicht unterschiedlicher Disziplinen, Opladen: Verlag Barbara Budrich, 305-317 (zusammen mit Bendel, Klaus).

(2007). Persönliche Budgets in der Behindertenhilfe als Beitrag zur strukturellen Weiterentwicklung. In: Gemeinsam leben 15:2007, Heft 1, 4-14.

Karl Heinrich Schäfer

(2006). Dreißig Jahre Strafvollzugsgesetz – eine Erfolgsbilanz? In: Zeitschrift für Strafvollzug und Straffälligenhilfe Heft 4 - August 2006, 55.Jg., 198-203.

Michael Schilder

(2006). Rezension vom 12.09.2006 zu: Stefan, Harald; Eberl, Josef; Schalek, Kurt u.a.: Praxishandbuch Pflegeprozess - lernen - verstehen - anwenden. Berlin, Heidelberg, New York, Hongkong, London, Mailand, Paris, Tokio, Wien: Springer-Verlag. 2006. 333S. In: socialnet Rezensionen, verfügbar unter: *www.socialnet.de/rezensionen/3736.php*, Datum des Zugriffs 15.09.2006.

(2006). Bedeutungsflexibilität im Rahmen einer transkulturellen stationären Altenpflege. In: Götzelmann, Arnd & Schwendemann, Wilhelm in Zusarb. m. Köhler-Offierski, Alexa & Opdenhoff, Hanns-Eckart (Hrsg.), Inter-Kulturalität (Evangelische Hochschulperspektiven Bd. 2), Freiburg i.Br.: FEL-Verlag, 156-168.

(2006). Situationsverstehen und Situationsbewältigung in der stationären Altenpflege. In: PFLEGEN, Evangelischer Fach- und Berufsverband für Pflege e.V. (3+4), 17-21.

(2007). Lebensgeschichtliche Erfahrungen in der stationären Altenpflege, eine qualitative Untersuchung pflegerischer Interaktionen und ihrer Wahrnehmung durch pflegebedürftige Personen und Pflegende, Bern: Verlag Hans Huber.

(2007). Rezension vom 29.06.2007 zu: Heuwinkel-Otter, Annette; Nümann-Dulke, Anke; Matscheko, Norbert (Hrsg.): Menschen pflegen. Band 1: Pflegegrundlagen, Fachabteilungen, Beruf und Karriere. Berlin, Heidelberg, New York, Hongkong, London, Mailand, Paris, Tokio, Wien: Springer-Verlag. 2006. 619 S. In: socialnet Rezensionen, verfügbar unter: *www.socialnet.de/rezensionen/4045.php*, Datum des Zugriffs 06.06.2007.

(2007). Rezension vom 29.06.2007 zu: Heuwinkel-Otter, Annette; Nümann-Dulke, Anke; Matscheko, Norbert (Hrsg.): Menschen pflegen. Band 2: Pflegediagnosen, Beobachtungstechniken, Pflegemaßnahmen. Berlin, Heidelberg, New York, Hongkong, London, Mailand, Paris, Tokio, Wien: Springer-Verlag. 2006. 1065 S. In: socialnet Rezensionen, verfügbar unter: *www.socialnet.de/rezensionen/4046.php*, Datum des Zugriffs 06.06.2007.

(2007). Rezension vom 29.06.2007 zu: Heuwinkel-Otter, Annette; Nümann-Dulke, Anke; Matscheko, Norbert (Hrsg.): Menschen pflegen. Band 3: Lebenssituationen, Krankheitsbilder, Therapiekonzepte. Berlin, Heidelberg, New York, Hongkong, London, Mailand, Paris, Tokio, Wien: Springer-Verlag. 2007. 1000 S. In: socialnet Rezensionen, verfügbar unter *www.socialnet.de/rezensionen/4046.php*, Datum des Zugriffs 06.06.2007.

Elke Schimpf

(2007). Lebensraumerkundungen als forschendes Lernen. In: Giebeler, Cornelia; Fischer, Wolfram; Goblirsch, Martina; Miethe, Ingrid; Riemann, Gerhard (Hrsg.): Fallverstehen und Fallstudien. Interdisziplinäre Beiträge zur rekonstruktiven Sozialarbeitsforschung, Band 1, Opladen, Barbara Budrich, 205-219.

(2007). Familialisierung der Jugendhilfe als Zumutung an Mädchen und junge Frauen. In: Forum Erziehungshilfen, Schwerpunktthema: „Mädchen im Zentrum von Familie" 13. Jg., Heft 4, (09/2007), 196-207.

Bettina Schuhrke

(2006). Rezension vom 06.11.2006 zu: Hülshoff, Thomas: Emotionen. Eine Einführung für beratende, therapeutische, pädagogische und soziale Berufe. Stuttgart: UTB FÜR WISSENSCHAFT. 2006. 3., aktualisierte Auflage, 336 S. In: socialnet Rezensionen, verfügbar unter *www.socialnet.de/ rezensionen/3688.php*, Datum des Zugriffs 24.07.2007.

Thomas Schwinger

(2007). Einstellung zu geistig Behinderten. Arbeitspapiere aus der Evangelischen Fachhochschule Darmstadt, Nr. 8.

(2007). Erzählung und Inszenierung. In: Hein, J.; Hentze, K. O. (Hrsg.): Das Unbehagen in der (Psychotherapie-) Kultur. Sinnverstehende Traditionen – Grundlagen und Perspektiven, Bonn: Deutscher Psychologen Verlag GmbH, 196-207.

Johannes Stehr

(2006). „Critical Social Work". Zur Geschichte und zum emanzipatorischen Potenzial einer kritischen Perspektive auf die Soziale Arbeit. In: Dungs, S., Gerber, U., Schmidt, H., Zitt, R. (Hrsg.): Soziale Arbeit und Ethik im 21. Jahrhundert. Ein Handbuch, Leipzig: Evangelische Verlagsgesellschaft, 304-318 (zusammen mit Anhorn, Roland).

(2006). Das Erzählen moderner Sagen. Von der Lebensbewältigung zur moralischen Panik. In: Birken, Maya & Yaman, Mehmet (Hrsg.): not testified – die macht moderner mythen, Hannover: zeter & mordio, 170-195.

(Hrsg.) (2007). Foucaults Machtanalytik und Soziale Arbeit. Eine kritische Einführung und Bestandsaufnahme, Wiesbaden: VS Verlag für Sozialwissenschaften (zusammen mit Anhorn, Roland und Bettinger, Frank).

(2007). Normierungs- und Normalisierungsschübe – Zur Aktualität des Foucaultschen Disziplinbegriffes. In: Anhorn, Roland; Bettinger, Frank; Stehr, Johannes (Hrsg.): Foucaults Machtanalytik und Soziale Arbeit. Eine kritische Einführung und Bestandsaufnahme, Wiesbaden: VS Verlag für Sozialwissenschaften, 25-36.

Anne-Dore Stein

(2006). Von der Möglichkeit zur Wirklichkeit – Anmerkungen zum Studium „Inclusive Education“. In: Dederich, Greving, Mürner, Rödler (Hrsg.): Inklusion statt Integration. Heilpädagogik als Kulturtechnik, Gießen: Psychosozial-Verlag, 86-97 (zusammen mit Lanwer, Willehad).

(2006). Die Entwicklung heilpädagogischer Kompetenzen in Bezug auf Inklusion durch Praxis-Forschungs-Semester im Ausland oder: Kann man von anderen Kulturen lernen? In: Götzelmann, Arnd & Schwendemann, Wilhelm in Zusarb. m. Köhler-Offierski, Alexa & Opdenhoff, Hanns-Eckart (Hrsg.), Inter-Kulturalität (Evangelische Hochschulperspektiven Bd. 2), Freiburg i.Br.: FEL-Verlag, 209-220.

(2007). Was ist Community Living? Probleme und Handlungsperspektiven. Zeitschrift Soziale Psychiatrie, 30. Jg. Heft 1, Jan. 07, 8-12 (gekürzte Fassung).

(2007). Was ist Community Living? In: Maas, Th.; Bayer, W. u.a. (Hrsg.) Community Living. Bausteine für eine Bürgergesellschaft, Hamburg 2007, Tagungsband des Kongresses der Evang. Stiftung Alsterdorf, 16-26.

Dieter Zimmermann

(2006). Stiftung Integrationshilfe für ehemals Drogenabhängige (Hrsg.): Schuldnerberatung in der Drogenhilfe, Loseblattwerk, 12. Ergänzungslieferung, Neuwied: Luchterhand-Verlag, (zusammen mit Schulz-Rackoll, R.).

(2006). Reformvorschlag für einen einheitlichen Kontopfändungsschutz. In: ZVI Heft 7/2006, 275-284; BAG-SB Informationen 3/2006, 20-31; Infodienst Schuldnerberatung Nr. 3/2006, 23-32 *(in Auszügen)* (zusammen mit Zipf, Th.).

(2006). Arbeitshilfe „Unveränderte Freibeträge für die Beratungs- und Prozesskostenhilfe. In: BAG-SB Informationen Heft 3/2006, 46.

(2006). Arbeitshilfe „Mietschulden (Stand: 01.08.2006)“. In: BAG-SB Informationen Heft 3/2006, 47-50; Infodienst Schuldnerberatung Nr. 3/2006, 10-12 *(in Auszügen).*

(2006). Bescheinigung des Existenzminimums nach SGB XII. In: Infodienst Schuldnerberatung Nr. 4/2006, S. 6+67 (zusammen mit Freeman, St.).

(2006). Konten- und Bargeldpfändungsschutz für Kindergeld ist am 19. Dez. 2006 in Kraft getreten, *www.infodienst-schuldnerberatung.de/aktuelles/aktuelles.html#kigeld_kontenschutz*

(2007). Überblick Energieschulden (Stand: 01.01.2007). In: Infodienst Schuldnerberatung Nr. 1/2007, 5-9; BAG-SB Informationen Heft 1/2007, 54-57.

Renate Zitt

(Hrsg.) (2006). Soziale Arbeit und Ethik im 21. Jahrhundert. Ein Handbuch, Leipzig: Evangelische Verlagsanstalt (zusammen mit Dungs, Susanne & Gerber, Uwe & Schmidt, Heinz).

(2006). Berufliche Bildung und Diakonie – Horizonte und Perspektiven. In: Adam, Gottfried & Hanisch, Helmut & Schmidt, Heinz & Zitt, Renate (Hrsg.): Unterwegs zu einer Kultur des Helfens. Handbuch des diakonisch-sozialen Lernens, Stuttgart: Calwer Verlag, 339-352.

(2006). Praktische Theologie, Religions- und Gemeindepädagogik. In: Becker, E.-M. & Hiller, D. (Hrsg.): Handbuch Evangelische Theologie, Tübingen: A. Francke Verlag (UTB 8326), 301-362 (zusammen mit Roser, Traugott).

(2007). Angewandte Theologie und Praxis von Lehre und Forschung im Studium der Sozialen Arbeit. In: Diskussionspapiere aus der Evangelischen Fachhochschule Darmstadt (Forschungszentrum), Nr. 4.

Freiburg

Sabine Allwinn

(2007). Rezension zu Brigitte Lueger-Schuster: Psychosoziale Hilfe bei Katastrophen und komplexen Schadenslagen. Berlin, Heidelberg, New York, Hongkong, London, Mailand, Paris, Tokio, Wien: Springer-Verlag, 2006. In: *www.socialnet.de/rezensionen/4306.php*.

Isa Breitmaier

(2004). Lehren und Lernen in der Spur des Ersten Testaments. Exegetische Studien zum 5. Buch Mose und dem Sprüchebuch aus religionspädagogischer Perspektive. Münster: BVB Bd. 8.

(2004). Der Mensch lebt nicht vom Brot allein. Biblische Texte im Gespräch mit Schülerinnen und Schülern. In: KPB 57/2004, 132-143.

(2004). Sofia und Ruach. In: Die Frauenarbeit der Evangelischen Landeskirche in Baden (Hrsg.), Eva, Maria, Sophia. Arbeitshilfe zur ökumenischen Dekade? Überwindung von Gewalt?, 24-32.

(2006). Die Klage des Frommen. Klage als Widerspruch und Wende. In: Glauben leben. Zeitschrift für Spiritualität im Alltag. März/April 2006/2, 50-53.

(2006). Tobit und griechische Ester. Übersetzung. In: Die Bibel in gerechter Sprache, Gütersloh.

(2006). Das griechische Esterbuch. Mehr als eine Übersetzung! In: Bibel heute 3/2006, 19-20.

(2006). Die ganze griechische Ester. Ein Lehrstück in Sachen Textgerechtigkeit. In: Schlangenbrut Nr. 95, 24/2006, 9-12.

(2007). Muss es denn wortwörtlich sein? Eine Auseinandersetzung mit Bibelinterpretation und Bibeldidaktik. In: Baumann, Gerlinde & Hartlieb, Elisabeth (Hrsg.): Fundament des Glaubens oder Kulturdenkmal? 2007, 133-151.

(2007). Religionspädagogik als Begegnung mit dem Fremden. Reflexion interkulturellen Lernens an einer kaufmännischen Berufsschule. In: Boschki, Reinhold & Gronover, Matthias (Hrsg.): Junge Wissenschaftstheorie der Religionspädagogik (Arbeitstitel). 2007 (in Erscheinung).

Markus Breuer

(2006). Internationalisierung an der Evangelischen Fachhochschule Freiburg. In: Götzelmann, Arnd & Schwendemann, Wilhelm in Zusarb. m. Köhler-Offierski, Alexa & Opdenhoff, Hanns-Eckart (Hrsg.), Inter-Kulturalität (Evangelische Hochschulperspektiven Bd. 2), Freiburg i.Br.: FEL-Verlag, 181-191.

(2006). Globalisierung bewegt Menschen: Migration in heutiger Zeit. In: Friedrich Ebert Stiftung – OnlineAkademie (Hrsg.): Themenmodul Globalisierung. Bonn: Dezember 2006 (Einstellungsdatum). Online unter: *www.fes-online-akademie.de/index.php?&scr=txt&tmode=detail&t_id=139* (Abstract) und *www.fes-online-akademie.de/send_file.php/download/pdf/markus_breuer.pdf* (Volltext).

Berthold Dietz

(2006). Armut in Deutschland. In: Grasse, Alexander; Ludwig, Carmen; Dietz, Berthold (Hrsg.): Soziale Gerechtigkeit. Reformpolitik am Scheideweg. Festschrift für Dieter Eißel zum 65. Geburtstag. Wiesbaden: VS Verlag für Sozialwissenschaften, 99-113 (zusammen mit Carmen Ludwig).

(2006). Ein Schritt vor und zwei zurück. Aktuelle Änderungen im Sozialrecht. Münster: DWM intern. Nr. 7/2006, 8-13.

(2006). Interkulturalität – eine soziologische Betrachtung. In: Götzelmann, Arnd & Schwendemann, Wilhelm in Zusarb. m. Köhler-Offierski, Alexa & Opdenhoff, Hanns-Eckart (Hrsg.), Inter-Kulturalität (Evangelische Hochschulperspektiven Bd. 2), Freiburg i.Br.: FEL-Verlag, 31-42.

(2006). Soziale Gerechtigkeit. Reformpolitik am Scheideweg. Festschrift für Dieter Eißel zum 65. Geburtstag. Wiesbaden: VS Verlag für Sozialwissenschaften (zusammen mit Grasse, Alexander und Ludwig, Carmen).

(2006). Sozialpolitik. Zentrale Lerneinheit für das Verbundstudium der Fachhochschulen Nordrhein-Westfalens. (Hrsg.): Ministerium für Innovation, Wissenschaft, Forschung und Technologie des Landes Nordrhein-Westfalen. Hagen.

(2007). Soziale Gerechtigkeit und Sozialstaatlichkeit im Wandel. In: Schwendemann, Wilhelm & Marquard, Reiner (Hrsg.): 450 Jahre Reformation in Baden. Bildung und Sozialgestaltung des Protestantismus. Berlin/Münster: LIT Verlag, 96-113.

Susanne Ehmer

(2006). Kultur belebt!? Redaktionelle Verantwortung. Zeitschrift Supervision, Heft 3/2006. Weinheim: Beltz Verlag.

(2006). Interkulturalität – ein Spannungsfeld für Supervision. In: Zeitschrift Supervision, Heft 3/2006, 14-20.

(2006). Kultur-Studium – Ein transnationales Experiment in der Supervisionsausbildung. In: Zeitschrift Supervision, Heft 3/2006, 26-31(zusammen mit Gotthardt-Lorenz, A.).

Klaus Fröhlich-Gildhoff

(2006). Rezension von: Resch, F. & Schulte-Markwort, M. (Hrsg.) (2005). Jahrbuch für integrative Kinder- und Jugendpsychotherapie. Schwerpunkt: Dissoziation und Trauma. Weinheim: Beltz/PVU. In: Praxis der Kinderpsychologie und Kinderpsychiatrie, 55.Jg., H. 5, 416-418.

(2006). Bausteine zur Kooperation von Jugendarbeit und Schule. Erkenntnisse aus der Evaluation eines Modellprojekts. In: Deutsche Jugend, 54. Jg., H. 7/8, 311-319 (zusammen mit Engel, E.-M.; Kraus, G. & Scharschmidt, C.).

(2006). Systematische Selbstreflexion als Alternative zum ‚Kindergarten-TÜV'. In: Frühe Kindheit, 9.Jg., H. 4/06, 26-27. (zusammen mit Glaubitz, D.).

(2006). Du schaffst es! Ein Projekt zur Resilienzförderung in der KiTa. In: Forum Frühpädagogik, 1.Jg., H.1, 10-11 (zusammen mit Rönnau, M).

(2006). Ergebnisse der wissenschaftlichen Begleitung des Programms ‚Hilfen für Straßenkinder und Schulverweigerer'. In: Landesstiftung Baden-Württemberg (Hrsg.): Raus aus der Sackgasse! Dokumentation des Programms ‚Hilfen für Straßenkinder und Schulverweigerer'. Stuttgart: Eigendruck der Landesstiftung Baden-Württemberg (Im Kaisemer 1, 70191 Stuttgart), 8-71 (zusammen mit Dörner, T.; Engel, E.-M. & Genz, K).

(2006). Gemeinsam auf dem Weg. Eltern und ErzieherInnen gestalten Erziehungspartnerschaft. In: kindergarten heute, H. 10/2006, 6-15 (zusammen mit Kraus-Gruner, G. & Rönnau, M.).

(2006). Personzentrierte pädagogische und therapeutische Arbeit mit aggressiven/gewalttätigen Kindern und Jugendlichen. In: Person 10.Jg., H. 2, 151-163.

(2007).Wirkfaktoren in der Kinder- und Jugendpsychotherapie – Darstellung eines langfristigen Forschungsprojekts. In: Hein, J. & Hentze, K.-O. (Hrsg.): Das Unbehagen an der (Psychotherapie-)Kultur. Bonn: Dt. Psychologen Verlag, 219-231.

(2007). Verhaltensauffälligkeiten bei Kindern und Jugendlichen. Stuttgart: Kohlhammer.

(2007). Prävention und Resilienz in Kindertageseinrichtungen (PRiK) – ein Trainingsprogramm. München: Reinhardt (zusammen mit Rönnau, M. & Dörner, T.).

(2007). Was brauchen Kinder, um an der Gesellschaft teilzuhaben? – Entwicklungspsychologische Perspektiven. In: Schwendemann, W. & Marquard, R. (Hrsg.). 450 Jahre Reformation in Baden. Bildung und Sozialgestaltung des Protestantismus. Münster: Lit, 127-155.

(2007). Systematische „fürsorgliche Belagerung" oder Begleitung von freiheitlicher Entwicklung. Ein (Streit-)Gespräch über die Aufgaben von ElementarpädagogInnen. In: KiTa aktuell, Bundesausgabe, 16.Jg., H.2, 30-33 (zusammen mit Fischer, S.).

(2007). Gewalt im Arbeitsalltag von Fachkräften in Kindertageseinrichtungen. In: Theorie und Praxis der Sozialen Arbeit, H. 2/2007, 25-35 (zusammen mit Peichl, M. & Engel, E.-M.).

(2007). Qualitätsentwicklung durch Selbstevaluation und -reflexion. In: kinderleicht 2/07, 25-26 (zusammen mit Glaubitz, D.).

(2007). Wer Qualität will, muss in Qualität investieren. In: kindergarten heute 37.Jg., H.5, 6-14.

(2007). Effektivitätsforschung in der Sozialen Arbeit – ein heißes Eisen. In: Klie, T. & Roß, P.-S. (Hrsg.): Sozialarbeitswissenschaft und angewandte Forschung in der Sozialen Arbeit. Freiburg i. Br.: FEL-Verlag, 109-128.

(2007). Familienbildung lernen – Kindertageseinrichtungen machen's vor. In: Frühe Kindheit, H.3/07, 10. Jg., 18-21 (zusammen mit Kraus-Gruner, G.; Dörner, T. & Rönnau, M.).

(2007). Studierendenaustausch zur Evaluation von Studiengängen. Ergebnisse der ersten ‚Peer-Evaluation'. In: KiTa aktuell BW, 16. Jg., H. 6/2007, 127-130 (zusammen mit Engel, E.).

(2007). Kinder Stärken! Resilienzförderung in der Kindertagesstätte unter systematischer Einbindung der Eltern. In: Prävention, H. 30. Jg., 2/2007, 55-60 (zusammen mit Rönnau, M.; Dörner, T.; Engel, E.-M. & Kraus-Gruner, G.).

Cornelia Helfferich

(2006). Studierende Eltern – Eine Chance für egalitäre Arbeitsteilung? In: Freiburger Frauenstudien. Zeitschrift für interdisziplinäre Frauenforschung, Ausgabe 18, 51-79 (zusammen mit Hendel-Kramer, A.& Wehner, N.).

(2006). Familienplanungskonzepte von Männern im Geschlechterfokus. In: Freiburger Frauenstudien. Zeitschrift für interdisziplinäre Frauenforschung, Ausgabe 18, 121-143 (zusammen mit Kruse, J.).

(2006). Muster von Gewaltbeziehungen – ein Beitrag zur hermeneutischen Diagnostik von Gewaltbeziehungen. In: Hoffmann, J. & Wondrak, I. (Hrsg.): Häusliche Gewalt und Tötung des Intimpartners. Prävention und Fallmanagement. Frankfurt: Verlag für Polizeiwissenschaft, 29-47.

(2006). Ethik und Gewalt in Geschlechterbeziehungen. In: Dungs, Susanne; Gerber, Uwe; Schmidt, Heinz & Zitt, Renate (Hrsg.): Soziale Arbeit und Ethik im 21. Jahrhundert. Leipzig: Evangelische Verlagsanstalt, 539-552 (zusammen mit Kavemann, Barbara).

(2006). Häusliche Gewalt beenden: Verhaltensänderung von Tätern als Ansatzpunkt. Herausgegeben von der Landesstiftung Baden-Württemberg. Stuttgart: Landesstiftung (zusammen mit Barz, Monika).

(2007). Häusliche Gewalt und Geschlechterbeziehungen – neue Gerechtigkeitsdiskurse, moralische Dilemmata und offene Fragen. In: Schwendemann, W., Marquard, R. (Hrsg.): 450 Jahre Reformation in Baden. Bildung und Sozialgestaltung des Protestantismus. Berlin: LIT-Verlag, 23-37.

Tanja Hoff

(2006). „Altes Eisen“ oder „Wissens- und Erfahrungsträger“ – Situation älterer Menschen in der letzten Dekade der Erwerbsarbeit und Perspektiven durch das zukünftige Gleichbehandlungsgesetz. Zeitschrift für Gerontologie & Geriatrie, 39, Suppl. 1, I/16-I/17 (zusammen mit Geissler-Frank, I.).

(2006). Heimtiere und Kinder in der elterlichen Scheidungskrise. Schriftenreihe Psychologie der Mensch-Tier-Beziehung, Band 2. Regensburg (zusammen mit Bergler, R.).

(2006). Heimtiere und schulisches Leistungs- und Sozialverhalten. Schriftenreihe Psychologie der Mensch-Tier-Beziehung, Band 1. Regensburg (zusammen mit Bergler, R.).

(2006). Genusskultur, Genussfähigkeit und der Zusammenhang zu subjektivem Wohlbefinden. Foodnotes 02/06, 2-3.

Dagmar Kasüschke

(2006). Erfahrungen von „Fremd-Sein“ als (religions-)-pädagogische Herausforderung in der Ausbildung von ErzieherInnen. In: Götzelmann, Arnd & Schwendemann, Wilhelm in Zusarb. m. Köhler-Offierski, Alexa & Opdenhoff, Hanns-Eckart (Hrsg.), Inter-Kulturalität (Evangelische Hochschulperspektiven Bd. 2), Freiburg i.Br.: FEL-Verlag, 124-133.

(2006). Wollen wir Computerspiele im Kindergarten – oder nicht? Studierende und ihr Lernweg im Umgang mit einem Reizthema. In: forumfrühpädagogik für Ausbildung, Hochschule und Beruf 1/2006, Verlag Herder, S.8f. (zusammen mit Fischer, Sibylle).

Thomas Klie

(2006). Die Patientenverfügung. Was Sie tun können, um richtig vorzusorgen. 9. neu bearbeitete und aktualisierte Auflage. Freiburg i. Br.: Herder (zusammen mit Student, Johann-Christoph).

(2006). Risiko-Management in der stationären Pflege. Ein Leitfaden zu Methodik und Umgang mit Pflegerisiken. Kuratorium Deutsche Altershilfe (Hrsg.). Reihe: vorgestellt, Bd. 76, Köln (zusammen mit Pfundstein, Thomas & Nirschl, Monika).

(2006). Rechtskunde. Das Recht der Pflege alter Menschen. 8. überarbeitete und aktualisierte Auflage, Hannover: Vincentz.

(2006). Die Pflegeversicherung aus Sicht der Wissenschaft. In: BKK Landesverband Ost / Wald, Axel (Hrsg.). Die Zukunft der Pflege- und Krankenversicherung in einer alternden Gesellschaft. An den Grenzen der finanziellen Solidarität?! Tagungsdokumentation, Berlin 11./12. Mai 2006. Düsseldorf 64-88.

(2006). Kommentierung der §§ 61-66. In: Hauck/Noftz (Hrsg.). Sozialgesetzbuch SGB XII. Sozialhilfe Kommentar. 6. Ergänzungslieferung. Berlin 36 S.

(2006). Kundensouveränität stärken: Was bewirkt das personenbezogene Pflegebudget? In: Verband katholischer Altenhilfe in Deutschland (Hrsg.), Altenhilfe auf dem Sprung. Dokumentation zur 15. Bundestagung 2006. Freiburg, 80-94.

(2006). Laboratorium Freiwilligendienste. Eine Zwischenbilanz aus Baden Württemberg. In: „Erfahrungen, die´s nicht zu kaufen gibt!“ Bildungspotentiale im freiwilligen Engagement junger Menschen. Fachtagung 16. und 17. Juni 2005 in der Evangelischen Akademie in Bad Boll. Schriftenreihe der Landesstiftung Baden Württemberg, Bd. 19, Stuttgart 18-27.

(2006). Rechtsfragen. In: Oswald, Wolf D., et al. (Hrsg.). Gerontologie. Medizinische, psychologische und sozialwissenschaftliche Grundbegriffe.3., vollständig überarbeitete Auflage. Stuttgart, 306-311.

(2006). Das Urteil. Bundesgerichtshof: Einzelzimmerzuschlag setzt Vereinbarungen im Heimvertrag voraus. In: Altenheim, 01/2006, 45. Jg., Hannover: Vincentz Verlag, 27-28.

(2006). Das Urteil. Krankenkasse muss Reha-Kosten tragen wegen mangelhafter Aufklärung des Versicherten. In: Altenheim, 02/2006, 45. Jg., Hannover: Vincentz Verlag, 61-62.

(2006). Das Urteil. Abwesenheitsvergütung zwischen Reglementierung und Gestaltungsspielraum. In: Altenheim, 03/2006, 45. Jg., Hannover: Vincentz Verlag, 24-25.

(2006). Das Urteil. Sächsisches OVG: Heime müssen Kosten für Barbetragsverwaltung sozialhilfeberechtigter Bewohner tragen. In: Altenheim, 04/2006, 45. Jg., 33-34

(2006). Das Urteil. Verwaltungsgericht Aachen stellt Wohngemeinschaft unter das Heimgesetz. In: Altenheim, 05/2006, 45. Jg., Hannover: Vincentz Verlag, 28-29.

(2006). Das Urteil. Der Bezug von Betäubungsmitteln für assistierten Suizid ist nicht erlaubt. In: Altenheim, 06/2006, 45. Jg., Hannover: Vincentz Verlag, 29-30.

(2006). Das Urteil. Bestimmte Maßnahmen der Behandlungspflege dürfen nicht auf Angelernte übertragen werden. In: Altenheim, 07/2006, 45. Jg., Hannover: Vincentz Verlag, 35-36.

(2006). Das Urteil. Gesetzliche Betreuer in Wohngemeinschaften haben einen höheren Stundenansatz als im Heim. In: Altenheim, 08/2006, 45. Jg., Hannover: Vincentz Verlag, 35-36.

(2006). Das Urteil. Arbeit nach aktuellem Wissenstand schützt vor Haftung. In: Altenheim, 09/2006, 45. Jg., Hannover: Vincentz Verlag, 31-32.

(2006). Das Urteil. OLG München: Das Verbot der Zuwendungen an Heime gilt auch für Angehörige eines Bewohners. In: Altenheim, 10/2006, 45. Jg., Hannover: Vincentz Verlag, 36-37.

(2006). Das Urteil. Die Kopplungen von Miet- und Servicevertrag im Betreuten Wohnen ist nicht sittenwidrig. In: Altenheim, 11/2006, 45. Jg., Hannover: Vincentz Verlag, 32-33.

(2006). Das Urteil. VGH Stuttgart: Zuschläge bei Einzelzimmern sind nur bei Komfortleistungen möglich. In: Altenheim, 12/2006, 45. Jg., Hannover: Vincentz Verlag, 32-33.

(2006). Neue Wohnformen verlangen neue Gesetze. In: Altenheim, 05/2006, 45. Jg., 36-39.

(2006). Rechtliche Legitimation. Aus Angst, ein pflegebedürftiger Mensch könnte stürzen und sich Frakturen zuziehen, greifen immer mehr Pflegekräfte zu freiheitsentziehenden Maßnahmen. Und begeben sich damit auf juristisch sehr glattem Parkett. In: Altenpflege, 02/2006, 31. Jg., 74-75.

(2006). Schadet das Budget der Pflege? In: Altenpflege, 03/2006, 31. Jg., S. 40.

(2006). Stellt das Pflegebudget eine Gefahr für die professionelle Pflege dar? In: Altenpflege. 03/2006. S. 40.

(2006). Ehrenwerte Alte. Professionelle Altenhilfe-Strukturen sind in Bolivien so gut wie nicht vorhanden. In: Altenpflege, 09/2006, 31. Jg., 39-41.

(2006). Sozialhilferechtliche Ansprüche auf Pflegeleistungen nach den §§ 61 ff SGB XII in der häuslichen Pflege. In: Betreuungsmanagement. 01/2006, 2. Jg., 15-19.

(2006). Informationen und Beratung zur Vorsorgeverfügung. In: Betreuungsmanagement, 02/2006, 2. Jg., 77-79 (zusammen mit Bauer, Axel).

(2006). Wirtschaftlichkeitsprüfungen vor der Schiedsstelle. In: bpa Magazin. 03+04.2006, 21-23.

(2006). Die Pflegeversicherung – Bilanz und Perspektiven. In: Die BKK, 07/2006, 318-321.

(2006). Pflege in geteilter Verantwortung – Die paradigmatische Bedeutung von Wohngruppen. In: Die Ersatzkasse, 04/2006, 86. Jg., 140-143.

(2006). Die Finanzierung der Menschlichkeit. Zur ökonomischen Entwicklung der Hospiz-Palliativdienste. In: Dr. med. Mabuse, 31. Jg., Nr. 163, 46-48 (zusammen mit Hils, Andreas).

(2006). Wegweiser Pflegebudget. Die flächendeckende Einführung des Pflegebudgets ist so gewünscht wie gefürchtet – und sie lässt noch auf sich warten. In: Forum Sozialstation, 06/2006, 30. Jg., 34-37.

(2006). Eine flexiblere Pflege. Erkenntnisse zum Projekt Pflegebudget und Erfahrungen teilnehmender Pflegedienste. In: Häusliche Pflege, 04/2006, 15. Jg., 16-21.

(2006). Ambulante Wohngruppen im Schatten des Rechts. In: Häusliche Pflege, 12/2006, 15. Jg., 38-40.

(2006). Der Einsatz von Sensormatten als Hilfsmittel in Pflege und Betreuung unter haftungs-, betreuungs- und heimrechtlichen Gesichtspunkten. In: PflegeRecht, 04/2006, 10. Jg., 152-159.

(2006). SGB XI. Integriertes Budget – die Verbindung von Pflegebudget und Persönliches Budget nach § 17 SGB IX. In: Rechtsdienst der Lebenshilfe, 02/2006, 62-65 (zusammen mit Siebert, Annerose).

(2006). Die falsch verstandene Fürsorge. Ist Fixierung fachlich und rechtlich die ultima Ratio? In: Völker Wörld, S. 11.

(2006). Die Zeiten der Pflege. In: Zeitschrift für Gerontologie und Geriatrie, 03/2006, 39. Jg., 202-210 (zusammen mit Blinkert, Baldo).

(2006). Pflegeforschung. In: Zeitschrift für Gerontologie und Geriatrie, 03/2006, 39. Jg., 157-158 (zusammen mit Kruse, Andreas).

(2006). Family Care. In: Zeitschrift für Gerontologie und Geriatrie, 06/2006, 39. Jg., 403-404.

(2006). Der Einfluss von Bedarf und Chancen auf Pflegezeiten in häuslichen Pflegearrangements. In: Zeitschrift für Gerontologie und Geriatrie, 06/2006, 39. Jg., 423-428 (zusammen mit Blinkert, Baldo).

(2006). Reform der Pflegeversicherung aus wissenschaftlicher Sicht. In: Deutscher Verein für öffentliche und private Fürsorge e.V. (Hrsg.). Deutscher Fürsorgetag. Dokumentation. Mut zur sozialen Verantwortung! 3.-5. Mai 2006 im CCD. Congress Center Düsseldorf. Berlin 77-81, Online unter: http://dft.deutscher-verein.de/download/DFT_2006_Doku20070123.pdf

(2006). Welfare Mix und ältere Menschen. In: Deutscher Verein für öffentliche und private Fürsorge e.V. (Hrsg.). Deutscher Fürsorgetag. Dokumentation. Mut zur sozialen Verantwortung! 3.-5. Mai 2006 im CCD. Congress Center Düsseldorf. Berlin, 321-328. Online unter: http://dft.deutscher-verein.de/download/DFT_2006_Doku20070123.pdf

(2006). Podiumsdiskussion. Die gesetzliche Pflegeversicherung – ein System mit Fehlern oder ein Fehler mit System? Mit: Dr. Albert Hauser, Prof. Dr. Thomas Klie, Prof. Dr. Heinz Rothgang, Gudrun Schaich-Walch. In: Die Zukunft der Pflege- und Krankenversicherung in einer alternden Gesellschaft. An den Grenzen der finanziellen Solidarität?! BKK Landesverband Ost / Wald, Axel (Hrsg.). Tagungsdokumentation, Berlin 11./12. Mai 2006. Düsseldorf, 90-134

(2006). Im Heim mitreden. In: Bleibgesund spezial, S.5 (zusammen mit Kelter, Klaus).

(2006). Synopse zu Service-, Assistenz- und Präsenzberufen in der Erziehung, Pflege und Betreuung (Care). Freiburg (zusammen mit Guerra, Virginia).

(2007). Das Recht der älteren Menschen. Baden-Baden (zusammen mit Igl, Gerhard).

(2007). Konturen eines Rechts der älteren Menschen. In: Wahl, H.-W. & Mollenkopf, H. (Hrsg.): Alternsforschung am Beginn des 21. Jahrhunderts, Berlin, 237-248.

(2007). Entscheidungen am Lebensende – Ethische und rechtliche Dilemmata. In: Napiwotzky, A. & Student, J.-C. (Hrsg.): Was braucht der Mensch am Lebensende? Ethisches Handeln und medizinische Machbarkeit, Stuttgart, 31-44.

(2007). Dazu der Kommentar eines Juristen. In: Napiwotzky, A. & Student, J.-C. (Hrsg.): Was braucht der Mensch am Lebensende? Ethisches Handeln und medizinische Machbarkeit, Stuttgart, 105-107.

(2007). Attitudes toward caregiving in a changing society. In: Tufan, I. (Hrsg.): Proceedings Book of the 2nd International Symposium an Social and Applied Gerontologie in Turkey, Antalya, 306-314.

(2007). Das Urteil: BGH: Zwangsbehandlungen gegen den Widerstand des Betreuten sind im Sonderfall möglich – aber nicht im Heim. In: Altenheim, 45. Jg., 01/2007, 26-27.

(2007). Das Urteil: Bundessozialgericht: Kein Anspruch auf häusliche Krankenpflege in Einrichtung der Behindertenhilfe. In: Altenheim, 45. Jg., 02/2007, 31-32.

(2007). Das Urteil: Niedersächsisches OVG: Verblisterung von Arzneimitteln durch Apotheker für Heime zulässig. In: Altenheim, 46. Jg., 03/2007, 67-68.

(2007). Das Urteil: OLG München: Kein Schadensersatz bei nicht vollzogenem Behandlungsabbruch im Pflegeheim. In: Altenheim, 46. Jg., 04/2007, 39-40.

(2007). Qualität in der Betreuung: Perspektiven und Strategien. In: BtPrax, 16. Jg., 01/2007, 7-12.

(2007). Einbeziehung freiwillig und ehrenamtlich Tätiger in die Hilfen zur Teilhabe am Leben in der Gemeinschaft. In: Geistige Behinderung, 46. Jg., 01/2007, 65-67 (zusammen mit Krank, Susanne & Siebert, Annerose).

(2007). Autismus: Gravierende Integrationsschwierigkeiten in das Jugendhilfe- und Rehabilitationsrecht? – ein Praxisbericht. In: Das Jugendamt Zeitschrift für Jugendhilfe und Familienrecht, 80. Jg., 01/2007, 14-17.

(2007). Patientenverfügung – ein Weg vorzusorgen? In: KWA-Journal, 01/2007, 6-7.

(2007). Die Spielregeln werden verändert. Sozialpolitische Hintergründe des Persönlichen Budgets. In: Orientierung. Fachzeitschrift der Behindertenhilfe, 01/2007, 20-22.

(2007). "Freiburger Appell" zur Diskussion um die Patientenverfügung. Selbstbestimmung benötigt fundierte Begleitung. In: CARE konkret, 16/2007, S.4 (zusammen mit Student, Christoph).

(2007). Soll man eine Patientenverfügung abschließen? In: ideaSpektrum, 18/2007, S.20 (zusammen mit Barth, Hermann).

(2007). Das Thema Pflege gehört in die Kirche. In: die Kirche – Evangelische Wochenzeitung, 15.04.2007, S.1.

(2007). Der Methusalem-Komplex. Herausforderungen und Chancen einer alternden Gesellschaft. In: danken und dienen, 2007, 6-8.

(2007). Lebendige Bürgergesellschaft in Baden-Württemberg. Ergebnisse des zweiten Freiwilligensurveys. In: Statistisches Monatsheft Baden-Württemberg, 02/2007, 44-49 (zusammen mit Hoch, Hans & Wegner, Martina).

(2007). Bürger- und Angehörigenbeteiligung in Wohngruppen für Menschen mit Demenz – Das „Freiburger Modell". In: Deutsche Alzheimer Gesellschaft e.V. (Hrsg.): Demenz – eine Herausforderung für das 21. Jahrhundert. 100 Jahre Alzheimer-Krankheit, Berlin, 171-177 (zusammen mit Schuhmacher, Birgit).

[Winter, Christian] (2007): Betreute Freiheit – Interview mit Prof. Dr. Thomas Klie, Leiter des Projekts Winter, Christian Pflegebudget und Integriertes Budget. In: Sozialarbeiterbrief, 10. Jg., 01/2007, 12-13.

[Rullhusen, Leif] (2007): Die Bezeichnung ist unglücklich gewählt. Drei ? an … Prof. Dr. Thomas Klie. In: Sonntags-Tipp, 11. Jg., Nr.12, 25.03.2007.

[Baureithel, Ulrike] (2007): Die Erfahrung mit Pflege verändert unsere Prioritäten. Im Gespräch: Der Rechtswissenschaftler Thomas Klie über die Reform der Pflegekasse, eine ultimative Familienpolitik und die Notwendigkeit, eine „Zivilisation zweiter Ordnung" zu schaffen. In: Freitag 14, 06.04.2007, S.5

Björn Kraus

(2006). Lebenswelt und Lebensweltorientierung – eine begriffliche Revision als Angebot an eine systemisch-konstruktivistische Sozialarbeitswissenschaft. Kontext. Zeitschrift für Systemische Therapie und Familientherapie. Göttingen: Vandenhoek & Ruprecht. Heft 37/02, 116-129.

(2006). Zum Nutzen und Aufwand der Modularisierung im Bachelorstudiengang Soziale Arbeit. Resümee erster Erfahrungen. Forum Sozial. Essen: DBSH. Heft 3, 2006, 28-29.

(2007). Soziale Arbeit – Macht – Hilfe und Kontrolle. Grundlegung und Anwendung eines systemisch-konstruktivistischen Machtmodells. In: Kraus, Björn & Krieger, Wolfgang (Hrsg.). 2007 79-102.

(Hrsg.) (2007). Macht in der Sozialen Arbeit – Interaktionsverhältnisse zwischen Kontrolle, Partizipation und Freisetzung. Lage: Jacobs (zusammen mit Krieger, Wolfgang).

(2007). Zur Einführung: Die Reflexion Sozialer Arbeit im Lichte von Theorien zur Macht. In Kraus, Björn & Krieger, Wolfgang (Hrsg.). 2007 9-28 (zusammen mit Krieger, Wolfgang).

(2007). Diakonische Bildung und Soziale Arbeit in ihrer Bedeutung für die Kirche – Auftrag und Chance. In: Schwendemann, W. Marquard, R.: 450 Jahre Reformation in Baden. Bildung und Sozialgestaltung des Protestantismus. 2007 155-166 (zusammen mit Kirchhoff, R.).

Kerstin Lammer

(2000). Den Tod begreifen – Trauerbegleitung am Totenbett. In: Wege zum Menschen 52 (7), 2000, 400-408.

(2000). Den Tod begreifen. In: Nordelbische Stimmen 12/2000, 7-11.

(2001). Wann ist Trauer krankhaft? In: Nordelbische Stimmen 11/2001, 19-21.

(2001). Trauergebote statt Trauerverbote? In: Nordelbische Stimmen 11/2001, 17-19.

(2004). Trauer verstehen, Formen – Erklärungen – Hilfen, Neukirchen-Vluyn. In: Klessmann, Michael & Lammer, Kerstin (Hrsg.): Das Kreuz mit dem Beruf. Supervision in Kirche und Diakonie, Neukirchen-Vluyn: Neukirchener, 2007, (zusammen mit Klessmann, Michael).

(2004). Fortschritte der Trauerforschung – Herausforderungen an die kirchliche Praxis der Trauerbegleitung, Vortrag bei der Bischofskonferenz der VELKD. In: Grünwaldt, K. & Hahn, U. Vom christlichen Umgang mit dem Tod. Beiträge zur Trauerbegleitung und Bestattungskultur. Hannover: 1. Aufl. 2004, 2. Aufl. 2005, 23-53.

(2004). Rezension zu: Christian Möller: Kirche, die bei Trost ist. Plädoyer für eine seelsorgliche Kirche, Göttingen 2005. In: Trauerbegleitung. Das Unfassbare bewältigen. In: Psychologie heute 12/2004, 62-69.

(2005). Trauerbewältigung – wie man sich selber und wie man anderen helfen kann. In: Lernort Gemeinde 3/2005, 13-15.

(2005). ...und plötzlich ist es so weit. Was tun, wenn jemand stirbt? In: Lernort Gemeinde 3/2005, 46-48.

(2005). Der Prozess der Trauerforschung. Anknüpfung an einen modernen Klassiker. In: Nord, I. & Volz, F.R. (Hrsg.), An den Rändern. Theologische Lernprozesse mit Yorick Spiegel, Münster, 413-421.

(2005). Was ist pastoralpsychologische Supervision? In: Härle, W.; Haese, B.-M.; Hansen, K. & Herms, E. (Hrsg.), Systematisch praktisch, Festschrift für Reiner Preul zum 65. Geburtstag, Marburg, 374-391.

(2006). Den Tod begreifen – Neue Wege in der Trauerbegleitung, Neukirchen-Vluyn: 1. Aufl. 2003, 4. Aufl. 2006.

(2006). Angst/Trauer. In: Dennerlein, N. & Meyer-Blanck, M. (Hrsg.), Evangelische Glaubensfibel. Grundwissen der evangelischen Christen, Gütersloh.

(2007). Segnen. In: Liturgische Konferenz (Hrsg.), Handbuch zum Neuen Evangelischen Pastorale – Gott ins Spiel bringen. Dialogische Inszenierungen in der Seelsorge, Gütersloh.

(2007). Zweisamkeit. In: Dennerlein N. & Rothgangel M. (Hrsg.), Evangelischer Lebensbegleiter, Gütersloh.

Hans-Joachim Lenz

(2006). Gewalt gegen Männer als neues Thema in Forschung und Gesellschaft. In: Heitmeyer, Wilhelm & Schröttle, Monika (Hrsg.): Gewalt. Beschreibungen, Analysen, Prävention. Bundeszentrale für politische Bildung. Bonn, 98-116.

(2006). Violence within the family: Men as victims. Introductory Report. In: Council of Europe (ed.) Documentation of the Conference on Violence within the family: the place and role of men. Strasbourg 6-7 December 2005. 17-25 (zusammen mit Puchert, Ralf).

(2006). Der Zweite Weltkrieg: Verdrängte Gewalterfahrungen einer Männergeneration. In: Zivil – Zeitschrift für Frieden und Gewaltfreiheit. Heft 2, 36 Jg., 16-17.

(2006). Männer und die Widerfahrnisse des Krieges. In: Penkwitt, Mike (Hrsg.): Erinnern und Geschlecht. Band I. In: Freiburger FrauenStudien – Zeitschrift für interdisziplinäre Frauenforschung. Vol. 19, Freiburg, 169-202.

(Hrsg.) (2007). Gewalt gegen Männer. Personale Gewaltwiderfahrnisse von Männern in Deutschland. Opladen: Budrich-Verlag. (zusammen mit Jungnitz, Ludger, Puchert, Ralf, Puhe, Henry und Walter, Willi).

Konrad Maier

(2006). Gemeinwesenarbeit als professionelles Handeln im Wohnquartier. In: Dungs, Susanne u.a. (Hrsg.): Soziale Arbeit und Ethik im 21. Jahrhundert. Ein Handbuch, Leipzig, 598-612.

(2006). Wider das ritualisierte Klagelied über die schlechten Arbeitsmarktchancen für SozialarbeiterInnen. Materialien und Überlegungen zur neuen Entwicklung der Berufsgruppe DiplomsozialarbeiterInnen/DiplomsozialpädagogInnen. In: SOZIAL EXTRA 11/2006, 26-33 (zusammen mit Spatscheck, Christian).

(2006). 35 Jahre Soziale Arbeit und EFH Freiburg. Entwicklungslinien 1970-2005. Eine persönliche Abschiedsvorlesung, die keinen Anspruch auf wissenschaftliche Ausgewogenheit erhebt. In: Rundbrief 33 des Freundeskreises der EFH Freiburg, 15-24.

(2007). ‚Arbeit'. In: Hübener, Britta & Orth, Gottfried (Hrsg.): Lebens-Wörter – Das ABC evangelischen Denkens, Stuttgart.

(2007). Wiederkehr der Religion? – Beobachtungen aus der Perspektive der Politikwissenschaft und der Sozialen Arbeit. In: epd Dokumentation.

Reiner Marquard

(2006). „Öffentliche Wortverkündigung und Sakramentsspendung in ehrenamtlicher Verantwortung" – Das Fortbildungszentrum (FBZ) der Evangelischen Landeskirche in Baden. In: Overmans, Rüdiger (Hrsg.): In Gottes Wort gehalten. Die Evangelische Kirchengemeinde Freiburg 1807 – 2007, Freiburg i. Br., 199f.

(2006). Predigtvorlage 2. Kor 4,16-18. Württembergische Predigtvorlage: 7. Mai 2006/Jubilate, (Hrsg.) Evangelischer Gemeindedienst für Württemberg, Stuttgart, 10 S.

(2006). Hier stehe ich! Pfingstsonntag, 1. Kor 2,12-16. In: Pastoralblätter Juni 2006, 411-416.

(2006). Beziehungs-Waise – Beziehungsreich. Apg 8, 26-39. In: Pastoralblätter Juli/August 2006, 553-557.

(2006). Brot des Lebens – Kelch des Heils, Montag, 20. August; Der Realismus der Barmherzigkeit, Dienstag, 21. August; Das Ziel des Lebens – Hingabe, Mittwoch, 22. August. In: Mit der Bibel durch das Jahr 2007. Ökumenische Bibelauslegungen. Fischer, Ulrich; Jepsen, Maria; Klaiber, Walter; Noack, Axel; Scheele, Paul-Werner & Warnke, Joachim (Hrsg.), Stuttgart, 232-234.

(2006). Christi Himmelfahrt. Johannes 17, 20-26. In: Er ist unser Friede. Lesepredigten, 1. Advent 2006 bis Pfingstmontag 2007, Textreihe V. Engemann, Wilfried in Zusarb. m. Kähler, Christoph; Lütze, Frank M; Neijenhuis, Jörg & Wulz, Gabriele (Hrsg.), Leipzig, 227-233.

(2006). Rezension von: Nicol, Martin & Deeg, Alexander: Im Wechselschritt zur Kanzel. Praxisbuch Dramaturgische Homiletik, Göttingen, 2005. In: ThLZ 131.Jg. Heft 9 September 2006, Sp. 1050-1051.

(2006). Rezension von: Riemenschneider, Tilman – Werke seiner Blütezeit. Katalog zur gleichnamigen Ausstellung im Mainfränkischen Museum Würzburg 24. März bis 13. Juni 2004. Hrsg. v. Lichte, Claudia im Auftrag der Stadt Würzburg, Regensburg 2004 und Riemenschneider, Tilman – Werke seiner Glaubenswelt. Katalog zur gleichnamigen Ausstellung im Museum am Dom, Würzburg 24. März bis 13. Juni 2004. Hrsg. v. Lenssen, Jürgen im Auftrag der Diözese Würzburg, Regensburg 2004. In: ZBLG Band 69. 2006/2, 767-770.

(2007). Ethik in der Medizin. Eine Einführung in die evangelische Sozialethik, 256 S. Stuttgart.

(Hrsg.) (2007). 450 Jahre Reformation in Baden. Bildung und Sozialgestaltung des Protestantismus. Ringvorlesung der Evangelischen Fachhochschule Freiburg. Festgabe für Prof. Dr. Christoph Schneider-Harpprecht, Schriftenreihe der Evangelischen Fachhochschule Freiburg, Band 29, Berlin (zusammen mit Schwendemann, Wilhelm).

(2007). Wenn sich ‚des Schiffleins Ruder' löst – Autonomie und Asymmetrie am Lebensende. In: Marquard, Reiner & Schwendemann, Wilhelm (Hrsg.): 450 Jahre Reformation in Baden. Bildung und Sozialgestaltung des Protestantismus. Ringvorlesung der Evangelischen Fachhochschule Freiburg. Festgabe für Prof. Dr. Christoph Schneider-Harpprecht., Schriftenreihe der Evangelischen Fachhochschule Freiburg, Band 29, Berlin, 146-154.

(2007). Das *rite vocatus* der Reformation und das ökumenische Dilemma. In: Berlis, Angela & Ring, Matthias (Hrsg.): Anker werfen im Himmel. Vermutungen über die Kirche in der Zukunft. Festschrift für Bischof Joachim Vobbe, Bonn, 403-413.

(2007). Gott ist nicht geil (Gastkommentar). In: Badische Zeitung vom 7. April 2007, S.2.

Ulrich Pfeifer-Schaupp

Rezension vom 22.02.2007 zu: Ritscher, Wolf: Einführung in die systemische soziale Arbeit mit Familien. Carl-Auer-Systeme Verlag (Heidelberg) 2006. 124 Seiten. In: socialnet Rezensionen unter *www.socialnet.de/rezensionen/4531.php*, Datum des Zugriffs 16.03.2007.

Rezension vom 20.04.2007 zu: von Schlippe, Arist & Schweitzer, Jochen: Systemische Therapie und Beratung II. Das störungsspezifische Wissen. Göttingen: Vandenhoeck und Ruprecht 2006. 452 S. In: socialnet Rezensionen unter *www.socialnet.de/rezensionen/4639.php*, Datum des Zugriffs 16.03.2007.

(2007). Entwicklungen im machtbestimmten Feld. Die Zukunft der Sozialen Arbeit im Licht der Machttheorie von Pierre Bourdieu. In: Kraus, Björn & Krieger, Wolfgang (Hrsg.): Macht in der Sozialen Arbeit. Interaktionsverhältnisse zwischen Kontrolle, Partizipation und Freisetzung. 2007, Lage: Jacobs, 263-288.

Rezension vom 14.05.2007 zu: Wallerstein, Immanuel: Das moderne Weltsystem. Promedia Verlagsgesellschaft (Wien) 2004. In: socialnet Rezensionen unter *www.socialnet.de/rezensionen/4818.php*, Datum des Zugriffs 14.05.2007.

Jürgen Rausch

(2005). Rezension zu: David Lohmann (Hrsg.) (2003). Das Bielefelder Diakonie-Management-Modell (2. Auflage) [12 Absätze]. Forum Qualitative Sozialforschung / Forum: Qualitative Social Research [On-line Journal], 7(1), Art. 9. Verfügbar unter: *www.qualitative-research.net/fqs-texte/1-06/06-1-9-d.htm*

(2006). Review: Karin Reiber (2005). Organisation im Spiegel der Regula Benedicti [17 Absätze]. Forum Qualitative Sozialforschung / Forum: Qualitative Social Research [On-line Journal], 8(1), Art. 7. Verfügbar über: *www.qualitative-research.net/fqs-texte/1-07/07-1-7-d.htm*

(2006). Manager für das Unternehmen Schule. In: Klasse, die Evangelische Schule 2/06, 28-29.

(2007). Ganztagesbildung und Schulmanagement in der Ganztagesschule. In: *www.sachsen.ganz-taegig-lernen.de/Sachsen/Materialien.aspx* [Tagung vom 11.7.2007 in Dresden] (zusammen mit Schwendemann, Wilhelm).

Tommy Rogers

(2005). Kleine Sportspiele, interkulturelles Lernen und soziale Inklusion. In: Giess-Stüber, Petra (Hrsg.), Interkulturelle Erziehung im und durch Sport. Lit-Verlag. (zusammen mit Leineweber, Helga).

Klaus Schneider

(2007). Supervision oder die Entdeckung der Macht der eigenen Wirksamkeit. In: Kraus, Björn & Krieger, Wolfgang (Hrsg.): Macht in der Sozialen Arbeit, Lage, 165-178 (zusammen mit Hör, H.).

Traugott Schächtele

(2005). Regeln außer Kraft. In: Zeitzeichen 6. 2005/4 (Klartext/Mis. Dom. bis Exaudi), 24-25.

(2005). Die Stadt der „Verbrecherbanden" zur Wohnstatt Gottes verwandeln. Überlegungen zur Veränderung kirchlicher Strukturen in der Großstadt. In: Badische Pfarrvereinsblätter 2005/9, 196-201.

(2006). Der Umbruch als Regelform kirchlicher Existenz – Visionen für eine Kirche in der Großstadt, In: In Gottes Wort gehalten. Die Evangelische Kirchengemeinde Freiburg 1807 - 2007, Freiburg i.Br.: Schillinger Verlag, 69-71.

(2007). Predigthilfe für den 5. April 2007 (Gründonnerstag) zu 2. Mose 12,1.3-4.6-7.11-14. In: Deutsches Pfarrerblatt 107. 2007/2, 89.

(2007). Lassen sich betriebswirtschaftliche Argumente taufen? Einige Aspekte im Streit um das Verhältnis von Ökonomie und Theologie im Impulspapier der EKD. In: Deutsches Pfarrerblatt 107. 2007/2, 93.

(2007). Zur Freiheit befreit – Predigt über Galater 5,1-6. In: Schwendemann, Wilhelm & Marquard, Reiner (Hrsg.), 450 Jahre Reformation in Baden. Bildung und Sozialgestaltung des Protestantismus (Schriftenreihe der Evangelischen Fachhochschule Freiburg Bd. 29), Berlin: LIT Verlag 2007, 267-270.

(2007). Stellungnahme, vorgetragen im Rahmen des Eröffnungsplenums des Zukunftskongresses der EKD vom 25.-27. Januar 2007 in Wittenberg. In: Kirchenamt der EKD (Hrsg.), Dokumentation des Zukunftskongresses der EKD, Hannover 2007, 89-90.

Wilhelm Schwendemann

(2006). Anthropologie – Biblische Perspektiven. Eine Unterrichtseinheit für die Oberstufe, Stuttgart: Calwer Verlag (zusammen mit Stahlmann, Matthias).

(Hrsg.) (2006). Inter-Kulturalität (Evangelische Hochschulperspektiven Bd. 2). Freiburg i.Br.: FEL-Verlag, 251 S. (zusammen mit Köhler-Offierski, Alexa; Opdenhoff, Hanns-Eckart und Götzelmann, Arnd).

(2006). Inter-Kulturalität – Zur Einführung. In: Götzelmann, Arnd & Schwendemann, Wilhelm in Zusarb. m. Köhler-Offierski, Alexa & Opdenhoff, Hanns-Eckart (Hrsg.), Inter-Kulturalität (Evangelische Hochschulperspektiven Bd. 2), Freiburg i.Br.: FEL-Verlag, 9-14 (zusammen mit Götzelmann, Arnd).

(2006). Biblischer Gottesglaube als Möglichkeit interreligiöser Verständigung. In: Götzelmann, Arnd & Schwendemann, Wilhelm in Zusarb. m. Köhler-Offierski, Alexa & Opdenhoff, Hanns-Eckart (Hrsg.), Inter-Kulturalität (Evangelische Hochschulperspektiven Bd. 2), Freiburg i.Br.: FEL-Verlag, 134-144.

(2006). Das besondere Buch: ku-praxis. Für die Arbeit mit Konfirmandinnen und Konfirmanden. In: Zeitschrift für Pädagogik und Theologie 58, 429-430.

(2006). Rezension zu Hilger, Georg & Ritter, Werner H.: Religionsdidaktik Grundschule. Handbuch für die Praxis des evangelischen und katholischen Religionsunterrichtes, München (Kösel)/Stuttgart (Calwer) 2006, 459 S. In: Religionspädagogische Beiträge 57/2006, S. 145f.

(2007). Konfirmandenunterricht – als erinnerndes und widerständiges religionspädagogisches Handeln gegen Rassismus und Antisemitismus. In: Rupp, Hartmut & Scheilke, Christoph Th. (Hrsg.) (2007): Bildung und Gemeindeentwicklung. Jahrbuch für kirchliche Bildungsarbeit, Stuttgart: Calwer Verlag, 158-170.

(Hrsg.) (2007). 450 Jahre Reformation in Baden. Bildung und Sozialgestaltung des Protestantismus. Ringvorlesung der Evangelischen Fachhochschule Freiburg. Festgabe für Prof. Dr. Christoph Schneider-Harpprecht, Berlin: LIT (zusammen mit Marquard, Reiner).

(2007). Einführung – 450 Jahre Reformation in Baden. Bildung und Sozialgestaltung als Zukunftsaufgaben des Protestantismus. In: Schwendemann, Wilhelm & Marquard, Reiner (Hrsg.) (2007): 450 Jahre Reformation in Baden. Bildung und Sozialgestaltung des Protestantismus. Ringvorlesung der Evangelischen Fachhochschule Freiburg. Festgabe für Prof. Dr. Christoph Schneider-Harpprecht, Berlin: LIT, 3-6 (zusammen mit Marquard, Reiner).

(2007). Zum Anlass – 450 Jahre Reformation in Baden. In: Schwendemann, Wilhelm & Marquard, Reiner (Hrsg.) (2007): 450 Jahre Reformation in Baden. Bildung und Sozialgestaltung des Protestantismus. Ringvorlesung der Evangelischen Fachhochschule Freiburg. Festgabe für Prof. Dr. Christoph Schneider-Harpprecht, Berlin: LIT, 7f. (zusammen mit Schmidt, Wolfgang und Schneider-Harpprecht, Christoph).

(2007). Christentum und Humanismus: Bildung in der Perspektive Philipp Melanchthons. In: Schwendemann, Wilhelm & Marquard, Reiner (Hrsg.) (2007): 450 Jahre Reformation in Baden. Bildung und Sozialgestaltung des Protestantismus. Ringvorlesung der Evangelischen Fachhochschule Freiburg. Festgabe für Prof. Dr. Christoph Schneider-Harpprecht, Berlin: LIT, 38-61.

(2007). Ganztagesbildung und Schulmanagement in der Ganztagesschule. In: *www.sachsen.ganztaegig-lernen.de/Sachsen/Materialien.aspx* [Tagung vom 11.7.2007 in Dresden] (zusammen mit Rausch Jürgen).

(2007). „Die Packfalten müssten aber ordentlicher sein“ – ein paar Bemerkungen zu meinem Diakonischen Jahr 1977/78. In: Pro-Informationen aus der evangelischen Kinder- und Jugendarbeit in Baden, Karlsruhe, 2007, 6-7.

(2007). Bewegung, Spiel und Sport in der Ganztagsschule – die Chancen nutzen, aber wie? Podiumsdiskussion. In: Seibel, Bernd (Hrsg.) (2007): Bewegung, Spiel und Sport in der Ganztagsschule. Dokumentation eines Symposiums an der Südbadischen Sportschule Steinbach, Schorndorf: Hofmann, 67-84 (zusammen mit Bleidick, Linda).

(2007). Besprechung von Wolfgang Meseth / Matthias Proske / Frank-Olaf Radtke (Hrsg.): Schule und Nationalsozialismus. Anspruch und Grenzen des Geschichtsunterrichts. Wissenschaftliche Reise des Fritz Bauer Instituts, Band 11, Frankfurt a.M., New York: Campus Verlag 2004, 327 S. In: Freiburger Rundbrief N.F. 14, 4/2007, S. 305f.

(2007). Eros und Sexualität – ein Problem christlicher Theologie? In: Nagorni, Klaus (Hrsg.) (2007): Religion und Eros. Erotik und Sexualität in Judentum, Christentum und Islam, Ev. Akademie Baden – Herrenalber Forum Band 50, 25-48.

Bernd Seibel

(2007). Viel mehr als Lerngeschichten. Interview mit Professorin Dr. Helen May, Neuseeland. In: Kindergarten heute, H. 3, 22-25.

(2007) (Hrsg.). Bewegung, Spiel und Sport in der Ganztagsschule. Dokumentation des Symposiums anlässlich des 50-jährigen Bestehens der Südbadischen Sportschule Steinbach. Schorndorf: Karl Hofmann.

Beate Steinhilber

(2006). „Vielfalt“ im Studium Sozialer Arbeit. Ein deutsch-türkisches Begegnungsprojekt. In: Dungs, Susanne u.a. (Hrsg).: Soziale Arbeit und Ethik im 21. Jahrhundert. Ein Handbuch. Leipzig, 210-229.

(2006). „Vielfalt" im Dialog - ein deutsch-türkisches Projekt mit Studierenden. In: Götzelmann, Arnd & Schwendemann, Wilhelm in Zusarb. m. Köhler-Offierski, Alexa & Opdenhoff, Hanns-Eckart (Hrsg.), Inter-Kulturalität (Evangelische Hochschulperspektiven Bd. 2), Freiburg i.Br.: FEL-Verlag, 192-200.

Ludwigshafen

Arnd Götzelmann

(Hrsg.) (2006). Inter-Kulturalität (Evangelische Hochschulperspektiven Bd. 2). Freiburg i.Br.: FEL-Verlag, 251 S. (zusammen mit Köhler-Offierski, Alexa & Opdenhoff, Hanns-Eckart & Schwendemann, Wilhelm).

(2006). Inter-Kulturalität – Zur Einführung. In: Götzelmann, Arnd & Schwendemann, Wilhelm in Zusarb. m. Köhler-Offierski, Alexa & Opdenhoff, Hanns-Eckart (Hrsg.), Inter-Kulturalität (Evangelische Hochschulperspektiven Bd. 2), Freiburg i.Br.: FEL-Verlag, 9-14 (zusammen mit Schwendemann, Wilhelm).

(2006). Kulturelle Differenzen in der Anthropologie. Eine theologische Kritik utilitaristischer, diakonischer, ökonomischer und anderer Menschenbilder. In: Götzelmann, Arnd & Schwendemann, Wilhelm in Zusarb. m. Köhler-Offierski, Alexa & Opdenhoff, Hanns-Eckart (Hrsg.), Inter-Kulturalität (Evangelische Hochschulperspektiven Bd. 2), Freiburg i.Br.: FEL-Verlag, 52-66.

(2006). Rezension von: Haas, Hanns-Stephan. Diakonie Profile. Zwischen Tradition und Innovation. Gütersloh: Gütersloher Verlagshaus, 2004. In: Theologische Literaturzeitung 131 (2006), 1214-1217.

(2006). Hoffnung auf Erlösung. Andacht zum zweiten Advent. In: Evangelischer Kirchenbote. Sonntagsblatt für die Pfalz, 10. Dezember 2006, 2.

(Hrsg.) (2007). Menschwerdung des Menschen. Ausbildung für helfende Berufe in kirchlicher Verantwortung. Festschrift für Dieter Wittmann zum 65. Geb., Freiburg i.Br.: FEL-Verlag, 215 S.

(2007). Menschwerdung des Menschen. Dieter Wittmann zum 65. Geburtstag und zur Verabschiedung. In: Götzelmann, Arnd (Hrsg.), Menschwerdung des Menschen. Ausbildung für kirchliche Berufe in kirchlicher Verantwortung. Festschrift für Dieter Wittmann, Freiburg i.Br.: FEL-Verlag, 7-15.

(2007). Zum kirchlichen Bildungs- und Diakonieauftrag. Wider manch fehlende Einsicht der evangelischen Kirche in die Bedeutung ihrer Fachhochschulen. In: Götzelmann, Arnd (Hrsg.), Menschwerdung des Menschen. Ausbildung für kirchliche Berufe in kirchlicher Verantwortung. Festschrift für Dieter Wittmann, Freiburg i.Br.: FEL-Verlag, 56-84.

(2007). Menschwerdung des Menschen. Zur Verabschiedung von Dieter Wittmann. In: Pfälzisches Pfarrerblatt 97/2007, 110-113.

(2007). Rezension von: Adam, Gottfried & Hanisch, Helmut & Schmidt, Heinz & Renate Zitt (Hrsg.). Unterwegs zu einer Kultur des Helfens. Handbuch des diakonisch-sozialen Lernens. Stuttgart: Calwer Verlag. In: Theologische Literaturzeitung 132. 2007, 468-471.

Wolfgang Krieger

(2006). Die Ausgrenzung von Statuslosen – Sozialarbeit in Frankfurt am Main mit Menschen ohne Papiere. In: Götzelmann, Arnd & Schwendemann, Wilhelm in Zusarb. m. Köhler-Offierski, Alexa & Opdenhoff, Hanns-Eckart (Hrsg.), Inter-Kulturalität (Evangelische Hochschulperspektiven Bd. 2), Freiburg i.Br.: FEL-Verlag, 75-92.

(2006). Postmoderne für alle? – Soziale Arbeit und die Zwiespältigkeit der Postmoderne. Sonderband Ztschr. f. Systemische Therapie und Beratung, 24. Jg., 2/2006, 106-113.

(2007). Postmoderne Identitäten – Wie „postmodern" ist das Klientel der Sozialen Arbeit, wie „postmodern" ist sie selbst? In: Götzelmann, Arnd (Hrsg.): Menschwerdung des Menschen. Ausbildung für helfende Berufe in kirchlicher Verantwortung. Festschrift für Dieter Wittmann. Freiburg i. Br.: FEL-Verlag, 117-133.

(2007). Potenziale Ästhetischer Praxis in der Sozialen Arbeit. Eine Untersuchung zum Bereich Kultur-Ästhetik-Medien in Lehre und Praxis. Hohengehren: Schneider (zusammen mit Marquardt, Petra).

(Hrsg.) (2007). Macht in der Sozialen Arbeit. Interaktionsverhältnisse zwischen Kontrolle, Partizipation und Freisetzung. Lage: Jacobs (zusammen mit Kraus, B.).

(2007). Zur Einführung – Die Reflexion Sozialer Arbeit im Lichte von Theorien zur Macht. In: Kraus, B. & Krieger, W. (Hrsg.), Macht in der Sozialen Arbeit. Interaktionsverhältnisse zwischen Kontrolle, Partizipation und Freisetzung. Lage: Jacobs, 9-27 (zusammen mit Kraus, B.).

(2007). „Macht jenseits der konstruierten Selbstunterwerfung?" Begriffe, Formen, Quellen der Interaktionsmacht. Konstruktivistische Ansätze zur Mikrophysiologie der Macht in der Sozialen Arbeit. In: Kraus, B. & Krieger, W. (Hrsg.), Macht in der Sozialen Arbeit. Interaktionsverhältnisse zwischen Kontrolle, Partizipation und Freisetzung. Lage: Jacobs, 29-78.

(2007). Genderspezifische Bedingungen der Entstehung von Gewaltbereitschaft bei Kindern und Jugendlichen und ihre Bedeutung für die Jugendhilfe. In: Gahleitner, Silke & Lenz, Hans-Joachim (Hrsg.), Gewalt und Geschlechterverhältnis. Interdisziplinäre geschlechtersensible Analysen und Perspektiven. München: Juventa.

(2007). "Ganztagsschulen in Kooperation mit außerschulischen Partnern". In: Kolbe u.a. in Zusarb. mit dem Ministerium für Bildung, Frauen und Jugend Rheinland-Pfalz (Hrsg.), Ganztagsschule in Entwicklung. Empirische, konzeptionelle und bildungspolitische Perspektiven, 65-86.

(2007). Kindesmisshandlung, Vernachlässigung und sexueller Missbrauch im Aufgabenbereich der öffentlichen Träger der Jugendhilfe. Eine Einführung. Hannover: Ibidem (in Zusarb. mit anderen), (im Erscheinen).

Klaus Priester

(2006). Arbeitswelt und psychische Krankheiten. In: Vereinte Dienstleistungsgewerkschaft – Gesundheit, Soziale Dienste, Wohlfahrt und Kirchen (Hrsg.): Infodienst Krankenhäuser 32/2006, 46-48.

(2006). Krankenstand sinkt 2006 abermals unter das Niveau des Vorjahres. In: Gute Arbeit 11/2006, 11-12.

(2006). Gesundheitspolitik – systematisch und kritisch. In: Vereinte Dienstleistungsgewerkschaft – Gesundheit, Soziale Dienste, Wohlfahrt und Kirchen (Hrsg.): Infodienst Krankenhäuser 35/2006, 8-9.

(2007). Zukunft des Gesundheitswesens – Anforderungen an die Gesundheits- und Pflegewissenschaft. In: Götzelmann, Arnd (Hrsg.): Menschwerdung des Menschen. Ausbildung für helfende Berufe in kirchlicher Verantwortung. Festschrift für Dieter Wittmann. Freiburg i.Br.: FEL-Verlag, 192-204 (zusammen mit Kersting, Karin).

(2007). Im Jahr 2006 in Deutschland niedrigster Krankenstand seit Einführung der Lohnfortzahlung im Krankheitsfall. In: Gute Arbeit 2/2007, 5-9.

(2007). Gesundheitsreform: Betriebliche Gesundheitsförderung als Pflichtleistung der Gesetzlichen Krankenversicherung? In: Gute Arbeit 2/2007, 13-17.

(2007). Mehr Kompetenzen der Krankenkassen in der betrieblichen Gesundheitsförderung. In: Gute Arbeit 3/2007, 9-11.

(2007). Weniger Erwerbsminderungsrentner – aber die Frühinvaliden werden immer jünger. In: Gute Arbeit 3/2007, 19-23.

(2007). Krankenstand in Deutschland auf Rekordtief – Sind jetzt alle gesund? In: Vereinte Dienstleistungsgewerkschaft – Gesundheit, Soziale Dienste, Wohlfahrt und Kirchen (Hrsg.): Infodienst Krankenhäuser 36/2007, 45-49.

(2007). Psychische Erkrankungen sind immer häufiger Ursache für Frühberentung wegen Erwerbsminderung. In: Gute Arbeit 4/2007, 33-39.

(2007). Zwischen Beitragssatzstabilität und Versorgungsgerechtigkeit. Ein kritisches Kompendium zur Gesundheitspolitik. In: Forschung Frankfurt – Wissenschaftsmagazin der Johann Wolfgang Goethe-Universität Frankfurt am Main 1/2007, S. 100.

(2007). Krankenstand trotz „Grippewelle" im ersten Quartal 2007 kaum erhöht. In: Gute Arbeit 5/2007, 13-14.

(2007). Keine heile Arbeitswelt trotz weiterhin rückläufiger Arbeitsunfälle. In: Gute Arbeit 5/2007, 31-36.

(2007). Hohes Invalidisierungsrisiko in den Pflegeberufen. In: Vereinte Dienstleistungsgewerkschaft – Gesundheit, Soziale Dienste, Wohlfahrt und Kirchen (Hrsg.): Infodienst Krankenhäuser 37/2007, 42-47.

(2007). Krankenkassen geben mehr für Prävention aus – aber der Bedarf ist weitaus höher. In: Gute Arbeit 6/2007, 7-10 (zusammen mit Lenhardt, Uwe).

(2007). Gesundheitspolitik – systematisch und kritisch. In: Gute Arbeit 6/2007, 38-39.

Thomas Wagner

(2006). Inklusion/Exklusion – Darstellung einer systemtheoretischen Differenz und ihre Anwendung auf illegale Migration. Frankfurt a.M./London: IKO-Verlag.

(2006). Die Soziale Arbeit der Sozialen Arbeit? Ein kurzer Blick auf die (Selbst-) Beobachtung eines Funktionssystems, Online-Publikation unter: *www.sozialarbeit.ch/dokumente/soziale_arbeit_der_sozialen_arbeit.pdf*

Kurt Witterstätter

(2006). Soziale Sicherung. Eine Darstellung mit Schwerpunkt Grundsicherung. 7., überarbeitete und erweiterte Auflage, München: Wolters Kluwer Luchterhand, 280 S.

(2006). Rezension vom 21.03.2006 zu: Nicolini, Hans J. Kostenrechnung für Sozialberufe. Wiesbaden: VS Verlag für Sozialwissenschaften, 2005. 155 S. In: socialnet Rezensionen unter *www.socialnet.de/rezensionen/3644.php.*

(2006). Rezension vom 18.04.2006 zu: Schubert, Herbert (Hrsg.). Sozialmanagement. Zwischen Wirtschaftlichkeit und fachlichen Zielen. Wiesbaden: VS Verlag für Sozialwissenschaften, 2005. 2., überarbeitete und erweiterte Auflage. 355 S. In: socialnet Rezensionen unter *www.socialnet.de/rezensionen/3266.php.*

(2006). Rezension vom 23.05.2006 zu: Schulz-Nieswandt, Frank. Sozialpolitik und Alter. Stuttgart: Kohlhammer Verlag, 2006. 304 S. In: socialnet Rezensionen unter *www.socialnet.de/rezenionen/3798.php.*

(2006). Rezension vom 07.12.2006 zu: Schneekloth, Ulrich & Wahl, Hans-Werner (Hrsg.). Selbständigkeit und Hilfebedarf bei älteren Menschen in Privathaushalten. Stuttgart: Kohlhammer Verlag, 2006. 256 S. In: socialnet Rezensionen unter *www.socialnetde/rezensionen/4201.php.*

(2006). Der Segen der Einsätze und der Ansprache. Erstes Master-Weiterbildungsstudium Gerontologie der Evangelischen FH Ludwigshafen. In: ESW-Informationsbrief Nr. 50, 4/2006, 42-44.

(2007). Rezension vom 27.06.2007 zu: Dörner, Klaus. Leben und sterben, wo ich hingehöre. Dritter Sozialraum und neues Hilfesystem. Neumünster: Paranus Verlag, 2007. 220 S. In: socialnet Rezensionen unter *www.socialnetde/rezensionen/5009.php.*

(2007). Alte Bekannte auf beschwerlichen Wegen. Von den unterschiedlichen und gemeinsamen Aufgaben von Pflegeleitung und Krankenhaussozialdienst. In: Götzelmann, Arnd (Hrsg.), Menschwerdung des Menschen. Ausbildung für kirchliche Berufe in kirchlicher Verantwortung. Festschrift für Dieter Wittmann, Freiburg i. Br.: FEL-Verlag, 183-191.

(2007). Aktive Ältere bereichern die Gesellschaft. BAGSO-Themenworkshop beim Bundespresseamt in Berlin. In: BAGSO-Nachrichten – Magazin der Bundesarbeitsgemeinschaft der Seniorenorganisationen 1/2007, S. 45.

Reutlingen-Ludwigsburg

Monika Barz

(Hrsg.) (2005). Potentiale Sozialer Arbeit. Stuttgart (zusammen mit Weth, H.-U.).

(Hrsg.) (2005). Wie eignen sich Frauen Bildung an? Bedingungen – Wege – Projekte. In: Barz M.& Weth H.-U. (Hrsg.), Potentiale Sozialer Arbeit, 182-203 (zusammen mit Weth, H.-U.).

(2005). geträumt - gewagt - gelebt. Bad Boller Anfänge der kirchlichen Lesbenbewegung. Bad Boll (zusammen mit Garber, E.-M. & Rivuzumwami, C.).

(2006). Häusliche Gewalt beenden: Verhaltensänderung von Tätern als Ansatzpunkt. Eine Evaluationsstudie. Schriftenreihe der Landesstiftung Baden-Württemberg Bd.23, Stuttgart (kostenlos zu beziehen über die Landesstiftung) (zusammen mit Helfferich, C.).

(2007). Platzverweis - Strategien gegen häusliche Gewalt. In: Collmar N. & Noller A. (Hrsg.): Menschenwürde und Gewalt, Friedenspädagogik und Gewaltprävention in Sozialer Arbeit, Diakonie und Religionspädagogik. Schriftenreihe der Evangelischen Fachhochschule Reutlingen-Ludwigsburg, 2. Auflage (zusammen mit Aksu-Yagci, S.).

Katja Baur

(Hrsg.) (2007). Zu Gast bei Abraham. Ein Kompendium zur interreligiösen Kompetenzbildung, Stuttgart: Calwer Verlag.

Norbert Collmar

(Hrsg.) (2007). Menschenwürde und Gewalt. Friedenspädagogik und Gewaltprävention in Sozialer Arbeit, Diakonie und Religionspädagogik. 2. Aufl., Stuttgart (zusammen mit Noller, Annette).

(2007). Menschenwürde – Interpretationen einer Fundamentalnorm gegen Gewalt. In: Collmar, Norbert & Noller, Annette (Hrsg.), Menschenwürde und Gewalt. Friedenspädagogik und Gewaltprävention in Sozialer Arbeit, Diakonie und Religionspädagogik, 2. Aufl., Stuttgart, S. 29ff.

Richard Edtbauer

(2006). Grundsicherung und Sozialhilfe. Eine fallbezogene Darstellung. Ludwigsburg.

(2006). Fall 5: Fall Brunner oder zum 25. Geburtstag mehr Arbeitslosengeld II und Fall 17: Der arbeitslose Heinrich und seine „ARGE“ Erfahrung. In: Gastiger, Spindler & Winkler (Hrsg.), Recht konkret, Teilband II: Grundsicherung für Arbeitsuchende, Sozialhilfe, Sozialversicherung, Verwaltungsverfahren, Migration, 5. überarb. Aufl., March.

(2007). Fall 13: Familie weg. In: Gastiger, Spindler & Winkler (Hrsg.), Recht konkret, Teilband I: Betreuung, Familien- und Jugendhilfe, 5. überarb. Aufl., March.

Roland Ensinger

(2006). Betriebliche Mitbestimmung in Kirche und Diakonie – Anspruch und Wirklichkeit im Bereich der Evangelischen Landeskirche in Württemberg, Wiesbaden.

Stephanie Goeke

(2007). Praxisforschungsprojekt „Leben im Ort" – Gedanken zu inklusiven Forschungsprozessen. In: Demmer-Dieckmann, I. & Textor, A. (Hrsg.): Integrationsforschung und Bildungspolitik im Dialog. Bad Heilbrunn, 219-227 (zusammen mit Jerg, Jo).

(2007). Inklusion und Exklusion im Kontext von Lebenslangem Lernen. In: Erwachsenenbildung und Behinderung, H.1, 12-21 (zusammen mit Babilon, R. & Terfloth, K.).

Hannelore Häbel

(2006). Zur Frage der rechtlichen Zulässigkeit geschlossener Unterbringung in der Heimerziehung. In: Knuth, N.; Koch, J.; Nüsken, D. & Wolff, M. (Hrsg.), Hinter'm Horizont geht's weiter... Perspektiven der Kinder- und Jugendhilfe, Frankfurt/ M., 289-304.

(2007). Siegfried Hoch – ein Porträt. In: Forum Erziehungshilfen, 12. Jg. Heft 2, 101-104.

(2007). § 27 SGB VIII – Rechtsprechung, Gutachten und Literatur. In: Fieseler, G.; Schleicher, H. & Busch, M. (Hrsg.), Kinder- und Jugendhilferecht. Gemeinschaftskommentar zum SGB VIII, Loseblattsammlung, 28. Erg.lief., Stand April 07, Neuwied / Kriftel, 71-90.

(2007). Strafvollzug. In: Deutscher Verein für öffentliche und private Fürsorge (Hrsg.), 6. Aufl., Baden-Baden.

Eckart Hammer

(2004-06). Abschlussbericht Wissenschaftliche Begleitung Modellprojekt „Landesweite Beratungs- und Vermittlungsagentur der Alzheimer Gesellschaft Baden-Württemberg".

(2005-06). Modellprojekt „Netzwerk Altenhilfe" im Stuttgarter Norden.

(2006). Neue Männer braucht das Land. Zum Geschlechterverhältnis in der Pflege. In: Nightingale – Beiträge aus der Pflegeforschung für die Pflegepraxis 5/2006, 41-48 (zusammen mit Bartjes, H.).

(2006). Wenn Pflege an Grenzen gerät. In: Alzheimer Gesellschaft Baden-Württemberg (Hrsg.), Leben im Anderland.

(2006). Männer und Altenpflege. Analyse und Ansätze für mehr Männer in der Pflege. In: Krabel, J. & Stuve, O., Männer in „Frauen-Berufen" der Pflege und Erziehung, Opladen (zusammen mit Bartjes, H.).

(2006-07). Intergenerative Stadtteilentwicklung, Mehrgenerationenhaus Anna Haag Haus, Bad Cannstatt (zusammen mit Engelen, Paola und anderen).

(2007). Krisen und Chancen des Älterwerdens. In: Konsequenzen, 2/2007, 8-10.

(2007). Männer altern anders, Freiburg.

Jo Jerg

(2006). Überlegungen zu Ausbildungsprofilen von Inklusion an Fachhochschulen. In: Platte, A. / Seitz, S. / Terfloth, K.: Inklusive Bildungsprozesse, Bad Heilbrunn, 231-237 (zusammen mit Schumann, Monika).

(2006). Leben im Ort – Bestandsaufnahme und erste Erfahrungen, Reutlingen, Band 1, 96 (zusammen mit Heike Baehrens / Raichle, Ulrich (Hrsg.).

(2006). Erste Umsetzungsschritte einer inklusiven Ausrichtung. In: Jerg, Jo; Baehrens, Heike; Raichle, Ulrich (Hrsg.): a.a.O., Band 1, 90-95.

(2006). Entwicklungen aus der Perspektive der wissenschaftlichen Begleitung – Ein Rückblick in Blitzlichtern. In: Jerg, Jo; Baehrens, Heike; Raichle, Ulrich (Hrsg.): a.a.O., Band 1, 20-26.

(2006). Konzeptionelle Grundgedanken zur wissenschaftlichen Begleitung. In: Jerg, Jo; Baehrens, Heike; Raichle, Ulrich (Hrsg.): a.a.O., Band 1, 9-14.

(2006). Inklusion und Assistenz: Ein neues Verständnis in der Arbeit mit Menschen mit Behinderungserfahrung. In: Sichtweisen, Heft 8 /2006, Esslingen, 27-29.

(2006). Inklusion – vom Integrationsgedanke zum Inklusionsverständnis. Aus der Reihe: Jerg, Jo / Neubauer, Gunter / Sickinger, Harald: Basistexte zum Projekt Bo(d)yzone, Tübingen (zunächst unter *www.pfunzkerle.de*).

(2006). „Gleichheit ohne Angleichung" – Vielfalt und Differenz statt Normalität und Behinderung. Aus der Reihe: Jerg, Jo / Neubauer, Gunter / Sickinger, Harald: Basistexte zum Projekt Bo(d)yzone, Tübingen (zunächst unter *www.pfunzkerle.de*).

(2006). Assistenz und Behinderungserfahrung. Aus der Reihe: Jerg, Jo / Neubauer, Gunter / Sickinger, Harald: Basistexte zum Projekt Bo(d)yzone Tübingen, (zunächst unter *www.pfunzkerle.de*).

(2006). Bildung und Inklusion im Elementarbereich, Reutlingen, 104 (zusammen mit Schumann, Werner / Thalheim, Stephan (Hrsg.)).

(2006). Inklusion im Kontext von Vielfalt und Unterschiedlichkeit. In: Jerg, Jo, u.a. (Hrsg): Bildung und Inklusion im Elementarbereich, Reutlingen, 3-5 (zusammen mit Schumann, Werner).

(2006). Zum Grundverständnis und Verhältnis von Inklusion und Exklusion. In: Jerg, Jo, u.a. (Hrsg): Bildung und Inklusion im Elementarbereich, Reutlingen, 6-13.

(2006). Inklusion und Bildung in Baden-Württemberg – Vielfalt und Unterschiedlichkeit in Kindertageseinrichtungen Baden Württembergs. In: Jerg, Jo, u.a. (Hrsg): Bildung und Inklusion im Elementarbereich, Reutlingen, 61-68 (zusammen mit Thalheim, Stephan).

(2006). Inklusive Bausteine in Bildungsplänen und ihre Bedeutung für die Aus- und Weiterbildung. In: Jerg, Jo, u.a. (Hrsg): Bildung und Inklusion im Elementarbereich, Reutlingen, S. 69-76 (zusammen mit Thalheim, Stephan).

(2006). Überlegungen zur Entwicklung von Standards der Qualifizierung pädagogischer Fachkräfte im Umgang mit Vielfalt und Unterschiedlichkeit. In: Jerg, Jo, u.a. (Hrsg): Bildung und Inklusion im Elementarbereich, Reutlingen, 96-102 (zusammen mit Thalheim, Stephan).

(2007). Praxisforschungsprojekt „Leben im Ort" – erste Gedanken zu inklusiven Forschungsprozessen. In: Demmler-Dieckmann, Irene / Textor, Annette u.a. (Hrsg.): Integration – Inklusion im Dialog. Bildungspolitik und Integrationsforschung im Gespräch, Bad Heilbrunn, 219-228 (zusammen mit Goeke, Stephanie).

(2007). Restlose Vielfalt oder noch (k)ein Kindergarten für alle – Spurensuche. In: Hinz, Andreas & Boban, Ines (Hrsg.): Schwere Mehrfachbehinderung und Integration, Marburg, 125-139.

(2007). „Im Widerspiel des Unmöglichen mit dem Möglichen erweitern wir unsere Möglichkeiten" – Perspektiven für einen Kindergarten ohne Ausgrenzung. In: Hinz, Andreas & Boban, Ines (Hrsg.): Schwere Mehrfachbehinderung und Integration, Marburg, 195-205.

(2007). Assistenzorientierung in der Behindertenhilfe. In: Betreuungsmanagement. 3/2007, Heidelberg, 139-142 (erscheint Sept. 2007).

(2007). Respekt vor anderen – Differenz als Herausforderung in Vielfaltsgemeinschaften. In: Aschenbrenner-Wellmann, B.: Mit der Vielfalt leben. Verantwortung und Respekt im Diversity Management für Personen, Organisationen und Sozialräume, Stuttgart (erscheint in 2007).

Elisabeth Nicolai

(2006) Schweitzer, J., Zwack, J., Nicolai E., Grünwald, H. C.Ginap; J.v.Twardowski: SYMPAthische Akutpsychiatrie: ein Weg, systemische Therapie noch deutlich „alltagsfähiger" zu machen? Zeitschrift für Systemische Therapie und Beratung 24 (3), 175-182

(2007) Schweitzer, Jochen, Claudia Ginap, Joachim von Twardowski, Julika Zwack, Ulrike Borst & Elisabeth Nicolai: Training psychiatric teams to do family systems acute psychiatry. In: Journal of Family Therapy 29(1), S. 3-20

(2007) Schweitzer, J., Zwack, J., Weber, G., Nicolai, E., Hirschenberger, N. Family systems psychiatry: Principles, good practice guidelines, clinical examples, and challenges. American Journal of Orthopsychiatry. American Psychological Association

(2007) Björn Grebe, Arist von Schlippe, Elisabeth Nicolai und Jochen Schweitzer: Systemische Familiengespräche in der Akutpsychiatrie - Indikatoren von Organisationsentwicklung im klinischen Kontext . Familiendynamik, 32(4), 346-366

Annette Noller

(2006). Die Kontroverse um die Personenzentrierung. Eine Annährung aus sozialethischer Perspektive. In: Kerbe. Forum Sozialpsychiatrie, 24/1/2006, 27ff.

(Hrsg.) (2007). Menschenwürde und Gewalt. Friedenspädagogik und Gewaltprävention in Sozialer Arbeit, Diakonie und Religionspädagogik, 2. Aufl., Stuttgart (zusammen mit Collmar, Norbert).

(2007). Menschenwürde – Interpretationen einer Fundamentalnorm gegen Gewalt. In: Collmar, Norbert & Noller, Annette (Hrsg.), Menschenwürde und Gewalt. Friedenspädagogik und Gewaltprävention in Sozialer Arbeit, Diakonie und Religionspädagogik, 2. Aufl. Stuttgart, 29ff.

(2007). Ethik der Achtsamkeit – Ethik der Menschenwürde. Sozialethische Anmerkungen zum Konzept Community Living. In: Maas, Th. (Hrsg.), Community Living. Bausteine für eine Bürgergesellschaft, Hamburg, 60ff.

(2007). Die Evangelische Fachhochschule Reutlingen-Ludwigsburg: Die Diakonatsstudiengänge. In: a+b 14/2007, 27ff.

Christian Rose

„Euer Überfluss diene ihrem Mangel." Biblisch-theologische Gedanken zu Armut und Solidarität (im Erscheinen).

Die Evangelische Fachhochschule Reutlingen-Ludwigsburg. In: Arbeit und Besinnung 13/2007, 22-25.

Artikel „Nachfolge". In: Britta Hübener/Gottfried Orth (Hrsg.): Wörter des Lebens. Das ABC evangelischen Denkens, Stuttgart, 168-172.

Harald Sickinger

(2005). Die Neugier kultivieren. Ressourcenorientierte Entwicklung von Forschung an Fachhochschulen für Soziale Arbeit. In: Barz, Monika / Weth, Hans-Ulrich (Hrsg.), Potenziale Sozialer Arbeit, Stuttgart, 244-257.

(2006). Bo(d)yzone. Ein Projekt für Jungen mit und ohne so genannte Behinderungen, Switchboard. Zeitschrift für Männer und Jungenarbeit, Februar/März 2006, 18f.

(2006). Jungensichten – Körperbilder. Arbeit mit Jungen im Kontext von Männlichkeit, Körperlichkeit und Assistenzbedarf. In: Körperbehindertenförderung Neckar-Alb (Hrsg.), Vom Abenteuer, erwachsen zu werden, Tübingen, 295-307 (zusammen mit Neubauer, G.).

(2006). Pubertät und Adoleszenz aus jungenpädagogischer Sicht, Basistext III aus der Reihe: Jerg, Jo; Neubauer, Gunter; Sickinger, Harald: Basistexte zur inklusionsorientierten Jungenpädagogik, veröffentlicht im Internet unter: *www.pfunzkerle.de/bodyzone.htm.* Stand: 1. Oktober 2006.

(2006). Körper und inklusionsorientierte Jungenpädagogik, Basistext V aus der Reihe: Jerg, Jo; Neubauer, Gunter; Sickinger, Harald: Basistexte zur inklusionsorientierten Jungenpädagogik, veröffentlicht im Internet unter: *www.pfunzkerle.de/bodyzone.htm.* Stand: 1. Oktober 2006.

Hans-Ulrich Weth

(2006). Zeitschriften- und Rechtsprechungsübersicht Grundsicherung/Sozialhilferecht. In: Informationen zum Arbeitslosenrecht und Sozialhilferecht (info also), 24. Jg. 2006, 137-144 und 184-191 (zusammen mit Berlit und anderen).

(2006). Rechtsverwirklichung für Personen in besonderen sozialen Schwierigkeiten. Untersuchung und Dokumentation kommunalen und staatlichen Rechtsvollzugs nach Hartz IV, Stuttgart (im Internet: *www.evangelische-obdachlosenhilfe.de*) (zusammen mit Steinbrenner, M.).

(2007). Zeitschriften- und Rechtsprechungsübersicht Grundsicherung/Sozialhilferecht. In: info also, 25. Jg. 2007, 40-47 (zusammen mit Berlit und anderen).

(2007). Geben und Nehmen – Anmerkungen zu Armut und Reichtum in Deutschland. In: Sabine Hering (Hrsg.): Bürgerschaftlichkeit und Professionalität. Wirklichkeit und Zukunftsperspektiven Sozialer Arbeit, Wiesbaden, 127-134.

(2007). Neuregelungen im SGB II und SGB XII 2006/2007. In: info also, 25. Jg. 2007, 93-96.

(2007). Stichwörter Einstweilige Anordnung, Einstweilige Verfügung, Mahnverfahren, Mieterschutz, Klage, Verbraucherkredit. In: Deutscher Verein für öffentliche und private Fürsorge (Hrsg.): Fachlexikon der Sozialen Arbeit, 6. neubearb. Auflage, Baden-Baden.

(2007). Rechtsfragen der Rückzahlung von Mietkautionsdarlehen im SGB II. In: info also, 25. Jg. 2007, 105-107.

Autorinnen und Autoren dieses Bandes

Allwinn, Sabine	Dr. phil., ist Professorin für Psychologie an der Evangelischen Fachhochschule Freiburg
Baier-Hartmann, Marianne	Dr. med., M.A., ist Professorin für Public Health / Gesundheitswissenschaften an der Evangelischen Fachhochschule Freiburg
Blinkert, Baldo	Dr. phil., habil., apl. Prof., akademischer Oberrat am Institut für Soziologie der Universität Freiburg und Leiter des Instituts für angewandte Sozialwissenschaft
Brieskorn-Zinke, Marianne	Dr. phil., M.A., ist Professorin für Public Health / Gesundheitswissenschaften an der Evangelischen Fachhochschule Darmstadt
Dallmann, Hans-Ulrich	PD Dr. theol., ist Professor für Pflege, Pflegethik und Ethik der Sozialen Arbeit an der Evangelischen Fachhochschule Ludwigshafen
Dörner, Tina	Dipl. Sozialpädagogin und wissenschaftliche Mitarbeiterin im Zentrum für Kinder- und Jugendforschung (ZfKJ) an der Evangelischen Fachhochschule Freiburg
Flieder, Margret	Dr. phil., Dipl.-Pädagogin, ist Professorin für Pflegewissenschaft und Pflegepraxis an der Evangelischen Fachhochschule Darmstadt
Fröhlich-Gildhoff, Klaus	Dr. phil., ist Professor für Psychologie und Leiter der Kontaktstelle für praxisorientierte Forschung an der Evangelischen Fachhochschule Freiburg
Götzelmann, Arnd	PD Dr. theol., ist Professor für Diakonik, Ethik und Sozialmanagement an der Evangelischen Fachhochschule Ludwigshafen

Greiling, Dorothea	PD Dr. rer. pol., ist Professorin für Allgemeine Betriebswirtschaftslehre an der Evangelischen Fachhochschule Darmstadt
Großklaus-Seidel, Marion	Dr. theol., M.A. Pädagogin, Pfarrerin, ist Professorin für Ethik und Erwachsenenbildung an der Evangelischen Fachhochschule Darmstadt
Klie, Thomas	Dr. jur., Professor für öffentliches Recht und Verwaltungswissenschaften an der Evangelischen Fachhochschule Freiburg, Leiter des Arbeitsschwerpunktes Gerontologie und Pflege an der Evangelischen Fachhochschule Freiburg
Köhler-Offierski, Alexa	Dr. med., ist Professorin für Sozialmedizin, Schwerpunkt Sozialpsychiatrie und Präsidentin der Evangelischen Fachhochschule Darmstadt
Kraus-Gruner, Gabriele	Dipl. Pädagogin und wissenschaftliche Mitarbeiterin im Zentrum für Kinder- und Jugendforschung (ZfKJ) an der Evangelischen Fachhochschule Freiburg
Krieger, Wolfgang	Dr. phil., ist Professor für Pädagogik, Didaktik der Pflegepädagogik, Pädagogische Psychologie, Erzieherischer Hilfen, Ästhetische Praxis und Ästhetische Bildung an der Evangelischen Fachhochschule Ludwigshafen
Kubon-Gilke, Gisela	PD Dr. rer. pol., Dipl.-Volkswirtin, ist Professorin für Ökonomie und Sozialpolitik an der Evangelischen Fachhochschule Darmstadt
Lanwer, Willehad	Dr. phil., Dipl.-Behindertenpäd., ist Professor für Heilpädagogik an der Evangelischen Fachhochschule Darmstadt

Lenz, Hans-Joachim	Sozialwissenschaftler, Lehrbeauftragter mit dem Schwerpunkt Geschlechter- und Männlichkeitsforschung und Männerbildung an der Evangelischen Fachhochschule Freiburg und am Zentrum für Gender Studies der Universität Freiburg
Lindert, Jutta	Prof. Dr. rer. physiol., M.A., MPH, ist Professorin für Gesundheitswissenschaften an der Evangelischen Fachhochschule Reutlingen-Ludwigsburg
Marquard, Reiner	Dr. theol., ist Professor für Systematische Theologie und Rektor der Evangelischen Fachhochschule Freiburg
Nicolai, Elisabeth	Dr. sc.hum., ist Professorin für Psychologie an der Evangelischen Fachhochschule Reutlingen-Ludwigsburg
Otterbach, Maria	Prof. emeritiert, war Professorin für Pädagogische Psychologie an der Evangelischen Fachhochschule Freiburg
Pfeifer-Schaupp, Ulrich	Dr. rer. soc., ist Professor für Sozialarbeitswissenschaft an der Evangelischen Fachhochschule Freiburg
Priester, Klaus	Dr. rer. med., ist Professor für Sozialmedizin, Medizinische Soziologie und Gesundheitswissenschaft an der Evangelischen Fachhochschule Ludwigshafen
Rönnau, Maike	Dipl. Sozialpädagogin, wissenschaftliche Mitarbeiterin im Zentrum für Kinder- und Jugendforschung (ZfKJ) an der Evangelischen Fachhochschule Freiburg und Doktorandin an der PH Freiburg

Schächtele, Traugott	Dr. theol., ist Professor für Evangelische Theologie (Systematische Theologie und Homiletik / Liturgik) an der Evangelischen Fachhochschule Freiburg und Landeskirchlicher Beauftragter für Prädikanten und Prädikantinnen
Schupp, Patrick	Diplom-Sozialwissenschaftler, ist Assistent an der Evangelischen Fachhochschule Ludwigshafen
Schwendemann, Wilhelm	Dr. phil., ist Professor für Evangelische Theologie (Biblische Wissenschaft) und Religions- und Schulpädagogik, Studiengangsleiter des Masterstudienganges Management und Didaktik von Bildungsprozessen an der Evangelischen Fachhochschule Freiburg
Wagner, Thomas	Diplom-Sozialarbeiter/-Sozialpädagoge (FH), ist Assistent an der Evangelischen Fachhochschule Ludwigshafen